【空腹の作法】

沖縄学入門

勝方＝稲福恵子
前嵩西一馬 編

昭和堂

はじめに

　本書は、沖縄学に関する初めての入門書である。沖縄に関する書物は数限りないが、「沖縄」とは何か、沖縄を知る意味とは何か、「沖縄学」とは何かにこだわった入門テキストとして編まれたのは、これが初めてである。

　テキストにこだわった理由は、2006年4月、大学の正規授業に「沖縄学」という名称を初めて掲げて開講したことにある。すでに「沖縄」は、言語学、民族（俗）学、文化人類学、社会学、政治学、あるいは文化・芸能論などの分野で、学問的対象／素材として消費され、フィールド・ワークやインターンシップ、さらには平和教育などの実践の場にもなっていた。そのための基礎的・総合的知識を提供する学問として、「沖縄学」を設置する意義は大きかった。

　有り難いことに、碩学の長老や大家の方々が、心安く講座にゲスト出演して下さった。とりわけ若手研究者たちは、毎回のように出席して、その後の居酒屋で白熱した議論を持つことができた。その議論の集積が、このテキストに結実したと考えている。開講いらい3年間で、千人近い学生が受講し、毎週のように熱いコメントを寄せてくれた。その質問や疑問や批判の蓄積が、ますます「沖縄学」へのこだわりを培ってくれた。

　もとより「沖縄学」は、伊波普猷が沖縄を貧困や差別から脱却させるために、沖縄をまるごと把握しようとした学問体系の謂いであり、細分化された専門領域の枠組みを超えた学際性と総合性こそが、沖縄学の核心である。それが、伊波普猷が東京から発信した「沖縄学」であり、『古琉球』（初版1911年）に始まる「沖縄学」百年の歴史に培われ蓄積されたものでもある（外間守善『沖縄学への道』）。

　しかし沖縄学は沖縄という一地域にとどまらなくなった。たとえばイタリアのヴェネツィア大学でも、2006年にヨーロッパで初めて体系的な沖縄学が大学の正規カリキュラムに取り入れられ、四年生の卒論ではユタの問題や基地問題、さらには従軍慰安婦問題など、総合的・学際的な取り組みがなされている。

そこでは、「西洋」対「東洋」と言う二項対立的な枠組みの中で比較研究するのではなく、ポスト・コロニアル批評や文化批評の知見を取り入れて、「沖縄」を見据えることによって西欧の非・単一性や多様性を再発見することが眼目であるという。もはや沖縄学は、沖縄人（ウチナンチュ）だけのものではなく、世界中に拓かれていることになる。

したがって、沖縄を研究することは、とりもなおさず沖縄を取り巻く世界の情勢との密接なつながりを知ることであり、そもそも「沖縄」の創られ方そのものが、非常にグローバルな問題であることを知ることである。とりわけ「近代」と「国家」の歴史の中で翻弄されてきた経験を持つ「沖縄」は、「近代国家」の諸問題をあぶり出すには、格好の場を提供してくれる。

しかし学際的・総合的な研究だけでは、差別の構造を解体することはできない。既存の社会構造を転覆させるほどに、学問的パラダイムを転回させる必要がある。そのためにも「沖縄学」は、実体論よりも関係論に基づいた視点で、「沖縄」そのものが作られる／たものであるという、構築主義的な方法意識を研ぎ澄まさなければならない。しかも研究そのものが政治性を持たざるを得ないということをも自覚しなければならないだろう。

要するに、何が「沖縄」なのかを定義し、何故「沖縄」なのかを問いただす際には、自分の立ち位置や政治性が大きく関わってくるという、自己言及的な自意識が必要となる。アイデンティティ・ポリティクスの陥穽をも知りつつ、「沖縄」というアイデンティティを引き受け、それでいて「沖縄ナショナリズム」に陥らないために、自分自身の視点を疑い続ける。「言語学的転回」以降の知の地殻変動に耐えてこそ、近代的方法論の地平をあらたに拓く可能性を持ち、差別の構造を解体することができるのではないかと考えるからである。

具体的には、以下の四つの視点を心がけた。一つは、「創られる沖縄」という視点。たとえば「アジアの十字路」「移民県」「癒しの島」「極東戦略の要」「唐の世から大和の世、アメリカ世から…」「チャンプルー文化」「うない神」などの神話的・伝説的・歴史的ディスコースは、どのような文化・社会的背景や要求から生まれてきたのか、それぞれの表象を歴史化する視点である。

二つ目は、「琉球・沖縄」の多様性（「沖縄は一つではない」）という視点。た

とえば、地域差（首里、那覇、地方、宮古、八重山そして、奄美…）、階級差、性差、さらには言語・文化圏や芸能・民族圏の多様性を拓く視点である。

　三つ目は、周縁から「近代」を相対化する視点。「琉球処分」（1879年）や「沖縄戦」（1945年）、「日本復帰」（1972年）などの歴史的・社会的マイノリティとしての立ち位置や心理的トラウマは、たとえば、「小国論」における逆転の思想、武器を捨てる平和論、反＝国民国家論、島嶼思想などのように、近代思想を相対化する発想を生み出した。

　四つ目は、「沖縄とはあなた／わたし自身のこと」とみなして逆照射する視点。たとえば「女性問題」は「男性問題」であるように、「沖縄問題」は日本が作った日本の問題なのだという認識に至るための道筋をつけることも、このテキストの眼目の一つである。地域的な問題（ローカル）は普遍的な問題（グローバル）であることを提示できない限り、差別の構造を解体するパラダイムにはなりえない、と考えるからである。

　「空腹の作法」というサブ・タイトルは、編集委員のみんなで考えたものである。沖縄ブームは繰り返され、「癒しのおきなわ」イメージも席巻する中で、「沖縄」を取り巻くまなざしや語りは、まだ知的な空腹を補うに十分ではない。沖縄学は、研究者と研究対象のまなざしが鋭く切り結ぶ場であり、知の渇きを癒し、かつ癒されるべく知を追い求める作法である。島ちゃび、沖縄戦、基地問題という歴史を生きてきた沖縄の「ひもじさ」や「切実さ」を、若手研究者が最も身体的な次元から「貪欲に」かつ「真剣に」、学問という「作法」（単なる技法ではなく、倫理や価値を含む所作）でもって丁寧に引き受ける、という意味が込められている。

　第1章では、中国と日本という二つの大国に挟まれて二重に臣従する琉球が、17-8世紀、どのように「琉球人」としての自己像を形成していったかを資料から分かりやすく読み解く。

　第2章では、1940年代の柳宗悦（やなぎむねよし）に始まる有名な「方言論争」の背景を、資料の再解釈を通して沖縄側の声を掘り起こし、同化政策と沖縄人の主体性との葛藤として捉えなおす。

第3章では、「太平洋の要石」と呼ばれるほどに基地が集中した沖縄の状況が、日本政治によってどのように作り出されたかという、いわば「沖縄問題の形成過程」を、歴史的に具体的に明らかする。

　第4章では、琉球舞踊という身体の世界、すなわち言葉を超えた暗黙知の領域に、「わざ言語」や「舞踊譜」という新しい概念で果敢に切り込み、「祈る身体」から昇華されたコネリ手を取り上げ、さらに雑踊りの漕技法に込められた男たちの祈り形を読み込む。

　第5章では、「歌の国」と言われる八重山をはじめ、広く沖縄では伝統音楽でも現代音楽でも琉球音階などが多用されて、沖縄アイデンティティの表象となっていることを明らかにする。

　第6章では、伝統的民家の「ひんぷん」や「寄棟」や赤瓦などで作られる沖縄らしさや沖縄イメージの表象論を展開し、「みる側の性格」や「つくる側の意図」に利用・応用されてさらに強化され複雑化する「沖縄をめぐるまなざし」について論じる。

　第7章では、琉球わらべ歌をめぐる解説を通して、日琉祖語から日本語とともに派生したとされる琉球語（ウチナーグチ）の特徴を解説し、正統的な狭母音化や、接続形「ティー」の形、命令形「〜リー」の形などを詳述する。

　第8章では、沖縄を代表する詩人・山之口貘の「会話」を、「沖縄」を一方的に表象されることへの抵抗の歌として読み、「口ごもり」という抵抗を、「抑圧的なまなざしをとらえ返しながら切り抜ける思考を模索する貘の方法」であると評価する。

　第9章では、沖縄の戦後小説—大城立裕「カクテル・パーティー」、東峰夫「オキナワの少年」、又吉栄喜「豚の報い」、目取真俊「水滴」、崎山多美「シマ籠る」の特徴を明快に解説する。

　第10章では、「オキナワン・コミックス」という新しいジャンルを拓き、「オキナワ的身体」がどのように描かれているかを、新里堅進「沖縄決戦」、山本おさむ「遥かなる甲子園」、なかいま強「わたるがぴゅん！」を取り上げて検証する。

　第11章では、「沖縄」とも「日本」とも同定しがたい奄美・沖永良部のアイデンティティを、「境界性」や「移動」という概念を用いて解明し、グローバ

ル化時代における「中心」と「周縁」の新たな関係性を拓く。

　第12章では、1945年前後の沖縄戦を、過去の出来事ではなく現在の問題、つまり「戦後沖縄の思想と行動の原点」と考えることによって、沖縄戦体験者に育まれた「命どぅ宝」、「瓦全（がぜん）の思想」へとつなげていく。

　第13章では、辺野古地区が、1950年代に米海兵隊基地を受け入れて以来、基地がこの地域に何をもたらしたか、さらに何をもたらそうとしているか、その不可逆的な悪循環を、歴史的・経済的・社会的に解明し、構造自体のもたらす問題性を指摘して、基地問題に一石を投じる。

　第14章は、沖縄学そのものの課題を隠喩のように提示した論文である。「沖縄」アイデンティティの多義性と重層性、研究者と研究対象の開かれた関係性など、沖縄学の課題を余すところなく提示するために多様な文体が使われているが、「沖縄」を十全に表現するためのエスノ・ポエティクスを拓く試みである。

　以上、駆け足で各章を案内したが、願わくは、沖縄に関するこれらの言説の渦の中に果敢に飛び込み、それまでの帰属意識に対する違和感・飢餓感・疎外感を体験していただきたい。本書はそのための道案内を心がけた。

2010年1月吉日

編者　勝方＝稲福　恵子

沖縄学入門

――― 空腹の作法 ―――

目　次

はじめに　i

I 歴史

1　三人の「琉球人」……………………………………… 3
　　──史料を読む──

　はじめに　3
　1　山崎二休守三──薩摩と戦った「琉球人」　4
　2　牛助春（我那覇秀昌）──薩摩に逆らった「琉球人」　11
　3　薛利元──薩摩の町人だった「琉球人」　15
　おわりに──資料を「読む」　20
　▶コラム　古琉球王国の戦争と軍隊　22

2　「方言論争」をたどりなおす ………………………… 25
　　──戦時下沖縄の文化・開発・主体性──

　はじめに　25
　1　＜史料を読む１＞「方言論争」評価の変遷　26
　2　＜史料を読む２＞「方言論争」への道
　　　──観光開発から見えてくる「論争」の別の表情　33
　おわりに──近代沖縄人の「主体性」再考　40
　▶コラム　沖縄と移民　43

3　1950年代の米軍基地問題をめぐって ……………… 46
　　──日本と沖縄の関係を見すえるために──

　はじめに　46
　1　日本本土に駐留した海兵隊　47
　2　キャンプ堺から沖縄へ　49
　3　沖縄の基地拡張計画と「島ぐるみ闘争」　50
　4　日本と沖縄の、ねじれた関係　52
　5　「恥知らず」という問い返し　54

6　沖縄に「上陸」する海兵隊　57
　おわりに　61
　▶コラム　日本復帰署名運動の情景　62

$$\boxed{\begin{array}{c}\text{II}\\\hline\text{芸術・思想・文化}\end{array}}$$

4　琉球舞踊と身体 …………………………………………… 67
　　──舞踊技法研究の魅力──
　はじめに──身体技法と舞踊技法　67
　1　琉球舞踊の概要　69
　2　「祈る」身体　70
　3　「漕ぐ」身体　77
　おわりに──舞踊技法研究への誘い　81

5　沖縄の宝 ………………………………………………… 83
　　──沖縄音楽における伝統と革新──
　はじめに──沖縄の宝とは？　83
　1　「なまにぬくしょーり」──伝統音楽の保存と伝承　85
　2　言葉の意味さえ分からない　89
　3　昔の人は　95
　4　音階　98
　おわりに　106
　▶コラム　三線　107

6　沖縄の建築にみる機能と表象 ……………………………108
　はじめに　108
　1　沖縄の伝統的な建築　110
　2　モダニズム建築と空間の形式化　112
　3　表象化する建築　116
　4　独自の試み　120

5　経験とイメージの差異から　　122
　おわりに　126
　▶コラム　自然と社会──沖縄の農業調査から　128

III
言語・文学・表象

7　沖縄のわらべ歌で学ぶウチナーグチ ……………………………………133
　はじめに　133
　1　ジンジン（蛍）　133
　2　ウルク　ティミグシク（小禄豊見城）　141
　3　イッター　アンマー　マーカイガ？（おまえんちの母ちゃんどこへ行ったの？）　150
　おわりに　155

8　山之口貘「会話」を読む ……………………………………………………156
　　──近代沖縄文学の葛藤──
　はじめに　156
　1　沖縄と日本語の近代　158
　2　お国は？　161
　3　琉球／沖縄をめぐる表象と隠蔽　166
　4　南へのまなざし、戦争のざわめき　172
　5　口ごもりという抵抗　174
　▶コラム　「反復帰」論　177

9　沖縄の「身体」を書く ………………………………………………………179
　　──戦後の沖縄の小説を考える──
　はじめに　179
　1　暴行された女性たち──大城立裕『カクテル・パーティー』　180
　2　性のイニシエーション──東峰夫『オキナワの少年』　183
　3　飲み食いする「身体」──又吉栄喜『豚の報い』　185

4　戦争記憶を「語る」身体——目取真俊『水滴』　188
　　　5　踊る「身体」と離島——崎山多美『シマ籠る』　191
　　　おわりにかえて——語られる身体から、語る身体へ　193
　　▶コラム　戦後史とアメラジアン　195

10　「オキナワ・コミックス」の表象文化学 ……………198
　　——マンガが描いた戦争・基地・スポーツ——
　　　はじめに——「オキナワ・コミックス」研究の射程　198
　　　1　「オキナワ・コミックス」の系譜とその特徴　201
　　　2　マンガの中の沖縄戦——新里堅進作品を中心に　207
　　　3　「本土」という幻影と高校野球　213
　　　　　——「遙かなる甲子園」から読む「戦後沖縄」
　　　4　マンガに描かれたオキナワ的身体——「わたるがぴゅん！」論　218
　　　おわりに　224
　　▶コラム　ジェンダー／セクシュアリティの構築と越境　226

IV　社会・政治

11　周縁社会の人の移動と女性の役割 ……………………231
　　——奄美・沖永良部島民のアイデンティティと境界性——
　　　はじめに　231
　　　1　沖永良部島と境界性　233
　　　2　政治権力のせめぎあいの歴史　235
　　　3　アイデンティティへの影響　240
　　　4　人の移動と女性の役割　243
　　　おわりに　245
　　▶コラム　「さんぴん茶」から見える沖縄の「伝統」　247

12 「集団自決」と沖縄戦 ……………………………………249
——戦場における「国民道徳」と「従属する主体」——

はじめに　249
1　教科書検定と「集団自決」　250
2　住民にとっての沖縄戦　253
3　「集団自決」と表象の不可能性　256
4　「玉砕」という死のイメージ戦略　259
5　戦陣訓、「国民道徳」、主体化＝従属化　260
6　「恐怖」という感情　263
7　「集団自決」と裁判　266
おわりに　269
▶コラム　沖縄修学旅行の変遷　270

13　基地が沖縄にもたらしたもの ………………………………272
——名護市辺野古区を事例に——

はじめに　272
1　辺野古と米軍基地との歴史　273
2　普天間基地移設問題の経緯　280
3　辺野古の応答とその理由　282
おわりに——基地が沖縄にもたらしたもの　286
▶コラム　環境正義の視点から在沖縄米軍基地がもたらす環境問題を考える　288

14　Teaching　Culture ……………………………………………291
——教室の窓から覗く沖縄——

はじめに——文化の遠近法　291
1　アタマカラダ——クラスルームにて　296
2　人類学とは何か⟷沖縄学とは何か——よそのクラスルームから　301
3　窓から見える沖縄——かつてのクラスルームから　305
4　共同体のからくり——テクストから　307

5 アイデンティティのからくり──フィールドから　311
  6 トラニカラマレルハナシ──ベッドルームから　315
  7 文化を教える──ふたたびクラスルームへ　320

資料編
  1 琉球・沖縄史年表　324
  2 地図でみる沖縄──人の移動の歴史と米軍基地の変遷　332
  3 沖縄関連書籍出版の軌跡からみた『沖縄学』──文庫・新書による文献紹介　349

索引　369

I 歴史

1

三人の「琉球人」
——史料を読む——

はじめに

　1609（万暦37・慶長14）年の春、琉球王国は薩摩藩の島津氏による侵攻に敗れた。薩摩軍は首里王府（琉球の政府）に帰順を約束させ、国王・重臣を捕虜として鹿児島へと凱旋した。この報告を受けた徳川幕府は、琉球王国の存続を認めた上で、島津氏に琉球の仕置（管理・統治）を命じた。琉球はすでに14世紀後半から中国と君臣関係を結んでいたが、この事件を契機に中国との関係を維持したまま日本（薩摩藩および徳川幕府）の統制下にも置かれることになったのである。以後、明治政府によって沖縄県として日本に編入される1879（明治12）年まで、琉球は「中国と日本に二重に臣従する王国」であった。この270年間を、琉球史研究では一般に「近世」と呼んでいる。

　やや逆説的に聞こえるかもしれないが、近世は、琉球が自らの主体性を模索し、自意識を強化した時代でもあった。[1] 中国と日本に強く挟まれるという状況ゆえに、琉球ではかえって中国にも日本にも吸収されない、そのどちらとも異なる自己像が追求され、自覚されることになったのである。この動きを牽引したのは首里王府で、とりわけ17世紀後半から18世紀後半にかけて王府が推進

---

[1] 本段落の記述は主に以下の研究に依拠している。Smits, Gregory. *Visions of Ryukyu: Identity and Ideology in Early-Modern Thought and Politics*. Honolulu: University of Hawai'i Press, 1998. 高良倉吉「琉球王国の展開――自己改革の思念、『伝統』形成の背景」岸本美緒ほか編『東アジア・東南アジア伝統社会の形成（新版岩波講座世界歴史13）』岩波書店、1998年。田名真之「自立への模索」豊見山和行編『琉球・沖縄史の世界（日本の時代史18）』吉川弘文館、2003年。

図1-1 琉球の士（中央の立ち姿の人物）と農

出典：『沖縄風俗図会』1986 年（『廃藩置県当時の沖縄の風俗（沖縄風俗図会復刻版）』月刊沖縄社、1992 年）。

した諸政策——家臣団の再編・身分制の確立・儒教思想の導入など——を通じて「あるべき王国像・琉球人像」が確定され、盛んに国内に喧伝されていった。

　本章では、この時代に首里王府が編纂した正史（せいし）（国家が編纂した正式な歴史書）や、王府の監督のもと士族各家で作成された家譜（かふ）（系図）をひもとくことで、当時琉球で志向された自己像の一端を探ってみたいと思う。具体的には、かつて外部から琉球へと移住し、やがて土着化した 3 人の「琉球人」にかかわる記述に着目し、そこに込められた意図を考察していくことにしたい。

1　山崎二休守三（にきゅうしゅさん）——薩摩と戦った「琉球人」

　本章で最初に取り上げるのは山崎二休守三（1554 ～ 1631 年）という人物である。首里の士（サムレー）（士族）[2]・葉姓（ようじ）の元祖であるが、もとは越前（現・福井県）出身の日本人であった。

（1）琉球の士と家譜

　具体的な史料の分析に入る前に、まず琉球の士および士の各家で作成された家譜について簡単に説明しておこう。

　近世の琉球には、士（ユカッチュ）（良人）と農（百姓）の二つの身分があった（図1-1）[3]。

2　琉球の士は、その戸籍によって首里・那覇・久米・泊の四系に区分されていた。
3　以下、琉球の身分制と家譜については田名真之「身分制——士と農」琉球新報社編『新琉球史・近世編・下』（琉球新報社、1990 年）、同『沖縄近世史の諸相』（ひるぎ社、1992 年）、同「琉球家譜の成立と門中」歴史学研究会編『系図が語る世界史』（青木書店、2002 年）に拠る。

士は王府へ仕官する者およびその予備軍で、日本の武士とは異なり原則的に文官である。農は「一般民衆」といった意味で、農民だけでなく商工業者も含まれていた。士と農の間には、服装や住居などの面でさまざまな区別が設けられていたが、両者を隔てる最大の基準は家譜（系図）の有無であった。すなわち士は「家譜を持つ身分」、農は「家譜を持てない（持たない）身分」とされていたのである。このため士は「系持」、農は「無系」とも呼ばれた。

図1-2　琉球の家譜：首里の溥姓家譜［池原家］

出典：那覇市歴史博物館所蔵、筆者撮影。

　琉球の家譜（図1-2）は、各家が自由に作成する文書ではなく、首里王府が内容を管理・統制するれっきとした公文書であった。その草稿は士の各家で作成されたが、最終的には王府内に設けられた系図座という役所の吟味を経た上で、許可された内容のみが記載されたのである。家譜の記事には客観的な裏付け（証拠）が求められ、また記載事項は主に「公」（国王や王府）と関わる内容に限定された。つまり琉球の家譜は、王府が自らの家臣層である士を「家」という単位で系統的に把握するための公的手段であり、また士の各人と「公」との関わりを記録する公的証明書であったということができる。このような家譜の制度は1689（ないしは70）年の系図座の新設を契機に開始され、制度の成熟にともなって士・農の身分制も確固たるものとなった。

　こうして確立した琉球の士であるが、その家譜を見ていくと、いわゆる土着の琉球人だけでなく、日本や中国からやってきた人々を祖先に持つ家が少なからず含まれていることに気づく[4]。実は、近世以前の琉球には日本や中国の船が比較的自由に出入りしており、これらの地域から琉球へやってきて住み着く人々が恒常的に存在していたのである。しかし近世に入ると、薩摩藩は日本人

4　以下、本段落の記述は次の論文に拠る。豊見山和行「琉球・沖縄史の世界」同編『琉球・沖縄史の世界（日本の時代史18）』吉川弘文館、2003年。上里隆史「古琉球・那覇の『倭人』居留地と環シナ海世界」『史学雑誌』114-7、2005年。

の琉球への移住や、すでに琉球に居住している日本人の帰国を段階的に禁止した。また中国と琉球との関係も徐々に外交使節の往来のみとなり、民間の関係は失われていった。こうして諸外国から新規に移住する者はいなくなり、すでに琉球に住み着いていた渡来人は「琉球人」として生きざるを得なくなったのである。そしてこれらの人々の内、たまたま士となった者に関しては家譜という形で記録が残されることになった。ここで取り上げる山崎二休守三もまた、そうした人物の一人である。

(2) 『葉姓家譜』を読む

　守三についての最も詳細な史料は、彼を元祖とする葉姓の家譜（『葉姓家譜』）である。ただし守三は1631年に没しており、家譜の成立は17世紀末以降であることから、この史料は守三の死後に作成されたものであることに注意しておきたい。

　　　　一世　山崎二休守三

　童名（ワラビナー）と唐名（トーナー）は不明。1554年生まれ（月日不明）。父母も不詳。もともと日本の奥州越前の住人である。その先祖は分からない。生来私欲がなくこまやかな人柄で、少年の頃から医者を志し、やがて他所に遊学した。〔ある時〕琉球は長年中国と通交していると聞き、必ず医術の妙法が伝わっているにちがいないと考え、故郷を離れて琉球に渡り、那覇に居住するようになった。これが我が一族（葉姓）の元祖である。

　守三の妻は西登之（イリドン）（那覇西村の役職名）の道永の娘・真鍋（マナビ）（金千代（カンジュウ））であり、二人は息子5名（上から守忠・守親・守庸・頼有・守昌）と娘1名（真尹金）をもうけた。16世紀後半、守三は国王の尚寧（しょうねい）から御典薬（王府の医薬官）に任ぜられ、座敷という位に叙せられた。

　1609年（守三56歳）、薩摩軍が琉球にやって来た。この時、守三は首里城の島添

5　那覇市歴史文化博物館蔵影印本。なお守三に関しては東恩納寛惇「医方漫談（山崎二休とその一党）」（琉球新報社編『東恩納寛惇全集』9、第一書房、1981年）も参照した。
6　戸籍上の名前とは別に家庭内や隣近所で用いられた通名。
7　近世琉球の士が有した中国名。

図1-3 首里城の島添アザナ（西のアザナ）

筆者撮影。

アザナ（西のアザナ、図1-3）にて守護の任に就いた。薩摩軍の副将である法元二右衛門殿の寄せ手が石垣をよじ登ってきたので、命を賭して防戦し、敵を退去させた。守三はさらに勢いを奮って警護したが、我が君（尚寧王）は万民の戦死を哀しみ、薩摩軍に降伏した。そこで守三は首里城から歩いて自宅に戻ろうとした。しかし途中で二右衛門殿に召し出されたのでその御前に参上すると、兵士は大いに喜び、守三を捕らえて縛り上げた。二右衛門殿は「お前はもともと日本の人である。それなのにどうして本懐を忘れてわが軍に敵対するのか」と言い、守三を重罪に処そうとした。そこで守三は次のように答えた。

「私は日本の男ですが、琉球にやって来て王臣となり、厚いご恩を受け、死んでもそれに報いることができないほどです。ここで刑罰に処されても、どうして後悔することがありましょうか」

翌々日、このことを聞いた尚寧王は、王国の金・銀・珍宝を薩摩軍に与えて、守三の罪と引き替えにすることを許した。〔後日〕琉球の降参を承認されたことに謝恩するため、国王が薩摩にお渡りになる時、守三は供の列に加わることを望んだが、国王は守三の存在が〔薩摩で〕問題となることを憂慮し、守三を国内に留めて首里城を守護させた。

1618年4月13日、守三は尚寧王から知行高20石を与えられた。1631年9月

8日に78歳で死去した。臨終に際しては自ら辞世の頌と歌をしるし、数珠を爪繰りながら「六字」(南無阿弥陀仏)を3回唱えて永眠した。

　この記事の主眼はいうまでもなく薩摩軍の琉球侵攻に関わる叙述に置かれており、その要点は以下の3点にまとめることができる。
①日本人である守三が琉球国王の臣下として日本(薩摩)軍と戦い撃退した。
②この守三の行動は、主君である琉球国王から受けた高恩への恩返しである。
③琉球国王は「万民の戦死を哀しんで薩摩軍に降服し」、「王国の財宝を薩摩軍に与えて守三を助ける」仁徳の高い人物である。

　すなわち「琉球国王の臣下となった日本人(=守三)が、国王の高恩のために日本軍と戦い、国王の仁徳によって日本軍から救出される」という文脈の中で、琉球と日本が対比され、琉球国王の「徳の高さ」が強調されているのである。琉球の家譜は王府の管理下にあり、その内容には王府の意向が鋭く反映されていたことを踏まえると、この「記述」にはどのような意図が込められているのであろうか。

(3) 正史『球陽』を読む

　王府の意図をより深く探るために、1743年から1745年にかけて王府自身が編纂した正史『球陽』の中に見られる守三の記事を見てみよう。

> 日本の山崎二休、よく忠義を心がけたため、重罪に陥る
> 　[前略]我が聖主(国王)は、万民の戦死を深く憐れんで薩摩軍に投降した。そこで守三は首里城を退き自宅に帰ろうとした。歩いていると薩摩軍の副将が守三を召し出した。兵士は大喜びで守三を捕らえて縛り上げた。副将は守三に「お前は日本の人であるのに、どうして本懐を忘れて我が軍と戦うのか」と述べ、協議して重罪と定め、死刑にしようとした。すると守三は「私は琉球の仁政を

8　辞世の頌(詩)は「七十有餘火裏身、一息截断有無心、乍失離地獄極楽、空々寂々一个人」、辞世の歌は「しるべなき　われもや君もたづぬらん　しづ心なき秋のあらしに」である。
9　球陽研究会編『球陽』原文編・読み下し編、角川書店、1974年(以下『球陽』と略記)。
10　『球陽』附巻一。

慕い、その人情の厚い風俗（淳風）の影響を受け、やって来て王臣となりました。厚く恩恵を受け、報いがたいほどです。今、不幸にして捕虜となり、重罪として死刑に処せられるところですが、どうしてこれを恨むでしょうか」と述べた。翌日、国王がこれを知り、金・銀・珍宝を軍兵に送って、守三の罪を贖った。〔後略〕

　この記事は家譜とほぼ同内容であるが、家譜では単に「琉球にやって来て王臣となった」とされる箇所が、『球陽』では「琉球の仁政を慕い、その人情の厚い風俗の影響を受け、やって来て王臣となった」と記されるなど、琉球の徳性がより力説されている。また冒頭の小見出しから、記事の主眼が「日本人守三の国王に対する忠義」にあることも読み取れる。
　周知のように仁政や忠義は儒教思想の主な要素である。実は17世紀末から18世紀中葉にかけて、琉球王府は身分制やそれに基づく統治体制の整備を進めるとともに、これらを支える統治理念として儒教（朱子学）の思想を積極的に導入していた。具体的には忠義（忠君）・孝行・節義といった儒教的徳目を奨励し、その実践者を褒賞するなどの形で「上からの教化」を推し進めたのである。『球陽』が編纂されたのはまさにこの時期であり、当然その記述には儒教思想が色濃く反映されることとなった。
　さらに興味深いことに、王府は『球陽』の中で儒教論理を利用して日本と琉球の強弱関係のある種の「転換」さえ試みていたのである。この現象を指摘したアメリカの琉球史研究者グレゴリー・スミッツは、その一例として『球陽』の次の記事を挙げている。

　1611年、国王（尚寧、図1-4）、薩摩より帰国する
　　〔琉球侵攻後に連行された〕国王が薩摩に滞留してすでに2年が過ぎた。王は「私は中国に仕えている。従って〔中国の〕臣下の義務として薩摩での滞留は終える

11　糸数兼治「蔡温の思想とその時代」琉球新報社編『新琉球史・近世編・下』琉球新報社、1990年。同「近世の琉球と儒教思想」比嘉政夫編『海洋文化論（環中国海の民族と文化1）』凱風社、1993年。
12　安達義弘「政策としての異文化導入と文化統合の問題――近世琉球における儒教化政策と褒賞体制」『西日本宗教学雑誌』11、1989年。
13　Smits, *Visions*, pp. 98-99.

10 　I　歴史

図1-4　国王・尚寧

出典：沖縄県立芸術大学附属図書・芸術資料館所蔵。
　　　（鎌倉芳太郎氏撮影）

べきである」と述べた。太守公（薩摩藩主・島津家久）は深くその〔中国への〕忠義を褒め、ついに国王は釈放されて帰還した。そこで王国はふたたび平和と安穏を得た[14]。

　ここでは国王の連行という国辱的かつ惨めな事態が、薩摩藩主ですら褒め称えるほどの「国王の中国に対する忠義物語」として描かれている。スミッツはこれを、「日本との抑圧・被抑圧関係」を「儒教的道徳権威の関係」へと置き換えるレトリックを用いて、「琉球国王の地位」を薩摩藩主と同等——あるいはそれ以上——にまで引き上げようとする王府の戦略であるとし、このような形で描かれた「琉球」の姿こそ当時の王府が志向した「あるべき王国像」であったと指摘する[15]。

　ひるがえって守三に関する『球陽』の記事や家譜記録を見てみると、そこにも同種のレトリックが利用されていることに気づく。つまり「日本人である守三が、琉球の儒教的優位性を敬慕・選択する」という筋書きにより、儒教的文脈においては日本を凌駕する「王国像」が描き出されているのである。

　さらにこれらの記述は、日本からの移住者である守三を「儒教的徳目を実践する王臣」として描いたという点でも重要な意味を持っている。これにより王

14　『球陽』巻四。
15　Smits, *Visions*, pp. 98-99.

府は、琉球と日本の狭間に位置する守三の曖昧な帰属性を、言説の上で「琉球」の側へ取り込むことに成功しているからである。それは渡航制限や移住禁止という形で薩摩の側から引かれた日本との境界に対して、その内側ぎりぎりいっぱいまでの存在を「あるべき琉球人」として位置づけようとする王府の「内からの琉球人化」策ともいえるだろう。こうして守三は王国の自画像を支える重要な要素の一つとして、その像の中に固定されたのである。

2 牛助春(我那覇秀昌)――薩摩に逆らった「琉球人」

二番目に扱う牛助春（我那覇秀昌）も、守三と同様のレトリックを用いて『球陽』に記された人物である。助春は那覇の士・牛姓の三世で、その祖父や母親は日本人であった。

(1) 正史『球陽』を読む

まず『球陽』に載せられた助春の記事を見てみよう。[16]

> 1604年、牛助春は、生命を顧みず、薩摩の命令に逆らう
> 　那覇の牛助春は、かつて(1589年)、紋船(薩摩への使船)の脇筆者(役職名)となり、大坂に赴き関白の豊臣秀吉公に謁見した。[17]秀吉公は、助春の頭が甚だ大きく普通でないありさまを見て、ついに助春の冠を取って自分の頭に乗せ、大変珍しがった。このため人々は助春のことを「大頭・我那覇秀昌」と呼んでいる。
> 　この助春が接封船(中国への使船の一種)[18]の才府(役職名)となって福建省の福州に派遣された。公務が終了したので翌1605年に帰国の途に就いたところ、台風に遭って日本の平戸に漂着してしまった。助春らは平戸藩主の松浦鎮信公に謁見し、腰刀1本をたまわった。その後、平戸を出港して鹿児島に到着した。

16　『球陽』附巻一。
17　助春は国王尚寧が派遣した使節（天龍寺桃庵ら）の一員であった。
18　中国から来琉する冊封使を迎える船。ただし冊封使の船に伴走するだけで、冊封使節が乗船するわけではない。

この時、薩摩藩主の島津家久公は、助春を引き留めて、「私は琉球を征伐したい。お前たちが薩摩の軍船を案内して琉球まで引導せよ」と言った。助春は次のように答え、家久の命令を断った。

「私は琉球に生まれ育ちました。ですからその恩を忘れ、軍船を引導して琉球を征伐するなど、はなはだ道理に背く行いです。いまだかつて世の中に祖国を征伐するなどという理屈があることを聞いたことがありません。もしこの命令を受けなかったという罪で死刑にされても、私は決して後悔いたしません」

家久公は、なおしきりに勧めたり強いたりしたが、助春は固く断って従わなかった。

また助春は密書を作成して、これを島壱岐助に託し、三司官（首里王府の官職名）の馬良弼（名護親方良豊）[19]に送り、薩摩が琉球を征伐しようとしていることを詳しく知らせた。その後、家久公はしばしば助春を御前に召し、何度も軍船の引導を勧めたが、助春の返事は最初とまったく同じであった。そこで家久公は、助春の忠義心を褒め、帰国を許した。

　小見出しにあるように、この記事の主眼は「助春が生命を顧みず薩摩の命令に逆らった」点にある。その概要は、①琉球に生まれ育った助春が、祖国の征伐には加担できないとして、生命を賭して薩摩藩主による軍船引導の命令を拒絶し、②王府高官に密書を送って薩摩の琉球侵攻計画を伝え、③最終的に助春の祖国への忠義心を薩摩藩主が褒めて帰国を許した、というものである。すなわち①・②によって助春の琉球に対する忠義行動を示し、③によって助春の忠義心に薩摩藩主（日本）が「折れる」という論理構造になっている。守三のケースとよく似ているが、助春の祖先の出自（＝日本）には一切言及せず、あくまでも「琉球に生まれ育った者」の「祖国への忠義心」を描くという点でやや異なっている。

　なお『牛姓家譜（大宗）』の原本は失われ、後世の編纂本があるのみだが、それによれば助春の祖父である一世・秀実（沢岻親雲上）[20]は日本人僧侶で、尚真王の代（15世紀後半〜16世紀後半）に琉球から天竺（インド）へ渡るつも

19　1551〜1617年。首里の士・馬氏（小禄家）の三世。
20　那覇市歴史文化博物館蔵影印本。

りで来琉したが、結局琉球に留まり家を構え、還俗して王臣となった人物であるという。その息子の二世・秀延(沢岻筑登之親雲上)が薩摩の山川(現・指宿市山川)の荒木玄周なる人物の娘を娶り、もうけた長男が助春なのであった。すなわち助春は三代にわたる牛姓の「琉球人」化の帰着点となった人物であったということができよう。

図1-5 口之島

出典:撮影・高良倉吉氏。

(2)『卜姓家譜』を読む——牛助春の協力者

次に助春の密書を王府に届けた島壱岐助という人物についても若干触れておきたい。その孫を一世とする那覇の士・卜姓の家譜序文には次のように記されている。

　　我が祖先の壱岐助重員は、生日は不詳、童名は千松、七島(トカラ列島)の口之島(図1-5)に生まれた者である。聞くところによると、1605年に、鹿児島において牛姓の秀昌〔後の我那覇親雲上〕から「琉球征伐の告状」を預かり馬姓の名護親方良豊へ届けたということである。また1609年6月15日に尚寧王が〔連行されて〕薩摩にお渡りになられる時に、船頭を務め、2年後の9月に国王がご帰国される際にも船頭を務めたという。重員は那覇西村で客死し、東禅寺に埋葬された。その号は一心という。これが重演(神谷親雲上)の父親である。

記事の最後に見える重演とは卜姓の一世・重庸(神谷掟親雲上、卜守憲)

21　助春は、1610年に新設された仕上世座という役所の奉行となり薩摩への貢納および薩摩から派遣された駐在官の食料を掌ったという(『球陽』附巻一)。
22　那覇市歴史文化博物館蔵影印本(但し写本)。
23　屋久島以南から奄美大島にかけて点在する島嶼群(現・鹿児島県十島村)。

図1-6　南西諸島の位置図

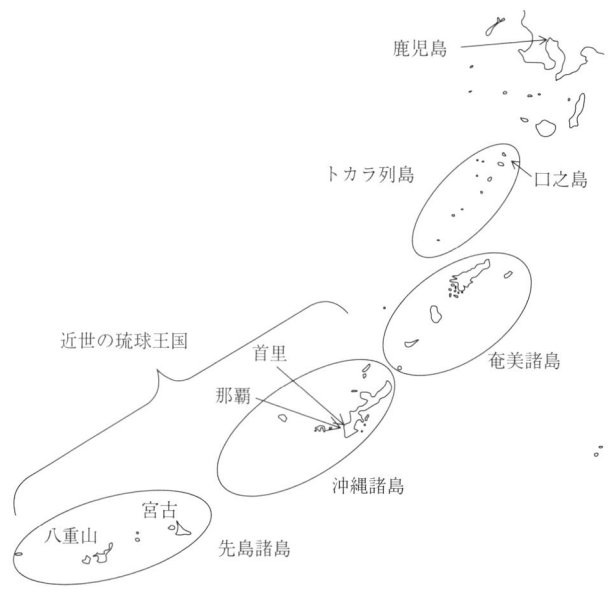

の父親を指す。すなわち一世の祖父が壱岐助であるということになる。ただし同じ那覇の士である鄭姓の家譜によれば、その一世・重時（照喜名親雲上、鄭明恵）の父親が「口之島の住人」だった松本壱岐重次という人物であるという。[24] 壱岐の名・出身地が一致することから、この人物（重次）と卜姓の元祖（重員）が同一人物、もしくは兄弟であった可能性も考えられるが、史料が乏しく判然としない。おそらく家譜が制度化された段階で、すでに「壱岐助」に関する情報はほとんど失われ、客観的な根拠を提示できる状況ではなかったのであろう。このため卜姓も鄭姓も「壱岐助」を一世として家譜の本文を開始することはできず、わずかに卜姓の家譜序文に「聞くところによると」という伝聞の形で「壱岐助」の功績を留めたものと考えられる。

　繰り返しになるが、近世以前の日本と琉球の境界は、以後の時代と比べれば地理的にも民族的にも曖昧なものであった。とりわけ薩摩と奄美諸島（琉球侵

24　那覇市歴史文化博物館蔵影印本（但し後世の写本）。

攻以前は琉球領）の間に点在する七島（トカラ列島、図1-6）は、薩摩の島津氏と琉球の王府の支配を重層的に受け入れ、かつそのどちらの支配にも完全には与しない「境界性」——言い換えれば「自律性」——の高い地域であったのである。そこには壱岐助のように琉薩双方を往来し、どちらとも深い関わりを持つ人々が多数存在していたが、近世に入ると七島は薩摩藩に完全に吸収され、人々の「曖昧な」帰属状況は消滅していった。その中でたまたま縁あって琉球に帰属し、さらに士身分を得た卜氏の人々にとって、壱岐助の忠国行為は「あるべき琉球人」像と自家とをつなげる重要な要素であり、家譜の序文でどうにか触れておきたかったのであろう。

3 薛利元——薩摩の町人だった「琉球人」

最後に先の2名より少し後の時代の人物として首里の士・薛姓の一世である薛利元（1631〜1706年）を取り上げたい。『薛姓家譜』の序文によれば、利元の父は17世紀前半に薩摩に移住した南京人（中国人）の欽若である。この欽若が薩摩でもうけた5人の子の内の1名が利元で、たまたま薩摩に滞在していた琉球の高官に見出され、その従者となって琉球に移住したという。

（1）『薛姓家譜』を読む—— 一世・利元の記録

まず薛姓の家譜における利元の記録を見てみたい。ただし長文のため適宜割愛する。

　　一世　薛利元
　　　1631年8月10日生まれ。父は薛欽若、母は児玉助右衛門の娘、妻は金武間切金武村の大城仁屋の娘・真加戸。継子は利良。長女は思戸。

25　深瀬公一郎「環シナ海域圏におけるトカラ列島——「七島」から「宝島」へ」（高良倉吉代表科研成果報告書『琉球と日本本土の遷移地域としてのトカラ列島の歴史的位置づけをめぐる総合的研究』琉球大学法文学部、2004年、89-92頁。同「十六・十七世紀における琉球・南九州海域と海商」『史観』157、2007年、13-18頁。
26　那覇市歴史文化博物館蔵影印本および「薛姓家譜（屋嘉部家）」那覇市企画部市史編集室編『那覇市史』資料篇1-7・家譜資料3、同室、1982年。

1645年、馬正則（国頭王子）²⁷が密かに藩主の島津光久公に謁見するため薩摩に赴いた際に、利元は鹿児島の琉球仮屋²⁸に出仕し従者として仕えた。翌年、正則は藩の老中に利元を琉球へ連れて行く「御免許」を求めたが、居住は以前から禁止されているので、雇用人として連れ渡るならばよいとのことであった。そこで11月、利元は正則の雇用人として琉球へやって来た。1648年、新王・尚質の即位承認を求める使者として正則が薩摩に派遣されることになり、利元はその従者となった。正則は再び利元の居住許可を申請したが許可されず、利元はまた雇用人として琉球へ戻った。（略）

　1653年、将軍・徳川家光公の即位を慶賀する使者となって正則が江戸に赴くことになり、利元はその儀者（従者）となった。翌年7月に那覇を出て鹿児島に到着し、10月に江戸・日光へ赴いた。この時、正則は利元の琉球居住について、薩摩藩の島津市正や川野道雪を通じて、藩主の島津光久公に内々にお伺いをたて、その内諾を得た。そこで今度は表方から（正式に）伊東三左衛門を通じて老中の島津筑前にこの件を請願し、老中から藩主へお伺いを立てる形で居住の許可を得た。1655年4月、利元は正則に従って琉球へ戻った。（略）1666年1月に座敷という位に昇り、正則の大親（侍従）となった（勤続8年）。1667年8月には国頭間切中村渠の地頭に任命された。

　〔正則の死後〕1672年12月、来春の定期船で鹿児島に戻るよう、御国許（薩摩藩）から命が下った。そこで地頭職を返上し、翌年7月に那覇を出て鹿児島へ渡った。薩摩藩に対し、先年琉球居住の件は藩主の御免許を得たことを訴えると、それならばその趣旨を琉球国王にも伝えるように指示されたため、1674年の春に王府へ訴状を提出した。これが国王へと上奏され、聖上（国王）から薩摩へ書翰が送られた。これにより利元の請願は認められたので、同年11月に鹿児島から帰国した。（略）1675年11月に北谷間切屋良の地頭に転任した。（略）1681年2月に病のため辞職した。1706年1月31日、75歳で死去した。号は松秀である。

27　1614～？年。首里の士・馬氏（国頭按司）の七世。この場合の「王子」は位階名で、国王の実子という意味ではない。
28　琉球から薩摩に派遣される使者や留学生の滞在施設。1784年に琉球仮屋（琉仮屋）から琉球館に改称された。

この記事によると「日本人」の利元は次のような経緯で「琉球人」になっている。
① すでに日本人の琉球移住は禁じられていたにもかかわらず、薩摩に派遣された琉球の高官・馬正則が利元を気に入り、従者にしようとする。
② 正則の藩への働きかけにより、藩から例外的に利元の「琉球人」化が承認される。
③ しかし正則の死後、藩は利元を「日本人」に戻そうとする。
④ 利元と国王の請願により、再度藩から利元の「琉球人」化が承認される。
すなわち利元は、「日本人」と「琉球人」の間で揺らぎ続けた末にようやく「琉球人」の側に落ち着いた人物であったといえよう。

王府の編纂した『球陽』などの書物は、この利元の「琉球人」化について特に言及していない。事件が馬正則と利元の個人的な関係の中で進展したためか、あるいは「国家の書物」に記すほど有益な要素を王府が見出せなかったからかもしれない。しかし逆に薛氏の側からは、事件の経緯を儒教的要素で彩り、利元の存在を「あるべき王国像」の中に位置づけようとする動きが見られる。『薛姓家譜』の序文における、薩摩に連れ戻された利元が再び琉球に戻るエピソードを見てみよう。

　　後に馬正則が死亡したため帰国を命ぜられ、〔琉球の〕妻子と別れて以前のように〔鹿児島で〕町人をしていた。しかし徳を修めて国を統治し、民を我が子のように愛される国王の尚貞様が、たまたま利元のこの状況を知り、特別なご配慮で、書簡を薩摩の役人に送り、利元を琉球の士に取り立てることを懇願してくださった。このため利元は再び琉球に来て、代々士族となった。これが薛氏のはじまりである。

この序文は1708年に利元の継子である二世・利良が執筆したもので、利元の再「琉球人」化を、国王による儒教的徳目の実践の結果として描いている。家譜の序文は、王府の厳しい統制下にあった本文とは異なり、王府の容認のもとで各家が比較的自由に作成できた——引きかえに必然的に公的記録としての

図1-7 程順則（名護親方）の肖像

出典：名護弘一氏所蔵。

効力は低かった──と考えられるが、薛姓ではこのような序文の性質を活用して、利元の経歴を儒教的な文脈において可能な限り意義づけようとしたとみられる。

ところで序文は、利元に正則が目を留めた理由を「利元が人々に非常に愛されていたため」であると説明する。しかし利元の琉球移住の背景はより複雑であったようだ。序文によれば、利元の父・欽若も琉球への渡航歴があったといい、利元が鹿児島の琉球仮屋へ出仕したこと自体がそもそも偶然ではなさそうである。またその兄の利宗（留島次郎右衛門）は鹿児島城下の呉服町の住人であったが、「1655年に弟の利元を気にかけ、初めて琉球を訪れて以降、商売のためにしばしば琉球を訪れ、琉球で三人の子をもうけた」という[30]。その長子・利良（屋良筑登之親雲上）は、利宗と若狭町村金城仁屋の娘・思戸の間の男児で、息子のいない利元の養子となり、その家を継いだ。そして利良の弟の利繁は、那覇に戸籍を置く士・新参薛姓の一世となっている。このように近世初期の薛氏は、琉日の間できわめて高い流動性を有する「境界的な」一族であったと考えられる。家譜の序文は、こうした初期の一族の事情を選択的に整理し、利元に儒教的意義を付すことで、「あるべき琉球人」像へ一族を接近させようとする試みであったといえよう。

---

29 家譜の中には序文のないものもある。また序文の作成年代はまちまちで、王府による検印もない（田名、前掲書、105-106頁、および田名氏のご教示による）。
30 『新参薛姓家譜（小宗・利盛）』（那覇市歴史文化博物館蔵影印本）。

(2)『薛姓家譜』を読む二——元祖・欽若の記録

　家譜序文における儒教的記述は、元祖である南京人の欽若にも及んでいる。序文の末尾には次のようにある。

　崇禎年間（1628～1644年）に、〔序文執筆者・利良の〕祖父にあたる欽若は、薩摩の使者に随行して琉球に滞在し、その時に毛大夫擎台と親しく交際した。ある日、擎台は祖父に文章を送って、こう述べたという。

>　「あなたの言動を拝見しますに、品行は義に叶い、交際には智を用い、動静も的確です。また他人への接し方は、剛にして抗わず、柔にして屈さず、人々と協調しながら流されず、皆と親しくしながらひいきをなさらない」
>
>　私はこの言葉から祖父の人となりを知ることができる。しかしその出自は現在にいたるまで探求する方法がない。家譜が伝わっていないからである。このことが甚だ恨めしいが、〔家譜を作成したので〕今後そのような憂いは免れるだろう。

　この記述は、欽若が義・智などの儒教的徳目において称賛されたことを示すと同時に、もう一つ重要な意味を持っている。それは彼を称賛した人物が擎台であるということである。擎台とは、1607年に福建省から琉球へと移住し、久米村の士・毛氏の元祖となった毛国鼎（1571～1643年）の号である[31]。その死から約半世紀後の1706年、王府の儒教導入政策を牽引していた高官の一人・程順則（名護親方、1663～1734年）（図1-7）は、自らの執筆した『廟学紀略』[32]の中で、琉球に儒教を伝授した「四先生」の筆頭に国鼎を挙げ、「樹木に根元があるように学問には淵源があるものだ。わが国の学問の源が四先生の教えにあることは日や星のように明らかである」と評価した。

31　毛国鼎については、社団法人久米国鼎会編『久米・毛氏家譜（原文・読み下し）』（同会、1992年）、上里隆史・渡辺美季「毛姓人物辞典」（久米毛氏四百年記念誌編纂事業分科会編『久米村毛氏四百年記念誌・鼎』社団法人久米国鼎会、2008年）に詳しい。
32　「廟学紀略」上里賢一編『校訂本・中山詩文集』九州大学出版会、1998年。琉球における儒教の形成と展開をまとめた文章である。

『薛姓家譜』の序文は、この『廟学紀略』の成立から2年後に執筆されており、そこから何らかの影響を受けた可能性は高い。すなわち王府が儒教の伝道者として評価する国鼎から、自家の元祖・欽若が称賛を得たとする記述によって、欽若にも儒教的な格づけを与え、国鼎による称賛のエピソードとともに「あるべき琉球人」像における一族の価値をより高めようとしたと考えられるのである。

おわりに——史料を「読む」

　17世紀末から18世紀中葉にかけて、首里王府は儒教思想を積極的に導入し、これを用いて「あるべき王国像・琉球人像」を示そうとした。それは1609年の薩摩侵攻を契機に、王国が中国と日本に強く狭まれ、その地理的・民族的枠組みが固定されていく状況下において、国家が推進したアイデンティティ確立の作業でもあった。

　この施策の中で王府は、儒教的徳目の実践者を盛んに褒賞するなどして王国全体への儒教思想の普及を試みると同時に、「過去」の儒教化にも取り組んだ。すなわち「過去」の記憶（古老からの聞き取りや文字史料）を、儒教的要素をふんだんに盛り込む形で整理し、国家や家々の「歴史」として記録化していったのである。

　こうして作成された史料の中に、本章で取り上げた3人の「琉球人」は描かれた。彼らは、薩摩侵攻の前後に外部から琉球に移住し士身分を得た人々（ないしはその子孫）であったが、王府はその経歴——とりわけ「琉球人化」の経緯——に儒教的価値を付与することで、彼らを「あるべき琉球人」像の中に吸収し、「儒教的文脈においては日本を凌駕する王国」像を支える重要な要素として位置づけたのである。一方でこの上からの「儒教化」を受けて、子孫の側からも「3人」の儒教的価値を強調し、彼らを「あるべき琉球人」像へ近づけ、それによって一族の存在意義を高めようとする試みがなされた。つまり「3人」は、国家と子孫の手で「あるべき琉球人」像の中に濃縮されていったのである。

　本章で扱った「3人」の史料は、いずれも事実そのものではなく、あるベクトルに沿って人為的に整形された「事実」を記したものである。およそ全ての

文字史料は、何らかの意図・目的・理由のもとに作成されており、程度の差はあれ、このような整形が施されているといってよいだろう。従って事実と「事実」の間にある様々な作為を抽出し、事実と「事実」の相関性——人が事実とどのように関わり、これに対処し、受け止めてきたのか——を考察することが、すなわち史料を「読む」ということになる。私たちを過去の存在と向き合わせてくれるのは、まさにこの作業なのである。

（渡辺美季）

> **コラム** 古琉球王国の戦争と軍隊

琉球は「武器のない国」だったのか

　古琉球（12世紀頃〜1609年）と呼ばれる時代、南西諸島には「琉球王国」という前近代国家が存在した。この王国は14〜15世紀の海域アジア世界において中継貿易を行い繁栄したが、一方、国内においては首里の王を頂点に奄美大島から与那国島までの島嶼を統治する中央集権体制を16世紀初頭に確立した。この段階にいたるまでに琉球は数多くの戦乱を経験しており、古琉球の歴史において軍事力の果たした役割は決して看過できるものではない。

　よく「琉球には武器がなかった」と言われるが、これは誤りである。南西諸島に300以上あるというグスクは、その発祥に聖域・集落的な性格を持つとしても、最終的に軍事施設として発達してきたことは明らかであり、屈曲した石積み、侵入経路を限定する複雑な構造、土塁や堀切、柵列など優れた防御上の工夫が施されていたことが近年の城郭研究から明らかにされている。グスクをはじめとした遺跡の発掘調査では刀剣・矛や矢じり、甲冑などの部品が多数出土する。12世紀頃から南西諸島各地には按司と呼ばれる首長層が出現し、14世紀後半には「三山」という三勢力が覇を争っていたが、15世紀初頭に中山の尚巴志が武力で沖縄島を統一した。当然のことながら、これらの軍事的構築物・出土遺物は外敵からの侵入を想定したものであり、当時の戦乱状況と対応している。

統一軍団の完成と奄美・先島地域の征服

　第一尚氏政権は王位継承争いや護佐丸・阿麻和利の乱を鎮圧する過程で各地に割拠していた王族や按司の軍事力を凌駕していったが、16世紀、第二尚氏王朝の尚真王代には按司層を首里に集住させ、王国域内に「間切・シマ」制度を設定、位階・職制も整備された。一連の政策は首里王府が各地の按司層の軍事力・経済力を奪って彼らを王府組織内に取り込み、王国全域を掌握したことを意味す

種子島への鉄砲伝来以前に琉球に存在した中国式火砲（火矢）

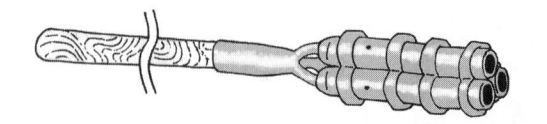

る。1500年には王府軍3000が約50隻の軍船で八重山に侵攻した（アカハチ・ホンガワラの乱）。これ以前より沖縄島の琉球王国は周辺地域への軍事行動を活発化しており、15世紀後半までに奄美大島・喜界島が、16世紀初めまでに久米島が征服された。琉球王国は軍事力によって南西諸島を支配下に収めたのであり、実行部隊として首里王府のもとに編成された軍事組織がその役割を担ったのである。

刀狩り説の根拠である「百浦添欄干之銘」（1509年）には、「専ら刀剣・弓矢を積み、もって護国の利器となす。この邦の財、武器に用いること他州の及ばざるところなり」と記されている。これは「（尚真王は）武器を増強して国家防衛の道具とした。そのために資財を投入することは他国の及ぶところではない」と述べているのであって、刀狩りをして武器を国庫に収め、非武装化したとする解釈にはならない。

首里・那覇の軍事防衛システム

1522年から1554年にかけて、倭寇対策のため王国中枢の首里・那覇を防衛する軍事制度が制定され、あわせて首里城外郭と那覇港口の砲台を建造した（「真珠湊碑文」「やらざもりぐすくの碑」）。それによると王府内の「ヒキ」と呼ばれる組織と地方の間切軍が首里・那覇のグスク群を連携して守備したことがわかる。ヒキは軍事のみならず行政・貿易なども担当するフレキシブルな組織で、組織の長が「船頭」と呼ばれ、ヒキの名を冠する貿易船が各々存在していたように、航海体制をモデルとしていたとみられる。巻狩の組織から発展し、行政・軍事組織とともに社会組織でもあったツングース系民族ジュシェン（女真・満洲）の八旗制度とも類似する組織といえよう。古琉球に日本の武士のような軍事を専門とする組織が一見確認できないのは、これらの理由によるところが大きい。なお琉球の貿易船は明朝の軍船の払い下げで、1421年の倭寇による襲撃以降、武器を搭載して備えていた。ヒキは船上において海寇に対する警固も担ったのである。

1531年に編集された『おもろさうし』巻1では全41首のうち実に11首が戦争に関するオモロであり、将兵たち（大ころ、厳子と呼ば

古琉球における首里・那覇の軍事体制

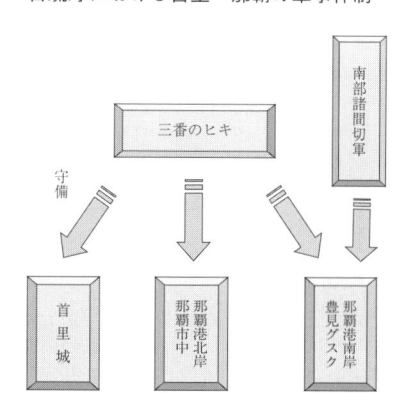

れる）が神女（ノロ）の「戦せぢ（戦闘の霊力）」を与えられ戦闘に臨む姿をうかがうことができる。古琉球の精神世界のなかに戦争もまた深く組み込まれていたのである。オモロでは王国の軍隊を「しよりおやいくさ（首里親軍）」と謡っている。

島津軍の侵攻と琉球の対応

　1609年の薩摩島津氏の琉球侵攻に際し、琉球は講和を模索しつつも、一方で王国軍による防衛体制をしいていた。島津側は自軍の戦死者を200名と記録しているが、これは琉球が島津軍の侵攻に対し実際に応戦したことを証明している。琉球は奄美大島・徳之島、今帰仁や首里・那覇などの重要拠点に4000名ほどの軍勢を配置していたが、戦国乱世をくぐり抜け、また秀吉の朝鮮侵略の際には5000以下の兵で20万ともいわれる明の主力軍を破った島津軍の精鋭部隊に、実戦経験のない琉球軍はなすすべもなく敗北した。以降、日本の幕藩制国家のもとで薩摩藩が琉球の防衛を担当することになる（琉球押さえの役）。

　琉球史をめぐる軍事・戦争の問題は、単に武器所有の有無を探る段階から、軍事組織と国家形成の問題、戦争が社会・文化に与えた影響、兵器の技術交流史など、より詳細な研究へと進みつつある。また関連して「琉球平和イメージ」がいかに形成されたかという問題も検討課題として挙げられる。19世紀アメリカの平和主義運動のなかで、琉球を訪れた欧米人の体験談が琉球＝平和郷のイメージを定着させたこと、非武装説を唱えた伊波普猷がその説を主張するに当たり、学生時代に出会った欧米人の琉球訪問記やキリスト教の果たした影響、そして戦後米軍統治下での沖縄の状況などがイメージ流布の背景として想定できる。これらの面からアプローチする作業も今後必要となろう。

（上里隆史）

2

「方言論争」をたどりなおす
── 戦時下沖縄の文化・開発・主体性 ──

はじめに

　沖縄学は伊波普猷たちの第一世代から、言語学・民俗（族）学と並んで、歴史学の知見を活用してきた。したがって歴史研究は、沖縄学・沖縄研究のなかで、現在までもっとも研究者の層が厚い分野といえる。ただし、そこにも一種の流行り廃りはある。たとえば沖縄の復帰前後には、琉球処分を焦点とする沖縄近代史研究が盛んとなった。沖縄の願いをふみにじる日米政府の返還政策が「第二の琉球処分」とよばれた時代だからこそ、近代の初発に遡って沖縄と日本の関係を捉えなおす機運が生まれた。歴史研究もまた時代の子なのだ。
　では現在の先端はといえば、それはもっぱら前近代を扱う琉球史の分野となるはずだ。復帰後、清新な問題関心を抱く研究者が多数参入して急速に実証の精度が高まり、今日ではその次の世代が加わって研究者の裾野もさらに広くなった。それに比べると、近代史研究はいま、めっきり人気がない。もちろん地道な史料発掘や研究の蓄積は営々と続けられている。しかし、以前の熱気には遠く及ばない。それには種々の理由があるが、概して「暗い」などと敬遠されがちである。背景には、「大交易時代」ともよばれる琉球王国の歴史と対比して、近代は沖縄人(ウチナンチュ)が主体性を奪われた時代だった、とする理解があるようだ。
　独立国家の喪失、強制された同化、困窮による離郷、移住地での差別、悲惨な地上戦……なるほど「被害者的な歴史像」ともよばれるこの目録は、いくら

1　高良倉吉『琉球王国』岩波書店〈岩波新書〉、1993年、10頁。これは同氏の著作で現在までよく用いられる表現である。

でも続けられそうだ。だが、そうした事実に目をつむって沖縄近代史は語れない。それに肯定的・積極的に語れないからといって、当時の沖縄人に主体性はないのだろうか。主体性という言葉を、現在の私たちが評価したい過去の能動性のためにだけ使ってはいないだろうか——沖縄近代史研究はいま、こうして歴史認識の問いなおしを迫られる地点に立っている。

そこで本章ではいささか迂遠ながら、沖縄方言論争の史料の再読を通じて、近代沖縄人の主体性を捉え返してみたい。この論争は、1940年の年頭に沖縄県庁と柳宗悦とのあいだで始まり、ほぼその年いっぱい続いた。当時、標準語の「励行」を強力に推進していた沖縄県庁に対して、柳はじめ日本民芸協会の同人がその行き過ぎを批判し沖縄語の重要性を説いたことが論争の発端だった。やがて民芸協会の機関誌『月刊民藝』を通じて、論争は東京の論壇に持ちこまれ、柳田國男など著名な民俗学者・言語学者もかかわる言語問題に発展する。

そのためこの論争については、戦時下文化統制の象徴として日本史の通史類でも言及され、さらに言語とアイデンティティの関係を考える恰好の素材として、沖縄研究に限らず多方面の研究者が取りあげてきた。沖縄近代史のなかでも、もっとも良く知られた事件のひとつといってよい。したがって、方言論争に対する評価・認識の変遷をたどれば、沖縄近代史研究が復帰後、どのような関心で展開し、深化を遂げてきたか、その一端が読みとれるはずだ。

1 〈史料を読む1〉「方言論争」評価の変遷

乱暴を承知でまとめれば、方言論争はこれまで、およそ三つの視点から捉えられてきた。以下、それらを順にたどるが、新たな視点が提起されても以前の評価がまったく無意味になるわけではなく、三つはいまも「共存」している。むしろここで着目すべきは、同じ史料の読解にもかかわら

2　この論争については、他に沖縄言語論争、沖縄語論争、沖縄言語問題などの名称が知られているが、ここではもっとも人口に膾炙している「(沖縄)方言論争」を用いる。
3　したがって一人の研究者が複数の視点を持つ場合もある。学派のように人と方法が明確に対応しているわけではない。相違を明確にするべく、論争のどこに注目するかという内容面で類型化していると考えてほしい。また方言論争に言及した文献は膨大なため、以下の注記でも1980年代以降にこの分野の研究の画期となった重要文献だけを挙げるにとどめた。

図2-1　方言論争の記事で構成された『月刊民藝』

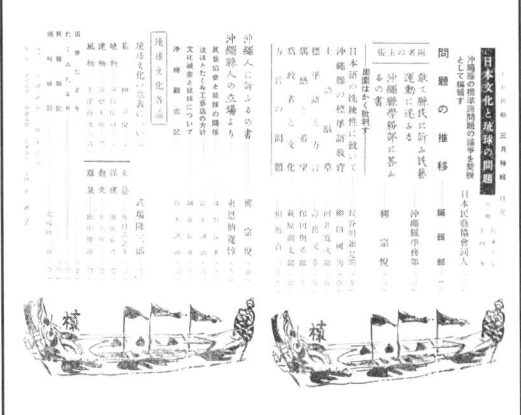

注：1940年3月号の表紙・目次。

ず、なぜある時点で新たな見方が提起されたのか、という点である。そこにこそ、沖縄学としての沖縄近代史研究の関心の推移がかいま見えるからだ。

(1) 第一の視点：国家による統合対地方文化の抵抗

まず復帰以前から続く代表的な視点としてあげられるのが、論争を、国家による強権的同化に対する地方文化の抵抗と捉える視点である。琉球処分以来の日本国家による同化主義の圧力が、戦時に「標準語励行」にまで高まったとき、民芸（＝民衆的工芸）に代表される地方文化の擁護を掲げた柳宗悦がこれに敢然と抵抗した、という構図になる。私たちは、その後の文化統制が「方言撲滅」へと激化したこと、さらに沖縄戦では沖縄語を話す者をスパイとまでみなした国家・軍隊による沖縄語の抑圧を知っている。他方、朝鮮の3・1独立運動を弾圧した朝鮮総督府を真正面から批判した数少ない日本の知識人であり、朝鮮独自の民衆美術を発見した柳は、戦時下の沖縄でもその志操を貫いたとされ、現在でも評価が高い。この構図は〈ファシズム国家〉対〈民衆の抵抗〉という、戦後日本の歴史学のなかでもっとも影響力のある認識枠組ともよく合致して広く浸透し、およそ1980年代まで常識とされていた[4]。

史料にそって確認してみよう。県庁側の「敢て県民に訴う民芸運動に迷うな」

と、柳の反論「敢て沖縄県学務部に答うの書」は、論争の第一段階で両者が正面からぶつかった論説である。

　1940年の1月7日に那覇で開催された公開座談会の席上、柳と県官僚のあいだで標準語奨励について意見の対立は見られたものの、大事には至らなかった。ところが翌8日、沖縄県学務部が県の公式見解ともとられる柳批判を、突如、地元紙で公にして論争が本格化する。学務部は冒頭で、「意義深き皇紀二千六百年を迎え真に挙県一致県民生活の各般に亘り改善刷新を断行して此の歴史的聖業を翼賛し奉らねばならぬ。就中標準語励行は、今や挙県一大県民の運動として着々実績を収めつつある所である」と、「励行」の正当性を戦時国民動員の一環である皇紀2600年のキャンペーンに求めるとともに、「励行」の実績を誇って「或る有力な民芸家」を牽制した。

　すぐに筆を執った柳の反論は、同月14日に掲載された。その見解は、「標準語も沖縄［語］と共に日本の国語である、一方が中央語たるに対し、一方は地方語である、是から二つのものは常に密接な関係を有し、国語として共に尊重せらる可きである」と二言語併用論の見地から地方語の抑圧は必要ないとの立場で一貫していた。しかも、「地方人は地方語を用いる時始めて真に自由なのである」と、言語の使用が精神の自由の根幹に位置することを明確にしている。このときの柳の発言が、文化論・言語論として高く評価される所以である。

　しかし、こうした理解では、論争の当事者は〈国家〉対〈著名知識人〉でしかなく、肝心の沖縄の人々、言語政策の影響をもっとも受けるはずの者の声は論争から疎外されているかに見える。これではなるほど、沖縄人の主体性などあろうはずがない。大和人がトップを占める県庁による国家の意を呈した同化政策に声をあげられなかった県民にかわって、柳が（朝鮮のときと同じように）

4　柳宗悦・民芸運動に関する研究のなかで、現在でも方言論争をまずはこの点で理解する人が多いのは、こうした枠組によっている（親富祖恵子「国家主義を越える視座──柳宗悦と方言論争」『新沖縄文学』80号、1989年、水尾比呂志『評伝 柳宗悦』筑摩書房、1992年など）。また方言論争にかかわる論考のアンソロジーである、谷川健一編『叢書わが沖縄2 方言論争』木耳社、1970年の編集も、こうした論争理解を広める効果をはたした。しかし、（本文で詳述するが）それは沖縄史にとっての方言論争の意味とは、必ずしも合致しない。

5　いずれも当時の沖縄の地元3紙にいっせいに掲載された。以下、両論説については、総務部市史編集室編『那覇市史 資料篇第2巻中の3』那覇市役所、1970年、356・358-360頁より引用。なお本章では、史料の引用にあたって、すべて現代仮名遣いに改めた。

立ちあがってくれたという理解に落ち着いてしまう。すると論争は、統合対抵抗という日本近代史の対立構図の一例であり、沖縄史としても近代を一貫する同化の暴力の（もっとも極端な）一断面にすぎなくなる。沖縄人の主体性どころか、沖縄近代史の自律性さえここでは危うい。

(2) 第二の視点：柳思想の再検討と沖縄人からの視点

ところが1990年前後から方言論争は大きな読みなおしの時期を迎える。論争を県庁対柳の次元にとどめず、論争にかかわるさまざまな発言を精査して、当時の沖縄人自身による論争評価を注意深く読みとるようになっていく。もっとも、この点では共通しつつも、着目する関心の違いによって、新しい視点は大きく二つにわけられる。

まず沖縄研究以外にも広まった視点として、柳の文化論の全面的な再検討が引きおこした議論があげられる。従来の素朴美や民族・地方文化の擁護者という思想家像が相対化され、民衆の生活文化を日常の文脈と切り離し、きわめて美学的な枠組で評価・鑑賞する柳の思想を一種のオリエンタリズムとして批判する観点まで現れた。方言論争の史料も読みなおしの例外ではなく、むしろ論争の再解釈こそ、新たな柳研究にとって不可欠の試金石となった。[6]

すでに見た県学務部に対する柳の反駁文を例にとれば、柳は沖縄語の重要性を説く根拠として、地方文化の尊重と並んで日本語・日本文化の純正性を保存する沖縄語の貴重さをあげている。「凡ての日本の言語学者が一致する如く、日本において現存する各種の地方語のうち伝統的な純正な和語を最も多量に含有するのは東北の土語と沖縄語」であり、とくに沖縄語は「国宝的価値をすら有する」と讃えている。

ここからは柳の沖縄文化論の別の側面が浮かびあがる。ひとつには、彼にとっ

---

6 こうした研究は1990年代以降、多数にのぼるが、さしあたり以下を参照されたい。小熊英二『〈日本人〉の境界』新曜社、1998年（第15章「オリエンタリズムの屈折——柳宗悦と沖縄言語論争」）、安田敏朗『〈国語〉と〈方言〉のあいだ——言語構築の政治学』人文書院、1999年。なお、中見真理『柳宗悦——時代と思想』東京大学出版会、2003年は、こうした柳批判を受けて書かれたもっとも優れた柳研究の単著である。その目配りの利いた評価からは学ぶところが多いが、柳が「書いたもの」だけで沖縄と柳の関係を捉えすぎている点は、対抗関係にある一連の柳批判の論調と共通している。

て言語は「国宝的価値」という表現に象徴されるモノのように固定し価値づけられ、あたかも民芸の一種のごとく対象化されている。民衆の生きた言語生活とは異なる学問的・美学的見地からの評価といえる。もうひとつは、「私達が沖縄語に敬念を禁じ得ない理由の一つは寧ろ正しい標準語の樹立の為であるとも云える」と端的に披瀝するように、沖縄語の維持・保存は、中央語＝標準語を正しく美しくするための材料と見なされたことである。この論法では、沖縄語はなによりも日本文化の発展のために求められる。権力への抵抗のためにあえて日本文化との関連をもちだして説得力を高めたというよりも、これは地方文化の固有性と自由を訴えた柳に同居するもうひとつの確信であった。

　柳だけではない。民芸協会の同人で1940年1月の沖縄行にも参加した式場隆三郎は、「琉球」を「民芸美の天国」と称揚したが、その根拠は「日本的なるものが既に亡び、又は亡びんとしている日本にあって」、沖縄の生活が民芸の理想型を体現し、しかもその美が「悉く日本的なものであり、国民精神の高揚の叫ばれている折に深い意義を認めた」からである[7]。近代文明に汚染された日本文化を蘇生させるために、沖縄文化を「日本的なもの」として組みこもうとする関心が、柳よりもいっそう露骨になっている。「国民精神の高揚」という戦時下の国家主義的な日本文化論にも棹さすこの議論は、国家権力に対する抵抗ではなく、むしろ地方文化を動員する側に立つものとして読める。

　沖縄の人々はこうした点を見逃していなかった。大宜味梅子の新聞投稿は、東京などからやってくる「お偉い方々へ」揶揄を交えた痛烈な批判を繰り出している[8]。「将来の標準語を決める参考になると被仰った方がお有りで御座いましたがそれは余りに沖縄に残酷な御言葉で御座います」。それでは、他府県に追いつこうと「一生懸命やっている沖縄の前進を阻むような」ものだからだ。文化的な価値に特化して沖縄を評価する柳たちの姿勢に、「貴方達は思い違いの変な優越感を持って批評なさいます」と、いわば保護者の「優越感」まで嗅ぎとっている。

7　以上、式場隆三郎「琉球文化の意義」『月刊民藝』第2巻3号、1940年3月、33頁。式場は精神科医・美術批評家で、当時『月刊民藝』の編集長も務めていた。
8　大宜味梅子「お偉い方々へ」『沖縄日報』1940年1月13日。引用は、前掲『那覇市史』357頁より。ただし、筆名である可能性が高く、女性が書いたとも言いきれない。柳に反発を感じた沖縄の男性知識人が、揶揄のためにあえて女性の口ぶりを用いたとも考えられる。

一見すると不可解だが、当時の地元紙に寄せられた論争関連の記事・投稿には、意外なほど柳たちへの賛同が少ない。戦時下、県の意向に反する主張は難しかったとはいえ、沖縄文化を擁護してくれたはずの柳に反発する声も目立つ。柳の沖縄語尊重に感謝を示した伊波普猷も、以上のような柳の姿勢には暗に疑問を呈している。

こうして新たな視点は、従来の官対民、統合対抵抗という枠組には収まらない戦時下の文化をめぐる複雑な構図を浮き彫りにするとともに、沖縄人が論争のどこに注目し、違和感を感じたかまで具体的に掘り下げて考察する道を開いた。これには、文化の政治性や植民地主義の問題を問うカルチュラル・スタディーズやポストコロニアル批評などの新しい分析理論の影響が大きい。だが外部の理論の単なる適用ではなく、沖縄史研究の側にそれを旺盛に摂取できる問題関心がなければ読みなおしは起こらない。1990年代には復帰20周年前後から日本全体で沖縄ブームが続いたが、その大部分は沖縄の日常（そこには軍事基地と隣合わせの生活が含まれる）を無視して作られた沖縄イメージの消費にすぎなかった。また沖縄文化の固有性を評価することが、いまでは日本文化の多様性や豊かさの根拠として国家によって動員されるまでになった。新たな視点は、こうした風潮に対する危機感に共鳴して生まれたと考えられる。

(3) 第三の視点：差別への問いと構造的視点の提起

柳や民芸運動への批判について第二の視点と多くを共有しつつも、近代日本社会による沖縄差別との関連で論争を位置づける点に、第三の視点の特色がある。近代沖縄人の主体性を考える本章では、もっとも重要といえる。

すでに紹介した第一の視点では、県学務部の声明は同化強制、地方文化の抑圧を正当化する国家の意を体現する史料と受けとられていた。しかし意外なことに、声明全体を見渡すと、そのような口ぶりはわずかである。中心はむしろ、移民・出稼ぎや兵役中などに、標準語を話せないために県外で被る日常的な不利益から県民を救うために、標準語の普及がいかに必要かを訴える内容である。それは「特質保存だの将来の標準語決定の資料だのとは言って居られない全県民の切実なる問題」であった。

学務部の声明は、国家による総動員のための強権的同化・統合の論理ととも

に、戦時下沖縄人の生活向上や経済発展を求める論理の二つの側面をもっていた。そして、実際にこの声明の筆を執った沖縄人の県官僚・吉田嗣延の意図は明らかに後者にあった。東京帝国大学で社会学を修め、社会事業など民衆生活に密着した活動に関心を寄せる学生でもあった吉田は、帰県後、県庁で社会政策・社会教育を担当し、生活改善事業の普及や県民の出稼ぎ先の事業所訪問、移民向けの教育事業などを積極的に主導した。学務部声明の主要部は、その吉田の実務経験にもとづいて構成されており、沖縄の読者にはかなりの説得力をもったと考えられる。

　吉田の意図は、柳の反論に応答した個人名の論説で、より切実さを増して展開されている[9]。そこでは、「南洋に於ける県人が『ジャパンカナカ』と称せられ大阪、台湾あたりに於ける県人が悲しむべき特殊的取扱いを受けつつあることを知るや否や、労務者の募集を行う時県出身の職員が傍に居なければ全然話し合いが出来ない事実を知るや否や」、と柳たちに強く詰め寄っている。ここで吉田があげる例がすべて県外、すなわち「海外、内外南洋、台湾、大阪等にいる県人」であることに注意が必要である。友人の言葉として引かれる、「県外にあっては標準語は命より二番目に大切なものだ」との「悲痛な叫び」は、離郷した沖縄人にとって、言葉はなによりも日常的な差別の問題であり、標準語が生存と発展の機会を得るための命綱であったことを物語る。

　日中戦争下、吉田は民間の社会事業家らと連携して生活改善運動を進めていたが、そこへ県外の沖縄人からの要請で標準語励行が運動項目に盛りこまれ、挙県的にとりくまれていく[10]。標準語励行は、後に「方言撲滅」へとエスカレートして国民統合の暴力を剥き出しにするが、初期には沖縄人自身による自力更生の要求を受けとめた活動だった。それゆえに柳の「励行」批判は、吉田たちには部外者の気楽な立場からの物言いと映ってしまった。

　だが、論争のなかで柳や民芸協会の同人たちが吉田の訴えを真正面から受けとめる場面はついになかった。吉田は、日本帝国の差別構造そのものを批判するのではなく、沖縄語など差別の指標とされる障害を除去・改善して、沖縄人

9　吉田嗣延「柳氏に与う」『沖縄日報』1940 年 1 月 16 日。引用は、前掲『那覇市史』361 頁より。
10　参照、納富香織「『生活改善』から『生活更新』へ――1930 年代の沖縄出身者による生活改善運動」上下『戦争責任研究』60 〜 61 号、日本の戦争責任資料センター、2008 年。

が本来有する「優秀なる素質」を発揮できる条件を創り出そうとした。その限りでは社会批判に至らず、個々人の階層的上昇が沖縄人全体の地位の改善を導くという素朴な信念にもとづいている。それでも沖縄人の窮状を柳たちに突きつけている以上、柳たちは差別する側の一員として応答を迫られていた。ところが柳や民芸協会の同人は、論点を自分たちの関心である言語論・文化論に切り縮めて東京の論壇に紹介してしまったのである。

それまで一方的に批判されてきた吉田嗣延の発言が、沖縄の戦後世代、それも復帰後に研究を始めた若い研究者によって見直されたことは興味深い[11]。もちろん、吉田個人の復権が目的ではない。柳たちのような中央の知識人と沖縄の人々とのすれ違いのなかに、現在の沖縄と日本の関係に通じる問題を見出したからこそ得られた視点だった。

2 〈史料を読む2〉「方言論争」への道
――観光開発から見えてくる「論争」の別の表情

前節のように、論争評価を大まかにたどりなおすだけでも、研究の深まりが読みとれるだろう。研究は、論争における沖縄人の願望や反発の意味を、より内在的に捉える方向に推移してきたといえる。だが、ここまで見通したからこそ、かえって湧く不満もある。それは、これまでの視点がいずれも論争に直接関係する発言内容に注意を集中し、論争を規定した前提条件が形成される過程については、概して考察が弱いためだ。

たとえば柳たちに対する沖縄の過剰なまでの反発には、どんな原因があるのか。そのように反応せざるをえない関係は、論争以前にどのように創り出されたのか。そして、それを理解するには、論争における各論者の発言を分析するだけで十分なのか。そこまで問わずに、はたして「沖縄人にとっての方言論争

11　屋嘉比収「方言論争の記憶」「沖縄を知る事典」編集委員会編『沖縄を深く知る事典』日外アソシエーツ、2003年。ただし屋嘉比も1990年前後には、むしろ柳の思想の積極的な評価を強調しており、どの点を重視して方言論争を理解するかについては変化が見られる（たとえば、同「可能性としての『方言論争』――柳宗悦の言説を読む」『新沖縄文学』80号、1989年）。換言すれば、屋嘉比のような戦後生まれの沖縄の研究者にとっても、論争はいくたびも立ち返るべき問題として意識されていることがわかる。

の意味」がわかるだろうか。本章の後半では、こうした問いに答えるかたちで、論争とそこにかかわる沖縄人の意識をあらためて考えてみたい[12]。

(1)「観光立県」をめざす沖縄と民芸運動との蜜月

1940年1月、柳や民芸協会の同人たちはそもそもなぜ沖縄にいたのか。柳宗悦の伝記的研究でも、論争の研究でも、厳密に検証されたことはなかった。だがこの疑問を解いていくと、1930年代の沖縄史と論争とが新しい結び目でつながってくる。実は柳たちの渡沖には、沖縄の観光産業の振興に一役買う目的があった。民芸運動と沖縄を出会わせ、方言論争の導火線になったのは、この観光という要素だった。その過程をたどりなおしてみよう。

日中戦争のさなかに観光とは考えにくいが、当時は戦前日本のマスツーリズムの絶頂期だった。そこで沖縄でも観光開発への期待が高まった[13]。1920年代のソテツ地獄とよばれた経済不況から脱しようと、30年代の沖縄ではさまざまな事業へのとりくみが見られる。温暖な気候を利用してキャベツ・トマトなどの蔬菜を東京や京阪神市場の端境期に出荷したり、琉球漆器の技法を現代的で洗練されたデザインの工芸製品に活かすなど、新たな産業振興が模索された。この延長上で30年代後半に注目を集めたのが観光産業である。1936年には沖縄観光協会が官民の連携で設立され、翌年、那覇－阪神間の定期航路に大阪商船が新造船2隻を就航させると、いきおい期待に拍車がかかった。就航に合わせて、商船会社が自ら観光視察団を募集し、事業に乗り出したからである。

12　本章の後半(2節)は、執筆者の以下の既発表論文での知見をもとにしている。事実の詳細については、こちらを参照していただきたい。「沖縄　屈折する自立」『岩波講座・近代日本の文化史8　感情・記憶・戦争』岩波書店、2002年、「民芸運動の沖縄――『方言論争』再考のためのノート」『早稲田大学大学院文学研究科紀要』48輯、2003年、「1930年代沖縄の産業振興と地域自立の課題――帝国内部での模索」河西英通ほか編『ローカルヒストリーからグローバルヒストリーへ』岩田書院、2005年。

13　近年、近代沖縄に関する観光を通じた文化の消費について注目が集まっている。参照、神田孝治「戦前期における沖縄観光と心象地理」『都市文化研究』4号、大阪市立大学都市文化研究センター、2004年、多田治「戦前期の観光における沖縄イメージの形成――国家主義時代の観光と知」『一橋社会科学』3号、2007年、同『沖縄イメージを旅する――柳田國男から移住ブームまで』中央公論新社〈中公新書ラクレ〉、2008年。ただし、これらの研究は観光にかかわる表象の分析にとどまりがちなため、当時の沖縄人にとって観光がもたらした複雑な効果については、さらなる検証が必要になる。

1938 年末、柳宗悦の最初の沖縄訪問でも、彼を招いた県の高級官僚は、観光と工芸の振興に柳の力が利用できると考えていた。沖縄に魅了され、「工芸の天国の様な所」と絶賛した柳も、沖縄側の期待に応えるべく、沖縄では風致地区保存座談会などに参加して観光資源としての史跡の保存について提言している。また東京で大規模な沖縄物産展が実現できるよう、百貨店にはたらきかけてもいる。その後、39 年 3〜5 月に民芸協会の同人たちが沖縄に長期間滞在すると、地元の工人・職人との協同制作の試みなどを、地元のメディアも好意的に紹介した。このような良好な関係を前提として、柳たちは日本社会における沖縄宣伝を本格化させるべく、40 年の年頭に著名な文学者や芸術家、映画・写真関係者、観光政策の専門家などで一大観光団を組織して沖縄に渡った。だからこそ、方言論争の発端とされる公開座談会も、彼らを迎えるべく地元観光協会が主催して「沖縄観光と文化を語る座談会」と銘打たれていたのだ。

　県の官僚を含む沖縄の指導者層と民芸運動とは、その出会いの当初から観光開発による地域振興という点では手をとりあっていた。民芸協会の側でも、沖縄の開発欲求を捉えて民芸や観光の振興に協力すれば、それだけ自己の運動の成果を日本社会でアピールするきっかけになると考えており、両者にはある種の蜜月関係が成立していた。

　沖縄の民芸が将来有望な産業になるとの期待は、あの吉田嗣延も抱いていた。1939 年のある席で、今後伸ばすべき沖縄の長所を問われて、吉田は「民芸の優れたもの等は伸すべきものの一つ」と述べたうえで、「柳さん……も本県の民芸で立派なものが沢山ある、それが改悪されつつあるのは残念だ、と申されて居ります」と柳の意見を好意的に引いている。興味深いことに、同じ場面で吉田は、当時言語と並んで懸案となっていた「女子の服装（琉装）の改善」について、「そのままの和服を採り入れることには異議があります」と盲目的な風俗矯正＝日本化を批判して、沖縄の気候風土に合った服装の考案を提起している[14]。吉田も、沖縄的なものをすべて払拭しようとしたのではなく、一方で生活の合理化や経済振興に必要な範囲で「生活更新」を進め、他方で沖縄の有する伸ばすべき長所については積極的に育成する立場だった。伝統か革新か、保

14　以上、吉田嗣延述「県民生活更新問題に就て」那覇地方裁判所・那覇地方検事局作成、1939 年（沖縄県公文書館所蔵・岸秋正文庫）。

存か改廃かの二者択一ではなく、取捨選択して日常の生活に資するかたちで活かすという考えは、当時の沖縄人指導層にはむしろ一般的だった[15]。したがって、吉田と柳の対立は必ずしも不可避ではなかったように思われる。

(2) 沖縄人にとっての民芸運動と方言論争

　だがそれでも論争は起こった。沖縄の人々は、それまで好意的だった民芸運動に対して、なにを感じて反発を覚えたのだろうか。1940 年 1 月の柳たち一行の来沖は、その陣容から観光開発への期待をさらに刺激した。したがって、論争の発端となった座談会は、本来は、日本社会への沖縄の"売りこみ"策をともに語りあう絶好の機会となるはずだった。しかし席上では、吉田でなくとも眉をひそめるような発言が民芸協会の同人を含む観光団一行から発せられた。「古代の日本文化がどこへ行っても見られる」(式場隆三郎)、「沖縄の生活は茶道だ、茶の生活であり、茶の住居である」(濱田庄司、河井寛次郎)[16]。会場にいた沖縄人にとって、こうした沖縄観は一般の観光客のそれと大差ないと感じられたはずだ。吉田嗣延は、先ほどと同じ史料のなかで「県人を全然異族性のものと考えたり或は低級なる未開人種の如く評価されるかと思うと他方では世界に比類のない文化を持っているとか、最も豊富なる民芸の王国であるとか煽てられる」と、観光客による毀誉褒貶に怒りを露わにしているが、これは民芸運動への批判も含意している。

　観光開発による経済振興を通じて日本社会での地位向上をめざす沖縄人の意志は、ここで観光客の意向とぶつかってしまう。ゲストを喜ばすためには「古代の日本文化」が保存されていなければならないが、しかしそれこそが沖縄差別の標的となっていたからだ。沖縄側はジレンマを抱えこんでしまった。

15　もっとも、そうした合理性や産業開発の可能性を基準とした伝統の選別と再編は、それ自体、当時の新体制運動における文化論とも通じており、従来の研究と正反対の評価をすればよいわけではない。この点は、西原文雄による先駆的な指摘がある（西原「昭和十年代の沖縄における文化統制」『沖縄史料編集所紀要』創刊号、1976 年）。この点をさらに批判的にふまえて、冨山一郎は、戦時下の生活改善運動が沖縄人にとって主体的・戦略的な側面をもつことが、かえって沖縄人自身の主体性の剥奪や戦場への動員と内面的に連続してしまう、と鋭く指摘している（冨山『近代日本社会と「沖縄人」──「日本人」になるということ』日本経済評論社、1990 年、同『戦場の記憶』日本経済評論社、1995 年）。
16　以上、『大阪朝日新聞 鹿児島沖縄版』1940 年 1 月 11 日・12 日。

沖縄語の擁護は、このような場で発せられた。柳にとって、発言はあくまで行政の行き過ぎを批判するだけで、これも一連の助言の延長上にあっただろう。けれども沖縄人は、観光開発による発展を促していた柳が、自分たちの発展に待ったをかけたと受けとった。沖縄人にとっては、これは解決不可能なダブルバインドの拘束をかけられたに等しい。こうした経緯抜きには、大宜味梅子が言語をめぐる問題について、なぜ「一生懸命やっている沖縄の前進を阻む」とまで反発したのかはわからない。しかも柳たちに同道した鉄道省の観光政策の担当者は、「観光的観点から見れば、言葉も亦郷土色を彩る重大な要素の一つである。切に沖縄語の正しい保存を希求して止まない」[17]と、大和人によって差別の表徴とされている沖縄語を、今度は観光客である大和人のために観光資源として正しく保存せよという。ここに日本社会の側の身勝手さを感じたからこそ、沖縄人からの柳擁護の声は予想外に少なかったのではないか。

　このように、方言論争はその発端から、表面上は言語政策の是非を問題にしながらも、観光開発をめぐって造り出されたそれまでの沖縄と民芸運動との関係を前提として常に解釈され、判断された。ならば、沖縄と民芸運動がそれまで良好な関係にあったにもかかわらず起きてしまった論争というよりも、良好だったからこそ民芸側の言動に対して沖縄人の反発や戸惑いが増幅されたと考えるべきだろう。

　しかも民芸協会同人の来沖がもたらした影響は、すでに沖縄社会を内部から変え始めていた。たとえば那覇郊外の窯場である壺屋では、早くも観光地化が始まるが、それは歓迎すべきことばかりでもなかった。壺屋のある陶工は、濱田庄司など著名な民芸協会の同人が土地の工人たちと交流した結果、壺屋焼が認知されて注文が増え、休日には家族連れの観光客が「激増」するなど、収入増や地域の活性化につながっていると報告する。しかし、県の工業指導所や仲買人は、「壺屋に濱田氏のイミテイションを盛にさせる。それが又よく売れ」た。観光に絡んだ民芸の産業化は、壺屋の陶工たちの創造性を伸ばすのではなく、すでに著名な作家の作風を模倣させ、自主性を奪ってもいたのである。[18]

17　水澤澄夫「沖縄の風物と観光」『月刊民藝』第2巻3号、1940年3月、59頁。

38　I　歴史

図2-2　観光座談会を報じる地元紙記事

注:『琉球新報』1940年1月8日。

(3) 論争にさす帝国の影

　観光にせよ言語にせよ、郷土の振興を望む沖縄人が直面したジレンマはこれだけではなかった。観光開発と方言論争とのかかわりを調べていくと、この論争が、膨張しながら内部の統合を強めつつある総力戦下の日本帝国のなかで、自己の位置を安定させようともがく沖縄人の必死の願望を反映していることもわかってくる。

　たとえば、吉田たちが観光客に苛立つのは、すでに見たように観光客の要求が沖縄の望む発展の姿と背馳するという理由だけではなかった。当時の観光客の沖縄体験記で興味深い特徴のひとつに、すでに観光で訪れた日本帝国内の植民地との比較で沖縄を品定めする記述がある。ある観光客は、中国本土、台湾、満洲、樺太、朝鮮と旅先の印象を述べるが、どれも新鮮味は少なく、平凡だったという。ところが「沖縄の風物だけは全く独特であり、内地では少しも想像していない景観であった」。「内地にこれ程変った処が残っているのか」と驚きを伝えている[19]。観光地としての沖縄の価値は、このように植民地との競争にさらされ、値踏みされる。そこでの評価は、「内地」であるにもかかわらず、植

18　以上、「民芸協会の琉球行はどんな影響を残したか」(新垣栄盛執筆部分)『月刊民藝』第1巻8号、1939年11月、59-60頁。
19　辻井浩太郎「沖縄観光の思い出」『海』80号、1938年5月、28頁。雑誌『海』は大阪商船の広報誌、辻井は当時、三重県の中学校教諭である。なおこの文章は、『琉球新報』1938年5月13～14日に全文転載されており、沖縄の人々もじかにふれている。

民地よりも「変った処」という付加価値を持つことだった。

当時の沖縄人指導層にとっては、「あと百年もして風俗習慣に特異性が失われるなんてことのない様祈りたい」と、まるで沖縄の停滞を望むような観光客の発言以上に、「ハルピンは昔の俤をだんだん失って行くが、沖縄はそんな事のない様」にと植民地都市との対比で沖縄の停滞を印象づけられることは、もっと屈辱だったはずだ[20]。沖縄が植民地と同格に扱われる曖昧さは、往々にして差別の根拠とされ、県外ではときに命の危険にかかわった。だからこそ、風俗習慣の改善・矯正は県外在住の沖縄人から強く要請された。にもかかわらず、観光開発によって沖縄は植民地との競争に巻きこまれており、観光客を満足させる風俗習慣の「特異性」がなければそこでは勝ち抜けない。ここに、帝国の差別構造のなかに組みこまれた沖縄が抱えるもうひとつのジレンマがあった。

植民地との関係は、方言論争のなかでも、言語政策の是非を沖縄人が考察する際の隠れた論点だった。伊波普猷と並ぶ沖縄学第一世代の歴史家である東恩納寛惇は、論争時に在京の沖縄文化人として『月刊民藝』に寄稿して柳を支持している。在阪沖縄人発行の『大阪球陽新報』に寄稿した一文でも、「他の地方の方言に対するよりも、やや強めに奨励するということは止むを得ぬ」が、沖縄語の禁止や弾圧には強く反対の立場をとった。だがここで問題なのは、その反対の根拠である。東恩納は、文字通り論争と同時進行していた朝鮮総督府の創氏改名政策を引きあいに出し、「方言問題もこれと同様で理解のない官僚が沖縄を朝鮮や台湾と同様に見て今時融和問題などから出発しているとしたらとんだ考え違いであり、むしろ県人を侮辱した僭越の沙汰」だと批判している[21]。東恩納もまた、沖縄が植民地と一緒にされないように腐心している。そこに、差別を回避するために、かえって植民地への蔑視感情を増幅させてしまう差別構造の重層性を見ることは難しくないだろう。吉田と東恩納は一見すると正反対を向いているように見えながら、沖縄が植民地と同列におかれることを怖れている点では一致していたのである。

20　以上、「沖縄を語る座談会」『海』68 号、1937 年 5 月、25 頁。いずれも第 3 回沖縄視察団（1937 年 4 月実施）の参加者による発言。
21　東恩納寛惇「標準語奨励結構／然し郷土文化を覆してはならぬ」『大阪球陽新報』55 号、1940 年 2 月 15 日。

おわりに——近代沖縄人の「主体性」再考

　最後にあらためて冒頭で投げかけた問い、近代における沖縄人の主体性について考察して本章を終わろう。

　本章前半でたどった方言論争の解釈史は、現在の価値観や評価軸によって過去を裁断する歴史研究を克服して、史料に反映された人々の言動を、その時々の状況をふまえながら内在的に把握するべく研究が深まる過程であった。第一の視点が打ち出した統合対抵抗の枠組が無用になったわけではない。しかし、どれだけ明快で訴える力があるとしても、そこに沖縄の声はなかった。近年の研究は、形式的な柳の「正しさ」を確認して終わるのではなく、論争に絡みつくいくつもの対立軸を摘出し、当時それが持っていた意味と機能に即して理解できるようになってきた。その意味では、1930年代末の沖縄人という主体に、より接近できる史料の読みが可能になったのだ。

　けれども、論争に対するこれまでの評価・研究は、論争内容の分析に深まりはあっても、論争を同時代の沖縄人の経験のなかにおいて考えようとする関心が、なお弱かった。いいかえれば、方言論争研究のために沖縄近代史が参照されることはあっても、1930年代の沖縄史の解明を通じて方言論争に至る道を整合的に把握する必要はなかなか自覚されなかった。そのため、方言論争が30年代の沖縄人による主体的な発展戦略からひとつながりの過程で起こった経緯が見えなかったのである。沖縄人にとっての方言論争の意味を明らかにするには、方言論争に至る道が沖縄人自身の手でどのようにつくられたのか、その過程を知らなければならない。

　そこで本章が後半で注目したのは、同時期に沖縄で盛りあがった「観光立県」の機運である。経済的窮状から脱すべく、沖縄では観光産業の発展に期待をかけ、柳たち民芸協会との接触も始まった。不況から脱することができずに皇民化教育や沖縄戦の悲劇に続くとする常識的な沖縄近代史像とは異なって、そこには自力で克服しようとする主体的な試みがあった。だが、それこそが新たな問題を沖縄によびこんでしまう。柳たち民芸協会同人による沖縄語擁護に、沖縄の人々が諸手を挙げて賛同できなかった原因は、権力＝県庁の圧力だけでは

説明できない。彼らの示した微妙な態度は、沖縄の人々が直面した欲望と失望のジレンマに関係している。

そこに指摘できるのは、主体性の不在ではなく、主体性の発揮が抱えてしまう困難そのものである。主体的な試みこそが、沖縄人という主体のはたらきを疎外する。自らが発展を望む以上、受けいれざるをえないゲストの価値観との内面的な葛藤・緊張が自己疎外を昂進させ、それが論争を通じて一気に顕れたのだ。したがって、沖縄人が主体的に地域の自立を模索する過程で抱えこんだ矛盾の極点として、方言論争はある。観光開発と地域のアイデンティティとの衝突・葛藤は、すでに1930年代末の沖縄でも生じていたのである。

近代日本における沖縄差別のなかで、沖縄人の解放や自立のための能動的な模索は、「自立のための同化」ともいうべき、矛盾を抱えこんだ、いわば逆立ちしたかたちで発揮された。もちろん、その主体性は、差別や暴力を回避するために植民地との類縁を拒絶して差別の移譲を担ってしまうなど、今日からすれば肯定的に評価できない面は多い。だが、たとえそれが〈倒立した主体性〉であっても、むしろそこにこそ、現在の私たちが日々経験している〈主体性の困難〉に重なる問題が見えてくるのではないか。

見えやすいところでいえば、観光をめぐる沖縄のジレンマには、方言論争が起こった戦時下と沖縄ブームともよばれる今日とのあいだで、どのような差異と類似（あるいは継続？）が見られるだろうか。[22] 沖縄人が望んで主体的にとりくんだ発展戦略によってもたらされた以上、ジレンマもまた自ら招いたもの（自己責任）として耐え抜き、勝ち抜く「強さ」が必要なのだろうか。また、自身に主体性や自由の自覚があれば、「他者が創作したところの『沖縄イメージ』に躍らされているのではないか、という見方を私はしない」と断言できる者が、1930年代末の沖縄に、さらに現在の（沖縄に限らない）私たちのなかに、どれ

---

22 田仲康博によれば、現在の沖縄観光は、日本社会が消費する身勝手な沖縄像を創り出すだけでなく、沖縄の人々の自己形成にも深刻な影響を及ぼしている（田仲「風景――エキゾチック・オキナワの生産と受容」佐藤健二・吉見俊哉編『文化の社会学』有斐閣、2007年）。

だけいるだろうか[23]。

　方言論争が投げかけた問いは、まだ過去のものとなっていない。

(戸邉秀明)

---

[23] 引用は、高良倉吉「ブームはヤマトとの関係性の中で」高良倉吉・仲里効／読売新聞西部本社文化部編『対論「沖縄問題」とは何か』弦書房、2007年、114頁。個々人の文化やアイデンティティも、時々の資本や政治との交渉関係のなかでつくられる以上、本文の引用に続く、「どのような『沖縄』を受け取るか、それをどうパフォーマンスとして発揮するかは各自の自由」という高良の判断は、あまりに楽観的に過ぎるだろう。ここで問題になるのは、現在に対する各自の立場如何ではなく、主体や自由という概念を歴史の実態（人々の経験）に即して理解するという誠実さである。

コラム　沖縄と移民

世界のウチナーンチュ

1990年、沖縄の特有性（アイデンティティ）を世界で活躍する沖縄系移民に見いだそうとする流れのなかで、沖縄県人と世界中に広がる沖縄系移民との交流を目的とした「世界のウチナーンチュ大会」が沖縄県の主催によって開催された。この大会はその後も継続され、2006年には第4回目の大会が開かれている。世界に拡散する「ウチナーンチュ」が「ルーツ」の地である沖縄に集うこのイベントは、移民の記憶を共有し、「ウチナーンチュ」のアイデンティティを再認識させ、国境を越えた絆を強化するという役割を果たしている。

戦前から戦後にかけて多くの移民を送り出し、日本でも有数の移民県として知られる沖縄移民の特色は、「世界のウチナーンチュ大会」に見られるような強固なネットワークにある。沖縄は、単に多くの移民を送出しているというだけでなく、海外の沖縄系コミュニティと現在まで続く結びつきを維持しているのである。沖縄の地元紙には、定期的に海外沖縄系コミュニティの情報が掲載され、沖縄との繋がりに誇りを持ちながら活躍する人々の姿が取りあげられている。

沖縄系移民の歴史と経験

沖縄系移民の歴史は、1900年に26人の集団移民がハワイへ到着したことを嚆矢とする。これは日本からの本格的な移民開始から約15年後のことであり、開始時期としては決して早いものではない。しかし短期間に多数の移民を輩出し、1937年までの出移民数は、広島県に次いで第2位の67,650人となっている。またその移民先は、ブラジルやハワイ、ペルーなど南北アメリカ大陸からフィリピンやボルネオなど20以上の国・地域に及んでいた。現在、世界の沖縄系移民は、36万人を超えるといわれている。

移民地において沖縄系移民は、沖縄とはまったく異なる生活環境や苛酷な労働を強いられることもさることながら、近代日本社会における沖縄の位置づけとも対峙しなければならなかった。琉球処分により日本に編入された沖縄は、近代日本社会のなかで政治的、社会的、文化的諸問題から生じる様々な差別に直面しているが、それと同様の差別構造が移民地の社会にも持ち込まれた。つまり沖縄系移民は、移民先の社会

44　I　歴史

世界のウチナーンチュ分布

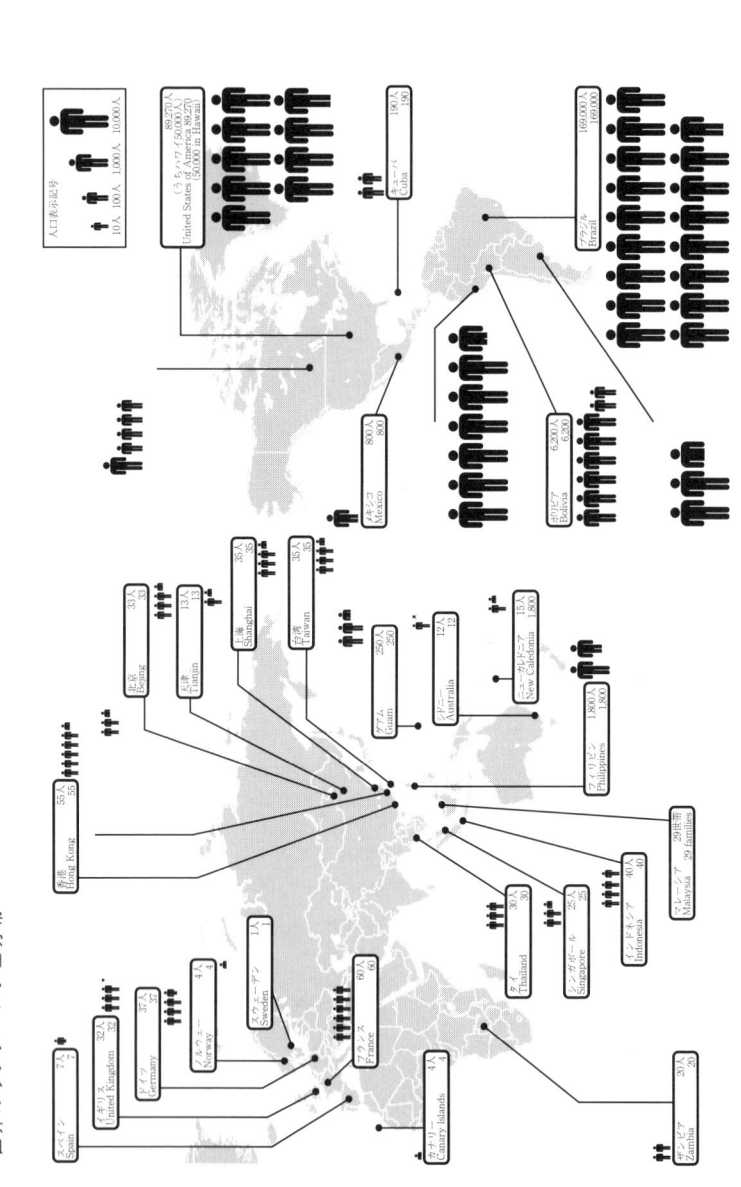

| 人口表示記号 |
| 10人　100人　1,000人　10,000人 |

スペイン Spain　7人 7
イギリス United Kingdom　32人 32
ドイツ Germany　37人 37
ノルウェー Norway　4人 4
スウェーデン Sweden　1人
フランス France　60人 60
カナリア諸島 Canary Islands　4人
ザンビア Zambia　20人 20
香港 Hong Kong　55人 55
北京 Beijing　32人 32
天津 Tianjin　13人 13
上海 Shanghai　35人 35
台湾 Taiwan　35人 35
タイ Thailand　30人 30
シンガポール Singapore　25人 25
インドネシア Indonesia　40人 40
マレーシア Malaysia　29世帯 29 families
フィリピン Philippines　1,800人 1,800
グアム Guam　250人 250
オーストラリア Australia　12人 12
ニューカレドニア New Caledonia　15人 1,800
メキシコ Mexico　800人 800
キューバ Cuba　190人 190
アメリカ United States of America 89,270人 89,270 (うちハワイ 50,000人) (50,000 in Hawaii)
ブラジル Brazil　169,000人 169,000
ボリビア Bolivia　6,200人 6,200

注：北米 中南米以外は県人会会員数（2007年6月現在）Attn: Numbers outside of North, Central and South America are of Kenjinkai members (As of June, 2007)
出所：沖縄県観光商工部交流推進課のHPより。

全体のなかでは「日本人」として差別され、さらに日系社会のなかでは「沖縄人」として差別されるという、いわば二重の差別構造のなかに置かれていたのである。そのような歴史的背景の上に、境界を越えたグローバルな紐帯として、「世界のウチナーンチュ」という沖縄アイデンティティが形成されているのである。

　しかし、沖縄と移民との関係はこのような視点だけではない。「世界のウチナーンチュ」という「ルーツ」に基づいたイメージだけでは捉えきれない「移民」もまた大勢いる。そのような人々の存在と歴史を含めて理解していかなければ、移民の全体像は決して見えてはこない。

「移民」をめぐるアイデンティティ

　第二次大戦中にペルーからアメリカへの強制収容を経験し、戦後沖縄へ引き揚げてきた二世の移民たちがいる。戦争がもたらした強制収容経験により移民地、かれらにとっての「出生の地」から追い出され、敗戦により予期せずして日本への「帰国」を強いられた人々である。かれらにとって沖縄はどのような場所となるのだろうか。二世の沖縄系移民のインタビューでは、自身の「ルーツ」を沖縄に見いだすことのできない複雑な経験が語られている。一世とは異なるかれらにとって、沖縄とは初めて見て触れる土地であり、そこでの経験こそがいわば移民の体験であった。かれらと沖縄との間にある違和感は簡単に消えるものではなかった。このことから「移民の体験」一つをとってみても、沖縄を「ルーツ」とし自身と同一化することが決して容易ではない移民の存在もまた見てとれるだろう。

　沖縄と移民の関係は一枚岩ではない。それでもなお「世界のウチナーンチュ」大会に見られるような沖縄と移民との関係を積極的に意味づける近年の試みは、トランスナショナルな繋がりという新たな沖縄アイデンティティの可能性を持っている。そのなかでさらに、「ルーツ」としての沖縄に距離を置く移民の存在に目を配り、移民をめぐるこれら多様な経験を見ていく作業のなかから、現代社会における沖縄と移民のダイナミックな関係を深く理解することができるだろう。それはすなわち、沖縄を問い直す営みにほかならないのである。

（仲田周子）

3

1950年代の米軍基地問題をめぐって
――日本と沖縄の関係を見すえるために――

はじめに

　沖縄の基地問題を語る際に、必ず参照される数字がある。「国土のわずか0.6％しかない沖縄県に、在日米軍基地の75％が集中している」というものだ。この数字に接する人々は、それが映し出す状況をどのように認識するのだろうか。0.6％の土地に75％が集中するという、その圧倒的な比率から、何を考えるのだろうか。それによって、沖縄が特異な「基地の島」になっているという現状は、ひとまず理解されるだろう。しかし、もしそれが特異な状況下に置かれた「沖縄（だけ）の問題」として受け止められてしまうとしたら、その数字に込められた訴えは、聞き取られなかったに等しい。

　圧倒的な比率で沖縄に集中する米軍基地は、戦後の日米関係によって生み出され、政治の力によって沖縄に押し込められてきた問題である。にもかかわらず、広大な基地を沖縄に配置することが必然であるかのように言い繕い、さらに基地が沖縄の人々に恩恵を与えていると強調してみせる論理が、日本政治の中に深く根を下ろしている。

　それとは違う思考の回路を開いていくためには、「歴史」を差し挟んでみるという作業がおそらく必要である。もちろんそれは、今日の状況の必然性を確認するため、ではない。この状況が作り出されてきた「歴史」の場に立ち返り、そこで作動していた抑圧、暴力、忘却といったものを露わにするために、それが現在も清算されることなく継続していることを見すえるために、必要なのである。そのために本章では、米軍基地が日本政治全体にとって重大な争点となっ

ていた1950年代に目を向けていきたい。

1 日本本土に駐留した海兵隊

　現在に至るまで沖縄を「根拠地」としている第3海兵師団は、1955年から57年にかけて沖縄へ移駐してきた部隊だが、それ以前は53年8月に米本国から日本（本土）へ移動して駐留を始めていた[1]。その際の新聞報道によると、「このほど日本に到着した第三海兵師団構成員は収容施設に制限されているので岐阜、奈良、大津キャンプその他の米国施設に割当てられる」と発表されている[2]。そのとき駐留施設の一つとなった岐阜キャンプ周辺の那加町では、「増兵が教育、風紀上マイナスだということははっきり判っているものの、条約で基地という事実が現存する以上反対だとこばみ得ない」（町長）、「子どもたちには占領当時の日本人ではなくして独立国となった日本人だという見方を与え、正しい判断力を養成したい」（小学校長）、「商売屋さんは増兵により街へ金が落ちるからよいが、サラリーマン家庭の婦人たちは増兵反対を強く叫んでいる」（婦人分会長）といった反応が渦巻いていた[3]。那珂町には岐阜大学の農学部キャンパスがあり、海兵隊の駐留によって学生約50名が下宿立ち退きを強いられるなどの影響が出ていたため、大学当局が同地域において「米軍の立入禁止を永久化する運動」を展開するという動きも起こっていた[4]。

　海兵隊が日本駐留を始めた1953年は、石川県内灘町で米軍射爆演習場の接収が強行され、講和条約発効後も日米安保体制によって各地に存在する米軍基地に対する反発が高まっていた年である。前年の講和条約発効によって占領は終結したが、それと同時に日米安全保障条約に基づく米軍の駐留が始まったため、多くの軍事施設が日本各地に存在していた。日米政府は講和条約発効に先立って「米駐留軍は都市の周辺から撤退する」という基本方針を決定し、東京・横浜・名古屋・大阪・福岡の大都市部から米軍施設を移転するリロケーション・

1　「Third Marine Division on Okinawa 沖縄第三海兵師団」（沖縄県公文書館所蔵フライマス・コレクション）。
2　『岐阜タイムス』1953年8月15日。
3　『東海夕刊』1953年8月19日。
4　同9月15日。

プログラム（代替施設建設計画）を進めようとしていたが、依然として日本国民の視野には米軍基地が立ちはだかっていた。

　この年には、各地の基地問題に関する報告を集めた『基地日本 うしなわれゆく祖国の姿』と、児童生徒の文集を集めた『基地の子 この事実をどう考えたらよいか』が発刊されている。それらにおいて、米軍基地がもたらす被害は特定地域だけの問題ではなく、日本政治の争点として認識されていた。『基地日本』の冒頭に掲げられた「編者のことば」は、各地の状況を「一つ一つの土地の孤立したローカルな問題」にとどめることなく、「問題を全日本のものとして立て直そう」と訴えていた。それは、占領下の沖縄で起こっていた問題にもつながる可能性をもった視線であっただろう。同じ頃、日米政府の政策を糾弾する別の文章は、沖縄とのつながりを次のように表現している。

　　アメリカをまもるための基地だということになると、この基地は、日本人の生活に遠慮する必要はないので、日本国民の生活を破壊してでもどんどん基地の建設がすすめられることになる。沖縄でみられるように、耕地をうばい、農業を破滅させ、こじきとパンパン（ママ）の島にしてしまうところまでいくのも当然である。だから、日本本土もいま沖縄化の過程にあるのだといえる。日本国民の生活を破壊しても、基地はどんどん拡大され、ふえていく。

　後述のように、講和条約第3条によって米国の軍事占領が継続していた沖縄は、「太平洋の要石」（Keystone of the Pacific）と呼ばれる基地の島へと変貌し、広大な軍事施設が住民の生活を圧迫していた。その沖縄の状況は、この文章においては日本（本土）で生じつつある事態を先取りしたものとして捉えられていたのであり、米軍基地によって生活を脅かされるという危惧は、「沖縄化」という言葉によって表現されていた。そこには、沖縄の状況を否応なく自らの問題として感じ取る思考回路が、たしかに存在していたのである。

5　「基地問題に関する資料（衆議院内閣委員会資料第五号）」（衆議院内閣委員会調査室、1955年）6頁、鈴木昇「日本における米駐留軍基地の状況」『時の法令』No.240（1957年）23頁。
6　猪俣浩三・木村禧八郎・清水幾太郎編著『基地日本』（和光社、1953年）2頁。
7　内海義夫「基地と農村問題」『産業月報』1953年9・10月号、74頁。

2　キャンプ堺から沖縄へ

　日米政府が打ち出していた「米駐留軍は都市の周辺から撤退する」という方針は、講和条約の発効とともに順調に進んだわけではない。それを阻害した要因の一つが、講和発効後に日本（本土）に移駐してきた海兵隊である。

　大阪で占領軍が接収した施設の一つに、大阪市立大学の杉本町キャンパス（大阪市住吉区）がある。連合国軍の進駐直後からキャンプ堺の一部として接収されたキャンパスは、1950年になっても返還の動きがなく、学生による返還要求行動（デモ、ストライキ）が起こり始めた。しかしその直後に朝鮮戦争が勃発すると、杉本町の施設は米軍病院に転用され、戦場から送られてくる傷病兵や遺体の収容・中継地として使用が活発化したため、米軍からは返還拒否の回答が相次ぐようになる。

　対日講和条約が発効した1952年、ようやく杉本町キャンパスの3分の1が返還された。しかしそこで始まった大学生活は、「南、東、北の三方を米軍の金網に囲まれ、その金網ごしに米兵の姿を日々見る」というもので、その状態を打開するために返還要求はさらに高まっていき、翌年7月には大阪市議会が全面返還を要求する請願を可決している。その直後には朝鮮戦争の休戦協定が結ばれ、杉本町の米軍病院は活動休止状態となっていった。それまで米軍が返還拒否の理由としていた「病院の必要性」はなくなったのであり、全面返還の期待は一層大きくなっていた。

　ところが病院が閉鎖された後も、返還は進まなかった。1954年6月、新たに駐留を開始した海兵隊によって、施設は継続使用されたのである。度重なる返還要求にもかかわらず海兵隊の移駐を強行した米軍に対する反発は否応なく高まり、「教育・研究の施設が今なお、依然として軍事的用途の為に接収されたままになっていることは、条理に反した不当の事態」（7月の全学教職員大会）、「大阪市民の期待に反して接収を継続、海兵隊の移駐する所となったことは、われらの諒解に苦しむところであって誠に遺憾の限り」（9月の市議会請願書）

8　『大阪市立大学百年史 全学編上巻』（大阪市立大学、1987年）417-421頁。
9　同 428-431頁。

といった抗議が表明された[10]。

　この問題は国会でも取り上げられ、超党派で返還を要求する動きが作られていった。そして翌年5月、極東軍司令官から「第3海兵師団第9海兵隊が水陸両用の訓練を施され、近く沖縄に移駐する」ことが発表され、杉本町の施設に駐留していた海兵隊は6月末までに撤退した。7月5日、キャンプ堺の返還が正式に通告され、9月10日付で返還が実現した[11]。

　同じく海兵隊が駐留していた岐阜キャンプでも、第3海兵師団が6月末までに撤退すると発表され、「風紀上の点からもやはり撤退は望ましい」という地域の反応とともに、歓楽街の業者からは「これ以上兵隊の数が少なくなればもうやっていけない」という声があがった[12]。

　この年、大阪と岐阜のキャンプからの撤退を含めて、6千人の海兵隊が日本本土から沖縄へ移動した[13]。部隊の撤退に伴って日本（本土）の「沖縄化」という危惧が後退していったこの時期に、その沖縄ではいかなる状況が生じていたのか、そこに目を向けていかなければならない。

3　沖縄の基地拡張計画と「島ぐるみ闘争」

　沖縄の米軍基地は、1945年の沖縄戦とともに出現した。沖縄に上陸した米軍は、日本軍との戦闘と同時並行で飛行場の建設を進め、那覇から読谷にかけての西海岸一帯や伊江島などに広大な施設を構築していった。それらは日本（本土）侵攻作戦に向けて建設され、日本が降伏しない場合を想定して、同年秋に九州上陸作戦、翌年春には関東平野制圧作戦が計画されていた。その作戦における出撃・兵站の最前線基地として位置づけられた沖縄本島は、平地の大半が基地となり、地上戦を生き延びた住民は米軍が設置した民間人収容所での生活を強いられたため、戦闘終結後も出身地に帰郷することができなかった。

　8月に日本が降伏すると、沖縄に集結していた米軍部隊は占領統治のため日

10　同 433、437 頁。
11　同 444-447 頁。
12　『東海夕刊』1955 年 6 月 17 日。
13　我部政明『日米安保を考え直す』（講談社、2000 年）185 頁。

本（本土）や朝鮮半島に向けて移動を始め、10月下旬からようやく住民の帰郷が認められるようになった。しかし本島中南部や伊江島では米軍の主要施設がそのまま残り、土地の開放が進まなかったため、多くの人々が帰郷を果たせないまま「戦場難民」の生活を続けることになったのである。

そして1950年代に入ると、各地で米軍施設の拡充工事が始まり、沖縄戦当時の仮施設は強固な建造物に生まれ変わっていった。米国は長期にわたって沖縄の基地を使用し続ける方針を固め、沖縄は「太平洋の要石」と呼ばれる軍事拠点となっていく。立入禁止区域の中に残されていた集落跡や墓なども、建設工事のために「クリアランス（Clearance）」され、米軍施設の下に埋もれていった。基地の傍らで土地の開放を待ちわびていた人々にとって、それは帰郷の希望が断ち切られていくことを意味していた。[14]

対日講和条約が発効した後も、その状況は変わらなかった。その第3条によって事実上無制限に沖縄を統治し続ける権限を獲得した米国は、低廉な地代による使用契約を強要するとともに、1953年には土地収用令を制定して強権的な土地接収を行っていった。後に「銃剣とブルドーザー」と表現されたように、その接収は、身を挺して阻止しようとする住民を武装兵によって威嚇・排除しながら進められ、人々の反発はさらに高まっていった。

1955年6月、軍用地問題に関する沖縄住民の要望を訴えるため、超党派で組織された渡米折衝団がワシントンを訪れ、下院軍事委員会で地代支払い方式の見直しや新規接収中止などを求めた。それは、キャンプ堺の海兵隊撤退が発表されたのと同じ時期のことであり、その海兵隊が沖縄に移駐するという計画も、6月はじめに沖縄を訪れた第3海兵師団司令官によって発表されている。[15]そして7月になると、海兵隊の使用に向けて8町村に対して新規接収予定地が通告され、その面積が既存の基地面積に匹敵する規模であることも明らかになってきた。海兵隊の移駐に伴って、沖縄本島の米軍基地の総面積は4900万坪から9700万坪へほぼ倍増の拡張となり、沖縄本島の25％が軍用地となる計

14　鳥山淳「閉ざされる復興と『米琉親善』」中野敏男ほか編『沖縄の占領と日本の復興』（青弓社、2006年）を参照。
15　『沖縄タイムス』1955年6月3日。

画であった。

　渡米折衝団の派遣から1年後の1956年6月、下院軍事委員会の報告書であるプライス勧告が沖縄側に伝えられた。その内容は、軍用地の新規接収の必要性を認め、米軍が「永代借地権」を取得する地代支払い方式（地代一括払い）を容認するもので、沖縄住民の要望を一蹴するものとなっていた。「米国議会の民主主義」に対する人々の期待は完全に裏切られ、沖縄社会は騒然となった。占領下の自治機構として設定されていた琉球政府の行政主席と立法院議員、市長村長・議長らは、「プライス勧告が撤回されなければ総辞職する」ことを宣言し、軍用地問題によって激化した人々の反発は、占領統治に対する非協力運動の様相を呈していった。「島ぐるみ闘争」と呼ばれる、かつてない大きなうねりが、姿を現したのである。

　それに対して米軍は、「直接統治も辞さない」と住民を威嚇しつつ、地代の値上げを示唆して運動の切り崩しを図った。そこには占領下の圧倒的な支配関係があり、それを乗りこえて事態を打開するためには、日本政府の動きが不可欠であった。そのため沖縄から日本（本土）に向けて要請団が出向き、日本政府に速やかな対応を求めるとともに、多くの人々に占領の実態を伝え支援を呼びかけるための行脚が展開されることになる。

4　日本と沖縄の、ねじれた関係

　沖縄社会を揺るがしたプライス勧告は、沖縄基地の重要性を主張するにあたって、「米国が日本から軍隊を引き揚げる場合、軍事基地として沖縄を保持することは平時にあっても益々重要である」と述べており、作成責任者であるプライス委員長もまた、「日本から米軍が漸次引き揚げると、極東並びに西太平洋の安全を確保するため、沖縄の基地の主要性が重くなって来る。海兵師団も沖縄に移された」と強調した[17]。すでに沖縄では、この年の3月に基地建設計画の概要が公表され、後に海兵隊の拠点となる金武・辺野古・天願で大規模な

16　『調達時報』13号（調達庁総務部、1956年6月）42頁。
17　『琉球新報』1956年6月23日夕刊。

工事が行われることが予告されていた。[18]プライス勧告が正当化しようとした基地政策には、日本（本土）から沖縄への海兵隊移駐が明確に組み込まれていたのである。

したがって、プライス勧告が容認した新規接収に抗するためには、海兵隊の沖縄への移駐を問わなければならない。勧告の公表直後、渡日代表団の一員となった立法院議員は、出発に際して次のように語っている。

> 外交権のないわれわれはこの際、どうしても祖国に訴えて現状を打開していただく以外に方法はないと思う。本土における米駐留軍の引上げによるシワ寄せが沖縄に波及して来ている面もあるので日本政府としても日本全体の問題としてとり上げていただきたいと思う。[19]

講和条約第3条によって沖縄の統治権は米国が握っていたが、「潜在主権」と呼ばれた領土主権は引き続き日本政府が保持しており、対米交渉を求める声が高まるのは当然であった。ただしそこには、「本土における米駐留軍の引上げによるシワ寄せ」という問題が絡んでおり、沖縄における占領統治を批判するだけでは済まない構造が生じていたのである。沖縄で起こっている事態を「日本全体の問題」として考えるためには、海兵隊の移駐によって日本（本土）と沖縄との間に重大な「ねじれ」が生じていることを直視する必要があった。それはたとえば、プライス勧告に対する批判として沖縄で用意されていた次のような記述から何を考えるか、という問題である。

> 新規接収予定地を合計すると総面積の約25％になる。新たに土地を接収することは住民の生活権を奪うものである。日本から移駐してくるマリン隊のものと聞いているが、何故広大な日本から土地の狭い沖縄に移駐してくるか了解に苦しむ。[20]

---

18 『沖縄タイムス』1956年4月1日。
19 『沖縄タイムス』1956年6月26日。
20 『琉球新報』1956年7月1日。

この文中における「了解に苦しむ」という言葉は、まずは米軍の基地建設計画に向けられている。沖縄における基地拡張について決定を下しているのは米軍であり、「土地の狭い沖縄」に海兵隊を移駐させるという政策は、米軍の判断によって撤回されなければならない。しかし、「了解に苦しむ」という言葉を受け止めるべきなのは、米軍だけではない。なぜ、「広大な日本」から「土地の狭い沖縄」へ、わざわざ海兵隊が移駐して来るのか。この問いかけをいかにして受け止めるのか、日本社会も問われていたはずである。この年の雑誌記事には、沖縄のうねりを視野に入れて書かれた次のような文章がある。

> 沖縄はせまいから、あれ程の問題になった。日本は少し広いので、水でうすめられた形だというに過ぎない。（中略）元は同じだ。そして、日本から米軍基地が退くに従って、沖縄は強化されるだろう。なにしろ戦略上絶好の位置を占めているのが運の尽き、アメリカは絶対に離さないだろう。[21]

　砂川町（現立川市）の飛行場拡張計画に反対する闘争をはじめ、米軍基地をめぐる問題が依然として重大な争点となっていたこの時期、プライス勧告を受けてわき上がった沖縄の動きも、日本（本土）の運動と「元は同じ」であると考えられていた。しかし、そこから先の展望は、決定的に異なっている。この文章は、日本（本土）の基地返還を見越しつつ、「戦略上絶好の位置」という認識によって沖縄の基地拡張を不問に付し、「アメリカは絶対に離さない」という結論に落ち着いている。このような思考から、沖縄への「シワ寄せ」が進もうとしている状況への応答を見出すことは、おそらく不可能であろう。

5 「恥知らず」という問い返し

　プライス勧告に対する反発からわき上がった「島ぐるみ闘争」は、勧告を撤回させる具体的な道すじが見えない中で、米軍の恫喝にさらされていった。とりわけ大きな一撃となったのは、この年の8月に米軍が発した中部地域のオフ・

21　G・B・T「日米行政協定という太いヒモ」『文藝春秋』34巻9号（1956年）67頁。

リミッツ（米兵に対する立入禁止令）である。それによって、コザをはじめとする歓楽街に足を運ぶ米兵は完全に途絶え、ドル収入を目当てにして生み出された街は存亡の危機に瀕することになった。

この事態を受けてコザ市長は「詫び状」を発表し、今後は「反米的」な集会に対して会場使用を認めない、日本（本土）を訪れている瀬長亀次郎（沖縄人民党書記長）らを住民代表とは認めない、などと宣言した。それを受けて米軍はコザ市のオフ・リミッツを解除したため、周辺の町村長らも相次いで「詫び状」を発表した。同じ頃、琉球大学理事会は、デモ行進などでの「反米的」な言動を理由にして学生に退学・謹慎処分を下し、運動を切り崩す恫喝に加担した。[22]

運動の隊列が徐々に切り崩されていく中、その年の12月には久志村（現在は名護市）辺野古の住民代表が新規接収を容認すると発表し、沖縄社会に衝撃を与えた。沖縄に移駐してくる海兵隊の基地予定地とされた辺野古では、強制収用によって集落まで消滅してしまう事態を回避するために、集落存続と引き換えに耕地・山林の接収を容認し、歓楽街用地の造成や電気・水道などのインフラ整備を米軍に要請したのである。[23] 新たな接収を容認しつつ、地域が存続するための活路を基地に見出そうとする動きが表面化したことは、「島ぐるみ」の運動が持続不可能となった状況を象徴する出来事であった。

同じころ、日本（本土）で波紋を広げていたのが、石川県内灘町の動きである。1953年に米軍射爆場が設置されてから基地反対運動のシンボルともなった内灘では、57年1月をもって射爆演習の打ち切りが発表されると、地元住民からは補償金や干拓事業の行方を懸念する声があがるようになっていた。そのころ、財団法人南方同胞援護会（沖縄への援助窓口として日本政府が設置）が発刊していた『沖縄と小笠原』の紙面には、内灘の動向に言及した次のようなコラムがある。

　　▲石川県内灘の米軍試射場が一月一杯で使用期限が切れた。浜を返せと叫んで

22　「第二次琉大事件」と呼ばれる学生追放事件と、そこに深く関わる『琉大文学』の活動については、「座談会『琉大文学』五〇年」新沖縄フォーラム『けーし風』40号（2003年）を参照。
23　土江真樹子「辺野古が接収されたとき」『けーし風』40号、17-18頁。

あれ程運動した地元が喜んでいるかというと、試射継続を望む声が高いという。
　▲浜を提供する事によって貰っていた年間五千万円の漁業補償金が打切られ、村の経済にも個人の生活にもヒビが入るという訳で、三年前のあの騒ぎもどこへやら、甘い夢の消え去った貧しい漁村の姿に、村人の表情も複雑だ。
　▲然し、この表面に現れた一現象だけをとり上げて、村民たちの態度を"自分勝手"ときめつけるのは早計だ。純朴な村民に他力本願の精神を植えつけ、甘い夢を持たせるようにしたのは誰か。
　▲最初から基地を持込まれる事を歓迎した所はない。然しそれを押付けられる状態に追込まれた貧しい村民が、何らかのエサに食いつく心理も亦無理からぬところ、むしろ同情に値するといえる。その心理を利用することこそ却って恥ずべきやり口ではないだろうか。[24]

　そのとき、射爆打ち切りで困惑する内灘の動きに対して、「恥知らず」「みっともない」といった言葉を浴びせるメディアもあった。かつて基地反対のシンボルであった内灘が、今度は補助金欲しさに演習の継続を求めている――という文脈で、今後の生活を心配する住民らをバッシングする人々がいた。それに対してこのコラムは、基地に翻弄されてきた人々に向けられる冷淡な眼差しを感じ取り、「最初から基地を持ち込まれる事を歓迎した所はない」と反論する。そして、基地の傍らで生活を送らなければならない状況に人々を追い込み、そこに付け込んできた「恥ずべきやり口」こそが問われなければならないと訴えている。
　射爆場が閉鎖されようとしている内灘の状況と、海兵隊の移駐によって基地が拡張されようとしている沖縄の状況とは、大きく異なる。しかし、基地を「押し付けられる状態に追い込まれた」人々の行動に対してどのような眼差しが向けられるのかという問題において、内灘と沖縄はつながっている。同じ年、なかのしげはる（中野重治）もまた、内灘をめぐる問題が沖縄につながっていることを感じ取り、「沖縄と内灘」と題する文章を記した。

24　『沖縄と小笠原』1957 年 2 月 15 日。

立川の町の一部、那覇の町の一部を、アメリカ兵相手に商売させるほか生きる道のないところへおとしこんでおいて、アメリカ兵の乱暴に非難が出ると、行きなり兵隊の外出禁止令を出して商売人たちをもう一度窮地にひき入れ、外出禁止令を解いてくれという要求にたいして、アメリカ兵様々といわぬことをば恥知らずの自家撞着として叩きつける。こういう恥知らずなやり方は、じっさい連綿として続いてきた。（中略）「満洲」に皇帝と「王道楽土」をつくったときの日本政府にもそれはあった。裸足で歩いていた人間が革の靴をはくようになったではないかといったときの芦田均の沖縄にもそれはあった。横浜や東京で、娼婦と失業した女とを部隊編成でアメリカ軍に提供したときの何々司令官（？）というものにもそれはあった。凶作地から女子どもを買いあさって運びだした人買い部隊の恩着せがましい声明のなかにもそれはあった。[25]

　内灘の人々の浴びせられた「恥知らず」という言葉は、基地問題という文脈に限らず、支配を肯定する論理に通じるものを帯びている。だからこそ、内灘や沖縄に向けられる眼差しは、支配に関わる言葉の問題として、いまもなお問われなければならない。

6　沖縄に「上陸」する海兵隊

　1957年6月、岸首相の渡米中に日米共同声明が発表され、年度内に日本（本土）の陸上戦闘部隊（陸軍と海兵隊）が撤退する方針が明らかにされた。部隊の移動はそれ以前から始まっていたが、「撤退」というメッセージをあらためて発することで、基地問題の緩和に向けた取り組みを強調してみせたのである。
　キャンプ堺に駐留していた海兵隊は1955年に沖縄へ移動していたが、この時期からいよいよ第3海兵師団の沖縄移駐が本格化することになった。8月上旬には、静岡県御殿場のキャンプ富士などから先発隊が沖縄に向かうことが発

[25]　なかのしげはる「沖縄と内灘」『知性』1957年3月号、48頁。ここで言及されている芦田均の言葉は56年6月に発せられたもので、「沖縄は終戦直後の情勢からみると生活は著しく改善された。かつては麻袋をまとい、素足で歩いていたものが、いまでは洋服と皮グツの生活に直った。東京政府の手ではこれだけの復興はむずかしかっただろう」というものである（『毎日新聞』1956年6月26日）。

表され、キャンプ富士と横須賀の武山基地から出発した部隊は、沖縄のホワイトビーチに上陸した。[26]そして10月にはキャンプ富士の海兵隊が撤退することになり、沖縄へ向けた大規模な移動が始まった。その光景を地元の新聞は次のように伝えている。

 御殿場市滝ヶ原ノース、同市板妻ミドル、同市駒門サウスのキャンプ・富士に駐留する米軍約四千は十日から撤退を開始、十二日撤退を完了した。十日は兵器、弾薬などがMGCトラックで運ばれ、翌十一日にはジープなど三百台の車両が移動、十二日は同市板妻ミドルキャンプ駐留の第三海兵師団、第九、十二の両連隊九百五十人が午前八時同キャンプ前に整列、過去八年間岳麓住民が複雑な表情で朝夕見て来た日米両国旗を下げ徒歩で御殿場駅に向い、午前十時五十七分涙で見送る接客婦や警戒に当つた御殿場署員、MPなどが見守るなかを横須賀経由で沖縄に向け撤退したもの。[27]

こうしてキャンプ富士を離れた海兵隊は、その翌月、大規模な演習を行いながら、新たな拠点となる沖縄本島に到着した。日本（本土）の基地から静かに引き揚げていったのとは対照的に、これから沖縄で繰り広げられる激しい演習を予告するような爆音とともに、海兵隊は文字通り沖縄に「上陸」したのである。

 第三海兵隊の演習は本土から沖縄への移駐に当り実施されたもので、この演習に参加した海軍軍艦は大小六十五隻、ゼット戦闘機多数、ヘリコプター四十機と戦車隊が参加した。ネルソン大佐の指揮する海兵第一連隊の武装兵二千五百名が午前九時第七艦隊の護衛するLSTから与那原海岸と金武海岸に舟艇で上陸を開始、時を同じくして久志村辺野古にはヘリコプターから武装兵隊八百四十名が、上陸を敢行した。（中略）上陸が始まると上陸援護機の急降下が続き、海兵側の応戦が開始され、付近一帯は爆音につつまれ、さながら実戦のようだった。[28]

---

26 『毎日新聞』1957年8月8日、『沖縄タイムス』1957年8月16日。
27 『静岡新聞』1957年10月13日。
28 『沖縄タイムス』1957年10月21日夕刊。

前年末に接収容認を打出した辺野古では、この年の7月に電気・水道施設の完成を祝う祝賀会が催され、沖縄占領の最高責任者である高等弁務官がスイッチを入れるというパフォーマンスが展開された。キャンプ・シュワブの建設工事と歓楽街の造成事業によって辺野古は活況を呈し、それまで現金収入に乏しくインフラ整備からも取り残されてきた農漁村は、激しい変貌をとげていく。

　海兵隊はさらにキャンプ・ハンセンや北部訓練場を設置して軍用地を拡大していき、沖縄の米軍用地面積は1950年代後半に1.8倍にふくれ上がった。その一方で日本（本土）の米軍基地は、同じ時期に約4分の1へと減少し、その結果として沖縄の米軍基地と日本（本土）の米軍基地は、ほぼ同じ面積になった。もちろんそれは、基地負担の「平等」を意味するわけではない。冒頭に記したように沖縄県の面積は「国土の0.6％」にすぎないのであって、そこに米軍基地の半分が存在する状況は、途方もない「しわ寄せ」にほかならなかった。

　もっともその当時の沖縄は、「日本の領土」であることは日米政府間で確認されていたものの、日本政府の統治権が及ばないという意味では「国外」であって、そこに米軍基地が集中することを容認する見解も存在していた。日米行政協定をめぐる座談会に出席した国際法学者の横田喜三郎は、他の出席者が「日本に駐留している軍隊は、引き上げるということが望ましい。沖縄を含めてですね」と発言したのを受けて、次のように述べている。

　　いま沖縄を含めてといわれましたが、私は、沖縄は日本と地位も違うし、沖縄から軍隊がいなくなったということになると、アメリカの援助を受けるにしても、時間がかかる。国際情勢が非常に改善されたならば別として、日本にいるアメリカの軍隊が沖縄に引き揚げるということが、まず第一歩だと思うのですね。
　　日本の内地にいることは、面白くない問題が起るのでこれは引き揚げる。しかしながら、同時に、日本の防衛ということも考えなければならぬのであって、自衛隊の増強ということも、だいたい限度にきているので、やはり、一たん沖

29　『沖縄タイムス』1957年7月5日。
30　基地面積の推移と日米政府の政策については、新崎盛暉「現代日本における構造的沖縄差別としての日米安保」『日本社会の差別構造2』（弘文堂、1996年）が簡潔にまとめている。

縄に引き揚げる。それから沖縄から引き揚げる。[31]

　横田は、日本の「内地」に米軍基地が存在することによって「面白くない問題」が起こってきたことを認識しており、米軍が「内地」から撤退することを歓迎している。しかしながら沖縄の米軍基地は、有事の際に「アメリカの支援」を受けるために必要不可欠であるから、「日本とは地位も違う」沖縄へと米軍が「引き揚げる」ことが望ましい、と言う。そして米軍が「沖縄から引き揚げる」としたら、それは「国際情勢が非常に改善」された後だ、と言うのである。

　あたかも沖縄が米軍の根拠地であるかのように「引き揚げ」を語るこの発言は、当時の日本政治が保持していた願望を表現しているに違いない。そしてこのような願望は、敗戦直後の1947年に、当時の芦田均外相によって表明されていた。芦田は、GHQに対する要望をとりまとめて極秘に提示した「芦田メモ」の中で、「日本の外だが日本に接する地域のいくつかの戦略地点」に米軍が駐留することによってソ連の脅威に対抗することを求め、具体的な方法として「平時のにらみは沖縄と小笠原の米軍ですませ、有事の場合だけ日本本土への米軍進駐を許す」という方式を提案し、そうすれば「日本の独立を汚す」こともない、と述べていた。[32] 米軍による軍事的支援を求めつつ、しかし米軍の駐留によって「独立を汚す」ことは避けたい、という芦田の願望は、奇妙なほど横田の言葉と重なっている。

　そして芦田の文書と同じ年、後に「天皇メッセージ」として知られることになる昭和天皇のメッセージが、秘密裏に米国政府に伝達されていた。そこに記されていたのは、米国による沖縄の長期占領を天皇が望んでいること、そして主権を日本に残すかたちで米国が沖縄を統治する「租借方式」を採用すれば日本国民の理解を得ることができるだろう、という示唆であった。[33]

　これらの願望は、1950年代後半に日本（本土）の米軍基地が次々と返還され、海兵隊が移駐した沖縄に基地が集中したことによって、かなりの部分は現実の

31　「座談会 安保条約・行政協定の改廃をめぐって」『時の法令』No.240（1957年）17頁。
32　三浦陽一『吉田茂とサンフランシスコ講和（上巻）』（大月書店、1996年）78-83頁。
33　「天皇メッセージ」を記した文書は、進藤栄一「分割された領土――沖縄、千島、そして安保」『世界』401号（1979年）によって明らかにされた。

ものとなった。その状況に対する日本社会の反応は、「芦田メモ」や「天皇メッセージ」の思考をどれだけ克服していたのだろうか。

おわりに

　1995年9月に複数の米兵によるレイプ事件が発生し、沖縄社会が騒然となったとき、在日米軍基地の75％が沖縄に集中するという異常な状況があらためて問われることになった。1950年代後半に拡張された沖縄の基地は、1969年に発表された日米共同声明において、そして71年に調印された沖縄返還協定において、日米両政府の強力な意志によって引き続き「安全保障」の要とされ、72年5月15日に施政権が日本に返還された後も、軍用地の返還はごく限られた範囲でしか進まなかった。そして土地の所有者が提供を拒んだ場合、日本政府は公用地法（1972年から5年間の期限付きだったが、後に強制使用を5年間延長）、米軍用地特措法（1982年から現在まで）を適用して強制使用を続け、基地の固定化を強力に推し進めた。

　1995年の事件を受けて、大田昌秀知事（当時）は、これ以上強制使用に加担することはできないとして、米軍用地特措法の一連の手続きのなかに規定されていた知事の代理署名を拒否すると表明した。それに対して日本政府（村山内閣）は県知事を提訴し、代理署名拒否の正当性が争われることになった。その裁判の中で沖縄県が提出した「準備書面」は、1972年5月15日から94年3月末までに本土の米軍基地面積は59.1％減少したのに対して、沖縄県内の米軍基地は14.9％の減少にとどまっていることを指摘している[34]。ようやく米軍占領が終わったにもかかわらず沖縄の基地は固定化され、その一方で本土の基地は半分以上が返還されていったのである。

　このような状況を「沖縄の問題」として片づけてしまわないために、1950年代に米軍基地をめぐって生じたさまざまな波紋を想起し、「歴史」を直視するという愚直な作業が、依然として求められているに違いない。

(鳥山　淳)

34　沖縄県編『沖縄　苦難の現代史』（岩波書店、1996年）102頁。なおこの裁判は翌年に最高裁判決が下され、知事の署名拒否は「公益を害する」として沖縄県の敗訴が確定した。

コラム　日本復帰署名運動の情景

署名の集め方

　日本復帰署名運動をご存じだろうか。有権者の72％、19万9000人の署名を集めたこの運動は、日本の独立が承認され、同時に沖縄の信託統治化が決定されると目されていたサンフランシスコ講和会議の直前、1951年5月後半から3カ月間にわたって行われた。その情景を少し想像してみよう。

　A4ほどの用紙にペンを携えて地域の班長が戸別訪問をし、青年会の会員が職場でその紙をまわす。住所、年齢、性別、氏名、印の欄を人々が埋め、代筆を頼んだ者は拇印を押す。署名は重複がないか確認され、役場への照会を経て地区ごとに集計される。用紙の署名数を合わせるため未記入の人を探して署名を頼んだりもした。完成した署名録は重さ23キログラム、ダンボール約4箱分。これを講和会議へ届けるわけだが、米国民政府は復帰運動をした人間に旅券を出さない。郵送しようにも送料は5万円、軍作業の平均月収が2200円の時代に大金である。最終的には「某氏」がこれを立て替え、署名録は無事に吉田首相とダレス米国代表のもとへ送られたという。

署名をした人、しない人

　運動をしていた人に、「署名を断られることはなかったんですか」と尋ねたことがある。彼は「みんな賛成でしたよ」と断言した。しかし、日本兵に苦しめられた戦時中の体験のため、運動には苦労が多かった、と回顧する人もいる。署名を請われた側の人々はどうか。地元政党も巻き込んで行われた当時の帰属議論では、日本復帰、独立、信託統治が主張され、那覇での四党合同演説会では聴衆の7割半が復帰を希望していた。だが一方で「朝鮮人と沖縄人おことわり」という立札をした日本には帰れない、と叫ぶ独立論者に涙する女性もいた。署名運動が始まる1カ月前のことである。彼女はその後、署名をしたのだろうか。この集会では、日本復帰と独立、両方の弁士に大きな拍手が送られ

那覇の商店街：1953年頃の平和通り、左手前が平和館（映画館）入り口

出典：那覇市歴史博物館所蔵。

たという。

　署名収集作業を支えた情熱と、演説会での聴衆の拍手を想うと、皆が真剣に帰属を考えているさなかの署名運動だったんだ、と結論づけたくなる。ところが、また別の人に運動を覚えているか訊いてみると、「……覚えていませんねぇ」という返事だった。彼女がいた町の署名率は67％、各市町村の署名率は21％から99％までまちまちだ。

　先祖代々の墓や畑を米軍用地として接収された人、軍作業に不満を抱いていた人、日本へ農作物を出荷したい人。あるいは、戦前に出稼ぎ先で、戦争中に疎開先や軍隊で「沖縄出身」ゆえに差別を受けた人、戦後、米国資本により復興していく街並みに目を見張った人。班長との付き合いで署名した人や、「信託統治に決定でしょ」と無関心な人もいただろう。米軍に気後れした人や運動を知らなかった人もいたかもしれない。このような人々が日々の生活をおくるなかで署名運動は行われていた。

　ここまでは沖縄島とその周辺の情景だ。宮古では8月の5日間で有権者の約88％（約3万3000人）、八重山では同じく81％（約1万4000人）の署名が集められた。いちはやく運動が始まった奄美では5月に、満14歳以上の住民の99％、約13万9000人の署名が東京へ送られている。そこで署名を集めた人、それに応じた人、応じなかった人の戦前の生活、戦争の体験、そして1951年の日常はどのようなものだったのだろうか。沖縄島とはまた異なる情景が広がっていたに違いない。

「日常」がつなぐ過去と今

　そんな昔のことを想像して何になる、という人もいるだろう。過去を「完璧に正しく」描写し尽くすことも不可能だ。しかしそれでも、この試みには意味がある。署名運動の72％（88％、81％、99％）という数字のうしろに、戦前と戦時中の記憶を抱えつつ当時の現実を生きていた人々を想像し、「復帰」という意思表示の意味を考えると同時に、「復帰」に回収できない日常の存在に気づくこと。そして、「冷戦」の初期に位置する米軍占領という日常が、固有の経験とともにさまざまな地域で生きられてきた事実にもう一度目を向けること。この試みは、「復帰」や「冷戦」といった現在に繋がる問題の「はじまり」をもう一度想像し直し、今に連なる形で、しかし異なる作法で、歴史を再構成する手がかりを探ることでもあるのだ。

　講和会議に送られた署名録はその後どうなったのだろう。沖縄タイムスは9月7日付で、講和会議出席の各国代表が陳情書を受け取った、と報じているが署名録への言及はない。吉田首相やダレス米国代表は4箱分の署名録を目にしたのだろうか。23

キログラムの紙束はその後どうなったのか。署名運動から講和会議へ想像を延ばす試みは、日常と政治が錯綜する、また別の情景を見せてくれることだろう。

(上地聡子)

Ⅱ 芸術・思想・文化

4

琉球舞踊と身体
――舞踊技法研究の魅力――

はじめに――身体技法と舞踊技法

　日常われわれはなにげなく動き、身体についてもあまり注意を払うことはない。しかし、じっくり観察すると興味深い発見がたくさんある。フランスの民族学者マルセル・モースは、立つ・歩く・座る・走る・這う・泳ぐといった姿勢や移動様式、手振りや表情にいたるまで、人間のあらゆる姿勢や動作が、単に生物学的に基礎づけられたものではなく、文化によって規定される社会に固有のものであると指摘した。[1] 彼はこのようなさまざまな身体の使い方である伝統的な様態を「身体技法」(Les techniques de corps) と呼び、民族学や人類学における主要なテーマの1つであると提唱した。モースは、身体こそは、人間の欠くべからざる、しかももっとも本来的な技法対象であり、同時に技法手段という。したがって身体技法は道具を用いる技法に先立つ。さらに、こうした身体技法は社会集団のなかで伝えられていく、より社会的な「型」ハビトゥス (habitus) を持つと強調している。

　モースの身体技法論提唱以降、多くの人類学者が「身体」に着目した研究を発表している。例えば川田順造は、日本、フランス、西アフリカ内陸部社会の3地域にみる身体技法――とくに作業姿勢、運搬姿勢および休息姿勢を道具

1　Mauss, M. 'Les techniques du corps', *Sociologie et anthropologie*, Paris, Press Universitaire de France, 1968, pp. 363-386 (モース著、山口俊夫・有地享訳「第六部 身体技法」『社会学と人類学』Ⅱ、弘文堂、1976年、121-156頁)。

図4-1 川田順造による身体技法の分析[3]

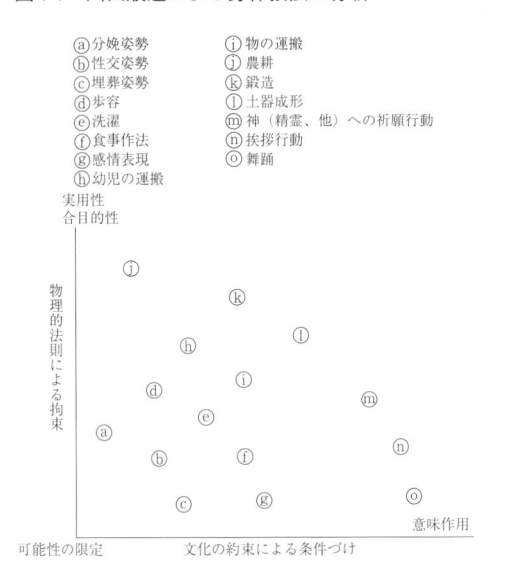

ⓐ分娩姿勢　ⓘ物の運搬
ⓑ性交姿勢　ⓙ農耕
ⓒ埋葬姿勢　ⓚ鍛治
ⓓ歩容　　　ⓛ土器成形
ⓔ洗濯　　　ⓜ神（精霊、他）への祈願行動
ⓕ食事作法　ⓝ挨拶行動
ⓖ感情表現　ⓞ舞踊
ⓗ幼児の運搬

縦軸：実用性／合目的性　物理的法則による拘束　可能性の限定
横軸：文化の約束による条件づけ　意味作用

や建築物など人間をとりまく物質文化との関連で比較検討した[2]。彼は、運搬姿勢を観察するなかで、ロコモーションの発達に関する興味深い議論を展開した。日本の子どもが歩けるようになるまでに通過する「這い這い」の段階が、フランスと西アフリカでは認められないという。フランスでは、人間をできるだけ地面から遠ざけようとする意識から、歩行器を含むさまざまな補助器具を使って二足歩行を獲得させようとし、西アフリカでは、子どもが立って歩けるようになるまで母親やそれに代わる者が背負い運搬するという。「立位歩行」を獲得するにも三地域三様の過程を辿ることがわかる。このようにみると、「身体技法」は文化によって多様であるだけでなく、いかにその技術を獲得するかといった習得の過程もまた多様であり、地域に根付いた「身体観」が強く影響しているといえよう。

ところで、川田は先に紹介した日本、フランス、西アフリカ内陸部における身体技法の調査結果をまとめた「身体技法の技術的側面」と題する論考において、「物理的法則による拘束」と「文化の約束による条件付け」の2つの指標を軸に、次の身体技法を分析している（図4-1）[3]。分娩姿勢、性交姿勢、埋葬姿勢、歩容（歩行）、洗濯、食事作法、感情表現、幼児の運搬、物の運搬、農耕、鍛

2　川田順造「身体技法の技術的側面——予備的考察」『社会人類学年報』第14巻、弘文堂、1988年、1-41頁。川田順造「身体技法の技術的側面——予備的考察」『西の風・南の風——文明論の組み換えのために』河出書房新社、1992年、64-122頁。
3　川田順造著、前掲書（1992）（注2）67頁の図から転載。

造、土器成型、神(精霊、他)への祈願行動、挨拶行動、舞踊の15の事例である。このうち、舞踊は、「物理的法則による拘束」が小さく実用性、合目的性が少ないが、「文化の約束による条件付け」が大きく、意味作用を多くもつものとして位置づけられている。いいかえると、さまざまな身体技法のなかでも、舞踊はもっとも社会文化的拘束を強く受けるものであるといえよう。そこで本章では、このような舞踊技法の特性をふまえたうえで、身体によって表現される琉球・沖縄の「身体観」を紹介したい。

1 琉球舞踊の概要

　本題に入る前に、琉球舞踊の概要[4]について触れておこう。琉球舞踊は、発生した時代別に大きく3つのジャンルに分類される。
　1つ目は「古典舞踊」と呼ばれる。琉球王国時代には、中国皇帝の名代である冊封使を招き、新国王の認証式が執り行われた。首里城正殿前での戴冠式のあとには、冊封使を歓待する芸能が上演された。それらを「宮廷舞踊」または「古典舞踊」と呼ぶ。現在の琉球舞踊界は女性の演じ手が多数を占めるが、琉球王国時代は、士族階級の男子によって演じられていた。
　2つ目のジャンルは「雑踊り」と書いて「ぞうおどり」と読む。琉球は王国崩壊後、日本の一県である沖縄県としての歴史を歩むことになった。と同時に、王国で楽師、あるいは舞踊家として禄を得ていたものが、経済的なよりどころを求めて、那覇の芝居小屋で音楽や舞踊、芝居を上演するようになった。当初は、宮廷のなかで演じていた「古典舞踊」を披露していたが、しだいに、客層にあわせた庶民的な題材による創作が生まれるようになった。「古典舞踊」がゆったりとした「古典音楽」を伴奏に舞うのに対し、「雑踊り」では民謡にあわせてリズミカルに踊る演目が多い。
　3つ目は「創作舞踊」である。明治・大正期に芝居小屋のなかで男性の芝居役者らによって、大衆的な要素をもつ「雑踊り」が発展した。戦後は、これらの役者のもとに弟子入りした女性舞踊家も活躍するようになった。古典舞踊や

---
[4] 舞踊史については次の図書を参照いただきたい。矢野輝雄『沖縄舞踊の歴史』築地書館、1988年。

図4-2 神女による祈りの所作

出典:本部町具志堅のシヌグ(1993年撮影)。

雑踊りを基礎に、古典音楽や民謡、さらには沖縄現代音楽、沖縄音楽以外の音楽をもあわせて構成した新感覚あふれる舞踊が作られるようになった。「創作舞踊」は、「古典舞踊」や「雑踊り」とともに上演され、時代に即した新しい芸能として舞踊全体を豊かなものにしている。

舞台で演じられるこれらの舞踊のほかに、各地の島々や村々では「獅子舞」や「エイサー」、祭祀舞踊など、地域ごとに伝承された「民俗舞踊」がある。「民俗舞踊」は、先に紹介した「古典舞踊」「雑踊り」「創作舞踊」などの舞台舞踊と断絶して伝承されているのではなく、「雑踊り」の着想として、あるいは「創作舞踊」のモチーフとして取り入れられているのが大きな特徴である。

2 「祈る」身体

さて、ここから本題に入ることとしよう。この節では、琉球舞踊の主な技法を取り上げ、それぞれの技法が何を表現しているか、社会のなかでいかに伝承され、時代とともにどのように変容してきたかを見ていきたい。

最初にとりあげる技法は、琉球舞踊の代表的な技法といわれる手の技法である。沖縄の村々では、「おなり神」として霊的能力をもつ女性が祭祀を担ってきた。「招き手」「拝み手」「戴み手」などと呼ばれる「祈り」の手が、神女による儀礼的所作として伝承されてきた。他界から神や祖霊を招き、地域共同体の豊穣や航海安全、家族の健康や幸福を祈って舞踊を奉納する。神をこちらへ「招き」、心をこめて「拝み」、そして恩恵を「戴く」という一連の所作が、重要な意味をもっていた。この信仰に根ざした身体技法が、舞踊の始源になったといわれる(図4-2)。

最古の神歌集『おもろさうし』第9巻「いろいろのこねりおもろさうし」には、舞踊の始源をしのばせる祭祀舞踊の記録が記されている。具体例を1つあげてみよう。

　　一　世寄せ君の
　　　　降れて　遊べば
　　　　　　おしあわちへおかておしおろちへうちあげる
　　　　拍子打ち揚げれば
　　　　　　二ておち二てこねる
　　　　君もなよら

　　又　思ひ君の降れて
　　　　遊べば

　　　　　　　　『おもろさうし』第9巻9番（通巻番号484）より

　歌の内容は次の通りである。「世寄せ君」という神女が降臨して、神遊びをし、拍子を打ち揚げれば、他の神女も（「世寄せ君」の後について）舞い遊んでいる。アンダーラインを引いている箇所は、歌詞ではなく、舞踊の振りを記述したもので、研究者のあいだでは「舞の手註」と呼ばれる。意味が伝わりやすいようにアンダーライン部分を漢字で表記してみると、「押し合わちへ／拝て／押し下ろちへ／打ち揚げる」「二手押ち／二手こねる」となる。前者は「掌を押し合わして拝んで、押し下ろして打ちあげる」という意味に解釈される。後者は「二手」を「2回」と解釈するか「両手」と解釈するかで意味が変わってくる。「2回」と解釈すると「2回押し、2回こねる」となり、「両手」と解釈すると「両手で押し、両手でこねる」となる。この「舞の手註」による振りの記録と、現存する祭祀舞踊を照合することで、舞踊の古態をある程度類推することが可能である。

　ところで、第9巻の表題にある「こねり」は、狭義には、祭祀舞踊の手の技法の名称である。この技法は「コネリ手」と呼ばれ、もっとも特徴的な技法として古典舞踊や雑踊り、創作舞踊に取り入れられている。また、舞踊の手や腕

の動きすべてを意味し、「舞踊行動」そのものを示す言葉でもある。日本本土の伝統舞踊では、「舞踊行動」を示す言葉として、「舞」「踊」「振」[5]を使う。これらの言葉が日本本土との交流のなかで伝播し、沖縄でも用いられるようになったが、本来、沖縄で使われていた「舞踊行動」を示す言葉は「こねり」と「なより」であった。『沖縄古語大辞典』には「なよりは手の舞いを意味する『こねり』に対する舞踊の基本的所作で身体（胴）の動きをいう。身体をやわらかく動かし舞う」[6]と記されている。「こねり」は現存する祭祀舞踊や芸術舞踊では「コネリ手」として継承されている。これに対し「なより」という語を持つ技法はない。『おもろさうし』第9巻の表題にも「こねり」という語が用いられているように、祭祀舞踊においては、舞踊行動全体をも包含する手指による技法が重視されていたといえよう。

「舞の手註」には「押す」「拝む」「こねる」という3つの動作が頻出する。沖縄学の祖、伊波普猷はこの3つを次のように解釈している。

　　おすでは手の甲を上にして押し出す手で、をがみでは掌を上にして押し上げる手で、こねりでは、をがみでをこねまわしておすでとして差し出す手なのです。これらは多分琉球舞踊の基本の手であって、これを修飾したり組み合わせたりして、所謂琉球舞踊は発達したのだろうと思ひます。[7]

この解釈によると「こねりで（コネリ手）」は、「をがみで（拝み手）」と「おすで（押す手）」をつなぐ動作であると推察される（図4-3上）。「拝み手」「押す手」はともに指を伸ばして掌や手の甲をみせる、それらをつなぐ「コネリ手」は腕（前腕部）を返しながら指を曲げて柔らかさを出す。まさに、土や餅をこねる際に行う労働技法をイメージさせる。沖縄の祭祀や法要では、神や祖霊に

---

5 「舞」「踊」「振」のなかでも、とくに「舞」と「踊」は重要である。折口信夫は「をどりは飛び上がる動作で、まひは旋回運動である」（折口信夫『古代研究』第二部 国文学編、大岡山書店、1929年、280頁）と定義している。両者とも下肢による移動様式をその基本としており、「舞」は水平旋回移動、「踊」は垂直系の上下運動と解される。
6　沖縄古語大辞典編集委員会編『沖縄古語大辞典』角川書店、1995年、496頁。
7　伊波普猷「祭式舞踊――おもろくわいにや」服部四郎・仲宗根政善・外間守善編『伊波普猷全集』第七巻、角川書店、1975年、239頁（初出『琉球古今記』刀江書店、1926年）。

図4-3　コネリ手の構成　＜拝み手→コネリ手→押す手（戴み手）＞

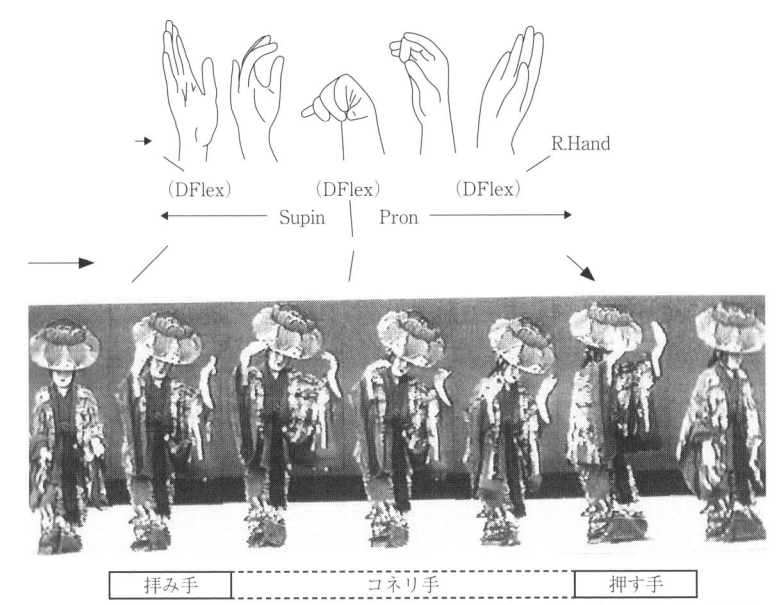

(DFlex)　(DFlex)　(DFlex)　R.Hand

←──── Supin ── | ── Pron ────→

| 拝み手 | コネリ手 | 押す手 |

古典舞踊「伊野波節」に用いられるコネリ手。踊り手は志田房子（沖縄県指定無形文化財保持者）。

さまざまな儀礼食を供えるが、なかでも餅は重要である。また、現在の琉球舞踊の現場では、実演家の間で目指される技を究めた状態は「ムチミ（餅み＝粘り気）[8]」のある演技と称される。餅は柔らかさとともに粘り強さやしなやかさをもつ。例えばつきたての餅を両手でつかんで２つに割ろうとしてもなかなか割れない。しなやかな餅ほど粘りがあり伸縮性に富む。舞踊の動きも餅のような粘り気としなやかさ「ムチミ」が重視されてきた。

　最古の神歌集に記された舞踊行動を示すキーワードが「こねり」であったこと、また「拝み手」や「押し手」などの祭祀的所作を連結する役割をもっていた「こねり」が「コネリ手」という舞踊技法に発展したこと、祭祀の際に丹念にこねて供える餅が重要な意味を持っていたこと、さらにすべての技法が熟達した状態を「ムチミ」という比喩表現によって伝承してきたことなどを統合して考察

8　「ムチミ」は沖縄空手においても重視されている。漢字表記は「餅味」「餅身」「鞭身」と諸説あるが、いずれも粘り強くしなやかな動きを意味する。

図4-4 古典女踊り「諸屯」

注:「枕手」(右手)をしながら「コネリ手」(左手)を開始する途中を撮影、踊り手は志田真木(写真提供:板谷徹。撮影:大城弘明)。

すると、舞踊技法に「神を招く祭祀的所作を始源にもつ」と一口では語り得ない複合的性格をみることができる。祭祀的所作よりも内容の核となるのは、所作と所作をいかにしなやかに柔らかく結ぶかであり、その連結する動作をより美しく行うことに重きが置かれるようになった(図4-3下の写真)。「拝む」「招く」などの素朴な所作から抜け出して「舞踊技法」へと変形する過程に、所作と所作を滑らかにつなぎたいという「美」への志向を垣間みることができる。

「コネリ手」の変容

「こねり」が発展した技法「コネリ手」は、先にも述べたように、琉球舞踊の技法のなかでもっとも代表的な技法だといわれる。ここでは古典舞踊に用いられる「コネリ手」についてみていくことにしよう。「コネリ手」は本来、神女による神招きの所作を連結する動作から発展したものであることから、古典舞踊、雑踊りともに「女踊り」に用いられることが多い(図4-4)。

(出羽)
　　思事のあても他所に語られめ
　　　　俤と連れて忍で拝ま　　　　　　(仲間節)
(たとえもの思いをしていても他人に語ることができようか。
　あなたの面影を慕って、こっそりと忍んでお顔を拝みましょう。)
(中踊り)
　　枕並べたる夢のつれなさよ
　　　　月や西下がて冬の夜半　　　　　(諸屯節)
(いとしいあなたと枕を共にしたという夢の無情なことよ。

夢はさめて、月はすっかり西に傾いて冬の夜半である。）

（入羽）

別て面影の立たば伽召しょうれ

馴れし匂い袖に移ちあもの

（しょんがない節）

（私と別れた後、私の面影がもし立ったならば慰めにしてください。

あなたと馴れ親しんだ私の匂いはあなたの袖に充分に移してありますから。）

図4-5 古典舞踊と雑踊りのコネリ手[10]

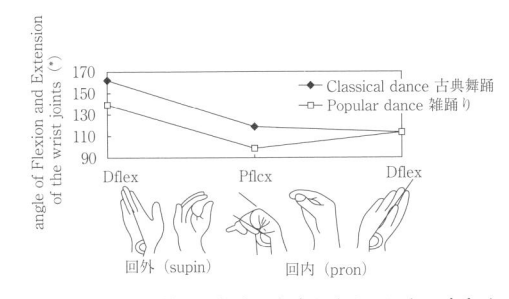

手関節の屈曲・伸展の相違。角度が小さいほど、大きく屈曲・伸展している。

　古典舞踊「諸屯」の歌詞である。「諸屯」は「真踊（マウドゥイ）」と呼ばれ、古典女踊りのなかでも難曲とされている。この演目の見せ場である二首目の中踊りは、手による技法が主体となる。愛しい人と枕をともにした様を夢想するという歌詞を、「三角目付（さんかくみぢち）」と呼ばれる目線の移動と「枕手」で表現する。「コネリ手」は「枕手」の途中と終了後に挿入されている。また同じく二首目の締めくくり「冬の夜半」の後で、赤子を抱きあげるような表現「抱き手」に続き「コネリ手」が使われる。この演目は想う人に逢えない切なさや寂しさを表現したものである。「コネリ手」は歌詞の象徴ともいえる中踊りの見せ場に巧みに配され、「愛しい人を招きたい」という内面を表象する技法として使われている。神招きの所作を結ぶ役割として発展した「コネリ手」は、琉歌と融合し、招く対象を神から想い人に変容させ、より叙情的な世界を表現するようになった。共同体における祈りから個人の心情を表現する手法へと技法の内容も変化した。ついで、宮廷から民間の芝居小屋へと演じる場を移した雑踊りの演目では、「コネリ手」は随所にちりばめられ、より誇張した動きで演じられる（図

9　歌意は次の文献を参考にした。宜保栄次郎『琉球舞踊入門』那覇出版社、1979年。

4-5)[10]。さまざまな演目のモチーフのなかで主たる技法として取り入れられ、「コネリ手」は、当初の「招く」という意味から拡大し、「沖縄らしさ」や「女性らしさ」を象徴する技法としてその意味内容も変容していった。

コネリ手文化圏――比較技法論への可能性

これまで、琉球舞踊の代表的な技法「コネリ手」を例に、その表現内容の融合性と時代による変容の過程を見てきた。ここでは、「コネリ手」をめぐる多様な見解を紹介したい。

芸能学の三隅治雄は、「コネリ手」を「手首を柔軟にこねる手振り」[11]と定義し、これと類似する技法を持つ舞踊が、インド、ミャンマー、カンボジア、タイ、インドネシア、中国、韓国、奄美を北限とする日本本土にも分布していると指摘し、これらの地域を「コネリ手文化圏」と指摘した。この見解に対し、本田安次は、「日本本土にはそれが果たしてないかどうか。その検討も必要である」[12]と述べている。さらに矢野輝雄は「この技法は東アジアの広範囲にわたってみられる」[13]としている。分布域に多少の違いはあるものの、「コネリ手」にみられる腕の返しや手指の曲げ伸ばしを運動要素に持つ舞踊はアジアだけでなく、太平洋地域にも多く分布している。[14]

例えば、ポリネシアのトンガの舞踊の主たる表現動作は、腕の返しと手指に

---

10 Hateruma, Nagako 'Characteristics of the "KONERI-TE" hand technique within the movement structure of Okinawan classical dance', *Proceedings of the 21st Biennial Conference in Barcelona*, ICKL, 2000. p.84 の図より転載。
11 三隅治雄「コネリ手文化圏と沖縄の芸能」法政大学沖縄文化研究所編『沖縄文化の古層を考える：法政大学第7回国際シンポジウム』法政大学出版、1986 年、224 頁。
12 本田安次「沖縄の芸能――研究の現状と課題」『沖縄の祭と芸能』南島文化叢書 13、第一書房、1991 年、375-376 頁（初出は、沖縄県商工労働部観光・文化局文化振興課編『沖縄文化の源流を考えるシンポジウム』の「報告7　芸能」、沖縄県、1983 年、183-184 頁）。
13 矢野輝雄「琉球古典舞踊にみる文化の重層性」『沖縄県立芸術大学紀要』2、1994 年、84 頁。
14 例えばロマックスは、運動記譜法を開発したラバン（Laban）の理論をもとに分析指標を作成し、世界の民族舞踊を6つに分類して、「アジア地域の舞踊は一つ一つの指を分化して使い三次元運動を行う」（Lomax, A.; Bartineff, I.; Paulay, F. 'The Choreometrics coding book.' *Folk song style and culture,*. Washington D.C.: American association for the advancement of science, 1968, p.265）と報告している。

よる表現であるとするケプラーの報告[15]があり、同様の運動要素は広くポリネシアやメラネシア地域の舞踊にもみられる。あるいは、インド北西部に起源をもつ移動型民族によってもたらされたフラメンコなども、類似する手の動きをもつ。これらの地域の手指表現を、その運動特性と表現内容から比較検討すると、アジア太平洋地域における琉球舞踊の位置付けが将来的には可能になるだろう。この地域の研究者の共同研究が待たれるところである。

3 「漕ぐ」身体

前節では、「祈り」を源流にもつ手の技法が、舞踊技法として昇華され、いかに変容してきたかを紹介した。本節では、明治期に生まれた「雑踊り」のなかから、庶民にもっとも親しまれている演目、「谷茶前（たんちゃめー）」をとりあげ、その魅力を紹介したい。谷茶は沖縄県北部の地名である。男が漁に出て捕ってきた魚を女が籠に入れて売り歩くといった、漁村の日常風景を具象的に描いている。なんといってもこの演目の魅力は、快活な歌三線のリズムにのせて、踊り手が「ウェーク」と呼ばれる櫂や、「バーキ」と称される籠をもって、日常の労働所作を写実的にわかりやすく演じる点である（図4-6）。残念ながら現在はほとんど見られなくなってしまったが、魚をバーキに入れ、頭上に載せて歩く女性たちによる「頭上運搬技法」は、農漁村ではよく見られる風景であった。また、戦後、動力化・大型化されたため伝統船は日常的には使われなくなったが、本来は「サバニ」と呼ばれるクリ舟にのって漁に出ていた。この伝統船の「サバニ」を操る「漕技法」もこの踊りの見どころの1つである。櫂を美しく、そして勇壮に操る卓越した技術が求められる。

　糸満に伝わる2つの漕技法

「谷茶前」に頻出するこの「漕技法」は、胴体をひねって前傾させ海中に櫂を差し込んで、櫂先が頭上近くの高さになるまで引き上げるダイナミックな動きである。伝統船「サバニ」は、実際にこのような漕ぎ方をするのか、それとも、

15　Kaeppler, Adrienne L.　'Method and theory in analyzing dance structure of Tongan dance.'　*Ethnomusicology 16(2)*, 1972, pp.173-217.

図4-6 雑踊り「谷茶前」

注：男（左）が櫂をもち、女（右）が籠をもって写実的に踊る。踊り手は志田真木と宮城裕子（写真提供：琉球舞踊重踊流）。

　この動きは、実動作「漕ぐ技法」を誇張したものなのか、漕法の違いを見てみたいと考え、フィールド調査に赴いた。行き先は、古くから漁業の町として知られる糸満市の糸満ハーレーという祭祀である。糸満ハーレーは毎年旧暦5月4日に「航海の安全と豊漁」を祈願して糸満漁港にて行われる。「ハーレー」とは古語「走れ（はれ）」を意味し、『混効験集』には「走と云事　はしれを（中略）也」とある[16]。那覇をはじめ他の地域では一般に「ハーリー」と呼ばれ、その語源は諸説あるが、糸満では古語「走れ」に基づき「ハーレー」と称している。
　競漕のメインは、西村・中村・新島の三村対抗による(1)「御願バーレー」(830m)、(2)「転覆バーレー」(830m)、(3)「上イバーレー」(2110m) の3レースである。この3レースのなかで、もっとも古く、祭祀的色彩が濃いのが「御願バーレー」である。「御願バーレー」は漁協組合青年部による競漕で、レース直後、先着順に村の祭祀場である「白銀堂」に行き、祭祀をつかさどる神女「糸満ノロ」に報告した後、漕ぎ手が円陣を組み「ハーレー歌」を歌い舞う。

　　　首里天加那志百々とうまで末までぃよー　　サーヘンサーヘンサーヨ
　　　サー御万人ぬ間切よ　サー拝でぃしでぃら　　サーヘンサーヘンサーヨ
　　　（首里の王様いついつまでも村の人々は拝みましょう）

　　　玉寄ぬ御ノロただやあやびらぬよー　　サーヘンサーヘンサーヨ
　　　サー三か村ういきびよー　サーうかくいみそり　　サーヘンサーヘンサーヨ

16　外間守善編著『混効験集　校本と研究』角川書店、1970年、114頁。

4　琉球舞踊と身体　　79

（玉寄の神女はただものではありません。三村の男たちをご加護ください）

図4-7　西村のサバニに描かれた「ヘンサー」(隼)

でぃき城按司ぬ乗いみせる御舟よー　　サーヘンサーヘンサーヨ
サー世果報待ち受きてぃよ
サー走ぬ美らさ　　サーヘンサーヘンサーヨ

（でぃき城按司のお乗りになるお舟が豊かな世を待ち受けて走る美しさよ）

　下線部の「ヘンサー」は隼（ハヤブサ）の意で、船体に大きく羽をひろげた隼の姿が描かれている（図4-7）。歌詞のなかでも「走ぬ美らさ」と歌われるように、かつてハーレーの伝統漕法は、速さを競うよりも「ヘンサー」の羽ばたきのように櫂を操り「美しさ」を競うことが重視されたという。この漕法を継承しているのが「御願バーレー」であり、他のレース「転覆バーレー」や「上イバーレー」の漕法を「ピッチ漕法」と呼ぶのに対し、「御願バーレー」の漕法は「ヘンサー漕ぎ」と呼ばれ、明確に区別している。
　図4-8は島袋良徳の論文より転載した「御願バーレー」における漕ぎ手の配置図である。乗員は、鉦打ち1人、かじ取り1人、舳先から1番ウェーク1人、2番〜5番ウェーク各2人、6番ウェーク1人、そして中央にデーフィ（旗振り）1人で、合計13人である。「ウェーク」は櫂および櫂を操る漕ぎ手をさす。11人の漕ぎ手のなかでも1番ウェークとかじ取りは力量と経験をあわせもつ者が選ばれる。
　図4-9は「御願バーレー」と「上イバーレー」の1番ウェークの漕技法の分

17　島袋良徳「糸満ハーレーの祭祀」白鳥芳郎・秋山一編『沖縄舟漕ぎ祭祀の民族学的研究』、勉誠社、1995年、47頁の図より転載。
18　波照間永子「糸満のハーレー──伝統漕法の伝承と変容」『体育の科学』48(11)、杏林書院、1997年、873頁の図に加筆。

図4-8 「御願バーレー」における漕ぎ手の配置

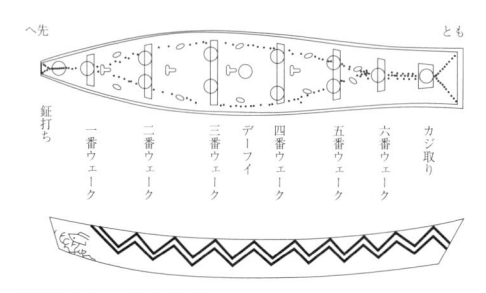

舟の長さは6.8m、深さは47cm。
出典：島袋（1995）より転載。

図4-9 「御願バーレー」（ヘンサー漕ぎ）と
　　　「上イバーレー」（ピッチ漕法）

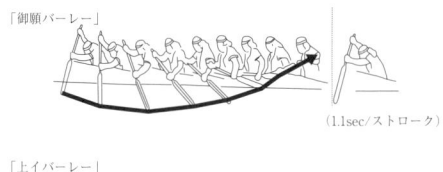

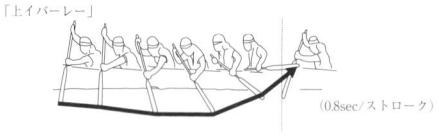

「御願バーレー」は櫂を大きく頭部の高さまでひき上げる。「上イバーレー」は腰の高さまできたら、すぐに次のストロークに移る。

割図で、実線は櫂の先の軌跡である。体幹を前傾させ、両腕を伸ばして櫂先を水中に差し込んだのち、腕を曲げて体幹側へ引きよせる。「御願バーレー」は頭部の高さまで櫂先を引き上げた後、再び次のストロークに戻る。結果として櫂の垂直方向の可動域が大きくなり、遠方からみるとあたかも鳥が羽ばたいているように観察される。対して「上イバーレー」は水をかいたらすぐに次のストロークへと戻すことで単位時間あたりのストローク数を増やしスピード化を狙っている。大正生まれの元漁師らに漕法について尋ねると「昔の海人（ウミンチュ＝漁師）は櫂を上から上げてまわした」「ヘンサーが舞うように櫂を高く上げ潮をかきすてた」「昔は上に上げたが今の青年は上げない」との答えが得られた。本来の漕法は、「御願バーレー」に伝承されているように、櫂先をひき上げ上下の可動域を大きくすることを意識し、自らの身体をもって「ヘンサー」の羽ばたきを具現化していたといえる。

ヘンサー漕ぎの表現

ところで、「ヘンサー」（隼）は何か特別の意味を付与されているのであろうか。隼は鷲鷹も含めた性質の荒い肉食の鳥（猛禽類）で、船の比喩的表現に用いら

れる[19]。また、霊力豊かなものとしてその羽は神女の挿羽に使われたという[20]。宮古や八重山の歌謡に神女と舟を同一視する意識がみられること、琉歌のなかに鳥が「おなり神」(女性の霊力)の化身だとする描写があることから、鳥・船・神女は象徴として一体となりうるものであるという[21]。糸満においても舟には女の神が宿ると信じられていた。サバニの船体に大きく羽を広げた隼を描き、漕ぎ手自らの身体をもって羽の動きを模倣することで、神女の加護を受け、航海の安全を保障しようと願ったのではないか。漕ぎ手の身体技法が、霊力の象徴である鳥・船・神女と一体化するための重要な媒介をなしているといえる。

こう考えると、雑踊り「谷茶前」の漕技法は、単なる日常の「漕ぐ」という労働技法および移動技法を誇張したものではないのかもしれない。その根底には、厳しい自然条件のなか、家族や共同体の生活の糧を求めて大海原に出航する男たちの「祈り」の心が秘められていたとも考えられる。

おわりに——舞踊技法研究への誘い

本章では、琉球舞踊におけるさまざまな身体技法のなかから、「祈る」身体と「漕ぐ」身体を照射し、それが何を表現しているのか、また時代背景や作品のコンテクストのなかで表現内容をいかに変容させてきたかを論じてきた。ここで取り上げた2つの技法とも、単に1つの要素を付与されているのではなく、複数の要素を二重三重に孕んだ奥の深い世界なのである。

この奥深さに魅了され、舞踊技法の研究を継続してきたが、つねにつきまとう壁は、身体技法および舞踊技法の核となる「身体」運動を、二次元の紙面に記録するという問題である。もの言わぬ技法を研究対象として記すこと、すなわち言語化して書き残すことは非常に難しい。伴奏音楽である歌三線が、「工工四」という記録法を確立したのに対し、舞踊の記録法「舞踊譜」は未だ確立

---

19 『沖縄古語大辞典』(同辞典編纂委員会、角川書店、1995年、552頁)には「はやぶさ」の項に次のように記されている。「「はいんさ」は「はやぶさ」の転で、鷹のこと。転じて船の美称。俊敏な隼を船名にしたもの。今の方言ではフェンサ。八重山方言ではペンサー。」
20 池宮正治「鳥舟[巻13の158]」おもろ研究会『おもろ精華抄』ひるぎ社、1987年、332-335頁。
21 波照間永吉「袖垂れ小考」『沖縄文化』20 (1)、1983年、72頁。

していない。そもそも、舞踊の技法は師から弟子へ、先輩から後輩へと、身体と身体を直接対峙することで伝えられる「暗黙知[22]」の領域であり、それを言葉で説明したり、記号によって表現するのは至難の技である。これまで多くの研究者がこの課題に真摯に取り組んできたが、これといった手法が見つからないまま今日に至っている[23]。紙面の都合上、残念ながら記録法について詳しく触れられなかったが、今後、身体技法および舞踊技法の研究手法を確立するには、伝承プロセスの調査とともに、身体運動の記録法の開発が急務である。

(波照間永子)

---

22 暗黙知とは、経験や勘に基づく知識のことで、言葉などでの表現が難しいもの。ハンガリーの哲学者マイケル・ポランニーによって 1966 年に提示された概念。Polanyi, M., *The tacit dimension*, N.Y. Doubleday, Garden City, 1966(マイケル・ポランニー著、高橋勇男訳『暗黙知の次元』ちくま学芸文庫、筑摩書房、2003 年)。
23 琉球舞踊の記録法については拙著(波照間永子「琉球舞踊にみる記録法の展開と課題」沖縄芸能協会編『沖縄芸能協会創立 40 周年記念誌』沖縄芸能協会、2008 年、119-204 頁、「琉球舞踊における動作単元データベース構築のための基礎研究――指導言語・動作特性データの収集と抽出」『沖縄文化』39 (2)、2004 年、89-108 頁)を参照いただきたい。また、身体技法および舞踊技法全般の記録法については、『教養としてのスポーツ人類学』の担当章に概説した(波照間永子「スポーツと身体文化」寒川恒夫編『教養としてのスポーツ人類学』大修館書店、2004 年、37-44 頁)を参照されたい。

5

沖縄の宝
——沖縄音楽における伝統と革新——

はじめに——沖縄の宝とは？

　沖縄や奄美地方は現代日本において音楽が盛んな地域として知られる。2004年1月に日本芸術文化振興会の運営によりオープンした国立劇場おきなわが、東京の国立劇場、能楽堂、大阪の国立文楽劇場と並び、日本の伝統芸能を上演するための数少ない劇場の1つであることは、日本音楽の世界における沖縄伝統音楽の重要さを物語る。ポップスの世界では安室奈美恵、ORANGE RANGE など、数多くの沖縄出身のミュージシャンが全国的に活動している。また、喜納昌吉、知名定男、大工哲弘など、沖縄のミュージシャンたちは沖縄の伝統的な要素をさまざまな形で生かし、全国的に通用する「沖縄音楽」を作成してきた。

　2002年の夏、日本復帰30年記念として、石垣島出身のバンド BEGIN は「島人ぬ宝」という歌をリリースした。歌詞は BEGIN のメンバーと、彼らの出身校である石垣第二中学校の生徒たちとの共作で、自然、海、伝統を通して、島人の「島」に対しての思いを描いている。その歌の三番の歌詞は次の通りである。

　　僕が生まれた、この島の歌を
　　僕はどれぐらい知っているんだろう、
　　トゥバラーマも、デンサー節も、
　　言葉の意味さえ分からない
　　でも誰より、誰よりも知っている、
　　祝いの夜も、祭りの朝も、

どこかから流れてくるこの歌を、
　　いつの日かこの島を離れてくその日まで、
　　大切なものをもっと深く知っていたい、
　　それが島人ぬ宝。

（作詞・作曲　BEGIN）

　現代沖縄の社会において、「シマ」という言葉はかなりよく耳にする。「島唄」は言うまでもなく、島酒、島草履、島言葉、また1990年代から流行り始めた、「島人」と書いてあるTシャツなど、何かと「シマ」という言葉が頻繁に使われているのだ。明らかに「島」や「島人」というコンセプトは、沖縄社会、文化、そしてアイデンティティに深く根付いているのではないだろうか。

　上記の歌詞中の「トゥバラーマ」や「デンサー節」とは、BEGINの出身地である八重山の伝統的な歌であり、どちらも即興的な歌詞が多く存在する。二十世紀後半の八重山古典民謡の第一人者と言える大浜安伴[1]は、八重山の代表唄「トゥバラーマ」に次のように作詞した。

　　むかしぃぴとぅや　　　昔の人は
　　くらしゆうたにかけ　　暮らしを歌で表現していた
　　しぃまぬたからで　　　島の宝で
　　なまにぬくしょーり　　今に残して

（作詞　大浜安伴）

　この歌詞は、彼の代表作として周知され、とくに彼が創立した八重山古典民謡保存会のメンバーによく歌われている。また同保存会のフィロソフィーであると言っても過言ではない。つまり、安伴にとっての島の宝とは、「祖先が作り上げた歌」で、その歌を八重山の誇りとしてありのまま保存し、正確に次世代に伝えるべきだ、と意訳できる。

　先述の「島人ぬ宝」と上記の2つの歌は、どちらも八重山出身者によって作成され、「郷土の心・誇り」を表現しているが、大浜安伴の「島ぬ宝」とBEGINの「島人ぬ宝」には大きな違いが見られる。大浜の、昔から存在する歌の保存という積極的な行為を通じて伝統を意識したり、確立されたりといっ

---

[1] 大浜安伴、1913年石垣市に生まれ、戦後八重山における伝統音楽の洗練や発展に力を尽くした人として知られている。2001年没。

た過程で育てる八重山（または沖縄）のアイデンティティと、BEGIN の島人ぬ宝（＝アイデンティティ）には顕著な隔たりがあるのである。「島人ぬ宝」では、叙述されているように「トゥバラーマ」や「デンサー節」のような古い歌は、歌詞が理解できないながらも、歌自体は意識せずとも聴く機会があり、その空間を共有することで育まれる郷土への意識やアイデンティティが表現されている。さらに、BEGIN が八重山や沖縄の音楽要素を生かし、自分たちの沖縄音楽を自由に作成していることは、伝統を保存する大浜安伴の「島ぬ宝」とは明らかに異なる八重山音楽へのアプローチである。

　本章では、現代沖縄の音楽において、「伝統」がどのような意味を持つのか、その「伝統」は現代の沖縄社会でどのように継承されているのか、の二点を考察する。八重山出身者の作である上記の 2 つの歌詞を出発点に、主に八重山の音楽文化を考察するが、必要に応じて琉球列島の他地域や、全世界の例も取り上げ、八重山と比較する。そのなかで、琉球列島のどの地方にも、音楽に対しては同様のディスコースが見られ、その伝統と革新に類似的な現象が見られることを検証していく。

1　「なまにぬくしょーり」──伝統音楽の保存と伝承

　全国的に伝統音楽が盛んな地域として知られる沖縄のなかでも、八重山地域はとくに「歌の国」などの場所としてその存在を別にしている。例えば、沖縄本島の研究者、伊波普猷の 1910 年の文章では、

> 八重山は宛然ホーマーのユリセスの中に書いてあるセースの島のようなところだ。その音楽には暫時立ち寄った旅人を永久にとらえる魅力がある、（中略）八重山は実に歌の国だ。私は今でもこのうるさい沖縄島を去って、あのうるわしい歌の国に一生を送りたいと思う位だ。

と記述がある。近代の例を挙げると、毎年行われる全国高等学校総合文化祭

2　伊波普猷『古琉球』岩波文庫、2000 年、362 頁。

図5-1 鳩間島の豊年祭、2002 年

の共同芸能部門では、同大会の30年における歴史のなかで、八重山地域の高校は3回ほど優勝しているが、このことは、八重山の学校で郷土芸能が重視されていることを物語る。本項では、八重山や沖縄の伝統音楽は現在どのように存在し、どういったプロセスで伝承されているのか検討する。

　琉球列島において、伝統音楽を演奏する場として、各村落で行われる年間行事や祭りの役割は非常に大きい。奄美大島の八月踊り、沖縄本島の盆踊りであるエイサーなどは現在でも盛んに行われている。八重山地方でも、琉球王国時代に首里からの役人の前で演じられた弥勒（ミルク）の神様などに関わる祭りは今日に続いており、東京からのテレビカメラの前で盛大に行われている。八重山の人々が、祭りやその場で演じる音楽や芸能に誇りを持っていることは、沖縄本島や日本本土に暮らしている八重山出身者が、毎年村落の祭りのために帰島する人の数からも読み取れる。極端な例であるが、著者が2002年に調査した新城島（あらぐすく）の豊年祭では、島の在住者は10人以下であるにもかかわらず、100人程の参加者により非常に熱心に祭りが行われ、また神様に捧げる歌も高いレベルで歌われていた。図5-1の2002年8月に執り行われた鳩間島の豊年祭の映像に、全国的に活躍する若いミュージシャン、鳩間可奈子が奉納芸能の歌を担当している。このように、大工哲弘、新良幸人など、沖縄本島や日本本土で活躍しているミュージシャンのなかで、地元の祭りで音楽を担当する方は多いようである。

　八重山は「歌の国」であることは周知の事実だが、八重山の人びとはいつでも自由に音楽を作ったり、歌ったりしているわけではない。沖縄の社会では、音楽のジャンル、演奏する「場」、また演奏者の身分によって、さまざまな社

3　八重山高校（1994年と2002年）、八重山商工高校（2007年）。

会的ルールが存在していた。例えば、近年まで沖縄の伝統音楽を学校で演奏することはタブーであったようである。八重山古典民謡の先生である伊良皆高吉は 2002 年に次の文章を書いている。

> 昭和 33 年 4 月から私は石垣小学校という「町の学校」に移動になり、そこでは毎月一回学級ごとに「誕生会」があるので、私が三線を弾いて子ども達を躍らせたり遊戯させたりしたものです。子どもたちは喜んでやりましたが、PTA から苦情が出ました。「学校では一体、何を教えているんですか」「伊良皆先生という人は子どもたちにこんなことをおしえていいのか」ということでクレームがつき校長先生からよく注意されたものです。[4]

また、八重山高校の郷土芸能部を設立した高嶺方祐は「昔から若者が三味線（著者注：三線）を弾くと「ピラッカー[5]」（怠け者、遊び者）といわれてきた[6]」と述べ、郷土芸能部の設立に苦労した様子がうかがえる。

これらの例は八重山に限定したことではなく、沖縄本島などの地域でも伝統音楽を演奏する方は、ごく最近まで社会的に低いイメージを持たれていたようである。例えば、琉球古典音楽野村流の重鎮である城間徳太郎は、2005 年に国指定の人間国宝の選定を受けた際、若い時代に三線を始めたときの思い出を次のように語った。

> 私が三線を始めた頃は、若者が三線を弾いていると不良とみなされ、将来性がないとか、嫁の来手がないとかいわれ、特別視されていた。[7]

琉球王朝時代の八重山では、高級楽器であった三線を手に入れ、または演奏する時間の余裕を持っていたのは上階級の士族であったので、20 世紀半ばまでは、野良仕事をする一般民衆が三線を演奏することはタブーであったと、著者は八重山の長老から何度も話を聞いたことがある。

4　伊良皆高吉『三線は宇宙をかなでる——世界に響け、沖縄の心、和の心』にらやかなや出版、2002 年、55 頁参照。
5　箟柄。
6　高嶺方祐「郷土芸能クラブの 25 周年を振り返って」（『八重山高等学校創立 45 周年記念誌』1989 年）217 頁参照。
7　城間徳太郎「芸を語る城間徳太郎・宮城能鳳」（『人間国宝』2007 年）20 頁参照。

図5-2 八重山農林高校の郷土芸能部

注：2002年4月、同学校の行事にて。

しかし、このように低い社会的地位に甘んじていた沖縄音楽であるが、終戦直後には伝統芸能に関する社会的意識は徐々に向上したようである。それは沖縄タイムス新聞社が、第一回の「新人芸能祭」を1954年に開催したという歴史からも読み取れる。同社は三線、箏、琉球舞踊など、沖縄の古典芸能の試験と、その合格者による音楽芸能祭を毎年行っている。2006年には三線部門の応募者が452名もあり、人気のあるイベントであることがうかがえる。

この沖縄タイムスの芸能祭の影響で、1956年には琉球大学で郷土芸能クラブや八重山民謡同好会が設立された。また、この同好会の卒業生である高嶺方祐などは、前述のように八重山に帰島してから高校の郷土芸能部を設立し、八重山の学校で地元の歌を広めるようになった。これら石垣市のすべての高校にある郷土芸能部は、八重山の音楽界に大きな影響を与えたようである。例えば八重山民謡の代表的な歌い手である大工哲弘は八重山農林高校（図5-2）で、新良幸人や大島保克は八重山高校の郷土芸能部で活躍してから、プロのミュージシャンとして伝統音楽をベースに演奏活動を続けている。

沖縄タイムスの芸能祭をはじめ、沖縄各地の歌は「試験＋発表会」というフォーマットで「コンクール」という名称で伝承されている。八重山地域では八重山毎日新聞社の主催で1975年から、また八重山日報主催で1978年から毎年2つのコンクールが行われている。2007年の八重山毎日新聞のコンクールには、八重山、沖縄本島、日本本土から230名の応募者があり、5万人ほどという八重山の人口の割には非常に大きなイベントであるといえよう。

新聞社の主催する芸能祭の大きな役割は、社会的に大きな影響力を持つ会社が、かつては低いイメージを持たれていた沖縄の古典芸能を認めることで、同芸能の社会的なレベルの向上に寄与したことであろう。また、沖縄各地の民謡団体は、新聞社と同じ「試験＋発表会」のフォーマットを採用し、自らコンクールを執り行っている。このように沖縄の伝統音楽は「組織化」され、大浜安伴

の「島の宝」で歌われているとおり、社会に認められる優れた文化として 21 世紀に伝承されている。

2 言葉の意味さえ分からない

　本章では主に沖縄の「音楽」について考察しているが、沖縄音楽とは「歌」であり、すなわち歌を構成する「言語」の分析は必要不可欠である。ここでは沖縄の歌に使用されているさまざまな言葉、言語、方言について考察し、各々の歌詞は社会的にどのような意味を持っているのか考察していく。

　BEGIN の「島人ぬ宝」では「トゥバラーマ」や「デンサー節」などの八重山民謡の歌詞の意味が分からないと歌っているが、その理由は歌詞が八重山の言葉で歌われる、または歌詞の内容が現代の生活からは共有し難い内容であるからだと推測できる。以下は「デンサー節」の一例である。

ウヤファカイシャーファーカラ	親子の美しさは子から
キョーダイカイシャーウトゥドゥカラ	兄弟の美しさは弟から
キィナイムツィカイシャー	家庭持つ美しさは
ユミヌファーカラ	嫁の方から

　標準語訳と比較してみると、各単語の語源を理解するのは難しくないが、上記の音だけでは、八重山方言に馴染みのない方には理解し難いだろう。また、儒教の影響を強く反映する歌詞は、現代社会の性平等主義の理想からは少しかけ離れていることがうかがえる。

　八重山古典民謡の世界では、歌詞を正確に発音することは非常に重視されている。とくに、石垣島で人口の集中する「四箇字」地域の言葉に見られる「中舌音」（標準語の「シ」と「ス」の中間的な音）を正しく発音することは、島外出身者にとって至難の技である。例えば、八重山古典民謡保存会会長を長年務めた大底朝要は、「中舌音は八重山の独特の文化（方言）を表現するきわめて重要なもので、八重山古典民謡の生命線といっても過言ではない」[8]と述べている。中舌音は沖縄本島などの、八重山以外の地域には稀な発音法であり、そ

8　大底朝要「第三十一回八重山古典民謡コンクール審査講評」（『八重山古典民謡コンクール発表会プログラム』2005 年）9 頁参照。

の独特さから八重山のアイデンティティの表現法の1つといえるだろう。

近年では重要視されているこれらの言葉、発音も、昭和初期の八重山では「産湯の時から標準語」などのスローガンが掲げられ、学校や公的な施設をはじめ、一般家庭でも八重山の言葉ではなく、全国で通じる共通語を使用する動きが強まったようである。現在では、村落による違いは見られるが、70歳代以下の八重山の方の多くは日常生活のコミュニケーションを標準語で行っているようである。

「地元の言葉から標準語へ」の変化は、日本政府が沖縄を自国の制度に組み込むという政治目的もあったが、その一方で地元側にとっては、日本社会で生きていくために、標準語は不可決な道具であったのであろう。正しい日本語をマスターするためには、音楽もその政治的、教育的、そして社会的な役割を果たしたのである。例えば、石垣出身の作曲家の宮良長包が1919年に、沖縄本島にある仲西尋常高等小学校校長を務めたときに作曲した「発音唱歌」がある。

> わが学び子の発音は
> ダ行とラ行をよく正し
> 歯しょう突起に舌先を
> 触れてだしたらダヂヅデド
> 舌先曲げたらラリルレロ
> 前歯に触れたらザジズゼゾ

また、「発音唱歌」から20年後の1939年に、石垣小学校は「標準語行進曲」という歌の作曲に取り組んだ。下記はその一番の歌詞である。

> 御代は昭和だ　興亜の風だ　僕等は明るい　日本の子供　けふもニコニコほがらかに　言葉ははつらつ　標準語。[9]

このように、標準語励行という時代を背景に、八重山の音楽社会では標準語

9　作詞：宮良高夫、作曲：糸洲長良。歌詞は南海時報、1939年7月2日に掲載された。

対八重山言葉という図式がみられる。八重山音楽が島外に紹介された際にも、言語という問題は関係者に大きくのしかかった。八重山音楽が日本本土で初めて話題に上ったのは 1928 年、日本青年館主催第 3 回郷土民謡舞踊大会に八重山から初めて舞踊団が出演したことである。八重山民謡が全国的に有名になるのは、それから 11 年後の 1934 年、日本コロムビアが発売したレコードで、この SP 盤は沖縄本島、宮古、八重山各地の民謡、古典音楽等、幅広い音楽を収録している。1934 年に地元の郷土研究者、喜舎場永珣が八重山民報に書いた記事によると、鹿児島民謡「小原節」や「島の娘」が全国版に編曲されてヒット曲になった事の影響を受けて、八重山の歌も「歌詞を方言のみに依らず、ローカルカラー（郷土色）を失わずに、全国民に歌って味わうことのできるような民謡にしたい」と日本コロムビア側から依頼を受けたとある。コロムビアレコードの依頼に応じて、喜舎場永珣は大浜津呂、崎山用能、仲本政子の 3 人の楽団を結成し、曲を宮良長包に、詞を白保出身の星克に依頼した。現代沖縄の代表曲、「新安里屋ユンタ」はこうして誕生したのである。

このように 20 世紀前半からは、沖縄の音楽を「全国共通」にすることが目的で、沖縄のさまざまな方言を使用せず、標準語を採用する流れがあった。沖縄の方言による歌も数多く作曲されたが、これらはあくまでも県（島）内向けのもので、その新作の多くは、全県にある程度通用する沖縄本島那覇周辺の方言で作詞され、八重山、宮古など、中心から離れた地方の言葉での新作はあまり見当たらない。各々の方言は、その地域の出身者でないと理解できないほど沖縄本島の方言と異なることが最大の理由だと推測できよう。

ところで、方言に関する理解問題は、本土のみならず、地元八重山でも取り上げられている。例えば、1912 年に沖縄の研究者である伊波普猷は、「鷲ぬ鳥」について次の記事を残している。

　　八重山には今日でもそういう立派な詩の作れる詩人がいるだろうか、という疑問をおこされましょう。ところが、今日の八重山には、その方言を使って詩の作れるひとは一人もありません。ああいう立派な詩を作った詩人の子孫が、どうしてマア詩を作る本能を失ったのでしょう。とにかく彼らは、昔のような境遇に置かれたら、再び彼らの祖先が歌ったような、うるわしい歌を歌い出すか

も知れません[10]。

しかし1956年、東京で開かれた八重山芸能講演で大浜津呂（1891-1970年）は次の有名な歌詞にのせて「トゥバラーマ」を歌った。

　　今ぬ一時どぅ、くぬくりしゃんしょーる、やがてぃ親元ん戻らりどぅしぃ、イランゾーシヌ、大和ぬ親がなしぃ。
　　（この苦しみも今しばらくの辛抱かと思います。きっと近い将来、祖国日本に戻れることでしょう）。

　大浜津呂は八重山民謡の名人で、「新与那国ションカネー」「八重山育ち」など、標準語で歌う八重山民謡の編曲者として知られている。なぜ東京公演で、八重山出身者以外が大勢を占めていただろう観客に向かって、「沖縄の本土復帰」というテーマを標準語ではなく、八重山の言葉で歌ったのだろうか。大浜津呂の上記の歌詞は、本土在住の八重山出身者に向かって、八重山が日本国の一部であることを表現していた。つまり、前述の「安里屋ユンタ」と異なり、首都である東京という土地で、あえて八重山の言葉で発言することで八重山独自のアイデンティティを日本のフレームワークに位置付けたのではないかと解釈する。

　1990年代から21世紀にかけて、日本の音楽世界における沖縄音楽には非常に大きな展開があった。ヨーロッパ、アメリカ、日本などで起きた「ワールド・ミュージック・ブーム」によって、沖縄のアーティストは全国的に注目をあびたのである。ネーネーズ、りんけんバンド、パーシャ・クラブなどのさまざまなアーティストは、この全国的な沖縄ブームに乗り、沖縄音楽のポップス・サウンドを生み出した。この音楽の大きな特徴は、県外の聴衆を対象にしているにもかかわらず、標準語ではなく沖縄のさまざまな方言を使用していることである。

　興味深い例として、下地勇があげられる。下地は、1969年に沖縄本島から

10　伊波普猷 2000、342-343頁参照、原文は琉球新報、1912年1月1日。

南西 300km に位置する宮古諸島に生まれた。2002 年にリリースしたシングル「我達が生まり島」が、沖縄での全県的な注目を集め、2005 年に IMPERIAL（テイチク）レコードと契約してからは、全国的に活動している。下地は幼いときから宮古の民謡に親しみ、三線も嗜んだが、彼の音楽のほとんどは彼自身の作詞作曲によるレゲエ、ブルースなど、レード・バックでアコースティックなサウンドであり、沖縄の伝統音楽の影響は少ない。しかし 2005 年に「県外でライブをやる機会も多いなかで、全部、方言だけの曲をやるのも、お客さんにとっては辛い」[11]という理由でリリースされた標準語によるアルバム「また夢でもみてみるか」を除けば、下地の歌詞がすべて宮古島の方言で書かれているという点は、彼の演奏活動には必要不可欠な要素である。また、2006 年に出版した自著で、音楽の道に進む計画は 30 歳になるまではなく、宮古出身者の集まりで宮古方言の歌詞をアメリカのブルースに乗せて遊びで歌っていたことがキャリアのきっかけになったことを語っている。[12]このように、彼の演奏活動は歌詞を理解できる聴衆を対象にしたコンテキストから生まれたが、全ての CD に方言の歌詞とともに、標準語訳が付随されていることを見ても、宮古方言の知識がない聴衆をも対象にしていることが明らかである。インタビューで、「（2008 年のアルバムが）出来上がったときにプロデューサーと、これ、日本で売れるかな？ と話したくらいで」[13]と言うように宮古方言で書いた歌詞の伝達力を考慮している。

　さて、20 世紀前半に日常会話として使用されていた沖縄の言葉は標準語に換えられ、それとは相反して、同世紀後半では日常会話でも使用されていない言語が新曲に採用されるようになった現象は非常に興味深い。使用頻度の低下した方言や言語が 20 世紀後半に地方のポピュラー音楽に取り入れられ、少数文化の一表現として使用される、という現象は沖縄のみならず、世界のさまざまな地域で見られる。スパーリング（2007）の論文でカナダの東海岸に位置するケープ・ブレトン島の音楽が報告されている。同島は、19 世紀前半、スコットランドのハイランド地方から多くの人々が移住し、近代まではスコットラン

11　下地勇『心のうた』ボーダーインク 2006 年、111 頁参照。
12　同、57-8 頁参照。
13　Hands ③ Vol.115、2008 年 3 月、42 頁参照。

ドの音楽や、19 世紀までハイランドで広く話されていたゲール語が残っていた。しかし、1930 年代にゲール語を母国語として話していたケープ・ブレトンの住民が 3、4 万人程度だったことに対して、21 世紀前半には 500 人ほどに減少している。[14] 前述の下地勇と同様に、近代ケープ・ブレトンのミュージシャン、メアリー・ジェーン・ラモンドは、ポップスやロックなどの音楽スタイルをすべてゲール語で歌っている。スパーリングの解釈では、メアリー・ジェーン・ラモンドは 2 つの聴衆を同時に対象にしている。1 つはケープ・ブレトンやスコットランドに在住する（きわめて少数の）ゲール語を母国語とする聴衆、もう 1 つはゲール語の理解力は低いが、ゲール語で歌われている歌を共有する聴衆である。同様に下地の音楽も、宮古方言を理解する（少数の）宮古出身者と、また歌詞の内容をほとんど理解できないまでもその音楽を楽しむ聴衆を対象にしていると解釈する。

さらには、演奏者と聴衆の言語理解度を考察したセーゴのハワイの声楽における研究がある。ハワイでも、長年にわたり英語が主流の学校教育などで、ハワイの言語は日常会話として使用されなくなってきていた。ハワイ語で歌われる歌詞は、演奏者にも聴衆にとっても、具体的な意味を理解することで曲の意義を見出す人がいる一方で、歌詞は理解できないが、歌詞の響きなどで社会的な記号として意義を見出す人もいる。セーゴはこの状態を「理解の美学・不可解の美学」（aesthetics of (in) comprehensibility）と解釈している。[15]

カナダのケープ・ブレトンやハワイと同様に、音楽世界における沖縄言語は、その使用頻度の低さと相反して、アイデンティティの表現方法として重視されていることが興味深い。沖縄の歌における沖縄言語の使用は、日本における沖縄の位置に深い関係を持っているのである。しかし、下地の例でみたように、一人の演奏家の音楽において、聴衆の出身地や言語理解度によって解釈法が複数ありえる。つまり、聴衆はさまざまな文化的背景を持つ集合体で、歌詞に使用される言語は単なるコミュニケーションという手段を超えて、聴衆の受け取

14　Sparling, Heather「One Foot on Either Side of the Chasm: Cape Breton Singer Mary Jane Lamond's Gaelic Choice」（『Shima: The International Journal of Research into Island Cultures, Volume 1』2007 年）30 頁参照。
15　セーゴ　Szego, C. K.「Singing Hawaiian and the aesthetics of (in) comprehensibility」（『Global popal, local language』University Press of Mississippi、2003 年）291-328 頁参照。

り方によって多様な解釈が成り立つのである。

3　昔の人は

　大浜安伴の「トゥバラーマ」の歌詞は、八重山の「昔」を伝承することで、現代八重山のアイデンティティを作り出すことを表現している。それに対しBEGIN の「島人ぬ宝」では、「昔の形」との距離を感じることが表現されている。しかし、BEGIN に台頭する様に、現代沖縄ポップスの歌詞においても、「昔」という時代の表現が非常に強調されている。例を挙げると、1994 年に発売された竹富島出身の日出克のアルバム「神秘なる夜明け」に収録されている「異人伝説」のなかに次の歌詞がある。

　　三千年ぬ闇夜から、天ぬ釜ぬにいるから、
　　七千年ぬ眠りから、今日覚みたるまれびとぅや
　　三万年ぬあがたから、いじゅんぬさとぅから起き上がり
　　石ぬ刀や波ん切り、走りたる海ぬ犬
　　　　　　　　　　　　　　　（作詞：伊良皆高則　作曲：日出克）

　日出克の CD 購入者がどこまで歌詞の内容を意識しているかは別にして、八重山の新しい音楽において、「昔」とは大きなテーマの 1 つである。BEGIN の「島人ぬ宝」で見た通り、現代八重山・沖縄人は島の伝統、歴史、自然について詳しく理解している訳ではないが、特別のアイデンティティをどこかに持っている。そのアイデンティティとは、近代化された日本全体、もしくは中央に比較して、「昔」とのつながりが今も残っている八重山（沖縄）というイメージに基づいていると言えるのではないだろうか。
　日本では、沖縄のイメージは 20 世紀前半から、柳田國男、柳宗悦（やなぎむねよし）など日本の民俗研究者によって、「昔の日本文化を残している地域」として言及され、定着してきた。音楽の世界でも「古い日本の形」としての沖縄は注目された。田辺尚雄が 1922 年に行った沖縄調査の報告は次の文章で始まる。

　　琉球には古い足利時代末から元禄時代までの日本音楽が伝わって、今日まで保

存されている。たとえば八橋流の箏曲、足利末の小唄、古い狂言、能楽の原型、お国歌舞伎、若衆歌舞伎など、これらの多くは今日本土において滅亡してしまって伝わっていない。したがって日本音楽史のなかでこの時期の材料がもっとも得られない不明の点である。ところがこれらがその古い形を保ちつつ、琉球に今日まで残っている。これらは多くは古く本土から移入されたものであろう。[16]

　田辺などは、古代日本の文化が沖縄で保存されていることを述べているが、近代の沖縄音楽ブームにも、「昔の日本」のイメージを反映し、現代風に再現されている例が見られる。例えば、近年 CD、映画、本などで紹介された石垣島字白保に拠点をおく白百合クラブは、大正、昭和初期に生まれたメンバーを中心に、主に日本本土の戦前のポピュラー・ミュージックや八重山の新民謡のレパートリーを演奏している。白百合クラブだけではなく、1990 年代からは、大工哲弘、山里勇吉、仲宗根長一が、「カチューシャの唄」など日本の戦前の歌を自身の CD に多く取り入れている。聴衆にとってのこれらの歌の魅力とは、「昔の日本」が「生きた文化」として残っていることではないだろうか。

　与那国島出身の西泊茂昌の歌には、日本の資本主義社会のなかで苦しみ傷ついた人々を救う、古き良き沖縄というテーマが良く出てくる。例えば、1997 年のアルバム「日々淡々」のタイトルソングに次の質問を投げかけている。

　　日本人、日本人ってどうしてこんなにせわしいんだろう
　　日本人、日本人ってどうしてこんなにかなしいんだろう、
　　日本人、日本人ってどうしてこんなに自由に生きれないんだろう

　その答えとして、西泊は自らの代表曲「風のドナン」で次の通りに歌っている。

　　親ぬ言葉や、神ぬ言葉、忘れちんなよ、
　　愚かものが住む夢なき国へ、走れ走れドナン風、愚かものを吹き飛ばせ

16　田辺尚雄『南洋・台湾・沖縄音楽紀行』音楽之友社、1968 年、254 頁参照。

つまり、近代化、都会化が進行するなかで、前の世代や祖先とのつながりが希薄な中央もしくは「日本人」全体に対して憂いの疑問を投げかけ、与那国では未だ強く残っている「親の言葉は神の言葉」ということを忘れるな、と歌っている。こう見ると、ドゥナン風も「昔」というイメージに基づいた「島人の宝」の一種といえよう。

近代沖縄のポピュラー・カルチャーには、親や「おじぃ」「おばぁ」の存在が非常に大きい。西泊の「風のどなん」をはじめ、BEGINの「昔美しゃ、今かいしゃ」(2000)、「おじい自慢のオリオンビール」(2002)、「オバー自慢の爆弾鍋」(2002)、下地勇の「おばぁ」(2002)や「アタラカの星」(2006)などは上の世代の存在をまつる歌である。例えば、「アタラカの星」のリフレーンは次のとおりである。

アタラカぬ父母(うやんま)や	大切な父母は
アタラカぬ物(むぬ)うふぃーたー	大切なものを残してくれた
いつがみまい止(ゆどぅ)まん世(ゆー)	いつまでもまわり続ける世
我(ば)ぬう歩(あす)かすだき	オレを歩かせるだけ

(作詞・作曲：下地勇)

上記の歌詞は前述の西泊が歌う「親ぬ言葉や、神ぬ言葉」とよく類似し、また前述の「デンサー節」と同様に、伝統的な社会構造が残る沖縄を反映した内容である。これらは現代日本、アメリカにおけるポップスとは内容を異にしている。それは西泊が歌うように、忙しい日本本土の都会生活に対して、沖縄は「古き良き時代」を残しているから魅力があり、これらの「宝」を彼らが誇りに感じていることが理由ではないかと解釈する。

沖縄音楽における「昔」は、全世界における「ワールド・ミュージック・ブーム」に見られる現象である。テイラーが1997年に出版した北米における「ワールド・ミュージック」の研究には次の文章がある[17]。

聴衆に重要なのは、彼らが消費するワールド・ミュージック（またはオルタナティヴ・ロックなど）がタイムレスで、古代、原始、純粋、ソニック（cthonic）的な

---

17 Taylor, Timothy D.『Global pop: World music, world markets』Routledge、1997年、26頁参照。

つながりがあることである。

「島人ぬ宝」で見たように、沖縄の新しい音楽も、伝統から距離感を感じつつも、「タイムレス」など、「昔」とのつながりがあることが強調されている。大浜安伴の「島ぬ宝」では、「昔」の歌をそのまま残す方法で八重山を表現していることに対して、BEGIN などは新しい形で八重山（沖縄）を表現している。しかし、その「新しい」形のなかにおける「昔」のイメージは沖縄にとって非常に大きい。

4　音階

「島人ぬ宝」の出だしは、ロック風のドラム・フィルから始まり、その直後に沖縄三線、ベース、ギターなどによる前奏がある。前奏は、「沖縄らしさ」を表現する方法として、三線の使用と、ド・ミ・ファ・ソ・シ・ドのいわゆる「琉球音階」[18]を使用していることがあげられる。ここでは、琉球列島の音楽に使用される音階を分析し、それらの音階が持つ社会的な意味を、琉球音階以外の音階を含めて考察する。また近代沖縄の作曲家やミュージシャンがこれらの音階をどのように理解し、新曲に採用しているのか、また音階はどのような社会的意味を持っているのかを検討する。

日本伝統音楽に使われている音階は、小泉文夫が「日本伝統音楽の研究 1」[19]で詳述した通り、理論的には完全 4 度の枠をなす 2 つの核音の間に、1 つの「中間音」が位置する「テトラコルド」で成り立っていると説明されている。核音と核音は完全 4 度で固定されているが、中間音は音楽ジャンルや、地域などによって、その位置が移動することは日本音楽研究の基本的概念の 1 つである。また小泉は、2 つのテトラコルドを重ねることで、1 オクターブをしめる五音音階は日本の伝統音楽に 4 種類あると説明した（譜例 5-1）[20]。

18　または沖縄音階。
19　小泉文夫『日本伝統音楽の研究 1』音楽之友社、1958 年。
20　これらの音階は五線譜で表しているものの、音高は平均律の音高と異なる場合が多い。また、これらの音階は絶対音高ではなく、歌い手の声などに合わせて、音階の絶対音高は上下することが多い。

譜例5-1 小泉文夫による4つの音階。a)民謡音階、 b)都節音階、 c)律音階、 d)琉球音階（小泉1994、308）。括弧は4度をしめすテトラコルドを示す。

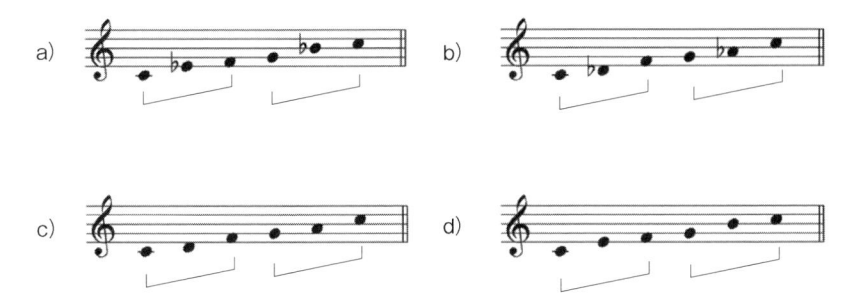

譜例5-2 律音階の実例「トゥバラーマ」。CD 八重山古典民謡集、八重山古典民謡保存会から採譜。歌：大濱修。

譜例5-3 琉球音階の実例。a)は鹿児島県沖永良部島に伝承する「さいさい節」、b)は沖縄県石垣島に伝承する「與那覇節」である。

　これらすべての音階は日本列島の伝統音楽に使用されてきたが、各々の音階は地域、または音楽ジャンルと深い関わりがある。a) の民謡音階は、名前の

通り日本の民謡によく使用されており、b）の都節音階はとくに江戸時代に日本本土で発展した三味線や箏の音楽に常用されるが、どちらの音階も琉球列島の伝統音楽にはほとんど使用されていない。c）の律音階は琉球列島にも日本本土にも広く見られる音階で、例えば譜例5-2、八重山の伝統的な歌「トゥバラーマ」は、g-a-c、d-e-g の２つのテトラコルドを重ね、律音階を使用している。

また、d）の琉球音階は日本本土の伝統音楽にはほとんど見当たらず、名前の通り琉球列島（鹿児島県の沖永良部島以南）の伝統音楽に常用されている音階である。

上記の譜例5-3の二曲は小泉論の「琉球音階」にぴったり当てはめることはできるが、沖縄の旋律には、琉球テトラコルドと律テトラコルドが両方混在している旋律も多く見られる。例えば、八重山の「越城節」の出だしは次の通りである。[23]

この旋律の多くは、c-d-f の律テトラコルドに、g - b - c の琉球テトラコルドからなっている。[24] また、第4小節にみられるように e の音高もあり、琉球テトラコルドの影響が強く感じられる。

1969年に八重山郡与那国町出身の宮良康正が「NHK全国のど自慢大会民謡部門」で「トゥバラーマ」を歌い優勝したことは、現在でも八重山の誇りとし

譜例5-4 「越城節」（部分）。

---

[21] 琉球音階は小泉説によると、日本音楽の枠組みには当てはまるが、日本本土の音楽に使用されていないという観点からは日本音楽において特別な存在である。また、バリ島沖縄音楽は日本のみならず、昔から貿易などで琉球に往来していたアジアの国々の音楽の影響もあった、という説もある。琉球列島に伝承される音階を深く考察した文献には金城厚「琉球音階再考」（『東洋音楽研究 55』 1990年）91-118頁参照。
[22] 沖之永良部民謡集から訳譜。
[23] 八重山古典民謡工工四上巻から訳譜。
[24] この音高はシ♭とシの中間であり、演奏者により微妙に異なる場合もある。

てよく話に上る。その優勝の理由の1つとして、地元の音楽研究者の糸洲長良は以下の様に述べている。

> 例えば、宮良康正がトゥバラーマ節を歌わずに越城節をすばらしく立派にうたったとした場合、優勝を受けることができましたでしょうか。おそらく審査員はよい点をつけなかったと思う。越城節はトゥバラーマ節と比べて優るとも劣ることのない歌であるが、審査員たちにとっては越城節はしたしめない歌である。越城節は本土にはない特殊な音階でできているので、本土の人々には親しめないのである。しかし、トゥバラーマ節は、本土に昔からある音階でできていて、本土の田舎節と同じ旋法の曲で、本土で多く歌われている民謡の中間であり、本土出身の審査員にもしたしみをもって聞ける歌であります。[25]

「トゥバラーマ」は g-a-c、d-e-g という、日本本土にも八重山にも存在する律音階の例である。これに対して、糸洲の言う「越城節」は、譜例5-4にもある通り、琉球音階と律音階が混ざった[26]、日本本土には存在しない音階で構成されている。つまり、糸洲は、全国に共通する音階を持つ「トゥバラーマ」と八重山にしか通用しない「越城節」の違いを音階に見出し、それが宮良の優勝の理由の1つだと解くのである。

もう1つの例に、八重山出身の作曲家、宮良長包が1921年（大正10）に発表した「鳩間節」がある。八重山民謡にも同じ節名の曲があり、両曲が鳩間島の風景を歌っていることからは、曲想は似ていると言えるが、最初は、大分旋律が異なっているように聞こえる。また、大きな違いに、八重山民謡の「鳩間節」は歌詞が八重山言葉であることに対して、宮良の新作では共通語になっている。しかし、譜例5-5の前奏を比較すると宮良が八重山民謡の「鳩間節」を伴奏する三線のメロディーをピアノに編曲していることが明らかである。[27,28]

---

25 糸洲長良「八重山古典民謡の楽典を探る」1987年（『あけぼ乃、八重山歌工工四編纂百周年記念誌』1987年）27-33頁参照。
26 糸洲はこれを「八重山音階」と名付けている。
27 音高は歌い手により異なるが、ここでは b）のピアノ譜と比較するために音高を調整した。通常の演奏では譜例より2度から4度ほど低い音高で演奏する。
28 大山伸子(編)『誕生120年記念宮良長包作曲全集』琉球新報社、2003年、19頁参照。

譜例5-5　鳩間節の伴奏。a）は石垣市登野城で伝承されるバージョン、b）は宮良長包が1921年に編曲したピアノ伴奏のバージョンである。

譜例5-6　鳩間節の声楽の第一フレーズ。a）八重山の元歌、b）宮良長包の編曲。

　また、譜例5-6[29]、歌の旋律の比較では、細かい動きは異なるものの、両歌の旋律には類似性があることがうかがえる。

　宮良がこの編曲により、歌の雰囲気を大きく変えたことは旋律に使用される音階の変更から生まれる。つまり、八重山の伝統曲「鳩間節」の旋律はソ－ラ－ド－レ－ミ－ソという、八重山によく見られる「律音階」をベースにしていることに対して、宮良の曲では、これをソ－ラ♭－ド－レ－ミ♭－ソの「都節音階」を基にしている。律音階は八重山にも日本本土の伝統音楽にも存在する音階であるが、都節音階は日本本土の（とくに江戸時代の）音楽によく見られることに対して、沖縄や八重山の伝統音楽には存在しない音階である。1935年の新聞記事では、宮良の「鳩間節」は「これが一度発表されるや異常のセンセーションをまき起こした」と伝えている[30]。また、同曲が沖縄のみならず、日本本土やハワイまで知れ渡るようになった理由は、宮良が八重

29　大濱津呂『八重山民謡工工四上巻』大濱用能流保存会1964年、50頁から訳譜。
30　三木健・大山伸子『宮良長包著作集　沖縄教育音楽論』ニライ社、2004年、229頁参照。

譜例5-7 「イトゥ」。歌：坪山豊、2007年3月1日録音。実音より4度高い。

a) [楽譜：ハ ヘン ヤ サリ コ ヌ ヨ ホイヤ]

b) [楽譜：ハ ヘン ヤ サリ コ ヌ ヨ ホイヤ]

山の「鳩間節」の「うら淋しさ」[31]を生かしながら、日本本土を代表する都節音階を使用した作品を作ったからではないだろうか。宮良はこの都節音階により、八重山の（20世紀前半の）現代音楽を日本文化圏に位置づけようとしていたのではないかと推測する。

　2つの音階を意識的に区別し、コンテキストによりそれぞれの音階を強調することは八重山の「鳩間節」のみならず、近代の奄美民謡にも見られることである。とくに1979年に奄美民謡の大家である築地俊造が第2回日本民謡大賞全国大会で大賞を受賞した時期から、築地や彼の師匠であった坪山豊などの奄美の歌い手が意識的に歌を律音階から都節音階に切り替える動きがあったようである。2007年3月、奄美大島名瀬市にある坪山豊氏の自宅での聞き取り調査で、彼は例として奄美民謡の曲「イトゥ」（元来は仕事歌であった）を次の二通りで歌った（譜例5-7）。

　同インタビューでは、坪山氏が「やちゃ坊」を上記の「イトゥ」と同様に二通り歌い（譜例省略）、都節音階バージョンについて次のように語った。

　　こういう音階というのは、内地ではうけるんですよ、不思議に。ところが、「やちゃ坊節」の場合は、奄美で、こういう音階で歌った場合は、もう、笑われるんですよ、耳慣れてるから。だから、こういう音階では「やちゃ坊節」を歌ったらだめです。最低に見えますから。鹿児島か大阪でだったらいいです、これは。島の人でな

31　同229頁参照。

いところ。[32]

　また、坪山氏は都節音階を「悲しい」「懐かしい」などのように表現したが、これに対して、律や琉球音階のことを「明るい」と説明した。沖縄で演奏する機会の多い坪山は、音階を意識的に選択するようである。

　　沖縄では、あまり悲しく歌ったらだめなんですよ。元々賑やかなところですから。そういう場所によっても違いますし。(中略)やっぱり土地の耳慣れというか。都会で島唄をする場合、私は銀座（のガスホール）でしたときに、殆ど内地の方がお客さんでした。で「やちゃ坊節」を島風に歌ったらうけないんですよ。ところが、他の歌を都節でやったときにものすごいうけでしたよ。地域によってそういうのがあるんで必ずしも歌い方を一定に決めるというのはありませんね、そうしたらダメですね。

このように、坪山は地元（奄美地方）向け、本土向け、沖縄向けなど、聴衆や演奏する場によって意識的に音階を区別し選択していることが明らかである。

　1970年代からは、沖縄のミュージシャンだけではなく、久保田誠（麻琴）、細野晴臣、坂本龍一、THE BOOMなど、本土のミュージシャンたちも沖縄音楽に興味を持ち、その音楽要素を自分たちの音楽に取り入れる例が多く見られた。沖縄音楽の要素の1つは、琉球音階で、例えば、細野は1976年にリリースされたアルバム「奉安洋行」のなかの一曲「Roochoo Gumbo」[33]に、ニューオリンズのピアノをベースに、ヴォーカルの旋律は琉球音階を使用し、「沖縄らしさ」を表現している。

　　譜例5-8 「Roochoo Gumbo」（作詞・作曲：細野晴臣）

　　　マ フェ ヌ カゼガ　ハ コ ブ カオリ──　ルー チュー ガン　ボ──

1990年代にも、日本本土のバンドは沖縄音楽の要素を取り入れた（譜例5-8）

32　インタビュー、2007年3月1日。
33　oochooは琉球のこと、Gumboはアメリカ合衆国南部のシチュー料理である。

新曲を多く発表し、「沖縄」を表現する際に琉球音階を使用している曲が目立つ。THE BOOM の「100万つぶの涙」(1990)、「島唄」(1992)、「いいあんべえ」(1997)、「沖縄に降る雪」(2001)、またサザンオールスターズの「ナチカサヌ恋歌」(1990) や「平和の琉歌」(1996) は、すべて沖縄をモチーフに、琉球音階に基づいて作曲されている。これらの曲は、単に音楽要素を借用しているだけではなく、場合によっては琉球音階の使用に社会的な意味を反映している例もある。上記の曲のなかで最も普及した譜例5-9 の「島唄」は、最初の旋律 a) が主に琉球音階からなることに対して、その次の旋律 b) は a‐c‐d‐e‐g‐a という5音音階が使用されている。

譜例5-9 「島唄」(作詞・作曲：宮沢和史)

沖縄における新曲に、琉球音階とその他の音階が混成されていることは珍しいことではなく、BEGIN の「島人ぬ宝」もその一例であるが、上記の「島唄」の作曲者、宮沢和史は次のように書いている。

 おぞましい集団自決や軍事教育に対する疑問はBメロ（著者注：旋律b）で歌った。この部分は大和から沖縄への押しつけなので、沖縄音階は使えなかった。そしてまたサビで沖縄音階に戻っていくという展開。[34]

つまり、宮沢は一曲のなかに沖縄のアイデンティティ、また沖縄に対する日

---

34 宮沢和史「「島唄」は風に乗った」（『カラカラ 15』、2005 年）4-5 頁参照。

本本土のアイデンティティを組み込み、曲を完成させている。このように曲中の音階を使い分けるという行為によって、間接的にこれら歴史への疑問を提起するという社会的な意味を持たせているのである。

　本項では、沖縄の伝統や新しい音楽に使用されている音階を考察してきたが、言語の使用と同様に、音階の使い分けによる文化的ディスコースが多く見られる。「トゥバラーマ」の様に、全国の舞台で優勝できた理由を沖縄と日本に共通する律音階に見出した糸洲の意見は、沖縄音楽が置かれている日本音楽世界の一面である。また「鳩間節」や「イトゥ」の様に、元来は律音階であった歌を、より日本本土的にするために都節音階へ変更する例は、沖縄音楽のもう1つの側面である。これらは、沖縄の音楽を代表する琉球音階を含めた「音階」が、沖縄アイデンティティを表現する手段として広く県内外で使用されていることを物語っている。

おわりに

　本章は「島（人）の宝」をテーマに、現代沖縄音楽の持つ社会性を伝統保存、言語、歌詞の内容、音階の4つの視点から考察してきた。20世紀前半から現代にいたる沖縄（八重山）の新しい音楽は、伝統と革新の狭間でさまざまな形で生まれてきた。20世紀後半からは、伝統音楽を「島の宝」として保存する動きがあったことに対して、BEGINの「島人ぬ宝」で表現されているように、現代沖縄の若者は伝統芸能からの距離を感じることもある。沖縄社会を表現しているこのような新しい音楽は、伝統との距離感を感じつつも、多くの伝統的な要素を含有していることを検証した。歌詞の面では、日常会話で使用頻度の低くなった方言を採用し、地域の歴史と伝統を反映する内容を新しい音楽ジャンルに組み込むことで、生きた沖縄の伝統を表現している。また音階の使用では、沖縄の現代音楽において、伝統的な要素はさまざまな意味で再認識され、「沖縄らしさ」を表現する手段としてその存在を確立している。日々革新される音楽世界におけるこのような伝統的な要素は、今日の日本における沖縄の位置の多様性を表現しているのではないだろうか。

（マット・ギラン）

コラム　三線

　沖縄の三線は、15世紀頃、中国の三弦（サンシェン sanxian）が福建省から伝わり、琉球の上流階級の楽器として使用されるようになったものである。また、16世紀末期に琉球から日本本土に伝わり、琵琶法師により伴奏楽器の三味線（シャミセン）として使用され、また日本本土のさまざまなジャンルに使用され、現在に至っている。ただ、日本本土では、ニシキヘビを輸入することが困難であったため、胴の皮は蛇ではなく、猫や犬の皮を張るようになった。

　「三線」は、奄美から八重山までに位置する島々の音楽に愛用され、最近はこれらのすべての地域で「サンシン」と呼ぶが、最近まではさまざまな呼び方が存在していたそうである。例えば、現在でも沖永良部では「サンシル」、また与那国の方言では「サンティ」と呼んでいる。また、沖縄での日常会話では「シャミセン」と呼ぶ場合も多いが、「蛇皮線」（ジャビセン）という呼び方は現代沖縄ではほとんどない。

　現在演奏される三線のほとんどは、胴（チーガ）にニシキヘビの皮、またはその模様をイメージした人工皮を使用するが、非常に高価な素材であったため、庶民は第二次世界大戦前後までさまざまな素材で三線を製作していた。芭蕉の渋に染めた和紙、セメントの袋、豚の膀胱、缶などが三線の胴に使用されていたようである。

　三線と東（南）アジアの関係は現在まで続いている。チーガに使用するニシキヘビの皮は昔と同様に東南アジアから輸入されている。また、棹（クルチ）に使用する黒檀も、沖縄産のものは稀で、現在は東南アジアから輸入することが多い。近年の全国的な「三線ブーム」により、練習用の三線を低価格で販売できるように、人件費が沖縄より低い東南アジアの国々で製造し、日本に輸入する傾向が見られる。

　現代沖縄において三線を伴奏楽器として使う歌のジャンルには、琉球王国時代の宮廷音楽として生まれた音楽（20世紀前半からは「古典音楽」と呼ぶ）や、地方に伝承される「民謡」がある。また、1920年代からはレコードなどのメディアを通して、三線を利用する沖縄の「新民謡」も数多く作詞・作曲された。

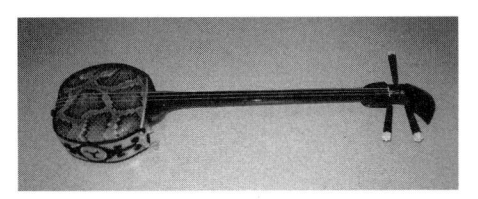

（マット・ギラン）

三線

6

沖縄の建築にみる機能と表象

はじめに

建築とは？

「建築物」とは、私たちが雨風などの自然環境から身を守り、快適で安心して暮らすための容器である。建築物を構成する壁や屋根は、外気の熱を吸収したり室内の熱を放射したりする素材が採用され、窓やドアは換気のための機能を持つ。また建築物は、窓などの外部に対して見せる部分と、壁などの隠す部分をつくり、建築内部に暮らす個人と社会との関係を調整する。このようなことからも建築物は、身体の隠す部分と見せる部分を分け、通気性を調整し寒暑に適応する「衣服」に類似した機能を持っている。ただ、衣服は自分が好きなデザインのものを自由に着ることができるが、建築物は周辺環境との関わりがあり、勝手に好みのデザインを施すことができない場合がある。例えば、ある漫画家がトレードマークとして身につけている衣服の柄を自邸の外観に反映させたら、周辺住民から景観問題だとしてデザインの変更を要求されたこともこの場合に該当するであろう。すなわち建築物は、衣服に類似した機能を持つ一方で、より大勢の人々の目に晒されやすいが故に、様々なカタチで表象・イメージされる側面を持っている。別の言い方をすると、建築物をみたりデザインしたりする過程には「みる側の性格」と「つくる側の意図」という関係があり、前述した景観問題の事例で見たように両者が一致しない場合もあるということである。

このように「建築物」は、自然環境との関係においてわたしたちが快適かつ

6　沖縄の建築にみる機能と表象　109

安心して暮らすための衣服に類似した「機能」を持つ一方で、大勢の人々から様々な「表象」が与えられる。よって「建築」とは、建築物をつくる側だけに依拠するものではなく、広い意味で建築物をみる側において構築される思索として捉えてもよいであろう。

図6-1　伝統的な民家と屋根のシーサー

沖縄と東京の建築物

　さて、沖縄の代表的な建築物といえば、赤瓦の屋根の上にシーサーがのった民家であろう（図6-1）。赤瓦の家並みは、伝統的な沖縄の風景として今に伝えられてきた。また、県内にある現代建築にも赤瓦が使用され、沖縄らしいイメージを醸し出している。さらに沖縄県内に限らず、東京にも沖縄をイメージした飲食店や沖縄の建築素材を活かした建築物が、近年多く見られるようになった（図6-2）。

図6-2　東京の沖縄料理店にみられる赤瓦とシーサー

　そこで、はたして「沖縄らしさ」あるいは「沖縄をイメージさせる」建築物や建築要素が沖縄と東京に置かれた場合、それぞれの地域において同様に「沖縄らしさ」「沖縄をイメージさせる」という役割を果たすのであろうか、という疑問が湧く。

　本章では、沖縄と東京の２つの異なる地域における沖縄に関連した建築物を題

材として、前述した疑問を背負いながら、2つの地域における建築物を、「機能」と「表象」という2つの切り口から分析してみたい。加えて、沖縄に関連した建築物以外においても、「機能」と「表象」という2つの切り口から分析し、それを沖縄に関連した建築物と併置させてみたい。そのことによって、建築物にみる「機能」と「表象」という切り口を研ぎ澄ますことができ、沖縄の建築物を巡る「みる側の性格」と「つくる側の意図」という展開図を、幅広い視野でもって解りやすく描き出すことができると考えるのである。

1　沖縄の伝統的な建築

まず、沖縄の伝統的な建築の空間構成や素材の機能を解説しながら、自然環境や地域社会と共生してきた建築物の仕組みをみてゆくことにしたい。

（1）自然との共生

沖縄の伝統的な民家は、一般的に屋敷の南側に入口を持つ。敷地の周囲には防風林となるフクギが植えられ、台風到来時における暴風から民家を守る。また、赤瓦の屋根には家の守り神であるシーサーをのせて、外部からの邪気を防ぐ風習がある。この赤瓦の屋根を持った家並みが、「沖縄らしい」「沖縄をイメージさせる」景観として知られている。例えば、八重山郡竹富町竹富島の集落がそうであろう。

伝統的な民家の屋根は、暴風を避けるように低く傘をさしたような「寄棟」の形になっている。もし沖縄の伝統的な民家の屋根が「切妻」であった場合、妻部分に暴風を強く受けてしまい建物が倒壊するおそれがある。また赤瓦は、夏季においては日射による熱を軽減し、冬季においては逆に熱を蓄積した。赤瓦の屋根は、変化する自然環境のなかで、室内の温度を調整する皮膚ともいうべき機能を持っているのである。

このように、沖縄の伝統的な民家は、自然の厳しさに対して強く立ち向かうのではなく、自然に対し共生しようとする仕組みになっていることがわかる。また建築物を構成する赤瓦などの伝統的な素材は、人体の皮膚や衣服のように、寒暑に適応できる機能を持っていることがわかる。

(2) 身体性・空間の奥行き

　沖縄の伝統的な民家は、屋根や防風林によって厳しい自然環境と共生する一方で、民家の平面は外部に対して開放的だ。民家は南側に配置された表座と、北側に配置された裏座で構成され、なかでも表座は外部に対して開放的である。一般的に表座は、東側から一番座・二番座・三番座の順で構成される。二番座にある仏間では、親族が祈りをしていて、一番座や三番座では、親族や来客が団らんをしている光景をよく見る。このように表座は、民家のなかでパブリックな空間であることがわかる（図6-3）。

　また、屋敷の入口に設けられた「ヒンプン」によって、屋敷の外を歩いている人から民家の表座に座っている人が見えにくくなっている。しかし、表座に座っている人が立つと、屋敷の外を歩いている人と視線を合わせることができる。このことからもヒンプンは、両者を完全に遮る高さになっているのではなく、民家の内部で座っている人が立つと、外部を歩いている人を見ること

図6-3　伝統的な民家の空間構成

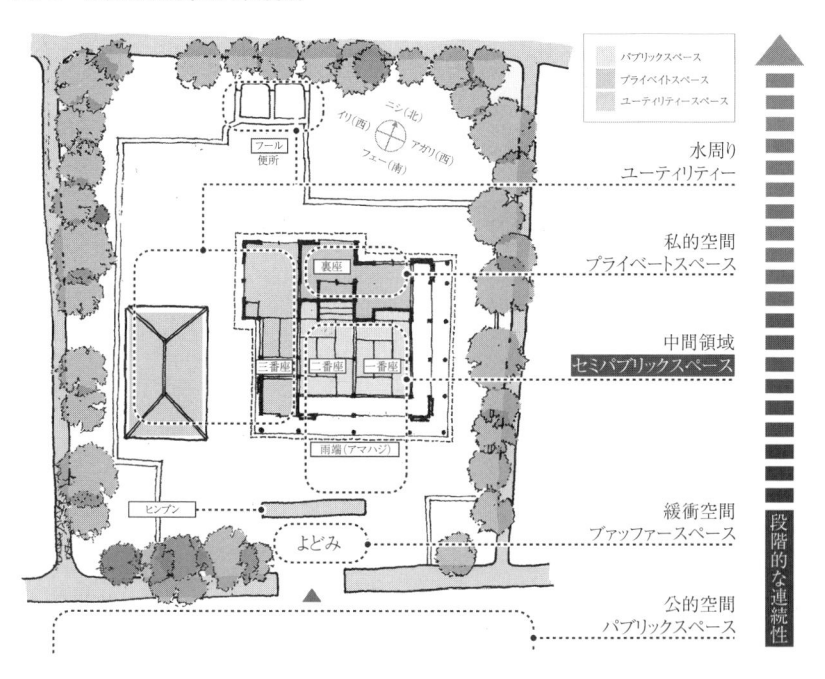

図6-4 ヒンプンと視線の交差

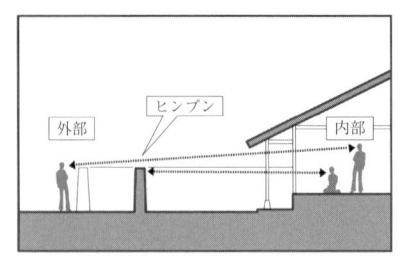

ができるような高さになっているのである（図6-4）。すなわちヒンプンは、パブリックとプライベートをあいまいに仕切る「衝立」の機能を持っていて、2つの関係を「立つ」「座る」という身体的な作法によって調整できるのである。民家のヒンプンを介して生じる「見る‐見られる」という関係は、つねに一定の関係を保っているのではなく、空間を利用する主体の動き方によってこの関係を調整することができるのである。

　また沖縄の伝統的な民家は、屋敷の入口にあるヒンプンから、表座、裏座へと段階的にパブリックからプライベートへと変化する空間の連続性を帯び、奥行きを持っていることがわかる。沖縄の伝統的な民家は外部に対し開放的でありながら、このような奥行きのある空間構成が個人と地域のコミュニケーションを支えてきたのである。

（3）赤瓦葺きの制限

　琉球王府の時代に、庶民が赤瓦屋根の民家を建てることを禁ずる「家屋制限令」が施行されていた。その制度が解かれる以前は、沖縄の集落にみられる民家の多くが茅葺きであった。戦前に撮られたいくつかの写真を見ると、農村に茅葺きの民家が残っていたことがわかる。「家屋制限令」は廃藩置県後の1889年まで続き、その制度が解かれた後になって、赤瓦の屋根が沖縄各地で普及した。すなわち、竹富島にみる赤瓦の屋根を持った家並みは、沖縄における「集落景観の原型」ではなく、王府による制限が解かれた後になって現れた景観なのである。

2　モダニズム建築と空間の形式化

（1）鉄筋コンクリートと穴あきブロックの普及

　沖縄では第二次世界大戦後、基地を通じて海外からさまざまな建築様式がもたらされる。鉄筋コンクリート造の建築物もその1つで、なかでも鉄筋コン

6　沖縄の建築にみる機能と表象

クリートの柱とスラブ（床版）で構成されたドミノシステムは、世界的に普及した建築様式である。ドミノシステムとは、フランスの建築家ル・コルビジェ（1887-1965）が提唱した建築の構造モデルである。鉄筋コンクリート造が住宅に普及する以前は、ヨーロッパでは主に組積造が一般的で、その構造上の制約から開口部や間取りのデザイン

図6-5 那覇市内（左）と米軍基地内（右）にみるコンクリート造の建築物群

が決定づけられた。しかし、鉄筋コンクリートの柱・梁とスラブ（床版）で構成されたドミノシステムは、自由な開口部と壁（間取り）の計画を可能にするため世界中に普及したのである。建築史のなかでは、このような建築様式を一般的に「モダニズム建築」と位置づけている。戦後、米軍基地が建設された沖縄は、本土よりも早くからこの鉄筋コンクリート造に影響を受けた。基地建設に従事した沖縄の大工が、鉄筋コンクリート造の技術を一般に普及させたのである（図6-5）。

また、風を通し強い直射日光を遮る穴あきブロックが米軍によってもたらされ、建築物の外壁を飾る素材として米軍基地外でも庁舎などの建築物に使われた。沖縄では、この穴あきブロックを通称「花ブロック」と呼び、現在でも建築物の外壁や屋敷の塀などに多く使用されている（図6-6）。このように戦後沖縄では、米軍基地の建設を背景にさまざまな建築様式や技術が海外からもたらされ、公共建築物のみならず住宅にも使用されるように

図6-6 花ブロックの建築物

なった。

(2) モダニズム建築と非装飾性

　沖縄も含め世界中に普及したモダニズム建築は、空間の機能性や合理性を追求する一方で、建築物の装飾性がそぎ落とされていく傾向を持っていた。装飾性よりも、機能性・合理性を追求したアメリカの建築家ミース・ファンデル・ローエ（1886-1969）は、自身の建築に「Less is more」というコンセプトを与えた。極端な言い方をすると、使いやすいシンプルな建築物が人間の生活を豊かにするのであって、外観の装飾は建築の使いやすさとはあまり関係ないということである。別の言い方をすると、近代建築は装飾性を薄くし構造や工事を単純化することで、世界中に普及しやすいインターナショナルかつ汎地域的な建築物のあり方を模索したといえよう。

(3) 建築機能の分化・記号化

　産業革命以降、世界中に都市が形成され始めるなか、マンション、病院、オフィスビル、デパート、結婚式場、葬儀場などの単一の機能を持った建築物が建てられ始める。従来は、民家のなかで冠婚葬祭を行い、漁業・農業などの生業だけではなく民家の維持・管理を村などの共同体が行っていた。生活のための機能は、住まいの身近な場所にあったのである。

　しかし、工場やオフィスが出現し始めてからは、住まいからさまざまな機能がなくなり、それを補うために特化した機能を持つ建築物が都市部などにつくられていく。日本でも大量生産と大量消費による経済の発展というスローガンを背景に、このような住まいと都市の構図が計画的につくられた。例えば、ニュータウンのマンション群と都心のオフィスビル群という関係もこの図式に当てはまるであろう。

　このように生活の機能が分化していくなかで、都市空間や建築空間は機能性や合理性を追求し始めた。それは、短時間で合理的に目的を達成することができ、広い空間を短時間で往来し、身体感覚を超えてより多くの目的を達成できる空間の誕生であった。例えば、地下鉄がそれに該当する。地下鉄は、目的地までの「記号」を追えば、誰でも合理的に目的地まで到達することができる空

間の仕組みになっていて便利である。しかし地下鉄は、方向・方位といった身体的な感覚を必要としない記号化された空間になっているのである。

(4) 合理的なシステムと空間の形式化・画一化

　第二次世界大戦後、全国的に都市化していくなかで、都市のインフラストラクチャーの整備

図6-7 那覇市の新都心（左）と東京都の多摩ニュータウン（右）

が進められた。このインフラストラクチャーとは、高速道路、上下水道など、前項で述べた短時間で合理的に目的を達成することができる都市機能を支えるものである。このようなインフラストラクチャーの発達により、建築物の外部と内部を繋ぐものは、冷暖房のダクトや上下水道の配管に限られはじめた。一人暮らしのワンルームマンション等で隣人を意識する瞬間は、下水道のパイプを伝って流れる排水の「音」が耳に入ってきた時くらいであろう。極端にたとえるなら、都市部に住むわたしたちの住まいの大半は、通気性の良い衣服ではなく、気密性の高い衣服にいくつものパイプやホースが繋がったまるで宇宙服のような建築物を着ているのである。このように生活の空間が都市化するなかで、沖縄の伝統的な民家にみたような自然との共生は薄れていったのである。

　また一般的なマンションの「LDK（Living, Dining, Kitchen の略語）」からもわかるように、住まいの空間が形式化され「建築商品」として全国的に普及していく。「2LDK」や「1K」といえば、現物をみていなくてもその空間を何となくイメージできてしまう。このLDKの事例からもわかるように、建築物をみたりイメージしたりするわたしたちの「眼」も商品化されているのである。すなわち、大量生産・大量消費における建築物は、つくる側が「みる側の性格」を形式化・画一化することによって、一定の価値観を猛スピードで普及させることができたと言っても過言ではない。

　このように都市のインフラストラクチャーが進み、住まいが形式化していく

中で、沖縄の伝統的民家でみたような地域のコミュニティーを支える空間構成や、自然と共生する建築素材の機能は薄れていく。このような状況のなかで、機能性や合理性のために形式化された空間が、画一的な風景を作り出し現在に至っている。例えば、那覇市のおもろまち駅付近（那覇新都心）や東京都の多摩ニュータウンにおいて、マンションが林立した風景をみてもわかるであろう（図 6-7）。

3　表象化する建築

（1）装飾性の復活・読み物としての建築

　世界中に普及したモダニズム建築が、合理性や非装飾性を追求していったことへの反動として、豊かな装飾性を求める建築デザインの動きが起こる。建築史のなかで言われる「ポストモダニズム建築」という潮流が、この動きによく当てはめられる。前章で紹介した合理的な建築のように、建築物は「つくる側の意図」に支配されることなく、使う側や見る側が自由に解釈すべきだという考え方が出てきたのである。そのため、さまざまな建築様式や多彩なイメージを想起させるデザインが建築物の外観に付加されるようになる。このような建築を提唱したアメリカの建築家ロバート・ヴェンチューリ（1925 ～）は、ミース・ファンデル・ローエの「Less is more」をもじって「Less is bore」と反旗をひるがえし、自らが設計する建築物の外観に抽象的な装飾を付加させていった。建築物は、生活機能を達成するための「構築物」というハードウェアとしての役割だけではなく、まるで「読み物」のように記憶や感情をもたらすソフトウェアとしての役割も与えるべきだという考え方である。

（2）国や地域のイメージを付加した建築物

　ここで、前項で述べた「読み物」のような役割も持った建築物の事例をあげ、「機能」と「表象」という 2 つの切り口から建築物を分析してみたい。

事例 1　大使館建築の外観

　東京都内にあるマレーシア大使館（設計 : 清水建設）のファサード（正面）には、

細かな装飾が施された穴あきブロックのような文様をもった壁が、ファサードの全面を飾る（図6-8）。このファサードのデザインは、周囲のガラス張りの建築物と異なり涼しさを演出している。このデザインには、イスラム教を国教とするマレーシアのアイデンティティを表現するため、イスラム文様のパターンが

図6-8 マレーシア大使館

応用されている。同時にそのパターンに穴が空いていることから、暑い地域であるマレーシアを想起させる。しかし、風通しのよい開放的な大使館は、セキュリティー上の問題がある。そのことが理由であろうか、この文様の裏側の壁には開口部がなく、擁壁のようになっている。マレーシア大使館の外観はマレーシアという国家のアイデンティティを表現しているが、建築物の内部が大使館という機能のため、ファサードにおける素材の機能と内部の機能が合致しにくい建築物となっている。すなわち、この場合の穴あきの文様はマレーシアという国家のイメージを表象したもので、大使館の内部まで風を通すという機能は与えられていない。

事例2 大使館周辺の建築物

マレーシア大使館の事例で見たように、国家を表象する建築物は大使館そのものだけではなく、大使館周辺にある建築物にも言える。例えば、六本木から近いアメリカ大使館の脇には、ホテル・オークラ（設計：谷口吉郎 小坂秀雄 他）がある。そのホテル・オークラのファサードには、日本の伝統的な民家によく見られる「なまこ壁」の装飾が施されている。伝統的な民家におけるなまこ壁は、雨風による木造建築物の腐食や延焼を防ぐ耐火・耐水の機能を持ち、木造民家の外壁において独特な意匠が施されてきた。なまこ壁は瓦を漆喰で押さえたもので、その漆喰の盛り上がった部分が「海鼠（なまこ）」の形に似ているためこの呼び名になった。

ホテル・オークラは鉄骨鉄筋コンクリート造および鉄筋コンクリート造で、

コンクリートそのものが鉄筋の腐食を抑えるため、なまこ壁のような機能はあまり必要ではない。しかもこのなまこ壁は、主要な構造体ではない壁に貼り付けられているため、構造体の腐食を抑えるために施したものではないことがわかる。このような意匠をあえてホテルの外観に設けることによって、日本らしいイメージを外部に伝えているのである。六本木周辺には外国人が多く訪れるため、このような外観のデザインになったのであろう。この場合のなまこ壁は日本という国家のイメージをホテルの外観に表象したもので、構造体の腐食を抑え耐火性・耐水性の向上を図るという目的を持った機能からデザインされたものではない。

　事例3　脇町の消防署

　徳島県美馬市脇町南町の町並みは、「うだつ」の町並みとして有名である。「うだつ」とは、隣地からの延焼を防ぐ耐火壁の機能を持ち、脇町南町ではこのうだつの装飾性を増すことによって、家財の繁栄を象徴してきた。慣用語である「うだつが上がらない」とは、あまりパッとしないということの意味で、一説によるとこの建築要素が語源であるという。

　脇町南町は竹富島同様、重要伝統的建造物群保存地区に選定され、うだつの町並みが今に残る。近年では、町の郵便局や消防署などの公共施設にもうだつの意匠が付加されるようになった。なかでも、脇町の消防署は周囲に建築物が少ないにもかかわらず、隣家からの延焼を防ぐうだつが施されている。消防署そのものは、法律により耐火性能が高い建築物であり、火災や延焼が起きてはいけない建築物のタイプである。その建築物に、延焼を防ぐ機能を持ったうだつが付加されているのである。この場合の「うだつ」は、脇町南町のイメージを消防署の外観に表象したもので、隣家からの延焼を防ぎ、加えて家財を象徴するという機能は与えられていない。

　事例4　赤瓦の都市景観

　現在の沖縄県那覇市の首里地区や壺屋地区では、建築物の屋根に赤瓦を施すにあたって助成金が出る制度がある。この地域に新しく建てられた建築物を見て歩くと、少し出た庇など建築物の屋根だけでなく、至る所に赤瓦が施されている。この制度では、赤瓦の使用方法によって助成金適用の可否が下されている。

　このように、琉球王府により赤瓦の屋根を葺くことを禁止していたものが、

現在では逆にそれを実施するこ　図6-9 旧・宮古空港
とが行政の制度によって促され
ているのである。とは言え、建
築の構造体に対しては景観上の
制度はないので、ほとんどが現
在多く普及している鉄筋コンク
リート造の建築物の上に赤瓦が
のっている。そのため、伝統的
な木造民家における赤瓦の皮膚
としての機能は与えられていない。ただ、日射によるコンクリートへの蓄熱を、
赤瓦によって多少は抑えることができるようだ。とは言っても、これらの制度
を背景にして、建築物のいたるところに赤瓦を使用していることからもわかる
ように、赤瓦としての機能を重要視した制度とは言いがたい。このような建築
物群は、沖縄らしいイメージを外観に表象することを重要視したもので、行政
による制度がそれを支えているのである。

(3)　「みる側の性格」に合わせた外観の表象

　本章で取り上げた建築物は、国や地域のイメージを建築物の外観に貼り付け
ることでアイデンティティを表現したものであり、同時に外部からの「まなざ
し」を想定してデザインしたものであると考えられる。すなわち、これらの建
築物でみてきた「外観の表象」には、二重の意味が含まれていることがうかが
える。
　加えて、那覇市の事例で見たように助成金という制度がその表象を支えてい
る場合もある。しかしこれらの装飾は、耐火・耐水・通風といった建築物を維
持させるための「機能」として付加されたものではなく、あくまでもイメージ
を伝えるための「表象」であることが理解できる。
　これまでの事例で紹介した素材とは異なるが、筆者が1980年代に見た宮
古空港の屋根は、「花笠」を模したものであった。「花笠」とは、琉球王府
時代に中国からの使いである「冊封使（さっぽうし）」を迎えたときに演じられた宮廷舞踊
「伊野波節（ぬふぁぶし）（女踊り）」の小道具の1つである。花笠は、空港という建築物の

機能とは何の関わりもないが、復帰後の沖縄イメージのアイコンとなっている。このことから、宮古空港の花笠が復帰後の観光ブーム期において、観光客の視線を意識してデザインされたものであることがうかがえる。宮古島の上空からは、この大きな花笠の屋根がよく見えた（図6-9）。

　このように本章で取り上げた建築物からは、前章で取り上げたつくる側が「みる側の性格」を形式化・画一化する建築物とは異なり、つくる側が「みる側の性格（例えば観光客や外国人）」の「まなざし」に合わせてデザインしている「つくる側の意図」を読み取ることができる。

4　独自の試み

（1）外観の装飾から内部の構成へ

　宮古島市には、沖縄の伝統的な民家にみたパブリックからプライベートへと変化する空間構成を、市営の集合住宅に応用した事例がある。この集合住宅を設計した建築家の伊志嶺敏子氏によると、それぞれの住戸に開き戸式の玄関を設け、パブリックとプライベートを明確に分断するのではなく、「プライバシーのグラデーション」をこの集合住宅に応用したそうだ。そのため、各住戸にはLDK型住戸でみたような閉鎖的な玄関がなく、共用廊下には緩衝空間が施されていて、内部の間取りの構成によってパブリックからプライベートへと変化するグラデーションを作り出している（図6-10）。宮古島では、地域の人々の繋がりが強いため、このような住戸の空間構成が必要とされているのだと建築家は言う。また、この団地を設計する過程において、建築家と大学の研究者が住人への聞き取り調査やワークショップを行い、生きた住まいの現状を把握しながら、そのあり方を追求し続けている。

（2）地域コミュニティーの再考

　前項で取り上げた宮古島市の集合住宅の一連の計画で、コモン（共用）スペースの一角に住人が集い料理や飲食をしたりする厨房が付属した集会所が提案されている。この提案は、近年東京でも建設されている「コレクティブハウス」の仕組みに近いであろう。コレクティブハウスとは、一般的な集合住宅と同様

図6-10 宮古島市営団地における住戸の空間構成

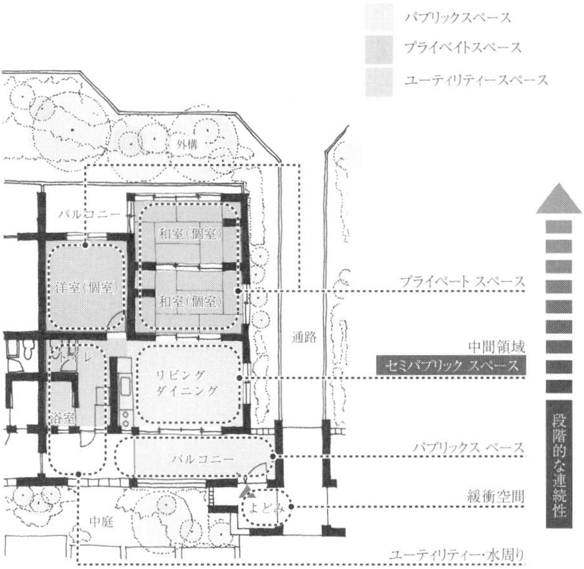

『ディテール＜特集＞サスティナブル・デザイン』（彰国社,1999）をもとに作図

に各住戸がLDKの空間を持ちつつ、住戸とは別に共有のキッチン（コモンキッチン）やリビング（コモンリビング）を持った集合住宅のことである。住戸間のコミュニケーションが希薄になる現代において、住人のコミュニケーションを促し、さらに集合住宅内部だけではなく外部も含めた地域のコミュニティーを形成するために考えられた建築物である。

このように、機能的・合理的な建築物にみられた断絶しがちであった隣人関係や地域のコミュニティーを再度見直し、それらを支える空間の解答を地域社会から発見して現代建築に応用する事例が多く出始めている。

（3） 身体性や視点の高さを再認識する

前項で紹介した宮古島市の集合住宅は、前章で取り上げた表象化する建築と異なり「みる側の性格」を意識したのではない。この団地の「つくる側の意図」にみるシナリオは、地域のコミュニティーや伝統的な民家でみた身体性や空間体験を、現代的な建築物である集合住宅に組み込むというものである。この集

合住宅の計画では、観光客の視線といった「みる側の性格」はあまり重要ではなく、地域のコミュニティーといったものに主題が置かれているのである。

　また前章でみたように、「みる側の性格」を意識した建築物では、建築物の屋根や大きな外壁がイメージを表象する箇所となっている。「つくる側の意図」における「みる側の性格」の視点が、建築物の上空や遠い位置に想定されているからであろう。この章で紹介した「つくる側の意図」とは上空や遠くからの視点ではなく、この地域に住み、地に足をつけた視点、すなわち「アイレベル」で考えられたものであることがわかる。

5　経験とイメージの差異から

（1）東京における沖縄の建築・インテリア

　これまで沖縄をはじめ国内外の建築物を題材に、「つくる側の意図」が「みる側の性格」を形式化・画一化する建築物や、逆に「つくる側の意図」が「みる側の性格」に合わせてデザインされている建築物の事例をみてきた。このような事例の一方で、地域性や身体性を「つくる側の意図」から主体的に見直し、現代建築に応用した事例を紹介してきた。ここで、東京に建てられた3件の建築とインテリアの事例を紹介したい。

　事例5

　図6-11は「和海（なごみ）」（設計：仲吉厚志）という東京にある沖縄料理店で、インテリアの最も奥に穴あきブロックで装飾された壁がある。本来外部に使う穴あきブロックを、内部に取り入れた事例だ。穴あきブロックは、風を取り入れるだけでなく光も透過する。この壁は、ライブ演奏時に舞台の背景になり、反対側から光が漏れ、舞台を引き立たせる仕組みになっている。本来穴あきブロックは、通風のため建築物の壁や塀などの外部に使用される。しかしこの店舗における穴あきブロックは、建築物の内部において光を通すという新しい機能が与えられ、舞台の背景として変身したのである。

　事例6

　図6-12は「パーラー江古田」という東京にあるベーカリー兼軽食店で、店長曰くお店のコンセプトや外観はイタリアのカフェである「バール」をイメー

ジしたのだと言う。写真を見てのとおり、外観はヨーロッパにありそうなお店のデザインだ。しかし、少し突き出た庇は赤瓦で、壁面には沖縄の漆喰(むちィ)を使用している。実は店長の祖父が沖縄出身で、祖父の故郷である沖縄の素材を使用して、お店のコンセプトであるバールをデザインしたかったのだと聞いた。このお店が道の突き当たりにあるため、沖縄では魔除けとして淀みや道の突き当たりに置かれる「石敢當(いしがんとう)」が、大きな鉢植えの裏に隠れている。イタリアのバールを表現したこのお店では、沖縄の伝統的な建築物を構成してきた素材に新たな役割が与えられたのである。

図6-11 「和海」（写真提供: シンクロ設計）

図6-12 「パーラー江古田」

事例7

図6-13右側は、「POOL」（設計：吉村靖孝）という東京にあるオフィスビルである。ビルのファサード（正面）が、全面穴あきブロックでつくられ都会的なデザインとなっている。この場合の穴あきブロックは、バルコニーからの転落を防ぐアルミ製の手すりの機能を代用したもので、遠くから見るとまるで織物のような質感を持ったファサードにみえる。暗くなると、ファサードの穴を通して室内の灯りが漏れ、昼間とは違った表情を見せる。筆者はこの建築物を見つけた瞬間、故郷である沖縄の建築物を想起してしまった。

(2) 経験の差異から

　2008年度の早稲田大学オープン講座「沖縄学」において、筆者が担当した講義の最後のスライドで、前項で紹介した事例7のファサード（正面）が穴あきブロックのオフィスビルを取り上げた。このビルを見て、「沖縄らしさ」を感じるのか、そうでないかを授業の最後に提出するレビューシートに書いてもらった。受講していた学生のほとんどが、「沖縄らしさを意図したのではなく、これはデザインのためだろう」といったような意見であった。

　そこで、このオフィスビルを設計した建築家にデザインのコンセプトについて尋ねてみたところ、穴あきブロックを使用した理由は、「材料が安価であることが優先で、通風や採光のためだ」と言う返事が返って来た。またその理由は、「建築内部からの灯りのバッファーや、視線の抜けといった奥行きを演出する効果があることから、このデザインに決定した」とも述べている。このファサードは「沖縄らしさ」「沖縄をイメージさせる」ことを意図したわけではなく、純粋に穴あきブロックの機能を活かしたデザインにしたかったからであったことがわかった。

　一方、事例5の「和海」で壁一面に並べられた穴あきブロックをお店のインテリアにデザインした沖縄出身の建築家は、「近年の沖縄料理店にみる赤瓦の上にシーサーという過度な沖縄らしさの演出ではなく、単純には語れない『沖縄での記憶』を演出したかったために穴あきブロックの壁を採用した」そうだ。またこのお店のオーナーは同じく沖縄出身で、壁状に並べられた舞台の穴あきブロックを見て故郷を思い出すのだと言う。この沖縄出身の建築家に、事例7のファサードが全面穴あきブロックのオフィスビルを紹介したところ、故郷を想起すると述べていた。同じく筆者も、壁状に並べられた穴あきブロックを見ると、故郷を想起してしまう。

図6-13 都内にみられる穴あきブロック（左）と「POOL」（右）

このように、穴あきブロックを見ると故郷を想起する「まなざし」を持った沖縄出身の筆者や建築家と、事例7でみた穴あきブロックの機能を純粋に活かした「つくる側の意図」との間にはズレがあることがわかる。また、沖縄の建築素材を使用しながら、まったく異なるイメージを醸し出している事例6の店舗のファサードは、「沖縄らしさ」「沖縄をイメージさせる」といた想定された「まなざし」には映りにくい。しかし、店舗の近くに寄ってファサードをクローズアップして見ると沖縄の建築素材である。赤瓦と漆喰という沖縄の建築素材を用いながら、店主の趣向や経験によってそれらが別の文脈に書き替えられたのである。

　このように、上記で取り上げたオフィスビルと飲食店の例を比較した場合、同じ穴あきブロックという素材を壁状に使用しながら「つくる側の意図」が異なる。しかし、「みる側の性格」によっては、両者に対して同一のイメージを持ってしまう。ここで言う「みる側の性格」とは、戦後沖縄で暮らし壁状になった穴あきブロック（花ブロック）を多くみてきた経験を持った人であろう。

（3）環境の差異とイメージの関係

　前項で述べたように、穴あきブロックは沖縄関連の建築物に限って使われている素材ではない。沖縄のように壁状に使用はされないが、東京でも住宅街の塀などに所々使われている（図6-13左側）。この場合の穴あきブロックは、敷地内へ適度な通風を確保するためである。東京では、年中温暖な沖縄のように通風を必要としない。また、沖縄の事例でみたように壁状に穴あきブロックを積み風通しや見通しを良くすると、プライバシーが薄れ冬は寒くなってしまうため、東京の環境にはあまり向いていない。東京都内に、穴あきブロックを外観のファサードに施した飲食店がある。事例5で見たような内部ではなく外部に置かれ壁状になった穴あきブロックである。しかし、この外壁の裏面には透明なプラスチックのアクリル板が付けられ、外気が室内に入るのを防いでいる。このようなことからも通風を目的とした壁状の穴あきブロックは、東京の気候や環境においては、建築物の外壁として向いていないことがわかる。ただし、事例7のバルコニーの手すりのように、通風や多少の見通しが必要な箇所に辛うじて壁状に使われる。

このように、東京で日常的にみる素材が壁状に使用された場合、何故沖縄を想起させてしまうのか不思議である。穴あきブロックの使用量、あるいは壁面における占有量の差異によって、沖縄を想起するかそうでないかということであろう。また、穴あきブロックは風を通す機能を持つため、この占有量や使用方法の差異は東京と沖縄の気候の違いが原因であると言える。さらに、素材の使用方法といった「機能」の面だけではなく、沖縄出身の筆者や建築家の「まなざし」といった「みる側の性格」を考慮し、穴あきブロック（花ブロック）の「表象」を見返してみると、「本土らしい素材―沖縄らしい素材」という対置した関係で明確に区分することができない多面性を持った素材であることがわかる。
　そもそも「はじめに」で述べた疑問は、このような見返しによって「真正な解答を導き出せるはずだ」という想定を外れ、「何を基準に『らしさ』や『イメージさせる』といった言葉を使ったのか？」という「不可解な疑問」が新たな疑問となって、沖縄の建築を「語る主体（筆者）」へ照り返してくるように思える。

　（4）別の文脈における新しい機能
　赤瓦や穴あきブロック（花ブロック）などの沖縄に関連した素材は、現代的な建築や東京のような冬季が寒い地域において、素材そのものの役割を果たし終えたわけではない。事例5～7でみたように、「つくる側の意図」により別の文脈のなかで新たな機能が与えられ、その文脈の範疇で役割を果たしている。すなわち、「つくる側の意図―みる側の性格」という関係において、「つくる側の意図」によって同じ素材に新しい機能が与えられ、「みる側の性格」を固定しない多面的な「まなざし（視界）」へ変化させてゆく動きもあるということである。

おわりに

　これまで述べてきたように、建築物を見たりデザインしたりする過程には、「見る側の性格」と「つくる側の意図」が内在し、「つくる側の意図」が「みる側の性格」を想定し、それに合わせて建築物をデザインしたり、景観問題からもわかるように「みる側の性格」と「つくる側の意図」が一致しなかったり

する場合がある。また「つくる側の意図」によって、建築物を構成する素材に新たな機能を宿すことができ、「みる側の性格」における「まなざし」の範疇を変えることも可能である。

　筆者は、建築物を巡る「みる側の性格」と「つくる側の意図」という2つの展開図において、正しい関係があると言いたいのではなく、この展開図はあくまで建築物を理解するためのフィルターであると考えている。よって建築物を理解するためには、展開図を描くための切り口を模索することが不可欠である。

　本章では、東京と沖縄における沖縄に関連した建築物や建築素材を題材に、「機能」と「表象」という2つのキーワードを切り口に、建築における「みる側の性格」と「つくる側の意図」という2つの展開図を描いてみた。

　よく「沖縄らしさ」「沖縄をイメージさせる」といった事象は、沖縄と本土という相対的な地点を下敷きに、「本土のまなざし―沖縄のまなざし」という視線の交差の中で考察される。他方で、屋根や壁によって外部と内部を構成する建築物は、上空や遠くから見た印象と、アイレベルや近くから見た印象が異なる。また、建築物を構成する素材は多面性をもっているため、異なった地域で同一の素材を活かしながら建築物全体のイメージを書き換えることが可能である。すなわち、建築物を見る主体の位置や建築素材の構成によって表象・イメージの相異が生じるのである。

　本章では、このような建築物の特徴を見据えながら、沖縄と本土（東京）の建築物を題材に「つくる側の意図―みる側の性格」という展開図を描き、沖縄と本土という2つの地点の間に挟んでみた。このことによって、「本土のまなざし―沖縄のまなざし」という2方向のパースペクティブな視線では語り尽くせない視線の「複雑な交差」や「想定外の反照」があることを垣間見ることができたのではないかと思う。

　今後このような切り口を発見し、その切り口によって描ける展開図を基に、自己の感情や記憶を踏まえながら、沖縄のみならず世界中の建築物を見てはいかがであろう。

（金城正紀）

> **コラム** 自然と社会——沖縄の農業調査から

長時間インタビュー

　フィールド・ワークによる研究では、いったい何時間インタビューを行うのだろう？ もちろんインタビューから引き出す情報やその位置づけには、研究により人によりかなりの差があるから、単純な比較は意味がない。それを承知で述べると、地域農業の研究を行う私の場合、数十件の農家調査を行うが、1件あたり2時間くらいでその経営の像がつかめる気がしてくる。なかには6時間お付き合いいただいた農家もある。先日ある席で「こうした長いインタビューは、もう、日本の農村では受け入れられないんじゃないの？」（今後もこのスタイルでやっていけるの？　という意味だろう）と言われたところをみると、私のは長い部類に入るらしい。インタビューが長引く1つの理由は、現在の農業経営だけでなく、先代、先々代からの変化の過程を伺っているからだ。こうしたスタイルが固まったきっかけは、沖縄での研究にある。

複雑な環境とつきあう知

　復帰30年を迎えた2002年前後、私は、復帰後の沖縄農業政策を検証し、今後の沖縄の農業の方向性を探る、小さな研究プロジェクトに参加していた。沖縄の各地の農業の現場を回る中、石垣島では、農業政策の重要な柱である土地改良事業（灌漑事業と面整備事業）が近年、事業半ばにして農家の強い反対にあうという、意外な事態を目撃した。

　本土で広範に実施された土地改良事業は、復帰前の沖縄ではほとんどなく、岩が多く不整形で分散した農地では、農業機械を効率的に使うことはままならなかった。また、夏にしばしば干ばつに見舞われる沖縄の農業は、「雨待ち農業」とよばれる不安定さがつきまとった。復帰後、灌漑整備を伴う土地改良事業が集中的に行われたのも、整然と区画された農地をもとにサトウキビ農業を大規模化・機械化し、かつ水の制約を取り除き生産を安定化することが、沖縄農業の体質強化と農家の所得向上につながると信じられたからであった。そうした立場からは、事業に対する最近の反対は、農家の意識の低さや事業負担金の支払い忌避によるものと受け止められた。

　しかし現場を回る中で私は、こうした事業反対の説明に違和感を感じるようになった。むしろ重要なのは、沖縄の自然と農業の関係について、事業の前提とするストー

リーと農家の認識との間にある大きな溝のように思われた。農家によれば、サトウキビ収穫期の冬に雨が多く、重粘土壌が分布する沖縄では、大型機械の効率的な利用にはそもそも限界がある。夏の干ばつは確かに不安だが、品種の選択や技術の改善など、事業より「安上がり」な方法によってある程度対処しうる。最近成長著しい畜産でも、土地改良事業で作られるほど均平な圃場である必要はない。パインやマンゴーのような熱帯果樹では、事業で均質にならされた圃場よりも、狭小でも傾斜地でもよいから好適な土壌があることが果実の質を高める。

土地改良事業で整備されたスプリンクラー

注：石垣島の土地改良事業では当初、丈の高いサトウキビの植付を想定し、スプリンクラーを整備した。

　農家がこうした認識を体得していったプロセスはさらに興味深い。もちろん最初は、事業が自分の経営に何をもたらすかについて確証はなく、喧伝された事業のプラスの効果を信じもした。しかし実際に事業を行った自分の圃場、あるいは周囲で起こった事態をつぶさに観察する中から農家は、沖縄という「亜熱帯の北限」において、事業を実施することがどういうことかを学習し、環境とつきあう新たな知恵を創りだした。その知恵に照らし合わせたとき、無視できない数の農家が、事業に乗れないと判断した。

　この顛末に私は、石垣島や沖縄という地域を超え、自然と人間の関係に関する基本的な見方を感じた。ある政策で何らかの変化を誘導しても、それは直ちに実現するのではなく、自然や社会の有り様やさまざまな人々の意図との間での複雑な相互作用を経る。その結果生じる事態は、政府が意図した方向と同じかもしれないし、異なるかもしれない。いずれにせよ生じた変化はまた新たな状況となり、政府や人々に判断材料を与え、次の行為を促す。こうした不断に変化する状況と相互作用、その中で深まっていく人々の自然や社会に対する認識——ここに、地域社会のリアリティと将来の方向の、重要なヒントがあるように思う。

長い？　インタビュー

こうした動態を描こうと、学術的に説得力をもつまで情報を集めると、インタビューはどうしても長くなる。だから、長時間インタビューが今日の日本で受け入れ難いというのは、私の研究にとっては死活問題だ。ただ、本当にそうなのだろうか？　個人的経験では、確かにインタビューの申し入れを断られることもあるが、幸い調査が成立しないほど広範に拒否されたこともない。最近、オーラル・ヒストリー（これも、状況と認識に関する長時間インタビューだろう）が幅広く実施されるのをみると、こうした研究スタイルの未来に、むしろ希望を感じるのだが。

（新井祥穂）

参考文献

新井祥穂「沖縄におけるサトウキビ関連政策と農家の対応──新価格制度への考察」『都市と農村をむすぶ』2006 年 12 月号、35-45。

新井祥穂・永田淳嗣「沖縄・石垣島の土地改良事業の停滞」『地理学評論』79、129-153、2006 年。

永田淳嗣・新井祥穂「進化する資源へのまなざし──沖縄から」佐藤　仁編『資源を見る眼──現場からの分配論』58-76、2008 年、東信堂。

Ⅲ 言語・文学・表象

7
沖縄のわらべ歌で学ぶウチナーグチ

はじめに

　沖縄のわらべ歌は、親しみやすいメロディーとともに沖縄の人々に愛されてきた。「ジンジン（蛍）」「イッター　アンマー　マーカイガ？（おまえんちの母ちゃんどこへ行った？）」「ミミチリボージ（耳切り坊主）」など、有名なわらべ歌は若い人の間でも広く知られている。しかし、これらわらべ歌もウチナーグチ（沖縄語）で歌われているので、ウチナーグチの衰退とともに最近ではあまり内容のことを考えずに歌われていることも少なくない。それでも、人々の懐かしい記憶のなかに、美しい風景とともにしっかりと息づいていることもまた否定できない事実である。そこで、今回は沖縄のわらべ歌の中で、とくに人気のあるものを採り上げて、「ことば」の側面から近づいてみたい。わらべ歌を例として、ウチナーグチの発音や文法、語彙といったものに迫っていく。そうしてウチナーグチへの意識が深まっていけば、歌詞の内容も正確に捉えることができるようになる。同時に、ウチナーグチと共通語との違いが分かるようになり、さらにはウチナーグチを大切に育んでいく良い機会となろう。沖縄のわらべ歌の分析を出発点にして、これまで連綿と受け継がれてきたウチナーグチについて、少しでも理解を深めていただければ幸いである。

1　ジンジン（蛍）

ジンジン　ジンジン　　　　　ほたる　ほたる

サカヤヌ　ミジ　クヮティ	酒屋の　水を　飲んで
ウティリヨー　ジンジン	落りておいでよ　ほたる
サガリヨー　ジンジン	下がってこいよ　ほたる
ジンジン　ジンジン	ほたる　ほたる
チブヤヌ　ミジ　ヌディ	壺屋の　水を　飲んで
ウティリヨー　ジンジン	落りておいでよ　ほたる
サガリヨー　ジンジン	下がってこいよ　ほたる

　ジンジンとは、蛍のこと。このわらべ歌が歌われる懐かしい情景を思い描いてみる。暗闇が迫る夕刻、家に帰ろうする子どもたち。彼らを迎えるのは、暗がりのなか、ほのかに光を発して飛び交う蛍。上へと飛んでいく蛍をなんとか逃がさないようにつかまえてみたい。さあ、ほたるさん、あっちのおいしい水を飲んで高いところから降りておいで。そんな子どもたちの声が聞こえてきそうである。

　さて、このわらべ歌をことばの側面から眺めてみるとしたら、どうなるだろうか。まずは単語の解説から始めてみたい[1]。

　　ジンジン［名詞］ほたるの幼児語。「ジーンジーン」という言い方もある。
　　サカヤ［名詞］酒屋。ウチナーグチでは、作り酒屋、酒造所のこと。「〜ヤ」は「〜の仕事をする所」の意味。
　　〜ヌ［助詞］「の」に当たる格助詞。
　　ミジ［名詞］水。
　　クヮティ［動詞］食らって。ここでは「飲んで」の意味。動詞の接続形。終止形（辞書形）はクヮユン。
　　ウティリ［動詞］落ちろ。動詞の命令形。終止形（辞書形）はウティユン。
　　〜ヨー［助詞］相手に対して念を押すときの終助詞。
　　サガリ［動詞］下がれ。動詞の命令形。終止形（辞書形）はサガユン。

1　首里方言の辞典である『沖縄語辞典』（国立国語研究所編、1963年、大蔵省印刷局）を参考にしてまとめた。他のわらべ歌の単語分析についても同様。

チブヤ［名詞］那覇市にある地名。壺屋。壺を生産する所として知られている。
ヌディ［動詞］飲んで。動詞の接続形。終止形（辞書形）はヌムン。

　二度出てくるものは単語の説明を省略した。短い歌詞の中ではあるが、ウチナーグチの特徴がふんだんに出てきている。

（1）「あいうえお」から「アイウイウ」へ（三母音化）発音1
　ウチナーグチの特徴として、いわゆる三母音化の現象がよく取り上げられる。共通語での母音「あいうえお」が、ウチナーグチでは「アイウイウ」になって現われるものである。
　最初の「サカヤ」は、すべて母音アで、共通語もウチナーグチも sakaja である。ところが、次に続く語は共通語の「の」no に対して、ウチナーグチでは「ヌ」nu になっている。また、共通語「飲んで」の「で」de に対して、ウチナーグチでは「ヌディ」というように、「ディ」di になっている。このように、オ段がウ段となり（母音 o が母音 u となる）、エ段がイ段になる（母音 e が母音 i）現象を三母音化と呼ぶのである。より専門的には、エやオといった口をやや広く開けて発する母音が、イやウという口を狭くして発する母音になるということで、狭母音化とも呼んでいる。[2]
　なお、「共通語のノが、ウチナーグチのヌに変化した」などというのは正確さを欠いた言い方である。共通語のノが、沖縄でヌになったわけではない。少々もってまわった言い方であるが、正確には共通語（日本語）とウチナーグチ（琉球語）が共通にもつ祖先の言葉、すなわち、「日琉祖語」[3]があり、共通語では日琉祖語でノであったものがノのままで、沖縄の言葉では日琉祖語でノであった

2　狭母音化のメカニズムについては、中本正智『琉球方言音韻の研究』（1976年、法政大学出版局）をはじめ、最近では、かりまたしげひさ「琉球語のせま母音化の要因をかんがえる——空気力学的な条件と筋弾性的な条件」（『沖縄文化』100号、沖縄文化協会、2006年）などの考察がある。
3　歴史言語学で祖先が話していたと想定する言葉のことを「祖語」と言う。ここでは日本語と琉球語の共通の「祖語」ということで「日琉祖語」と呼んでいる。

ものがヌに変化したと言わなければならない。[4]

(2)「みず」(水) は「めづ」? 発音2

次に出てくる「ミジ」(水) であるが、これは日琉祖語を考える上で大きな問題を提供してくれる単語である。共通語では「みず」であるが、昔は「みづ」(いわゆる歴史的仮名遣いでの表記) と書かれていた。「ジ」と「ず (づ)」と対応は、三母音化 (狭母音化) というわけではないが、ウチナーグチと共通語とでは規則的に対応している。ウチナーグチでは「す」「つ」「ず (づ)」の音が「シ」「チ」「ジ」といった音になって現れるのである。

	ウチナーグチ	共通語
砂	シナ	すな (シとすの対応例)
城	グシク	ぐすく (シとすの対応例)
綱	チナ	つな (チとつの対応例)
夏	ナチ	なつ (チとつの対応例)
数	カジ	かず (ジとずの対応例)
筈	ハジ	はず (ジとずの対応例)

ここで問題としたいのは、「ミジ」(水) の「ミ」の音である。ウチナーグチの「ミ」は、三母音化 (狭母音化) を考えると、祖語 (祖先の古い言葉) の段階で「み」と「め」の可能性が考えられる。

祖語	ウチナーグチ
*み →	ミ (変化しなかったと考えた場合)

---

4 この違いからは、2つの音変化の方向が考えられる。
　①「の」から「ヌ」へ狭母音化した。ウチナーグチのほうが変化した形と考える説。
　②「ヌ」から「の」へ広母音化した。共通語のほうが変化した形と考える説。
　琉球語研究の初期、バジル・ホール・チェンバレン (1850-1935) というイギリス出身の言語学者は日本語のかなり古い段階では②の可能性もあったのではないかと考えていたようである。チェンバレンの琉球語研究を受け継ぎ、沖縄学の父と呼ばれる伊波普猷 (1876-1947) は、琉球の他地域 (宮古・八重山・奄美) の方言形や、『おもろさうし』などの沖縄の古典などから、②ではなく、①であることを明らかにした (「琉球語の母音組織と口蓋化の法則」『伊波普猷全集』第4巻、1974年、平凡社)。なお、厳密には上代特殊仮名遣いにも注意を払う必要がある。

*め　→　ミ（三母音化したと考えた場合）

　共通語に「みず」があるから、ウチナーグチの「ミジ」は「みづ」から来たのだとか、祖語（昔の言葉）でも「みづ」であったのだとか考えるのは早計である。
　結論を先に言うと、「ミジ」（水）の祖語は「みづ」ではなく、「めづ」であったと考えるほうが説明がうまく行く。「水」という単語は奄美地方では「ムィズィ mïzï」という発音になる。[5] この最初の「ムィ mï」という音はミ mi とム mu の中間のような音で、母音ïは舌を母音イと母音ウの中間に置いて発音する音なので中舌母音（なかじたぼいん）と呼ばれる。奄美で現れる「むぃ mï」の発音は共通語の「め」、ウチナーグチの「み」に対応する。

	共通語	奄美方言	ウチナーグチ
目	め	ムィ [mï]	ミー
珍しい	めずらしい	ムィズィラシャ [mïziraʃa]	ミジラサン
米	こめ	フムィ [humï]	クミ
嫁	よめ	ユムィ [jumï]	ユミ

共通語の「み」は、奄美方言では「ミ」、ウチナーグチでは「ミ」の場合と「ン」の場合がある。

	共通語	奄美方言	ウチナーグチ
道	みち	ミチ	ミチ
溝	みぞ	ミゾ	ンジュ
味噌	みそ	ミス	ンス

　奄美方言で「ムィ mï」、ウチナーグチで「ミ mi」だとすると、「水」の祖形（祖語の形）には「みづ」ではなくて「めづ」が、対応関係上ふさわしいことになる。ウチナーグチの「ミジ」（水）は、「みづ」ではなく「めづ」に由来する可能性

5　奄美大島旧大和村大和浜の方言辞典である『奄美方言分類辞典』（長田須磨・須山名保子・藤井美佐子［共編］、1980年、笠間書院）を参考にした。なお、ちょうどこの原稿を書いているときに、ウェイン・ローレンス氏（オークランド大学）と琉球祖語の「水」の形について話が及んだが、氏も「みず」ではなく「めづ」に由来するという同じ意見であった。ただし、沖縄の古典『おもろさうし』の「水」に当たる語はほとんど「みつ」と書かれており、「めづ」由来説には不利な語例となっている。『おもろさうし』には「めすかわ」という用例が唯一あって、「水井戸の意か」（『おもろさうし辞典総索引（第二版）』、仲原善忠・外間守善［著］、1978年、角川書店）という語釈がなされている。

(3)「クヮ」「グヮ」 発音❸

　次の単語は「クヮティ」。「クヮ kwa」は子音と母音の間に w が挟まる音で、合拗音と呼ばれる。日本の古典では、とくに中国から借用された漢語にこの発音が頻繁に出てくる。共通語では最近の外来語のみに現れるようであるが（例、クヮルテット、クォーターなど）、日本各地の方言では現在でも漢語由来の言葉を中心にその発音が残っているところも多い。沖縄もその発音を残す地域の 1 つで、「クヮーシ kwaasi」（菓子）、「クヮッチー kwaQcii」（ご馳走）、「ックヮ Qkwa」（子）など、例をいくつでも挙げることができる。

　「クヮティ kwati」の日本語との対応語形は「くらって kuraQte」（食らって）である。共通語で kur（くら、くれ、……）という音の連続がきたとき、ウチナーグチでは kw（クヮ、クィ、……）という合拗音が対応して多く現れる。

	共通語	ウチナーグチ
枕	まくら makura	マックヮ maQkwa
呉れる	くれる kureru	クィユン kwijuN
隠れる	かくれる kakureru	クヮッキユン kwaQkwijuN

(4) 接続形「〜ティ」の形 文法❶

　「クヮティ（食らって）、……スン（する）」の「クヮティ」、あるいは「ヌディ（飲んで）、……スン（する）」のように、文の途中で一旦止まって、後ろに続く言い方を接続形と呼んでいる。共通語が「くらって」と促音「っ」があるのに対して、ウチナーグチでは「クヮティ」と「っ」がない形をしている。また、共通語では「のんで」と撥音「ん」があるのに対して、ウチナーグチでは「ヌディ」と「ん」がない。共通語で「とって」「のんで」「かいて」などに対応するウチナーグチの接続形は、共通語より 1 拍短くなっている。

6　日本本土でも「水」を「めず」という地域が、島根県の一部、富山県の一部などにある（『日本方言大辞典』下巻、徳川宗賢［編］、1989 年、小学館による）。
7　「音韻総覧」『日本方言大辞典』（下巻）（上野善道［編］、小学館、1989 年）に合拗音の詳しい分布が記載されている。
8　「テ形」あるいは「第二中止形」という用語でも呼ばれる。

	共通語	ウチナーグチ
取って	とって（3拍）	トゥティ（2拍）
飲んで	のんで（3拍）	ヌディ（2拍）
書いて	かいて（3拍）	カチ（2拍）
流して	ながして（4拍）	ナガチ（3拍）
集まって	あつまって（5拍）	アチマティ（4拍）

(5)「〜を」に当たる語は使わない 文法❷

　共通語の「水を飲んで」は、ウチナーグチでは「ミジ　ヌディ」となる。すなわち、「〜を」に当たる助詞をウチナーグチでは使わず、名詞に何も付けずに「〜を」の意味を表わす。文語的には「〜ユ」という要素が「〜を」を意味する助詞としてあるけれども、ウチナーグチの日常会話では用いられない。[9]

(6) 命令形「〜リ」の形 文法❸

　「ウティリ」は共通語の「おちろ」、「サガリ」は共通語の「さがれ」に相当することは容易に予想がつく。後者の「サガリ」と「さがれ」の対応は、三母音化（狭母音化）ですぐに説明できる。問題は前者「ウティリ」と「おちろ」のほうで、ウチナーグチで「ウチル」になっているか、共通語で「おてれ」になっていれば、三母音化ですぐに説明できるのだが、事実はそうなっていない。

　共通語との比較がうまく行かなければ、共通語とは別の語彙との比較が大切になってくる。すなわち、各地方の方言との比較である。とくに沖縄と地理的に近い九州地方の方言は、ウチナーグチにとって共通語よりも距離の近さを感じさせてくれる存在と言える。「落ちる」を意味する言葉を調べてみると、例えば、大分、宮崎、鹿児島などの九州方言では「おてる」と言っている。[10] この「おてる」に対応すると考えれば、「ウティリ」の「ウティ」までは三母音化で問題なく説明ができる。

9　ウチナーグチの「〜ユ」は、民謡や琉歌などで専ら用いられる。ただし、宮古方言では日常会話でも、「〜を」に相当する「〜ユ」を盛んに用いる。
10　『日本方言大辞典』（上巻）（徳川宗賢［編］、小学館、1989年）409頁に「落ちる」を「おてる」と言う地域が記載されている。

(7)「おちろ！」ではなく「おてれ！」文法4

「ウティリ」は「おてれ」(落てれ)に対応する形で、最後の部分は「サガリ」と「リ」と同じ発音になっている。共通語では、「おちろ」と「さがれ」のように、動詞の種類によって命令形で使う母音が異なる。「落ちる、見る、着る、捨てる」といった動詞の場合には命令形が「～ろ」(落ちろ、見ろ、着ろ、捨てろ……)、「下がる、書く、読む、買う」の場合には命令形がエ段音(下がれ、書け、読め、買え……)になるのである。ところが、ウチナーグチの場合には、「落てる」でも「さがる」でも命令形が「ウティリ」「サガリ」になって、両方とも「～リ」で同じである。

これは命令形がみな頻繁に出てくる「～れ」の命令形に「前にならえ」して一緒になってしまうからである。こうした変化を「類推変化(るいすいへんか)」と呼ぶ。琉球語の研究ではラ行四段動詞の活用と一緒になった変化ということで、とくに「ラ行四段化」と呼んでいる。

現在、沖縄の若者たちが使うウチナーヤマトゥグチ(沖縄的標準語)のなかに、「オキレ」(起きろ)とか「タベレ」(食べろ)という言い方があるが、これらも類推変化、すなわち、ラ行四段化を経て生み出されたものが新方言でも受け継がれたものである。

さて、このわらべ歌で最後に残ったのは、命令形の後に付いている「ヨー」である。「ウティリヨー」「サガリヨー」の「ヨー」は文の最後に来る助詞なので、終助詞(あるいは文末詞)と呼ばれる。ここでの「ヨー」は、語りかけている相手、すなわち、「ジンジン」(蛍)への働きかけを強めるような言い方である。「ヨー」は共通語の「よ」に似ているようであるがのちほど別の歌詞に出てくる終助詞「ドー」と比較してみる。

以上、「ジンジン」に出てくることばの解説を一通り行ってみた。短い歌詞のなかにもウチナーグチの特徴が凝縮されて詰まっている。次節では「ウルクティミグシク」というわらべ歌をことばの側面から分析してみたい。

2 ウルク ティミグシク(小禄豊見城)

ウルク ティミグシク	小禄、豊見城
カチヌハナ ミムラ	垣花の三つの村
ミムラヌ アングヮーターガ	三つの村の娘さんたちが
スリトーティ ヌヌウイバナシ	そろって布を織ってのおしゃべり
アヤ マミグナヨー	綾(文様)を間違えるなよ
ムトゥ カンジュンドー	元手を被るぞ(損をするぞ)

　歌詞は2番、3番と続くのであるが、1番だけをとりあげてみた。歌詞の番ごとに、3つの村が出てくるので、「三村踊り」とも呼ばれるわらべ歌である。
　1番は伝統的な織物産業にまつわるものである。細かな手仕事を身につけ、布を織る若い女性たち。ついつい仲間同士で世間話に夢中になり、大切な布の絣模様を織り間違えてしまうことがあったのかもしれない。そんな労働の風景を現代に伝えてくれている。
　これもまず単語の解説から始めてみたい。
　　ウルク[名詞](地名)小禄。那覇市内の西南部に位置する。かつての小禄村字小禄。
　　ティミグシク[名詞](地名)豊見城。かつての豊見城村字豊見城。現在の豊見城市字豊見城。
　　カチヌハナ[名詞](地名)垣花。沖縄島南部。かつての字垣花。湖城・儀間の一帯。現在は米軍の那覇軍港になっている。[11]
　　ミムラ[名詞]3つの村。ここでは琉球絣製造の盛んな小禄、豊見城、垣花という3つの村(集落)を指す。
　　アングヮー[名詞]娘さん。姉さん。
　　〜ター[接尾語]〜たち。複数を表わす。
　　〜ガ[助詞]格助詞。〜が。主語となる主格を表わす。
　　スリトーティ[動詞]揃って。「揃っておって」に対応する形。終止形(辞書形)

---
11 『沖縄県の地名』(平凡社、2002年) 186頁の記述を参考にした。

はスリユン。
ヌヌ-ウイ-バナシ［名詞］布織り話。布を織りながらのおしゃべり。「ヌヌ」（布）＋「ウイ」（織り）＋「ハナシ」（話）の複合語。
アヤ［名詞］綾。ここでは琉球絣の文様のこと。
マミグナ［動詞］間違えるな。ここでは文様を織り出すときに失敗するなということ。動詞の禁止形。終止形（辞書形）はマミジュン。
〜ヨー［助詞］〜よ。相手に対して念を押すときの終助詞。
ムトゥ［名詞］元手。資本。
カンジュン［動詞］被る。ここでは「損を被る」の意味。カンジュンは終止形（辞書形）である。
〜ドー［助詞］〜ぞ。〜だぞ。話し手の強い主張を表わす終助詞。

(1) 母音イの影響力 発音④
　最初に地名が3つ、「ウルク」「ティミグシク」「カチヌハナ」と出てくる。「ウルク」と現代の「おろく」（小禄）との音の対応は、三母音化ですぐ理解できる（元の発音が本当に「おろく」だったかは分からないが）。少し説明の必要な「ティミグシク」は飛ばして、先に「カチヌハナ」から見てみよう。
　「カチヌハナ」の「カチ」は、古くは「かき」（垣）であったと思われるが、「ハナ」は先端を表わす「はな」（端）と通ずるもので、「花」の漢字は当て字と考えられる。ところで、ウチナーグチでは、「かき」から「カチ」のように、「き」から「チ」への変化が規則的に見られる。共通語とウチナーグチとで対応する語を示しておこう。

	共通語	ウチナーグチ
肝	きも	チム
衣	きぬ	チン
昨日	きのう	チヌー
先	さき	サチ
時	とき	トゥチ

　「かき」から「カチ」への音変化も、こうした対応のなかで捉えられる。ここでの重要なポイントは、「キ」kiという母音イが後ろに来る音のときに変化

しているということである。実は、ウチナーグチでは、母音イが前後に来るときの音が「チャ」「チ」「チュ」「チェ」「チョ」のチャ行の音に変化することがある。こういった音変化を口蓋化・破擦音化と呼んでいる。[12]この規則によって「チャ」「チ」「チュ」「チェ」「チョ」に変化した語例を次に掲げる。

	共通語	ウチナーグチ
板	いた	イチャ
肝	きも	チム
糸	いと	イーチュー
行き会う	いきあう	イチャユン
兄弟	きょうだい	チョーデー

　さて、残った「ティミグシク」であるが、現在、共通語では「とみぐすく」（豊見城）と言っている。三母音化の捉え方では「トゥミグシク」となり、実際の形「ティミグシク」に合致しない。これについては違った元の形を考えてみることができる。名高い城（ぐすく）を意味する「とよみ - ぐすく」（鳴響み城）という形が元にあるとすると、「とぅゆみぐすく」「とぅぃみぐすく」から「ティーミグシク」「ティミグシク」となった可能性が考えられよう。
　いずれも母音イの周辺に関わる音変化が出てきたが、一般に母音イは母音のなかでも最も子音に近いと言われる不安定な母音で、その母音自体が変化したり他の周辺の音に影響を及ぼしたりすることが多々見られる。
　少し後に出てくる単語「ヌヌウイバナシ」にもそのことがつながる。この単語の元の語は、「ぬの - おり - ばなし」（布織り話）と考えられる。その真ん中の「おり」の部分に注目すると、「お」が「ウ」になっている部分は三母音化で説明できるが、さらに「り」riが「イ」iになっている。この「り」riと「イ」iの対応も規則的で、語中のr音の後ろに、やはり母音イiが来ると、rが脱落してしまうのである（r音にi以外の母音が来たときには脱落しない）。その規則性が見られる語例を挙げておく。

12　口蓋化とはイなどの前寄りの母音に引きずられて、その前後の子音が硬口蓋と呼ばれる口蓋の硬い部分へと近づいてゆく現象である。破擦音化とは、kなどの閉鎖音が、t∫などの破擦音（破裂音t＋摩擦音∫）に変化する現象である。

144   Ⅲ   言語・文学・表象

	共通語	ウチナーグチ
鳥	とり tori	トゥイ tui
杜	もり mori	ムイ mui
踊り	おどり odori	ヲゥドゥイ wudui
針	はり hari	ハーイ haai
虎	とら tora	トゥラ tura（rは脱落していない）
汁	しる ʃiru	シル ʃiru（rは脱落していない）
これ	これ kore	クリ kuri（rは脱落していない）
袋	ふくろ hukuro	フクル hukuru（rは脱落していない）

(2)「ムラ」「シマ」語彙❶

　次の単語、「ミムラ」は、「ミ」（三）＋「ムラ」（村）で、「三つの村」の意。沖縄で「ムラ」とは一まとまりの集落、すなわち村落共同体を指す。三つの村「ウルク」「ティミグシク」「カチヌハナ」は、琉球絣の産業で栄えていた土地であった。琉球の五偉人の一人にも数えられる儀間真常（1557-1644）は、自分の故郷である垣花の周辺地域に木綿栽培と綿織物を広め、琉球絣の中心地に発展させたという。その歴史的な背景がわらべ歌にも反映されているのである。なお、「ムラ」は「シマ」（島）とも呼ばれる。この「シマ」の意味は、ヤクザの怖いお兄さんたちが使う「シマ」（自分たちが支配している領域）と少し似ているかもしれない。ウチナーグチには、「ミムラ」（三村）のほか「ミシマ」（三島）という言葉もあり、やはり3つの集落のことを指している。[14]

(3)「アングヮー」は差別語？ 語彙❷

　次の「アングヮーター」という言葉、これは「娘さん」「若い女性」を意味する「アングヮー」に「〜たち」を表わす「ター」が付いたものである。
　「アングヮー」を『沖縄語辞典』で引くと、「①姉。ねえさん。平民についていう」[15]

13 『沖縄県の地名』（平凡社、2002年）186頁の記載を参考にした。
14 『標音評釈 琉歌全集』（島袋盛敏・翁長俊郎［著］、1968年、武蔵野書院）に、「お真人の手ごと石鍬持たしめて引越しやり見ほしや花の三島」（2736番）という琉歌がある。この「ミシマ」も海に囲まれた土地を指すのではなく、仲島、渡地、辻という3つの遊里を指す。
15 『沖縄語辞典』（国立国語研究所編、大蔵省印刷局、1963年）116頁の記述を参考にした。

の意味と「②ねえさん。娘さん。娘。平民の若い娘をいう」の意味が出てくる。この「平民」は、沖縄では「士族」に対立する言葉である。かつての琉球においては、士族と平民の間で身分が厳密に分かれ、互いの言葉遣いが異なっていた。例として、士族と平民の間では、「祖父」「祖母」「父」「母」「兄」「姉」などを指す言葉が異なっていたのである。平民の使う姉を指す語「アングヮー」に対して、士族の使う姉を指す語は「ゥンミー」である[16]。それぞれの違いは次のように整理できる。

	士族語	平民語
祖父	タンメー	ウスメー
祖母	ゥンメー	ハーメー
父	ターリー	スー
母	アヤー	アンマー
兄	ヤッチー	アフィー
姉	ゥンミー	アングヮー

こうした平民語と士族語の区別は、かつてあった琉球の身分制社会の反映で、その語を使う段階において話し手の立場を縛る。士族は士族の言い方をすべき、平民は平民の言い方をすべきという身分差別的な線引きがなされるのである。

沖縄が近代に入って、「士族」対「平民」の身分制社会が崩壊へと向かい始めたとき、士族の立場から次のような琉球狂歌[17]が詠まれている。

　アッピからヤッチウスメからタンメいつのまに何所から御位きちゃが

(『琉歌集 全』480)

　［読み］アッピカラ　ヤッチ　ウスメカラ　タンメ　イツィヌマニ　マカラ　ウクレ　ツィチャガ

　［解釈］平民語のアッピー（兄さん）から士族語のヤッチーへ、同じく平民語のウスメー（爺さん）から士族語のタンメーへ。（平民どもに）いつの間にどこから位階が付いたのだろうか。

---

16 「ゥンミー」の「ゥン」は喉をいきませて出す沖縄語独特の発音、声門閉鎖音を含む音である。声門閉鎖音は、音声記号では［ʔ］で表わされる。「ゥンミー」は音声記号では［ʔmmiː］と書く。

17 琉球狂歌は、歌詞のリズムが八八八六の琉歌体で、滑稽卑俗な内容を歌うところに特徴がある。例は、屋良朝陳・松村克彦［著］『琉歌集 全』(1947年) より引用した。

近代に入ると言葉の身分的な縛りがなくなって、平民たちが士族語の「ヤッチー」や「タンメー」を使いだすようになった。それを聞いて不快に思った士族出身の者が「成り上がり者め」と平民たちの猿真似ぶりを嘲笑っている、そういった琉球狂歌である。

最近では、お姉さんを表わす言葉として「ネーネー」という言い方が出てきている。この言い方には士族と平民の別がそもそもない。「ネーネー」は、身分社会が刻印された「ゥンミー」(士族語)と「アングヮー」(平民語)の区別から逃れられる語として生まれてきたものかもしれない。

(4) 「ガ」と「ヌ」 文法5

「アングヮーターガ」の「〜ガ」は、共通語と同じく、主語を表す主格の助詞である。ただし、ウチナーグチの主格の助詞には、「〜ガ」だけではなくて、「〜ヌ」というのもある。「〜ガ」は前に付く語が「人」を表わすときに、「〜ヌ」は前に付く語が「物・事」を表わすときに多く使う。次の①は主語が「アングヮー」で「人」なので助詞が「〜ガ」、②は主語が「ハナシ」で「事」なので助詞が「〜ヌ」になっている。

①アングヮーガ　ヌヌウイバナシ　スン(娘さんが布織り話をする)
②テーシチナ　ハナシヌ　アン(大切な話がある)

ただし、前に付く単語が人を表わす名詞でも「〜ヌ」が来るときがあるので、注意を要する。従来の助詞研究でも多く指摘されているが、[18]その人名詞に対して話し手が親しさ・愛らしさを感じているときには「〜ガ」、話し手が尊敬や疎遠さを感じているときには「〜ヌ」を用いるといった傾向があり、話者はこういった区別を一瞬のうちに判断して使い分けているのである。これとよく似た使用の別は古い日本語にもあったと言われ、現在の九州方言のいくつかにもこういった使い分けの傾向が見られる。

(5) ウチナーグチの終止形はどのようにしてできたか 文法6

次の「スリトーティ」は、直訳すれば「揃っていて」となる。「揃う」の終

18　柴田武、野原三義、内間直仁、松本泰丈、高橋俊三、名嘉真三成といった諸氏の指摘が挙げられる。

止形が「スリユン」、「揃っている」の形が「スリトーン」なので、「揃っていて」が「スリトーティ」となるわけである。

　ウチナーグチの終止形は「スリユン」の例に見られるように、「〜ウン」-uN で終わる形をしている。この歌の最後に出てくる「カンジュンドー」の「カンジュン」も終止形で、やはり「〜ウン」で終わる形をしている。この「〜ウン」はいったいどこからきたのだろうか。

　結論を先に言うと、これら「〜ウン」という終止形は「連用形＋をり＋む」（居り＋む）が変化したものと考えられている。[19]

*取りをりむ（取り居りむ）	→ *トゥイウン	→ トゥユン
*飲みをりむ（飲み居りむ）	→ *ヌミウン	→ ヌムン
*書きをりむ（書き居りむ）	→ *カキウン	→ カチュン
*流しをりむ（流し居りむ）	→ *ナガシウン	→ ナガスン
*集まりをりむ（集まり居りむ）	→ *アチマイウン	→ アチマユン

　さて、わらべ歌の「スリトーティ」であるが、共通語で「そろう」（揃う）なので、終止形は「スルユン」がウチナーグチとして期待される語形である。実際「スルユン」という言い方も、あるにはある。ところが、このわらべ歌では、共通語「そろう」に対して、「スリユン」を活用させた形の「スリトーティ」が出ている。『沖縄語辞典』でも、「スルユン」ではなく、「スリユン」が「そろう」の意味の語として挙がっている。

　さらに『沖縄語辞典』で調べてみると、共通語の「そろう」「ひろう」などの「〜ろう」が付く動詞は、ウチナーグチでは「〜ルユン」ではなく「〜リユン」で出てくる。

	共通語	ウチナーグチ
揃う	そろう	スリユン
拾う	ひろう	フィリユン
繕う	つくろう	ツクリーユン、ツクリユン

　これらは「連用形＋をり＋む」（居り＋む）という動詞の形成過程を考えると、うまく説明できる。すなわち、「スリユン」の元が、「そろい＋をり＋む」であ

19　「む」の由来については他にも「も」「もの」など諸説あるが、いわゆる推量・意志の助動詞「む」と関連付けるのが穏当である。

るとすると、「ろい」の部分（連用形）が「るい」から「リー」となり、最終的に短く「リ」となって「スリユン」となる。他の「フィリユン」（拾う）や「ツクリーユン」「ツクリユン」（繕う）も同様の音変化を経てできたのであろう。

(6)「～するな！」文法7

「アヤ　マミグナヨー」の「アヤ」とは着物の絣文様のこと。「マミグナ」は「間違えるな」という意味で、ここでは、布を織るときの絣文様を間違えるなということ。「マミグ」は、ウチナーグチの終止形では「マミジュン」という形になる。

この「～するな」といった相手の行動に強く禁止を求める形（禁止形）は、共通語とウチナーグチとで作り方がほとんど変わらない。違っているのは三母音化などの音声変化の部分ぐらいである。

	共通語	ウチナーグチ
書くな	かくな	カクナ
読むな	よむな	ユムナ
干すな	ほすな	フスナ
取るな	とるな	トゥルナ、トゥンナ

そして、この「マミグナ」という禁止形にも、終助詞「～ヨー」が付いている。先に見たわらべ歌「ジンジン」（蛍）では「ウティリ＋ヨー」「サガリ＋ヨー」と命令形に付いていた。禁止形は、否定の命令形と言ってもよく、こうした相手に対して強く働きかける言い方のときに共通して終助詞「～ヨー」が使われていることになる。

(7) 文末の「～ヨー」と「～ドー」はどう違う？文法8

次の「ムトゥ」は、「もと」（元）に対応し、ここでは「元手」「資本」のことで、「ムートゥ」とも言う。最後に出てきたのは、「カンジュンドー」という「終止形＋終助詞」という形である。ウチナーグチの「カンジュン」は「かぶる」（被る）に通ずるものと考えられる。すなわち、「かぶり＋おりむ（被り＋居りむ）」「かむり＋おりむ」から、「カンジ＋ウム」「カンジュン」などとなったのであろう。「ムトゥ　カンジュン」は、直訳すれば「元を被る」ということで、「（商

売で）元が取れずに、損をする」[20]ことを意味する。

　ここで、今までの「〜ヨー」とは異なる「〜ドー」という終助詞が出てきた。ウチナーグチの「〜ヨー」と「〜ドー」とはどう異なるのだろうか。それぞれを動詞のどういった形に付くかで比較してみることにしたい。「ユムン」（読む）という動詞に統一して示してみよう。○は使える言い方、×は使えない言い方、△は特別な文脈でのみ言う言い方である。[21]

	ヨー	ドー
終止形（読む）	○ユムンヨー	○ユムンドー
否定形（読まない）	○ユマンヨー	○ユマンドー
命令形（読め）	○ユミヨー	△ユミドー
禁止形（読むな）	○ユムナヨー	△ユムナドー
推量形（読むだろう）	×ユムラヨー	○ユムラドー

　命令形や禁止形では「〜ヨー」が使えるのに対して、「〜ドー」は特別な文脈でしか使えない。「ユミドー」とは「『読め』だぞ」、「ユムナドー」とは「『読むな』だぞ」、という意味で、「ユミ」や「ユムナ」が一まとまりの名詞のように扱われて初めて言える表現である。また、推量形では「〜ドー」が使えるけれども、「〜ヨー」は使えない。「〜ヨー」と「〜ドー」の違いは、聞き手に対する働きかけの有無が重要なポイントになっている。[22]命令形、禁止形では聞き手に対する働きかけが強く、そういった動詞の形と一緒に使われる助詞が「〜ヨー」と言える。「ユムラ」に「ヨー」が付かないのは、話し手の主観的な（ともすると曖昧な）想像を「ユムラ」で表明し、聞き手に共感を求めていないにもかかわらず、聞き手に強く働きかけて同意を求めるような「ヨー」をいっしょに使っているので、相矛盾した印象を与えてしまうからである。

　それに対して、「〜ドー」は聞き手に働きかけて共感・同意を求めるものではなく、話し手自身の主張を強めることに焦点がある。聞き手に対する共感・

20　『沖縄語辞典』（国立国語研究所［編］、大蔵省印刷局、1963年）106頁、360-361頁。
21　西岡敏「沖縄語首里方言の終助詞付き用言語彙資料」（『琉球の方言』26号所収、法政大学沖縄文化研究所、2002年）で用言の活用形と終助詞との共起関係を示した。
22　かりまたしげひさ氏は、相手に何かを働きかけようとする文を「はたらきかけ文」、自らの主張を陳述しようとする文を「ものがたり文」と呼び、それぞれを区別している。かりまたしげひさ「オモロの条件形」（『沖縄文化協会創設40周年記念誌』沖縄文化協会、1989年）。

同意を強要するわけではないので、命令形、禁止形とは一緒に使われにくくなる。その代わり、話し手の主観的な気持ちを表わす推量形とは一緒に使え、その主張したい気持ちを強く前面に押し出せるわけである。

　沖縄の有名なわらべ歌、「ジンジン」（蛍）、「ウルク　ティミグシク」（小禄豊見城）から、そのことばの側面に焦点を当て、ウチナーグチの特徴を紹介してきた。最後にもう１つ「イッター　アンマー　マーカイガ？」というわらべ歌のことばを考えてみよう。

３　イッター　アンマー　マーカイガ？
（おまえんちの母ちゃんどこへ行ったの？）

イッター　アンマー　マーカイガ	おまえんちの母ちゃんどこへ行ったの？
ベーベーヌ　クサ　カイガ	山羊さんの草を刈りに行ったのよ
ベーベーヌ　マサグサヤ	山羊さんがおいしく食べる草は
ハルヌ　ワカミンナ	畑の瑞々しいルリハコベ
アングヮー　ソーティ	村のお姉さんを連れて

　近所の人が子どもに尋ねる。「おまえんちの母ちゃんどこへ行ったの？」。子どもは無邪気に答える。「山羊さんが食べる草を刈りに行ったの。山羊さんが好きな草はね、畑のワカミンナ。知り合いのお姉さんといっしょに行ったの」。どこにでもありそうな農村の日常が会話の形で表現され、微笑ましい場面として懐かしくよみがえってくる。

　　イッター［名詞］君たち。お前たち。目下や同輩に用いる。
　　アンマー［名詞］母ちゃん。平民語。士族語は「アヤー」と言う。
　　マー［疑問詞］どこ。
　　〜カイ［助詞］〜へ。行き着く方向を示す格助詞。
　　〜ガ［助詞］〜か。前に疑問詞がくるときの終助詞。疑問詞と係り結ぶ関係にある。
　　ベーベー［名詞］山羊の幼児語。一般にはフィージャーと言う。沖縄では食用。
　　〜ヌ［助詞］〜の。後ろの名詞にかかっていく格助詞。

クサ［名詞］草。

カイ［動詞］刈り。動詞の連用形。終止形（辞書形）は「カユン」。

〜ガ［助詞］動詞の連用形に付いて、その動作の目的を表わす。共通語では「草を刈りに」の「〜に」に当たる。

マサグサ［名詞］形容詞「マーサン」（旨い）のサ語幹「マーサ」と名詞「クサ」（草）が合わさって複合語となったもの。歌のなかにある語なので「マーサグサ」から「マサグサ」へと長音が短くなっている。「マーサ」を使った複合語には他に、「マーサムン」（旨いもの）、「マーサジャキ」（旨い酒）がある。

ハル［名詞］畑。開墾を意味する墾るに由来するとされ、その地名は九州以南に多い。地名・人名では「原」を当て字として使用する。

ワカミンナ［名詞］形容詞「ワカサン」（若い）の基本語幹「ワカ」と、植物のルリハコベ（瑠璃色の花が咲く草）を意味するウチナーグチの名詞「ミンナ」が合わさって複合語となったもの。「ワカ」を使った複合語には他に、「ワカミジ」（若水）、「ワカナチ」（若夏）「ワカアジ」（若按司）などがある。

アングヮー［名詞］若い娘。娘っ子。お姉さん。

ソーティ［動詞］連れて。動詞の接続形。終止形（辞書形）は「ソーユン」。

(1)「イッター」の指す意味 語彙❸

　最初の「イッター　アンマー」というのは、「おまえんちの母ちゃん」ということ。「イッター」は本来「おまえたち」という二人称複数の意味を表わすので、厳密な直訳は「おまえたち母ちゃん」となる。共通語の助詞「の」にあたる部分もなく、助詞なしで「イッター」（おまえたち）と「アンマー」（母ちゃん）がつながっている。

　「わたしんちの母ちゃん」というときにも、「ワッター　アンマー」（わたしたち母ちゃん）のようになる。すなわち、「ワー」（わたしの）のように一人称単数にするのではなく、「ワッター」（わたしたち）のように、一人称複数にして言うのである。ウチナーグチでは「家族」といったものは、個人にかかわるものというよりは、その構成員すべてにかかわるものという意識が強いようで、その前につく人称代名詞は複数になる傾向がある。「家族」といったものは、決して一人だけの立場から指し示すものではなくて、全体の立場からそこに所

属する一員として指し示すことになっているのである[23]。
　助詞なしで後ろの名詞にかかっていく関係についてさらに述べると、ウチナーグチでは「〜ター」「〜チャー」などの複数の要素が付くときには、助詞なしで後ろの名詞にかかることができる。たとえば、「次郎さんの家」というときにも「ジルーター　ヤー」、あるいは、「子どもたちのために」というときにも「ワラビンチャー　タミニ」となり、一人称複数、二人称複数以外でも、助詞が不要であることが分かる。「〜ター」「〜チャー」のなかには、「〜の」の意味まで含まれているようである。

　（2）「マーカイガ」と「クサ　カイガ」 文法⑨
　「マーカイガ」と「クサ　カイガ」は、両方とも後ろに「〜カイガ」が来ており、同音反復によって良いリズムを作り出している。ところが、2つの「カイガ」は、文法や意味の面でまったく異なっている。「マーカイガ」は直訳すると「どこへか？」となる。「〜カイ」が行き着く場所を示す助詞で、共通語の「〜へ」に当たる。「〜ガ」は「〜か？」という疑問を示す助詞である[24]。
　これに対して、次の「クサ　カイガ」の「クサ」は「草」で、「カイガ」は「刈りに」という意味である。共通語では「〜しに」といった動作の目的を表すときに「動詞連用形＋に」で、助詞は「〜に」を使うが、ウチナーグチでは「動詞連用形＋ガ」で、助詞「〜ガ」を用いる。この「〜ガ」に似たものは九州方言に多く見られるようである[25]。
　最初の「〜カイガ」が「〜へか？」、二番目の「カイガ」が「刈りに」の意味で、これら2つは同音異義語を繰り返す形、しかも文末で、巧まずして韻（脚韻）

23　永田高志氏の『琉球で生まれた共通語』（おうふう、1996 年）122 頁に同様の指摘がある。
24　この「〜ガ」を係助詞と解釈するならば、後ろに「ぅんじゃら」（過去推量形、行っただろうか？）と、疑問の係り結びが省略されているとみなすことになり、話し手が自分で一人ごとのようにいぶかる意味になる。終助詞ならば、「まーかい　ぅんじゃが」（どこへ行ったの？）の「ぅんじゃ」が省略されていると考えることもできる。ここでは「いったー　あんまー　まーかいが」（問）、「べーべーぬ　くさ　かいが」（答）と問答形式になっているので、後者の終助詞と見なす判断が適当と考えられる。
25　大分方言では「本を買いにゆく」を「本バ買イギャーイク」と言い、動作の目的を表わすのに「ギャー」を用いていて、ウチナーグチの「ガ」と似ている。『全国方言辞典〔1〕—県別方言の特色』（平山輝男［編］、角川書店、1983 年）257 頁を参考にした。

(3) 「ベーベー」は鳴き声から命名 語彙4

「ベーベー」は山羊の幼児語である。ウチナーグチでは山羊のことを一般に「フィージャー」と言うが、「ベーベー」は、幼い子どもにも具体的に分かりやすいように、山羊の鳴き声、すなわち、擬声語によって表わされている。共通語で山羊の鳴き声は「メーメー」であるのに対し、沖縄語では「ベーベー」と表現している。このように擬声語・擬態語も、地域によって異なりを見せる。さきほどの「ジンジン」（蛍）と同じく、「ベーベー」（山羊）も「ベー」の繰り返し形であるが、こうした繰り返し形が多いのも幼児語の普遍的な特徴である。

(4) 「マサグサ」と「ワカミンナ」 文法10

「マサグサ」は「マーサグサ」が歌のなかで短くなっている形なので、ここでは元の形の「マーサグサ」で考える。「マーサグサ」（旨さ草）と「ワカミンナ」（若ミンナ）をそれぞれ区切ると、「マーサ」＋「グサ」、「ワカ」＋「ミンナ」となる。ここでは前に来ている要素の「マーサ」と「ワカ」に注目する。説明の順番を入れ替えて、まず「ワカ」から見ていくことにしよう。

「ワカ」は形容詞「ワカサン」（若い）から、「サン」を取った形である。ウチナーグチの形容詞は「～サン」という形が終止形で、そこから「～サン」を取った形は形容詞の基本語幹と呼ばれる。この基本語幹を要素として作られる複合語は、「ワカミジ」（若水）、「ワカナチ」（若夏）、「ワカアジ」（若按司）などウチナーグチに多数ある。共通語でも「わかもの」「わかむしゃ」「わかざむらい」「わかむらさき」など盛んに用いられる。

他方、「マーサ」は形容詞「マーサン」（旨い）から、「ン」を取った形である。この形は、基本語幹とは異なり「～サ」の部分が残っているので、形容詞のサ語幹と呼ばれる。ウチナーグチの形容詞は「～サ」を中心にして活用する部分があり、このサ語幹が語の中心部分として重要になってくる。

　ワカサン（終止形）　　　　　若い。（言い切り）
　ワカサル（連体形）　　　　　若い～（後ろの名詞に続く）
　ワカサヌ（理由形）　　　　　若いので

ワカサタン（過去終止形）　　　若かった。（過去の意味をもつ言い切り）

　ところが、他の名詞と付く場合、すなわち、複合語となる場合、基本語幹と違ってサ語幹はあまり活躍していない。このサ語幹を要素として持つ複合語もあるにはあるのだが、実際のところはほとんど見つからない。確かに、「マーサン」（旨い）には「マーサムン」（旨いもの）、「マーサジャキ」（旨い酒）などの複合語の例がある。しかし、他の形容詞を探してみても、琉歌などに「ほしや物」（欲しいもの）、「つらさ身」（つらい身）といった用例がわずかに散見できるぐらいである[26]。

　共通語と同じく、ウチナーグチでも、形容詞の基本語幹を用いて複合語を作ることが圧倒的に多いと言える。「チュラサン」（美しい）という語も、基本語幹「チュラ」から、「チュラシマ」（美しい島）、「チュラウミ」（美しい海）、「チュラカーギー」（美しい姿）、「チュラキナグ」（美しい女性）と、作る複合語はたくさんある。ところが、サ語幹の「チュラサ」が入っている複合語を見出すことはできない。

　そうすると、「マーサガサ」というサ語幹を使った複合語はとても稀なケースで、「マーサン」という特別な形容詞にのみ起こっていると考えたほうが自然である。基本語幹を用いて「マーグサ」とすると、意味が通じにくいということがあって、サ語幹で複合語にしたということがあるのかもしれない。いずれにせよ形容詞サ語幹による複合語はきわめて限られたものである[27]。

　（5）広母音の連続と狭母音による閉じ　発音5

　最後は「アングヮー　ソーティ」というフレーズである。「アングヮー」はここでは村の娘の意味であろう。

26　サ語幹による複合語の例を『標音評釈　琉歌全集』（島袋盛敏・翁長俊郎［著］、武蔵野書院、1968年）より掲げる。
・ほしや物（フシャムヌ）
　平安座みやらべの（ヒャンザミヤラビヌ）　ほしや物やのがす（フシャムヌヤヌガスィ）（1184番）
・つらさ身（ツィラサミ）
　無情の浮世と（ムジョヌウチユトゥ）　思へども（ウムイドゥム）　つらさ身になれば（ツィラサミニナリバ）　暮らしかねて（クラシカニティ）（1024番）
27　共通語において複合語を作ることができる形容詞の語幹は、活用の種類がク活用のものにほとんど限られ、シク活用のものは「恋しい」→「恋煩い」、「涼しい」→「涼風」、「侘しい」→「侘茶」など少ししか見られない。

「ソーティ」は「ソーユン」（連れる）の接続形（既述）である。最後の「ソーティ」の「ティ」では、それまでの流れでフレーズの末尾がずっとア段で来たものが、イ段に変えられている。フレーズの末尾をア段に統一する、すなわち、ア段で脚韻を踏んでいるのが最後で崩されているのだ。

マーカイガ	ガ：ア段（広母音）
クサ カイガ	ガ：ア段（広母音）
マサグサヤ	ヤ：ア段（広母音）
ワカミンナ	ナ：ア段（広母音）
ソーティ	ティ：イ段（狭母音）

最後のイ段には、脚韻を終わらせることによって、歌詞の終結をもたらす意味合いがあるのではないだろうか。アは口を大きく開けて発音する広母音、イは口を小さく閉じて発音する狭母音なので、広母音で連続させて狭母音で閉じるのは、いかにも口の動きと歌詞のフレーズの流れが連動しているようである。このわらべ歌に限ったことかもしれないが、こういったことも指摘できる。[28]

おわりに

沖縄のわらべ歌のなかから、「ジンジン」「ウルク ティミグシク」「イッター アンマー マーカイガ」という3つを紹介した。「ことば」という限られた視点からではあるが、短い歌のなかにもウチナーグチの多様な要素が現われていることにふれていただけかたと思う。この豊かな文化を広く次世代へと継承していきたいものである。他にも紹介したい人気のあるウチナーわらべ歌が多数あるが、それはまた次の機会に譲りたい。

【付記】本章の作成にあたり、沖縄県立芸術大学大学院の波照間ゼミの皆さんから多くのコメントをいただきました。厚くお礼申し上げます。

（西岡　敏）

28　変調を起こして歌謡を終結させることに関しては、波照間永吉氏の「八重山歌謡の歌形の諸相」（『沖縄文化研究』9号所収、法政大学沖縄文化研究所、1982年）に考察がある。

8

山之口貘「会話」を読む
──近代沖縄文学の葛藤──

はじめに

　　お国は？　　と女が言つた
　　さて、僕の国はどこなんだか、とにかく僕は煙草に火をつけるんだが、刺青と
　　　蛇皮線などの聯想を染めて、図案のやうな風俗をしてゐるあの僕の国か！
　　ずつとむかふ

　　ずつとむかふとは？　　と女が言つた
　　それはずつとむかふ、日本列島の南端の一寸手前なんだが、頭上に豚をのせる
　　　女がゐるとか素足で歩くとかいふやうな、憂鬱な方角を習慣してゐるあの僕
　　　の国か！
　　南方

　　南方とは？　　と女が言つた
　　南方は南方、濃藍の海に住んでゐるあの常夏の地帯、竜舌蘭と梯梧と阿旦とパ
　　　パイヤなどの植物達が、白い季節を被つて寄り添ふてゐるんだが、あれは日
　　　本人ではないとか日本語は通じるかなど、談し合ひながら、世間の既成概念
　　　達が寄留するあの僕の国か！
　　亜熱帯

　　アネツタイ！　　と女は言つた

亜熱帯なんだが、僕の女よ、眼の前に見える亜熱帯が見えないのか！この僕のやうに、日本語の通じる日本人が、即ち亜熱帯に生れた僕らなんだと僕はおもふんだが、酋長だの土人だの唐手だの泡盛だの、同義語でも眺めるかのやうに、世間の偏見達が眺めるあの僕の国か！
赤道直下のあの近所
（山之口貘「会話」『山之口貘詩文集』講談社文芸文庫、1999年、53〜54頁）

図8-1　59歳頃の山之口貘

出典：山之口泉・沖縄タイムス社編『アルバム・山之口貘』2003年、55頁。

　山之口貘の「会話」という詩を読むのが、本章のテーマである。具体的な作品の分析に入る前に、この詩との個人的な出会いについて書いてみたいと思う。私がこの詩に出会ったのは大学生の頃で、1995年に3人のアメリカ兵による「少女暴行事件」が起きたあと連日のように「沖縄問題」が報道されていた時期であった。またその頃は、安室奈美恵やSPEEDなど沖縄出身の歌手の歌がヒットチャートを賑わし、沖縄の文化もテレビでよくとりあげられ、沖縄を舞台にした映画も数多く撮られていた。当時は東京でひとり暮らしをしていて、沖縄を離れていたにもかかわらず、テレビをつけるとそこには「沖縄」があった。そのような「日常」のなかで、この詩に出会ったのである。それ以来、「沖縄」を語る饒舌さは消えてしまい、沖縄について何か語ろうとするとその言葉がねじれていくようになった。「会話」の「僕」を真似しているわけではないけれども、発話する瞬間に胸に引っかかりを感じてしまうのである。

　先ほど、連日のように「沖縄」がテレビなどで取りあげられていたと書いたが、それは、沖縄にかかわりがなくても目につくほどであった。だから、飲み会などで、私が沖縄出身だとわかると、いろんなことをたずねられたあげくに、

「沖縄ではハブ対策のために家でマングースを飼っているんでしょう？」という質問に出くわしたりもした。ときには、その期待する沖縄像をなぞるような答え方をして、その場を盛り上げたこともあった。けれども、しだいにその居心地の良さにだんだん居心地が悪くなるようになっていった。みんなにとっては何気ない飲み会のネタで笑い飛ばせるかもしれないけれども、私のなかでは、笑い飛ばしたはずの「沖縄」が私をじっと見つめ続けていたからである。

　また懸命になって「沖縄」の問題を説明しても、「わからない」と言われたり、うまく説明できなくて口ごもっていると、「よくわかるよ」と納得されたりして、戸惑いは深まるばかりであった。そんなナイーブな心情と重ねながら「会話」という詩を読んでいたけれども、沖縄の文学や歴史を学んでいくうちに、この詩が複雑に絡まり合った「近代」を解きほぐそうと葛藤しているのが見えてくるようになった。この詩における言葉のふるまいに目を凝らすことが本章の目的である。

1　沖縄と日本語の近代

　山之口貘の「会話」は、『文藝』1935 年 11 月号（改造社）に発表された詩作品であるが、まず注目したいのは、この詩が「日本語」で書かれているということである。一見すると当たり前のように見えるけれども、「日本語」で書くというのは、「近代」と密接なかかわりがあるのだ。

　1903 年に沖縄県の那覇市に生まれた山之口貘は、1917 年に沖縄県立第一中学校（現在の首里高等学校）に入学した。その時期の沖縄の学校教育現場においては、「標準語」教育が重視され、方言を使った者の首には「方言札」がかけられるという罰もあったといわれている。その頃の体験を山之口貘は、次のように書き記していた。

　　学校としては、標準語を奨励するために、「罰札」と黒書した小さな木の札を作って、生徒が方言を使っているのを発見すると、その札を渡すのである。罰札をもっている生徒は、それをまただれかに渡すために、こっそり人のあとについていったりして、方言を見つけなくてはならなかった。

そのころ、既に、僕は詩作に興味を覚えていたが、もって生れた自分たちのことばを無視して、詩など生れるはずがないと、詩人気取りの仲間たちと、憤慨し合ったり、ことばは愛すべきであって罰すべきではないといい合ったりして、罰札制度の校規にすねだし、意識的に方言を使い、わざわざ罰札を引き受けたりするようになり、それをポケットの中にいっぱいためていることもあった。[1]

ここで沖縄と「日本語」とのかかわりについて確認しておきたい。1872年の廃藩置県によって、それまでの琉球王国は琉球藩となり、1879年には沖縄県として日本という国家に併合された。この一連の動きを「琉球処分」というが、日本に組み込まれることによって、「日本語」は、重要視されることになる。それまで沖縄の人たちは、「琉球語＝沖縄語」を用いていたが、「琉球処分」以後は、学校など公の機関で「日本語」が頻繁に用いられるようになった。たとえば、沖縄県設置後の1880年2月に、会話伝習所という教育機関が設置された。会話伝習所は、同じ年の6月には沖縄県師範学校に吸収されるが、「会話」という「日本語」による伝達を主とする人材＝教員を養成しようとした事実は注目に値する。またそこでは、教科書として、沖縄県学務課によって1880年に編纂された、『沖縄対話』が用いられていた。

　　貴方ハ、東京ノ言葉デ、御話ガ、出來マスカ（○○）ナカナカ、ヨクハ、話セマセヌ。
　　ウンジヤウ。トウチヤウヌクトバ シヤーイ。ウハナシ。ウナミシエービーミ。　　アー　　シカットー。ハナシエーナヤビラン。[2]

このように標準語のそばに「沖縄語」が添えられ、「沖縄語」を翻訳するかたちで「日本語」教育は進められたのである。こうした「日本語」教育が求められるなかで、多くの文学者たちも、日常で用いる言語とは異なる言葉で自分の感性を表現しようとしていたのである。じっさい、沖縄出身の文学者たちは、自らの内側に鳴り響く「沖縄語」と文学作品を書く際の共通言語とされる「日本語」とのあいだで、常に引き裂かれるような思いを抱えながら言葉を紡ぎだ

1　山之口貘「方言のこと」（『山之口貘全集　第四巻』思潮社、1976年）、248頁。
2　「第三部 学校之部 第四回」沖縄縣學務課編纂『沖縄對話』1882年改正再版。

していた。
　たとえば、「山といふ山もあらなく川もなき　この琉球に歌うかなしさ」（「漂泊」『琉球新報』1910年11月9日）と詠んだ長濱芦琴の歌には、日本的な歌の規範にのせようとすればするほど、そこからこぼれ落ちてしまうような言葉を前にして、「この琉球に歌うかなしさ」とつぶやかざるをえない文学青年の思いがあらわれていたといえるだろう[3]。そうした嘆きが近代期の沖縄に生きるひとたちの胸には、積み重なっていた。岡本恵徳と仲程昌徳による詳細な近代沖縄文学史[4]には、そうした言葉へのつまずきや言葉にできない思いに包まれた文学作品が集められている。なかには、沖縄の言葉を「日本語」表現のなかに組み入れようとした山城正忠の「九年母」のような小説があった[5]。

　「こゝにも落てとうさ、ホラ、こんな大ッかいのが、これは我がもんだよ[6]。」

　「イヤだ、おッかさんのふれもん、行かんさ。ヒヤア」と、ベソをかく。

───

[3]　岡本恵徳「この琉球に歌うかなしさ」（『「沖縄」に生きる思想──岡本恵徳批評集』未來社、2007年）参照。
[4]　岡本恵徳の「近代沖縄文学史論」（初出『沖縄県史　第六巻　文化2』1975年。『現代沖縄の文学と思想』沖縄タイムス社、1981年）によって「近代沖縄文学史」は構想され、仲程昌徳の詳細な調査に基づく『沖縄近代詩史研究』（新泉社、1986年）によって「文学史」は整地された。その後、近代期に沖縄で発刊された新聞に掲載された作品を検討した、仲程昌徳編『沖縄研究資料9〜12 沖縄近代詩集成（Ⅰ〜Ⅳ）』法政大学沖縄文化研究所、1988〜1991年）、前城淳子・仲程昌徳『近代琉歌の基礎的研究』（勉誠出版、1999年）、知念真理・仲程昌徳『沖縄近代短歌の基礎的研究』（勉誠出版、2001年）、仲程昌徳編『沖縄研究資料25 沖縄近代俳句集成（Ⅰ）（Ⅱ）』（法政大学沖縄文化研究所、2008年）などによって研究は深化した。
[5]　文学作品における沖縄の言葉を分析した論考として、仲程昌徳「文学作品における沖縄の言葉──その動向と展開」（『近代沖縄文学の展開』三一書房、1981年）、崎山多美「『シマコトバ』でカチャーシー」（今福龍太編『21世紀 文学の創造2「私」の探究』岩波書店、2002年）がある。
[6]　山城正忠「九年母」（初出『ホトトギス』第14巻11号、1911年。岡本恵徳・高橋敏夫編『沖縄文学選──日本文学のエッジからの問い』勉誠出版、2003年、27頁）。「九年母」をジェンダーの視点から分析した論考として、黒澤亜里子「琉歌と和歌という境界──共同体、身体、ジェンダー表象をめぐって」（富岡多恵子編『短歌と日本人Ⅳ　詩歌と芸能の身体感覚』岩波書店、1999年）がある。

「なんだそのざまや、まるで石敢当のような面しくさってら」（後略）[7]

　この試みに対して伊波月城は「山城君が使用してゐる所謂琉球語なるものは本県に来て居る他府県人の使用するブロークン琉球語と類似の言語」であると否定的であった。[8]
　こうしたなかで、山之口貘の「会話」は、「刺青」「蛇皮線」「竜舌蘭」「梯梧」「阿旦」「パパイヤ」といった「沖縄」を想起させる記号に彩られていながらも、「日本語」で書き記されていた。ちなみにこの詩に限らず、戦前期の山之口貘の作品には、沖縄の言葉があまり用いられていない。むしろ戦後の作品の方が沖縄の言葉を詩表現に取り入れていた。それではなぜ「会話」という詩は「日本語」で書かれなければならなかったのか。そのことを考えていくためにも、「会話」の背後に響く記憶の声に耳をすましてみたい。

2　お国は？

　そもそも「会話」はどのように読まれてきたのか。

　　「お国はどちら」と聞かれて、率直にすぐ琉球とか沖縄とか答えるのをためらう、一種の羞恥心というよりもヒガミ根性を抱いていた私達の年配までの沖縄人の心理の機微を少しの嫌味もなく婉曲に謡い上げたもので、愛誦に値する好篇であると思う。[9]

　また「差別の現実とそれにたいする沖縄青年の鬱屈した抵抗感とが、たくみに表現されている[10]」という批評もあれば、「沖縄人の心理のヒダに巣食って

7　注6前掲「九年母」（『沖縄文学選』31頁）。
8　「閑是非」『沖縄毎日新聞』1911年6月28日。伊波月城に関しては、仲程昌徳『伊波月城』（リブロポート、1988年）、比屋根照夫「月城伊波普成小論」（『近代日本と伊波普猷』三一書房、1981年）、同「伊波月城のアジア観」（『アジアへの架橋』沖縄タイムス社、1994年）参照。
9　金城朝永「琉球に取材した文学（5）」（初出『沖縄文化』第5号、沖縄文化協会、1949年、『沖縄文学全集 第17巻 評論Ⅰ』国書刊行会、1992年）、17頁。
10　比嘉春潮・霜多正次・新里恵二『沖縄』岩波新書、1963年、24頁。

いる複雑な意識——劣等感と自嘲のからみ合った——をはっきり検証できる（略）そのような沖縄人の内面を端的にうたいあげた」[1]詩だという評価もあった。「沖縄人の心理の機微」「沖縄青年の鬱屈した抵抗感」「沖縄人の心理のヒダに巣食っている複雑な意識」「劣等感と自嘲」という従来の読み方は、冒頭の「お国は？」という問いかけにとらわれているといえるだろう。

　生まれたのはどこなのかというふうに出身地をたずねることは、多くの人が行き交う都会のような場所では珍しくないかもしれない。しかしながら、沖縄に出自を持つ人たちにとっては、この何気ない問いかけが緊張感を生じさせることもあった。たとえば、1911年に蝶心（摩文仁朝信）は、次のような詩を書いていた。

　　隅田川畔のとある二階の四畳半、
　　わが杯をうけしうたひ女は、
　　瓦斯灯に媚をたたへたる頬を照らしつつ、
　　したしげにわが古里をたづねたり。
　　わが生れしは山の手は赤坂なりと云へば、
　　女は妾（われ）もしか思ひたりとうなづきたり。
　　されどされど呪ふべき良心はわが心に向つて、
　　反省を促し正直なる訂正をもとめたり。
　　女よそは偽なりわれは琉球のとある城下に生れ、
　　父は泡盛を飲みて早くも逝き母はなほ入墨の手をはたらかしつつありと云へば、
　　女は軽き偽を欣ぶごとくかすかなる笑をたたへつつ
　　そは偽なりそは夢なりと無造作にもわが正直なる告白を取消したり
　　ああ女よ！　われもまた琉球に生れたる事実が嘘ならむことを願ふものなり、
　　されど事実は事実となるをいかにせむ。[12]

「女」に「古里」をたずねられた語り手は、いったん生まれは「赤坂」であると答えるが、実際は「琉球」の生まれで、「泡盛」を飲んで亡くなった「父」や、

11　大田昌秀『沖縄の民衆意識』弘文堂新社、1967年、329頁。
12　蝶心「秋日雑詠（1）」『沖縄毎日新聞』1911年12月14日。

「入墨の手」をしている「母」の存在を告白する。しかしながら、それは「偽なり」「夢なり」というふうに「女」には相手にされない。1911 年に書かれた「秋日雑詠（1）」では、出自を問われて「琉球」と答えていた摩文仁朝信は、1909 年 7 月 11 日の『沖縄毎日新聞』に「また明日も劣等人種とのろしらるる身と思ひつつまろねしにけれ」「劣等といはれし我は胸激すされどわれ黙す唖にあらねど」という歌を発表していた。この「劣等」という言葉を書き記した文脈を確認するうえで、比嘉春潮の「大洋子の日録」は、示唆的である。

　　去月二十九日。日韓併合。万感交々至り、筆にする能はず。知り度きは吾が琉球史の真相也。
　　人は曰く、琉球は長男、台湾は次男、朝鮮は三男と。嗚呼、他府県人より琉球人と軽侮せらるる、又故なきに非ざる也。
　　琉球人か。琉球人なればとて軽侮せらるるの理なし。されど理なければとて、他人の感情は理屈に左右せらるるものにあらず。矢張吾等は何処までも〈リギ人〉なり。ああ琉球人か。されど吾等の所謂先輩は何故に他府県にありて己れの琉球人たるを知らるるを恐るるか。誰か起ちて〈吾は琉球人なり〉と呼号するものなきか。かかる人あらば、我は走り行きて其靴のひもを解くべし。
　　吾は、意気地なき吾等の祖先を悲しみ、意気地なき吾等の先輩を呪ひ、意気地なき吾身自身を恥づる也。

　引用した文中にある「リギ人」というのは、「琉球人」の蔑称のことである。そして、「明治 43 年 9 月 7 日」に書き記されたこの日記には、1910 年の日本による韓国併合の記憶が刻印されている。「琉球は長男、台湾は次男、朝鮮は

13　ここでとりあげる摩文仁朝信の「秋日雑詠（1）」と「会話」の比較は、仲程昌徳の『沖縄近代詩史研究』（新泉社、1986 年）の「第二章 明治後期」の「八、琉球であることの嘆き——出自・伝統との応接」を参照。他にも仲程昌徳「『秋日雑詠（1）』と『会話』」（『沖縄の原像 内と外との相克』ニライ社、1988 年）や渡英子「日本語の通じる日本人——朝信と貘」（『詩歌の琉球』砂子屋書房、2008 年）で論じられている。
14　比嘉春潮「大洋子の日録」（『比嘉春潮全集』第五巻、沖縄タイムス社、1973 年）、192 頁。摩文仁朝信の歌と比嘉春潮の日記を重ねて見る視点は、仲程昌徳「沖縄近代詩の苦衷」（『島うたの昭和史——沖縄文学の領分』凱風社、1988 年）を参照。

三男」という言葉は、日本による植民地統治の歴史をあらわすとともに、「琉球処分」とそれ以降の沖縄における「同化政策」をモデルとしながら、台湾や朝鮮を植民地化した暴力の痕跡を浮き彫りにする。ここでは、「琉球人」としての「嘆き」が表明される一方で、「他府県にありて己れの琉球人たるを知らるるを恐るるか」という出自にまつわる「恐れ」も書き込まれていた。

また大正期の新聞には、「予は琉球人也。純然たる琉球人也。故に予は悲憤す。抑々琉球人は、何処の民なりや」という言葉で始まる「琉球人の叫び」という文章があり、そこには次のような表現が見られる。

> 「お国はどこです？」「ハイ沖縄」その詞の次には如何なる問や出でん、「ハァ沖縄って、何処ですか……ハハ琉球ですか─」と眉をひそむ。而してその態度まで一変するを見ん。[15]

ここでは「お国はどこです？」と問われて「沖縄」と答えているにもかかわらず、「沖縄って、何処ですか」と問い返されたあとに、「沖縄」というのは「琉球」のことですか、と言われてしまう。[16] この文章を執筆した「兎生」は、あたかも「異邦人」のように取り扱われている「我が琉球五十万の同胞」はいかにして他の「同胞」と接するべきかを論じていた。

摩文仁朝信や「兎生」の表現には、出自を問われて、「琉球」あるいは「沖縄」と答えても、それをきちんと受けとめてもらえないことがくりかえされてきたという苦い記憶が刻みこまれているといえるだろう。

15　兎生「琉球人の叫び」『沖縄毎日新聞』1914年10月8日。
16　島袋全発は、船客に「故郷はどこですか？」と問われた「S子」が「沖縄です」と答えると船客の態度が急に変わり、「沖縄人は鉄拳を振って人をどやすから野蛮だ」と言われたことを書き記している（濤韻「有村行」『沖縄毎日新聞』1909年8月16日。屋嘉比収「島袋全発⑦──人物列伝・沖縄言論の百年227」『沖縄タイムス』1994年11月30日）参照。島袋全発に関しては、比屋根照夫「『新人世代』の悲哀──濤韻島袋全発論覚書」（初出『新沖縄文学』33号、1976年。『近代沖縄の精神史』社会評論社、1996年）、屋嘉比収「島袋全発──人物列伝 沖縄言論の百年、221～271」（『沖縄タイムス』1994年11月24日～1995年2月7日）、同「『琉球民族』への視点──伊波普猷と島袋全発との差異」（『浦添市立図書館紀要』8号、1997年）、同「『日本語』『日本民族』の編成でいかに翻弄されたか──沖縄の郷土史家・島袋全発の軌跡」（古川ちかし他編『台湾・韓国・沖縄で日本語は何をしたのか』三元社、2007年）、同『〈近代沖縄〉の知識人　島袋全発の軌跡』（吉川弘文館、2010年）がくわしい。

ここで注目したいのは、書き手（＝沖縄に出自を持つ者）は問いかけられる側に自らを位置づけ固定化しているということである。それに対して山之口貘は、発話を強いられるような位置そのものを問い返し、それまでの問いに対する答え方とは異なる発話の可能性を表現したのではないだろうか。
　山之口貘は、「会話」を発表した後に「天国ビルの斎藤さん」（『中央公論』1939年1月号）という小説を書く。この作品には、朝鮮人と思われる「斎藤さん」が登場する。「斎藤さん」は、「郷里」を聞かれるたびに「九州」だと答えていたが、それに対して、箱屋は次のように問い詰めていく。

　　ほんとうに斎藤さんは九州ですか、と。斎藤さんが九州ですと答えると、箱屋は九州のどちらですかと言う。福岡県ですと斎藤さんが答えると、箱屋は何郡ですかとくる。○○郡ですと斎藤さんが答えると、箱屋は何村ですかと言う。○○村ですと答えると、箱屋はそこで居なおるやうにして、実は私も○○村のものなんだが、斎藤さんは何字ですか、と来た。
　　それでも言わない斎藤さんなのであるが、結局彼は答えて言った、自分は小さい時分から郷里を離れたので郷里のことはなんにも知らないんだ、と。[17]

　こうした「尋問」のようなやりとりを描くことを通じて「斎藤さん」の「一種の民族意識的なもがき」を表現していた。それに対して、「会話」では、「お国は？」「ずつとむかふ」「ずつとむかふとは？」「南方」「南方とは？」「亜熱帯」「アネッタイ！」「赤道直下のあの近所」というふうに差し向けられる問いをズラしながら答えていく方法をとっている。これは、単に問いをはぐらかしているのではなく、問いを発する相手が期待する答え（それは「琉球」「沖縄」であるかもしれないし、あるいはそれ以外の地名かもしれない）に応じないことによって、出自を問う行為そのものを相対化しているとはいえないだろうか。言いかえると、問答にズレが生じることで応答関係に亀裂が生じ、そこから出自を問うという行為そのものを問い返していくのである。さらに「会話」では、言葉が交わされるあいだの沈黙の瞬間にモノローグを用いることによって、沈黙の

17　山之口貘「天国ビルの斎藤さん」（『山之口貘全集 第二巻 小説』思潮社、1975年）、45頁。

裏に広がる世界を表現していたのである。
　「お国は？」という問いかけに対して、「僕」が身構えながら「あの僕の国か！」という言葉をくりかえすことで浮かび上がってくる問題を次に考えていきたい。

3　琉球／沖縄をめぐる表象と隠蔽

　山之口貘の「会話」は、「僕」と「女」が交わす会話と「僕」のモノローグによって構成されている。ここでは、「僕」のモノローグに注目していきたい。
　「お国は？」と「女」から問われた「僕」は、「ずつとむかふ」「南方」「亜熱帯」と言葉を返す一方で、「刺青と蛇皮線などの聯想を染めて、図案のやうな風俗をしてゐるあの僕の国か！」とか、「日本列島の南端の一寸手前なんだが、頭上に豚をのせる女がゐるとか素足で歩くとかいふやうな、憂鬱な方角を習慣してゐるあの僕の国か！」とか、「濃藍の海に住んでゐるあの常夏の地帯、竜舌蘭と梯梧と阿旦とパパイヤなどの植物達が、白い季節を被つて寄り添ふてゐるんだが、あれは日本人ではないとか日本語は通じるかなど、談し合ひながら、世間の既成概念達が寄留するあの僕の国か！」とか、「この僕のやうに、日本語の通じる日本人が、即ち亜熱帯に生れた僕らなんだと僕はおもふんだが、酋長だの土人だの唐手だの泡盛だの、同義語でも眺めるかのやうに、世間の偏見達が眺めるあの僕の国か！」というふうに内面のつぶやきを表現する。
　この「僕」の胸のうちで語られるモノローグは、「〜だが」というふうに「僕の国」から連想されるイメージをいったん受けとめるのだが、「図案のやうな風俗をしてゐる」「憂鬱な方角を習慣してゐる」「世間の既成概念達が寄留する」「世間の偏見達が眺める」というふうに批評的に対象化したあとで、「あの僕の国か！」という言葉で閉じる形式となっている。
　ここで注目したいのは、「僕」のモノローグが当時の琉球／沖縄をめぐる表象に問いを投げ返している点である。「女」に「お国は？」と問いかけられたあとに「僕」が思い描く「濃藍の海に住んでゐるあの常夏の地帯」や「竜舌蘭と梯梧と阿旦とパパイヤなどの植物達」に彩られた心象風景は、現在にも通じるような「南の島」のイメージを連想させる。新城郁夫は、「会話」という詩は、山之口貘が沖縄から上京した 1922 年に出版された佐藤惣之助の『琉球諸

嶋風物詩集』に描かれた「琉球」表象に対する批評性を潜ませていたと指摘する。[18]たとえば、「会話」は、次のような詩と対話を試みているというふうに読むことはできないだろうか。

　　その黒髪の上(へ)に瓜籠やのせて
　　その黒髪の上(へ)に仔豚やのせて
　　紅藍(べに)の花よまきつけて
　　赤梯梧(あかでぐ)の花よまきつけて
　　白珊瑚の岡歩(もりは)いのぼるよ
　　青蘭の玉水おしわたるよ
　　げに實芭蕉かぢり、荔枝やかぢり
　　那覇よ首里よ石こびれ歩(は)いまわり
　　大和船ながめ、唐船やながめ
　　その萬壽果(パパヤ)の乳房うしかくし
　　その雪のろの歯ぐきうしかくし
　　こがね色よき胸はり肩はり
　　黄塵蹴立てて、日傘蹴立てて
　　身の色(ろ)おもしろや二十(はたち)みやらべ
　　目笑れおもしろや二十みやらべ[19]

引用した佐藤惣之助の「琉球娘仔歌」に描かれた「その黒髪の上(へ)に仔豚やのせて」という表現は「会話」における「頭上に豚をのせる女」という言葉と結びつき、[20]また「紅藍(べに)の花」「赤梯梧(あかでぐ)の花」「萬壽果(パパヤ)」といった言葉も「竜舌蘭と梯梧と阿旦とパパイヤなどの植物達」と重なり合っているといえるだろう。

18　新城郁夫「『沖縄である』ことへの問い」(『沖縄文学という企て——葛藤する言語・身体・記憶』インパクト出版会、2003年) 111頁、同「帝国のステレオタイプ——佐藤惣之助『琉球諸嶋風物詩集』考」(『文学』2006年11・12月号、岩波書店) 参照。
19　佐藤惣之助「琉球娘仔歌」(『琉球諸嶋風物詩集』海風社, 1988年)、50〜51頁。
20　「頭上に豚を乗せる女」の表象に関しては、田山花袋編『日本名勝地誌 第11編 琉球之部』(博文館、1901年) の「琉球人風俗」のなかでそれらしき写真が掲載されている。この点については、新城郁夫氏より教示を受けた。

この『琉球諸嶋風物詩集』について山之口貘は、「あの詩集が出版された当時、（中略）佐藤惣之助でなければできないんだ、といわれたくらい評判のよかった詩集であります」[21]とか、「収録されている詩は、86編で一読してわかるように独特なリズムをもっていて『おもろ』などからの輸入リズムである。いかにかれが琉球の文化風物を愛したかがうかがわれるわけだ」[22]と述べていた。

　しかしながら、たとえ出版当時「評判が良かった」にしても、またいかに「琉球の文化風物を愛し」ていようとも、佐藤惣之助が、女性の身体と「琉球／沖縄」を重ねながら表現している点を見過ごしてはならないだろう。ここで佐藤惣之助のまなざしに「オリエンタリズム」（サイード）を読みとるのは難しくないが、むしろ他者を性的記号に囲い込みながら他者（女性）を欲望する男性主体が立ち上げられる構造に注目する必要がある。

　それは佐藤の詩に批判的なまなざしを向けていたと思われる山之口貘の「会話」のなかにも見出せる。たとえば、冨山一郎は「会話」の「僕」の発話のなかに「ある抜き難い男性的な響き」を聞き取り、「自らの内部に了解不能な領域を抱え込んだ『僕』は、一方で、極めて了解可能な男らしさにおいて自己をつなぎとめているように見える」と述べていた。[23]

　また答えをはぐらかされるばかりで、「お国は？」という言葉以外には、「僕」のつぶやきをそのまま聞き返すほかには「女」の「声」が発話されていないように「女性」の「声」が欠如している側面を見過ごしてはならない。さらに「会話」のなかに出てくる「僕の女よ」という表現や、異郷に生きる男性と女性による会話という構成によって、故郷を離れた「男たちの＝男性中心主義的な」物語に回収される危うさにも気づく必要があるだろう。

　佐藤惣之助の『琉球諸嶋風物詩集』と山之口貘の「会話」に見られる男性主体を保持しようとする問題点を認識したうえで、「会話」を執筆した頃に山之口貘の身に起きていた出来事を考えると、新たな問いが生じてくる。

21　山之口貘「佐藤惣之助と私」（初出『沖縄タイムス』1958年7月2〜3日。『山之口貘全集 第四巻 評論』思潮社、1976年）139頁。
22　山之口貘「琉球の情緒に酔った詩人――佐藤惣之助」（初出『東京新聞』1959年11月19日。『山之口貘　沖縄随筆集』平凡社ライブラリー、2004年）、144頁。
23　冨山一郎『暴力の予感 伊波普猷における危機の問題』（岩波書店、2002年）、165頁。

ぼくはかつて（大正12年）、関西のある工場の見習工募集の門前広告に「但し朝鮮人と琉球人はお断り」とあるのを発見した。その工場にとってそれだけの理由はあるのであったろうが、それにしても気持ちのいいものではなかった。またある人は、かれの文章のなかで、ぼくの詩を讃えるの余り、「かれが琉球人であるからではない」と付加えていたが、その言葉の裏には明らかに琉球人を特種的な眼で見ていることを感じないわけにはいかなかった。それでぼくにとっては、出張から（引用者註：沖縄から）帰って来たその男が、どのような眼で沖縄を見ているかに関心を寄せないではいられなかったが、酋長の家に招待されて、大きな丼で泡盛を飲んだんだだの、土人がどうのこうのという調子なのである。沖縄人のぼくでさえ見も知らぬ遠いどこかの国の話かとおもうようなイメージを唆られるのであった。[24]

図8-2　東海道書店で働いていた貘（右側）

出典：山之口泉・沖縄タイムス社編『アルバム・山之口貘』3頁。

引用した文章では、「ゴンドラ」という喫茶店で山之口貘が当時交際していた女性に求婚した頃のエピソードとして、沖縄への「出張から帰ってきた男」が、「酋長の家に招待されて、大きな丼で泡盛を飲んだんだだの、土人がどうのこうのという調子」で語った沖縄見聞記を紹介しながら、「会話」のモチーフを説明していた。「会話」のなかで、「酋長だの土人だの唐手だの泡盛だの、同義語でも眺めるかのやうに、世間の偏見達が眺めるあの僕の国か！」という表現が出てくるが、「唐手＝空手」や「泡盛」に比べて「酋長だの土人だの」とい

24　山之口貘「私の青年時代」（初出『社会人』1963年4月号。『山之口貘詩文集』講談社文芸文庫、1999年)、256〜257頁。

う言葉は唐突に思えるけれども、引用した「私の青年時代」によって、いちおうの説明がついたかのように見える。

　しかし、ここで注目したいのは、エピソードの前に置かれている断片的な記憶である。「但し朝鮮人と琉球人はお断り」というふうに日常の風景のなかに「琉球人」という言葉が差し挟まれている。また「琉球人であるからではない」という表現にあらわれているように他者性を否認することで逆説的に「琉球人」の痕跡が浮かびあがっていく側面も見られる。そこには、沖縄に／を生きる人たちから「琉球／沖縄」の文化が収奪された記憶が潜勢しているのである。こうした日常に生起する暴力を感じながら、山之口貘は、言葉を紡ぎだしていたのではないだろうか。

　「会話」における「問いかけ」のなかに「恫喝めいた響き」を読み取った冨山一郎は、「僕」が「どこを改善しなければならないか絶えず監視し続ける教導の視線を感じている」と捉え、「刺青」「蛇皮線」「豚」「素足」「日本語」「土人」といった「僕」が内面でつぶやいていたものは、「改善しなければならない自己」であると指摘していた。[25]

　じっさい、近代期の沖縄において、「生活改善／風俗改良」の名の下に、生活習慣や「方言」といった「琉球」にまつわる文化は遅れたものとみなされていた。たとえば、1893年に沖縄を訪れた笹森儀助が『南嶋探検』に「琉球婦人、貴賤ノ別ナク、十五、六才ヨリ必ス両手ニ黥ス（いれずみ）。其起因モ唯往古ヨリノ習慣ニテ、年歴及手黥（しゅげい）ノ起因ハ詳カナラサレトモ、之レヲ結婚前ニ施行スルヲ定規トセリ」と書き記していたが、それから6年後の1899年に「入墨禁止令」が施行されたのである。[26]

　さらに、山之口貘の生まれた1903年に大阪で開催された第5回内国勧業博覧会において、「内地に近き異人種を聚め、其風俗、器具、生活の模様等を実地に示さんとの趣向にて、北海道アイヌ5名、台湾生蕃4名、琉球2名、朝鮮2名、支那3名、印度3名、同キリン人種7名、爪哇3名、バルガリー1名、土耳古1名、阿弗利加1名、都合32名の男女」が「人類学」という権威の意

25　冨山一郎『暴力の予感 伊波普猷における危機の問題』岩波書店、2000年、162〜163頁。
26　笹森儀助『南嶋探検1』東喜望校注、平凡社、1982年、117頁。

匠をまとって「学術人類館」に展示／陳列される「人類館事件」が起きた。[27]それに対する沖縄側からの抗議によって、陳列されていた「琉球の貴婦人」たちは解放されたといわれている。ただし、このときの抗議には、「台湾の生蕃北海のアイヌ等と共に本縣人を撰みたるは是れ我を生蕃アイヌ視したるものなり」[28]という表現も見られた。屋嘉比収が指摘するように、その批判の論理は「差別された者がそれから脱却するために差別意識を内面化し、他の少数民族を差別視する抑圧委譲の構造」であるといえる。[29]また「辻遊郭の娼妓」である「斯の婦人を指して琉球の婦人」として展示したことを批判する際に「劣等の婦人」と表現するようなジェンダーの問題もあらわになっていた。[30]

　そして、学校や軍隊では、「日本語」によって「日本人」になるための教育が徹底されていき、「日本人になる」ことへの強迫観念が沖縄社会に広がりつつあった。そういった「近代」にまつわる「傷痕」が「会話」には書き込まれているのである。

　仲程昌徳をはじめとする多くの論者が指摘するように、「会話」のなかには「琉球」や「沖縄」という言葉は出てこない。その意味では、この詩に「琉球」や「沖縄」を読みとらない読み方もできるはずである。だが「刺青と蛇皮線などの聯想を染めて、図案のやうな風俗」をして、「頭上に豚をのせる女」「濃藍の海」「常夏の地帯」「竜舌蘭と梯梧と阿旦とパパイヤなどの植物達」が寄り添うような風物に彩られた可視化された「琉球」表象もさることながら、不可視化されている、「あれは日本人ではないとか日本語が通じるか」という「世間の

27　『風俗画報』第269号（1903年6月）、吉見俊哉『博覧会の政治学——まなざしの近代』（中公新書、1992年）、新城栄徳「人類館事件」（『沖縄を知る事典』日外アソシエーツ、2000年）、新城郁夫「言語的葛藤としての沖縄——知念正真『人類館』の射程」（『沖縄文学という企て——葛藤する言語・身体・記憶』インパクト出版会、2003年）、松田京子『帝国の視線——博覧会と異文化表象』（吉川弘文館、2003年）、『人類館　封印された扉』（アットワークス、2005年）参照。
28　「人類館を中止せしめよ」『琉球新報』1903年4月11日。なおこの記事を執筆したのは太田朝敷である。太田に関しては、比屋根照夫・伊佐眞一編『太田朝敷選集』（第一書房、1993〜1996年）がある。
29　屋嘉比収「近代沖縄におけるマイノリティー認識の変遷」（『別冊　環　琉球文化圏とは何か』藤原書店、2003年6月）参照。
30　宮城公子は「語られる『沖縄』——外部と内部から」（上村忠男編『沖縄の記憶／日本の歴史』未來社、2002年）で、「人類館」についてジェンダーの視点から分析を行っている。

既成概念」や、「酋長」「土人」「唐手」「泡盛」を混在させる「世間の偏見達」に眺められている「僕の国」をはたして「琉球／沖縄」以外の表象として受けとめることができるだろうか。

また「琉球／沖縄」をめぐる表象は、文学作品に限定されない。たとえば、屋嘉比収が指摘する、1921 年に沖縄を訪れた柳田国男らによって醸成された「古日本の鏡」として「琉球」を欲望する民俗学的な「まなざし」[31]や、『沖縄』（1936年）や『南の島 琉球』（1940 年頃）などの映画が描いた「〈沖縄〉には、南へ向けられた時代の欲望と定型的なイメージが投影され」ていたと仲里効が指摘する「映像」[32]といった「視線の政治」が抗争し合う側面も考える必要があるだろう。

つまり山之口貘は、佐藤惣之助の詩集だけを標的にしたのではなく、近代の「傷」が積み重なった「琉球／沖縄」にまつわるステレオタイプを流用（appropriation）することによって、そのステレオタイプを成り立たせる認識を突き崩しながら「琉球／沖縄」をめぐる表象への抵抗を試みていたのである。

4　南へのまなざし、戦争のざわめき

山之口貘の「会話」のなかで、「お国は？」「ずつとむかふ」「ずつとむかふとは？」「南方」「南方とは？」「亜熱帯」「アネッタイ！」といった問答によって構成される会話が、地理的な方位をともないながら進められていくことに注目したい。「南方」「亜熱帯」「赤道直下のあの近所」という言葉の連なりから見えてくるのは、植民地帝国日本が南方地域へ「進出」していく「南進論」のまなざしである[33]。

31　屋嘉比収「古日本の鏡としての琉球——柳田国男と沖縄研究の枠組み」（『南島文化』第 21 号、沖縄国際大学南島文化研究所、1999 年）参照。
32　仲里効「表象の沖縄、あるいは〈鏡〉と〈窓〉ナショナルヒストリーを越える列島の詩学へ」（『山形国際ドキュメンタリー映画祭 2003 沖縄特集 琉球電影列伝／境界のワンダーランド』APO、2003 年）参照。
33　「会話」と昭和初期の流行歌『酋長の娘』の歌詞を重ねて見る論考として、関広延『沖縄びとの幻想』（三一書房、1990 年）の「Ⅱ 帝国の沖縄政策——『沖縄対話』精神の発現」の「11 赤道直下のあの近所」、松下博文「日本の南進政策と『会話』の世界」（『貘のいる風景——山之口貘賞 20 周年記念』山之口貘記念会・琉球新報社、1997 年）がある。

また「憂鬱な方角を習慣してゐる」[34]という「僕」の内面のつぶやきに表出する「日本列島の南端の一寸手前」という言葉も、植民地帝国日本が、琉球処分（1879年）、台湾領有（1895年）、南洋群島占領（1914年）といった南へ膨張していくまなざしを裏書きしているといえるだろう。

さらに、出自を問うという行為が、さまざまな場で行われていたという歴史的な反復性を考える必要がある。これは、沖縄に限らないことだが海外に移民した人たちは、移民先において、出自を問われることがあった。その際に「日本語」で尋ねられて、うまく答えられないこともあったといわれている。

一見すると山之口貘の「会話」においては、「僕」と「女」の関係性だけが描かれているように見えるが、「日本語」による問いかけがもつ暴力性を表象しているというふうに読むこともできるのである。移民先で「日本語」によって「出自」を問われることは、仕事や生活の場を奪われるなど利害関係をふくんだ問いかけとなることもあったからだ。[35]

そして、1945年の沖縄戦の混乱した状況のなかで、出自を問われるのはどういう意味があったのだろうか。それは、身元を確認するためというよりも、「敵」か「味方」か、と問いつめる「尋問」に等しい。そして、その「尋問」にうまく答えられなかったことから「日本語」ができない者＝「スパイ」と疑われて、日本兵に沖縄住民が虐殺されたという歴史的な事実もあった。「球軍会報」には、「爾今軍人軍属ヲ問ハズ標準語以外ノ使用ヲ禁ズ」「沖縄語ヲ以テ談話シアル者ハ間諜トミナシ処分ス」と書かれていたからである。

山之口貘の「会話」は、1935年に発表された詩なので、直接沖縄戦を題材にしていないが、戦争が起こる10年前に沖縄戦につながる暴力の回路が書き込まれていたというふうに考えることもできるだろう。

これまでの沖縄研究が明らかにしてきたように、沖縄戦には「近代」の問

34　岡本恵徳は「これは信仰と結びつきあるいは禁制と結びついて一般化した生活の様式」であると述べている（岡本恵徳「水平軸の発想――沖縄の『共同体意識』」『現代沖縄の文学と思想』沖縄タイムス社、1981年、224頁）。
35　1940年に起きた「方言論争」においても、「標準語」ができないことで移民先や軍隊で「差別」を受けたという言説があらわれていた。

題が集約していたといえる。[36] その沖縄戦の起きる前に書かれた「会話」という詩には、「近代」によって引き起こされた暴力性が表現されていたのである。[37]

5　口ごもりという抵抗

　山之口貘の「会話」を読んでいく時に、積み重なった「口ごもり」の痕跡も見逃してはならないだろう。「会話」のなかで、「僕」は一度も「琉球」や「沖縄」という言葉を発していない。そのことから、この詩に言及する多くの者が「僕」の「口ごもり」と沖縄にかかわりのある人たちの言葉にならない思いを結びつけて論じることがあった。[38]

　1972年に沖縄が日本に「復帰」する目前に岡本恵徳は、「水平軸の発想」（1970年）という論考のなかで「『会話』という詩は、沖縄の人間の意識、とくに『本土』との関係でそれを言う場合に、誰しも取りあげざるをえないという詩」であると述べていた。そして、岡本は、「会話」のなかに「沖縄人の心理のヒダに巣喰っている複雑な意識――劣等感と自嘲のからみ合った――」（大田昌秀『沖縄の民衆意識』）[39] や「差別の現実とそれにたいする沖縄青年の鬱屈した抵抗感」（比嘉春潮・霜多正次・新里恵二『沖縄』）[40] を読み取った論者たちの言葉を引用しながら、それらとは異なるかたちで自らの内なる「沖縄」を語る困難さに結びつけていく。

　たとえば、沖縄のことについて問われ、「それに正確に答えようとすればするほど語りつくせない奇妙ないらだち」を感じたことについて次のように書き記していた。

36　大城将保「近代の帰結・沖縄戦」（豊見山和行・高良倉吉編『琉球・沖縄と海上の道』吉川弘文館、2005年）、屋嘉比収「沖縄戦における兵士と住民――防衛隊、少年護郷隊、住民虐殺」（『岩波講座 アジア太平洋戦争5 戦場の諸相』岩波書店、2006年）参照。
37　山之口貘の戦中期の動向を論じた論考としては、伊佐眞一「詩人は戦中をどう生きたか――山之口貘の軌跡」（『琉球新報』2003年12月10日～12日）の問題提起と、それに対する、松下博文「検証 戦時体制下の山之口貘 戦争と創作のはざまで」（『琉球新報』2003年12月23日～24日）がある。
38　高良勉は、「会話」を読むと「1968年頃の静岡の大学生活での苦い記憶がよみがえってきます」と述べていた（高良勉「世間の偏見達」『僕は文明をかなしんだ 沖縄詩人山之口貘の世界』彌生書房、1997年、93頁）。
39　大田昌秀『沖縄の民衆意識』弘文堂新社、1967年、329頁。
40　比嘉春潮・霜多正次・新里恵二『沖縄』岩波書店、1963年、24頁。

まともに答えようと努力すればするほど沖縄の実体は失われ、むなしさだけが残る。そして語られた言葉はねじまがってかたちばかりの、かたちばかりだから歪められてしまうところの、そういうものとして沖縄はあった[41]。

　問いに答えようとしてもそれを言い当てる言葉が見つからず、仮にそれに近い言葉を発しても、沖縄をめぐる言説／物語に絡めとられてしまう。そういった目に見えないものに抑圧されながらも、逡巡する言葉の軌跡によって問いそのものを切り崩そうとしていたというふうにとらえることができるだろう。
　これまで1935年に発表された山之口貘の「会話」を読むことの可能性を述べてきたが、1970年に「沖縄」を語る困難さと結びつけた岡本恵徳の視点は、現在にも通じるものである。
　「青い空」と「青い海」に彩られた「癒しの島」として欲望される沖縄。沖縄戦の「集団自決」の島として歴史認識の問われる沖縄。米軍基地建設をめぐり高江や辺野古といった「現場」に集う人々の思いを捨象して一方的に「賛成派」と「反対派」というふうに囲い込みながら対立構図を強いられる沖縄。
　またマスメディアに限らず小説や映画でも、沖縄出身者による「ネイティブ・チェック」を経たリサーチが徹底されて、「沖縄」を語る語り口は洗練されているように見える。こうした「沖縄の現実」をなぞっているかのようなイメージ戦略によって、どこにもない「沖縄」という物語が氾濫するなかで、「沖縄」と発話せずに、求められる沖縄像を問い返していく山之口貘の「会話」は、現在の状況を考える視点を与えてくれる。
　たとえば、会話に見られる「口ごもり」は、発話と沈黙の間に生じる心身の強ばりとしてとらえることができるだろう。そうした身体感覚を思考することを通じて歴史的な記憶を伴った他者の痕跡を発見することができるのである。学校で「方言札」を前にしたときの戸惑い、戦場で「スパイ」として虐殺されるおびえ、米軍基地から派生する暴力にさらされる緊張感といった出来事の記憶と結びついていく。
　さらに「沖縄」と発話したとたんに「沖縄」にまつわる物語に絡めとられて

41　岡本恵徳「水平軸の発想——沖縄の共同体意識について」（谷川健一編『叢書わが沖縄　第六巻　沖縄の思想』木耳社、1970年）、161～162頁。

しまうのは出身・性別・世代を問わず、沖縄にかかわるすべてのひとに起こりうることである。こうしたなかで、どのように沖縄を思考し、沖縄にかかわる言葉を想像／創造していくのかが問われている。それに対して、目の前に突きつけられるイメージを「流用」していく山之口貘の方法は、「沖縄」をめぐる語りを問い返し、現在の沖縄の状況を切り抜ける思考を模索する手がかりを与えてくれるだろう。

　自らに向けられたまなざしをとらえ返しながら、言葉にならないつぶやきをすくいとることによって、すれ違い続ける「沖縄」をめぐる対話の可能性を切り開くことができるのではないだろうか。そのような抵抗の想像／創造力を紡ぎなおす実践として、山之口貘の「会話」を読むことができるのである。

（我部　聖）

コラム 「反復帰」論

「反復帰」の登場

　沖縄の日本復帰が現実味を帯び始めた頃「反復帰」論といわれる議論が登場した。新川明、川満信一、岡本恵徳らがその論者として知られている。彼らは単に日本への復帰に反対というだけではなく、沖縄の独自性を基盤としながら、反国家・反権力を志向した。そもそも「反復帰」論という言葉が提示されたのは1970年の『新沖縄文学』18号「特集「反復帰」論」および19号「特集　続・反復帰論」である。

「反復帰」の根拠

　当時の沖縄独立論は経済的利得もしくは琉球王国の輝かしい歴史をその論拠としていた。それに対して、「反復帰」論者は沖縄人が持つとされる差意識、もしくは村落共同体を沖縄の個性として捉えていた。そして沖縄にとっての日本復帰とは、彼らによれば国家に飲み込まれることに他ならず、それは没個性でしかなかった。

　「反復帰」論者は国家の暴力性に焦点をあてている点で他の主張と一線を画す。しかし国家を否定するあまり、沖縄国の建設も否定せざるを得なかった。彼らの思想を端的に言い表せば、ネイションに根ざしてステイトを否定した、と言える。

　また、彼らの論考からは大江健三郎や谷川健一、吉本隆明といった日本側知識人からの影響が読み取れ、その中でもとくに島尾敏雄によるヤポネシア論から大いに刺激を受けている。島尾は単一民族的な日本ではなく、多様性を持った日本の想像を図った。そこでヤポネシア論は琉球弧の独特な歴史、文化を卑下すべきものではないと説き、そこに日本を相対化する可能性を見出し、積極的な意味を与えた。沖縄におけるコンプレックスを振り払う役割を果たしたヤポネシア論を理論的支柱の1つとして、「反復帰」論は展開されていくのである。

「反復帰」論者による代表的著作

「反復帰」と日本

　沖縄の日本復帰が現実の政治過程に乗るのは佐藤内閣が発足した1964年からである。65年には来沖し「沖縄の祖国復帰が実現しないかぎり、わが国にとっての『戦後』は終わっていない」と発言している。しかし、67年の佐藤・ジョンソン会談では米軍基地の重要性が確認され、69年には佐藤・ニクソン日米共同宣言にて、「核抜き、本土並み、72年返還」が発表された。その共同宣言が意味したのは、米軍基地はそのまま残る、ということである。「反復帰」論者にとって、日本復帰とは、日米の権力者によって引かれた不条理なレールであるとし、復帰運動は「日本国憲法の下に入れば人権は守られ平和になる」という虚妄から成り立っている、と考えた。

　しかし、当然ながら、「反復帰」論が生まれた要因としてはそれだけでは不十分である。そこには論者各々の日本体験が大きく作用している。例えば新川は、1957年に鹿児島支局へ転勤となる。このころの新川にとって日本は「祖国」であり、沖縄が目指すべき絶対的目標として認識していた。ところが、実際には街頭テレビから君が代が流れたとたんに直立不動になる群集という異様な風景にショックを受ける。ここでも日本に対する失望が始まる。つまり、社会的動向のみならず、個人的経験も日本への失望の大きな要因であった。

「反復帰」を超えて

　「反復帰」論は長い間、独立論と混同されるなど正当な評価を受けてこなかった。また、沖縄現代史研究は復帰への道程と要因を検討することに労力が割かれ、復帰論以外の議論まではなかなか考慮されてこなかった。しかし、国民国家論、ポストコロニアル理論の敷衍にともない、1990年代後半から再評価されてきた。「反復帰」論とは、沖縄にとって国家とは何かを問い続けてきた思想であり現在でもその問いは意味を持ち続けている。そして、この思想的営為の継承と超克が今、求められている。

　なぜ沖縄は日本へ「復帰」したのか。あるべき沖縄とはどのようなものか。

　これらの問いへ真正面から取り組んだ「反復帰」論は今日でも多くの議論で参照され、いまだ影響力を持ち続けている。良質な議論を積み重ねてきた「反復帰」論への全体的な理解がより深まることによって、その可能性と限界が見えるのであれば、沖縄をめぐる思想的営為の基礎は広く、強固なものになるであろう。

（小松　寛）

9
沖縄の「身体」を書く
—— 戦後の沖縄の小説を考える ——

はじめに

　1980年代以降の日本では、高度資本化や都市化による人間疎外、環境汚染、生活のストレスなどの問題が深刻化しつつある。そのなかで、現代人の痛みや悩みを優しく癒してくれる「沖縄」、というイメージが浮かび上がり、移住者を吸引するようになる。観光ポスターのようなエメラルドグリーンの海や鬱蒼とした緑。それを背景に健気で人情に厚い人々の姿。オキナワ・カルチャーが観光客やマスコミを媒介に全国的に流通し消費されるなか、沖縄は、「日本の原風景」「癒しの島」に祭り上げられてしまう。

　しかし、そのようなイメージが隠蔽するのは、全国の0.6パーセントの面積を占めるにすぎない沖縄が、日本における米軍基地の75パーセントを抱え込まされている、という現実なのだ。また、1945年の沖縄戦も、1879年の「琉球処分」で日本帝国に組みこまれ、同化運動や皇民化運動に強いられた近代史も、隠蔽されることになる。沖縄では、苦難に満ちた歴史の体験から、「反戦平和」の思想が生まれたが、米軍政府による統治の下で、人権が踏みにじられた。念願の日本復帰が実現した後でも、自衛隊の配置、戦争記憶の風化などの問題が起こり、基地依存経済や本土資本の進出による地元産業の不振とあいまって、今でも米軍基地と共存することを余儀なくされている。

　絡み合ったかたちで沖縄に大きな影を落としているさまざまな問題は、沖縄の土壌に育まれた沖縄文学にも反映されている。とくに戦後の沖縄の小説が、その背景となった歴史や政治的な状況に取り組んできた。その道程は、すでに

多くの文学史によって探究されてきたが、ここでは、芥川賞を受賞した、あるいは候補作になった５つの沖縄の戦後小説を取り上げ、そのなかに描かれる「身体」の表象を考察する。戦後の沖縄の小説では、「身体」をめぐるイメージが、きわめて目立つ存在であるからだ。沖縄の作家たちは、さまざまな「身体」を通して、いかに沖縄の歴史、社会や政治に批判的に介入してきたのか、そして、その実践にどのような可能性と限界をもっているのかを、考えていきたい。

1　暴行された女性たち──大城立裕『カクテル・パーティー』

　復帰前の沖縄では、文学作品を発表するメディアが少なかった。初期には、主に沖縄タイムスの『月刊タイムス』（1949）、うるま新報社の『うるま春秋』（1949）などの雑誌の掲載や懸賞募集、新聞の連載に頼って小説が発表されたが、通俗小説の域を超えていなかった。1953年に創刊された『琉大文学』の同人たちは、そのような戦後の文学状況への批判から出発し、沖縄の政治や現実に取り組みながら主体性を回復していくなど、創作の姿勢や方法論を模索してきた。1966年に沖縄タイムスによって『新沖縄文学』が創刊され、復帰前までの小説活動の主な拠点となった。全体的にいえば、沖縄戦の廃墟から出発した沖縄の戦後小説は、長期にわたる米軍占領がもたらした、言論の抑圧、日本本土との断絶など閉塞的な環境のなかで、困難な道を歩んできた。

　そのような状況の中で、1967年に大城立裕が「カクテル・パーティー」で沖縄初の芥川賞を受賞したことは、沖縄の文化界を大きく鼓舞するものとなった。「カクテル・パーティー」は、米軍占領下で理不尽な被害を受ける沖縄の

---

[1]　本章は主に、岡本恵徳、目取真俊、与那覇恵子「沖縄の小説・演劇史」、岩波講座日本文学史15『琉球の文学、沖縄の文学』（岩波書店、1996年）、とくに「米民政府時代の文学」、「復帰後」の２節を参考した。
[2]　日本の代表的な文学賞を受賞した（あるいは候補作になった）ことによって、この５つの小説は、日本の読者や評論家に向けて発信できるようになると同時に、沖縄の表象のポリティクスが浮かび上がる場にもなる。
[3]　1925年沖縄県中城村生まれ。官費留学生として敗戦を上海で迎え、戦後、アメリカ軍政府通訳、復帰前後の沖縄史料編集所長、沖縄県立博物館館長など文化官僚のポストを遍歴する傍らで、旺盛な執筆活動を続けてきた。2002年に勉誠出版によって『大城立裕全集』が刊行された。

厳しい現実を描いてみせる。小説は前章と後章に分かれる。前章では、沖縄人の「私」が、米軍基地内のカクテル・パーティーに招かれ、中国語研究グループの仲間たちである、アメリカ人のミラー、N県出身で新聞記者の小川氏や、中国人弁護士の孫氏と、沖縄の歴史や文化について雑談や議論をする。後章では、同じころに「私」の娘がM岬で米兵ロバート・ハリスに暴行されたことが判明する。娘はその後、ハリスを崖下に突き落とし、大けがを負わせたので、逮捕されてしまう。

　アメリカ人、日本人、沖縄人、中国人などが、人種や国籍の差異を超えて、交流、歓談するカクテル・パーティー。同じ時間帯にM岬で起こった娘の暴行事件。同時性を持つ２つの出来事は、「国際親善」「米琉親善」のスローガンを掲げながら、米軍の占領によって住民の生命や財産が侵害される、という沖縄の厳しい現実を暴くのだ。それは、戦後の沖縄の文学が一貫して追求してきたテーマであるが、「カクテル・パーティー」の場合は、沖縄戦や日中戦争など、第二次世界大戦の記憶や責任問題を小説に取りいれ、アメリカの沖縄占領を相対化することに、その独自性を示す。

　パーティーの途中、アメリカ人客の３歳の子どもが行方不明になった。後になって分かったが、休暇をもらったメイドが、ことわらずにその子どもを自分の家に連れて帰った。それを知らないまま、みんなは手分けして外へ探しにいく。その時、孫氏は「私」に、日本軍に占領された中国の町で、同じように行方不明になった自分の子どもを捜し歩いた記憶を話す。異なる時間、空間や状況で起こった子どもの行方不明事件を糸に、アメリカ軍の沖縄占領と日本軍の中国占領という２つの歴史が、つなぎ合わせられるのだ。２つの軍事占領はさらに、女性への暴行事件でダブる。後章では、「私」がハリスを証人として娘の裁判に出廷させるため、ミラーや、小川氏、孫氏に協力を求める。その過程で、孫氏が子どもを捜しに行ったころ、その妻は日本軍に暴行されたことが判明する。同じ時期に、「私」が南京で部隊を訓練していて、小川氏がモンゴルへ修学旅行に出かけていた。カクテル・パーティーに集まる４人それぞれの戦争体験が、２つの女性暴行事件によって、輻輳することになる。

　かくして、「カクテル・パーティー」は、さまざまな語りや思い出を通して、沖縄戦から現在の米軍軍事占領まで、一連の軍事体験をめぐる加害―被害関係

の重層性を呈示する。その中で、女性への暴行事件が、戦争や占領など軍事行動の残酷さを示す代表的な例になる。「カクテル・パーティー」では、実は諜報部員であるミラーからそっけなく協力を拒絶された時の「私」は、美貌で豊麗な体格をもつその妻を見て、1955年3月16日に施行された「琉球列島米国民政府布令第四十四号」の一節を思い出す。「合衆国軍隊要員である婦女を強姦し又は強姦する意思をもってこれに暴行を加える者は、死刑又は民政府裁判所の命ずる他の刑に処する」と。それに対して、犯罪、暴行した米兵を訴えた琉球政府の裁判では、証人喚問すらできず、無罪となる事例が圧倒的に多い。1995年の米軍による少女暴行事件が、10万人を超える県民の反米デモ集会を起こしたことがその一例であるように、女性への犯罪、暴行やそれをめぐる法律的な不平等には、米軍占領下の沖縄における人権侵害が凝縮されている。いわば、「カクテル・パーティー」では、米兵に暴行された「私」の娘や、日本軍に暴行された孫氏の妻は、戦争や占領など異民族の軍事活動によって侵犯された沖縄や中国の象徴として、登場するのだ。敵の女性を暴行し自民族の種を繁殖することは、軍事行動による土地の拡大と軌を一にするので、暴行された女性が、そのまま占領された国家／土地の比喩として使われることが多いのだ。

　だが、「カクテル・パーティー」をそのように読み解くことは、2つの危険性をはらんでいる。まず、侵害される女性の身体が、男性によって語られる対象でしかなくなる。「カクテル・パーティー」では、ほとんどすべての語りが、四人の男性によって行われる。孫氏の妻が暴行された過去は、孫氏の語りや思い出を通して間接的に呈示される。現在における「私」の娘の場合でも、最初から最後まで発した言葉はただ一箇所——「私」がハリスを控訴することを聞いて、「やめて！　やめて、そんなこと！」と叫んだところだ。小説の最後で、「私」に見守られるなか、M岬で「海風に髪をなびかせながら、ワンピース姿の娘は、手つきで架空の相手をかたちづくりながら、周到な訊問にこたえていった」。娘が「架空の相手」とたたかっている姿が見えるが、その声が聞こえてこない。侵害された「身体」を夫や父によって語られる女性たち。そのような構図のなかで、女性が受動的な対象としてしか存在しえず、主体性が獲得できないのだ。

　また、踏みにじられた女性の身体が、軍事活動で侵犯され、占領された国家

の土地に転化されることは、国家＝国土＝自国の女性を保護する男性の軍事行動の論理を、正当化することになりかねない。「カクテル・パーティー」の後章は、第一人称で語られた前章と違って、全知全能の語り手が第二人称の「お前」で主人公に話しかける形で進められる。そして、結末に近いところでは、以下のような語りがある。

> ただ、お前はまだ気づいてはいなかったが、娘はなんのためにお前の二十年前の罪をあがなって苦しまなければならないのか。（中略）いま娘が実験をやりなおしやりなおし、たしかめているものが何であるのか。それが、娘の苦しみやお前の昔の罪やいまの怒りと、どのような形でかかわりあうのか。娘のひとつひとつの動作のなかから、それを探っていかなければならないのだ……（125頁）[4]

この語りによって、女性の受苦をもって男性の罪をあがなうことの倫理性が問われる。だが、結局この小説は、主人公が、娘が裁判に「健康いっぱいにたたかってくれと祈る」ところで、終わりを告げる。作者として女性の身体を国家や土地の象徴に転化することの倫理性を問いかけているものの、それが解決されないまま文学作品を完結させるのだ。

2 性のイニシエーション──東峰夫『オキナワの少年』[5]

　1972年沖縄が日本に復帰する直前に、芥川賞を受賞した東峰夫の「オキナワの少年」も、米軍占領下の沖縄における女性に焦点をあてる。この作品は、ベトナム戦争によって激化した米軍犯罪、1970年12月のコザ暴動、「復帰運動」の盛り上がり、「祖国」への幻滅感など、こみいった政治状況を背景とする。小説は、基地の町に住む沖縄人少年の目を通して、米軍相手の売春屋を経営している両親や、チーコ姉など家に下宿する売春婦を描いている。少年からみれ

4　この論考で取り上げられるテキスト（崎山多美の「シマ籠る」を除く）は、入手しやすい以下の文学選集のものを使用した。岡本恵徳、高橋敏夫編『沖縄文学選　日本文学のエッジからの問い』（勉誠出版、2005年）。ページ数はそれに準ずる。
5　フィリピン・ダバオ市生まれ、沖縄県コザ市（現・沖縄市）出身。沖縄県立コザ高校中退。米空軍基地勤務等を経て、1964年に集団就職で上京、数々の職に就く。「オキナワの少年」で文学界新人賞（1971）、芥川賞（1972）を受賞した。

ば、両親が生計を立てる売春業は、「人身売買」にほかならないが、そのような環境に育った彼は、早く性に目覚める。

　少年がいつもの「山学校」で、町を眺望するシーンがある。少年が昔に住んでいた美里村と、漁師集落がある浜との間に、米軍の滑走路が横にのびている。戦時中に米軍が日本本土進撃に備えて造ったものだが、日本の降伏で使われないまま放置されてきた。畑が滑走路の下敷きになっていた少年の祖父は、米軍の軍作業に出ることで戦後の生活を始めた。少年の目の前に広がる町の風景の配置は、米軍基地で土地が奪われ、軍作業や米軍相手の水商売に頼って生活していくしかない、沖縄人の状況を可視化するものでもあるのだ。小説では、そのような街の風景を眺めながら、少年は自慰を始める。

　　こどもがするみたいに、それをいじくっているうちに、不思議な、夢に見たことのある快感がよせてきたんだ。見ると青芽の匂いがする液が草にかかっていた。ぼくには、その時にすべてがわかったんだよ。そうなんだ、それは単なる摩擦にすぎなかったんだ。凸(とつ)には凹(ぼこ)がなければ快感が得られないということではなかったんだ。それなのに……兵隊たちは……なんという……もう……。

　また、丘の下にあるごぼう畑の葉っぱの間に、白いコンドームがひっかかっている。街に肥をまいた時、肥だめのなかに捨てられていたコンドームも一緒にまかれたのだ。「そのひとつひとつには、まだ性欲がまといついているような感じがして、ぼくの空想をかきたてた」。基地の街に暮らす少年は、隣の部屋や自分のベッドで繰りひろげられた基地売春によって、性のイニシエーションを受けたのだ。少年の性をめぐる経験は、売春婦チーコ姉の昔の経験に呼応している。チーコ姉は14歳のとき、メイドをしていたハウスのアメリカ人雇い主に「習わせられた」。その後、次の雇い主の12歳になる息子が、シャワーを浴びる所へのぞきにきたりするので、「かたきとるつもりで」その子に「習わせてやった」という。基地に依存する生活のなかで、いびつな形で早く目覚めた沖縄の若者のセクシュアリティが、また基地の水商売に導かれていく、という悪循環になっているのだ。

　丘に立つ少年は、性的な快感が「単なる摩擦にすぎなかった」とわかるようになり、売春システムを作り出し、それを正当化する大人の虚偽性をつく。そして、そのようないやな世界から逃げるために、少年は「山学校」で一日中過

ごしたり、海の向こう側にある生まれ育った場所のサイパンを思ったり、浜にひきあげられたサバニ舟で寝たり、シオマネキなど海浜の生物を追いかけたりする。最後に、少年がロビンソン・クルーソーと同じように、無人島に脱出することを決めて、いろいろ下準備をする。ついにある台風の日、脱出の機会がやってくる、というところで小説は幕を閉じる。

「オキナワの少年」で女性の身体が搾取される背景は、戦争や占領による暴行事件ではなく、基地売春である。だが、米軍基地に依存せざるをえない沖縄の政治や経済の事情を考えに入れれば、それも同じように「侵犯される沖縄」を具象化するものであろう。小説では、売春婦たちの生活や対話が、少年を通して間接的に呈示されているが、よく指摘されたように、「『少年』の無垢なまなざしは、しかしそのような現実のやりきれなさの奥にまでは届くことができない」[6]。その上、「人身売買」に等しい売春婦の物語や語りは、地元の人が米軍による性の搾取に加担する現実を暴く一方、少年の「男性性」を構築するものに回収される危険性もあるのだ。

かくして、大城立裕の「カクテル・パーティー」や東峰夫の「オキナワの少年」は、米軍の占領によって踏みにじられた女性の「身体」を通して、米軍占領下の沖縄の厳しい現実に力強く抗議する。だが、夫や父など男性の視点や立場によって表象された女性の搾取された「身体」は、沖縄の家父長制の共犯関係を隠蔽することになるかどうか、女性がそれによって主体性を回復できるかどうかは、検証されるべき問題なのだ。

3 飲み食いする「身体」——又吉栄喜[7]『豚の報い』

復帰後の沖縄で文学活動を活性化したのは、地元の二大新聞社が設置した文学賞——琉球新報社の「琉球新報短編小説賞」(1973年～)と、沖縄タイムス社の雑誌『新沖縄文学』の「新沖縄文学賞」(1975年～)、また、九州文化協

---

6 岡本恵徳、目取真俊、与那覇恵子「沖縄の小説・演劇史」、前掲書、202頁。
7 1947年沖縄県浦添市出身。琉球大学を卒業し、1973年に浦添市役所に入所、公務員の仕事をしながら執筆活動を続ける。「豚の報い」のほか、「ジョージが射殺した猪」、「ギンネム屋敷」、「巡査の首」などがある。

会や九州各県の教育委員会によって設置された「九州沖縄文学賞」(1976年に「九州芸術祭文学賞」と改称)である。日本に施政権が返還されても、日米安保条約で米軍基地が沖縄に居座りつづける。そのような状況の中で、復帰後の沖縄小説では、米兵の暴力やそれに虐げられる女性たちが依然として探究されるテーマであるが、加害—被害関係という二項対立的な構図に収まりきらない人種、民族、階級の問題として、さまざまなかたちや角度で、取りあげられるようになった。一方、日本復帰によって、政治、経済、文化など全般にわたって進められた「本土化」「序列化」が、土着の共同体や文化に大きな衝撃をもたらした。とくに1980年代、90年代に入ってから、戦争体験者の減少や日本のナショナリズムの勃興による、戦争記憶の風化や戦争責任の問題が注目を浴び、沖縄における戦「後」の意味が改めて問われるようになった。

　そのような動きの中で、1996年に、沖縄の独特な民俗の世界をユーモラス的に描く又吉栄喜の「豚の報い」が芥川賞を受賞した。沖縄のスナックに勤める三人の女性と、常連客の大学生の正吉が、豚がスナックに乱入した厄落としに、離島の真謝島へ御嶽(うたき)参りの旅をする話である。夫を自殺に追い込んだママさんのミヨ、夫に浮気の現場を見せつけられ離婚した暢子、子どもが流れたために歯科衛生士に捨てられた和歌子。さまざまな暗い過去をひきずってスナックに流れてきた女性たちが、島で唯一の民宿で酔って騒いだ挙げ句、宿のおかみが窓から落ちた。正吉は、おかみを背負って診療所へ連れていく。翌日、葬式から戻った宿の主人が御礼に豚を持ってくる。女たちは、ありったけの肉を料理し、盛大な晩餐会をする。小説では、食欲がない正吉の目の前に以下のような光景が繰りひろげられる。

　　ソーキの骨や足の骨(ティビチ)が皿にしだいに高く積まれ、皿からずりおち、テーブルにころがったりした。女たちは冷えた、青白い脂が気味悪く浮いている汁も流し込むように飲んだ。暢子はグラスの泡盛に指をつっこみ、氷をかきまぜたりした。ミヨは吸いこむように肉を口に入れ、口をもぐもぐさせ、巧みに白っぽい骨を出した。(328頁)

沖縄では、豚は、鳴き声以外何でも食べれるといわれるほど、肉から、あばら骨、内臓、足、耳など全て料理できる、代表的な食べ物である。山盛りの豚料理を前に、女たちは、エチケットが一切欠如した、食欲の塊として登場する。

その食べ物をむさぼる姿は、どこか性的な場面を連想させるところがある。そもそも、食欲と性欲は両方とも、生存本能に駆られて、個人の欲望を満たそうとする行為なのだ。今までの人生で満たされなかった欲望を満足させようとするかのように、女たちは豚料理や泡盛をどんどん自分の体内へ入れこむ。だが、その晩、女たちは豚の肝に当たってさんざん苦しむ。吐いたり、下痢したりする女たちの身体は今度、拒絶反応を示し、入れた食べ物を全部排出するのだ。それは苦しいことに違いないが、身体が自らを守るシステムの稼動になると同時に、ある種のカタルシスにもなるのだ。ある意味では、それは民宿で秘密をうちあけたり、泣き喚いたりする女たちが、御嶽へ行く前の通過儀礼でもあるのだ。

この小説のなかで、「豚」は多重の意味をもっている。豚がスナックに突入したことが、御嶽参りのきっかけである。民宿の主人が葬式から持ち帰った豚が、女たちの受け入れる／欲望する身体を現前させる。それと同時に、女性たちの排出する／拒絶する身体をも登場させる。女性の身体性を象徴する豚はまた、正吉に亡くなった母を思い出させる。けがした民宿のおかみを背負って、診療所へ向かう時のシーンである。

> 背中のおかみはやけに重たく、食肉工場でのアルバイトの時、何度か担いだ死んだ豚の重さにちょうど似ている、と正吉が思う。だが、あの豚たちは血や脂や臓器の臭いがしたが、このおかみはおしろいの匂いがする。三人の女たちの外国産の香ばしい匂いとはちがって、鼻についた。しかし、正吉は妙になつかしい気がした。ずっと昔、パラソルをさしていた母の匂いに似ていた。(323頁)

おかみの重さ、食肉工場の死んだ豚、おしろいのにおい。お互いに無関係のものが連鎖的に次のイメージを呼び起こして、正吉に母を思い出させる。豚小屋で生まれた正吉の母は、夫が海の事故で亡くなった後、子どもを連れて親のいる沖縄本島へ渡り、豚を飼うことで生計を立てていたが、毎日豚小屋で仕事をするうちに、しだいにおかしくなった。1つ上の世代に属していながら、正吉の母も、いい男や結婚に恵まれていなかったスナック勤めの三人の女たちと同じように、自力で生きていくことを余儀なくされた女性なのだ。例の晩餐会の前に、女たちが肉料理の半分を御嶽の神様へ捧げるのにとっておく。豚はまた、「供犠」の意味合いを賦与される。したがって、正吉が「目の奥では豚が

母の顔になったり、母が豚の姿になったり」(327頁)することは、豚小屋で終始した母の人生が、いかに家族のための「供犠」になったかということも、意味しているのだ。

　作者の又吉栄喜は、1978年に「ジョージが射殺した猪」で第8回九州芸術祭文学賞を受賞して以来、沖縄の米軍をめぐる複雑な心理や権力関係を描いてきた。だが、「豚の報い」の場合、米軍の存在は一切払拭される。それは、時代の変動や基地問題の風化などにもかかわるが、男性の不在で、家族の犠牲になったり、「身体を資本に自力で稼ぐ」[8]ことを強いられた女性たちの「身体」は、米軍が登場しなくても、米軍基地で歪んだ沖縄の経済的な構造のしわよせとして浮かび上がることになる。小説の最後では、正吉が12年前に海で死んで、島の風習で風葬された父の骨を拾うかわりに、そこを御嶽につくり、女たちを連れていく。だが、実は、女たちも正吉も既に「豚」によって「救われている」ことになるのだ。

4　戦争記憶を「語る」身体——目取真俊『水滴』[9]

　「豚の報い」が受賞した翌年、引き続いて沖縄出身の作家が芥川賞を受賞した。沖縄戦の記憶を取り扱う、目取真俊の「水滴」(1997)である。沖縄県民三人に一人の死者が出るほどの被害をもたらした沖縄戦の記憶は、米軍占領下の沖縄の「戦後」を形づくってきた。目取真俊は、「身体」の物質的な部分を通して、沖縄戦の記憶を表象しつづけてきた作家の一人である。「水滴」は、戦後五十年、沖縄戦の時、「鉄血勤皇隊」として駆り出された主人公徳正の身体に異変が起こり、忘れようと努めたその加害の戦争記憶が甦る幽霊話である。毎年6月23日、徳正は「沖縄戦戦没者慰霊の日」の前に、学校で自らの戦争体験を語ってきた。だが、その体験談から意図的に排除された部分がある。それは、徳正が、看護班の女子学生から渡された貴重な水を飲み干し、同郷であった重体の

8　岡本恵徳、目取真俊、与那覇恵子「沖縄の小説・演劇史」、前掲書、210頁。
9　1960年沖縄県今帰仁村生まれ。琉球大学法文学部卒業。警備員、塾講師等を経て高校教員。「水滴」のほか、『魂込め』、『虹の鳥』などの小説や、『沖縄 地を読む 時を見る』などの評論集がある。

戦友石嶺を壕のまえに置き去りにした、という出来事だ。

　証言されえない徳正の戦争記憶は、しかし、「水滴」という物語のなかに「現前」する。戦後五十数年も経ったある日、突如として徳正の右足が膨れだす。寸胴に膨れたその足の親指から、水が滴る。夜中になると、その水を飲みに、重傷を負った兵隊たちがやってくる。兵隊たちの行列の中に、戦場で行動をとももした同郷の石嶺を認めた時、徳正が秘匿してきた戦争の記憶は、はじめて小説のなかで語られるようになる。五十年以上の歳月を隔てたその出来事は、何よりも渇きにかかわる身体記憶として、思いだされる。無我夢中に水筒の水を飲み干した徳正は、「水の粒子がガラスの粉末のように痛みを与えながら全身に広がっていく」のを感じる。液体の水は、こなごなに砕いても高い密度を保有する「ガラスの粉末」へと物理的に変貌するまで、渇きの苦痛を癒しながら、同時に渇きの強度を喚起する。その出来事は、強烈な身体感覚として、徳正の記憶に刻まれたのだ。渇きの感覚だけではなく、戦場に投げ出された徳正の五感は、理性の指令を受けるまでもなく、生存本能に駆られるまま動き出す。思考が停止した状態で、感覚器官が総動員される身体。痛み、飢え、渇きに虐げられる身体。石嶺とともに艦砲の至近弾に襲われ、「どうにか動ける」状態になった身体。水をむさぼる身体。徳正の戦争記憶は、身体によって、身体に刻印される出来事にほかならないのだ。

　なぜ、石嶺にかかわる出来事は、執拗にも戦後五十数年の現在に、身体の変形を通じて現前しなければならないのか。それは、戦「後」における身体の再生、及びその受苦に深くかかわるものだ。徳正の膨れた右足の親指から滴る水は、沖縄戦の戦場にある自然壕に残された、石嶺など重体の兵隊たちの渇きを癒す。その水を吸い取ろうとする石嶺の舌先が、水を分泌する傷口に触れたとき、徳正の老いた体は精を放つ。そして、徳正は意識を回復し、その右足は元通りに戻ったが、五十数年前の戦場の渇きを癒したその水には、まだ後日談がある。徳正の従兄弟清裕は、偶然その水に回春作用があることを発見し、それを高価で販売し大金をもうける。だが、まもなく、その「奇跡の水」を使った人はみな「髪の毛が落ち、染みや黴が広がった八十過ぎの老人の顔」に急変する。清裕は町で袋叩きにあう。

　徳正の身体から分泌されたその水は、血や汗や尿などの体液と違って、「淡

い甘味」を帯びている。戦場の死者の苦痛を癒すことによって過去と和解し、新たな出発をむかえる、という「体液の循環による再生」の物語は、虫がよすぎる。目取真俊もある対談で、徳正が「傷をようやく認めただけで」「実際には癒されていないかもしれない」と述べ、「沖縄を癒しの場として認識してしまうと、沖縄の厳しい状況や、別の顔が見えなくなってしま」う危険性を指摘している。戦後の沖縄に施されてきたさまざまな「経済振興策」は、経済的な再生を約束している。しかし、「経済振興策」の贈与は、沖縄が「日米安保」を受け入れることを交換条件としていることを、忘れてはいけないだろう。

沖縄における米軍基地は、騒音、米軍犯罪、安全、土地などの人権問題にかかわると同時に、沖縄戦の体験から生まれた反戦平和思想に、矛盾をきたす存在である。ベトナム戦争が深刻化した時期、アメリカ軍兵士は沖縄の米軍基地からベトナム前線へ派遣された。沖縄は、「ベトナム景気」のおかげで金儲けしたが、同時にベトナムにおけるアメリカの戦闘行為に加担した、「悪魔の島」（沖縄の米軍基地から飛来する爆撃機に苦しんだベトナムの人々が沖縄島をこう呼んだ）となった。アメリカ軍相手の娼婦や愛人として稼いだ女性たちの身体に加えられた暴力をあわせて考えれば、「ベトナム景気」は、（ベトナム人、米軍そして沖縄人の）身体の受苦をひきかえに、沖縄社会を一時的に潤した「奇跡の水」になるのだが、ベトナム戦争が終わると、そのうわべの効果が剥落し、傷跡や後遺症が白日の下にさらされることになるのだ。それは、戦後の日本が経済を復興し、政治、文化的再統合をめざしていく過程の中で、「沖縄」という隅に寄せられた皺や暗部が暴露される時でもある。目取真俊が『沖縄タイムス』で発表した文章は、以下のような話によって始まっている。

　　戦争が終わった後、巨大な冬瓜（とうがん）や南瓜（かぼちゃ）が取れたという話が、沖縄には各所にある。その根元には戦争で死んだ人々が埋まっていて、腐敗した死体を栄養に育った冬瓜や南瓜を生き残った人々は食べ、戦後の食糧難の時代を生き延びたという話。

経済の問題は、基本的に「食べる身体」の問題であるといっていい。沖縄戦で、沖縄の住民たちは、国家の軍事力がその国民を守るどころか、国民の犠牲

10　目取真俊、「『絶望』から始める」、『文学界』1997年4月、177頁。
11　『沖縄タイムス』1997年7月24日朝刊1版。

を強要することを、身をもって経験した。戦後、日本の平和＝日米安保＝基地と共生する沖縄＝振興策を贈与される沖縄＝沖縄の豊かさ、といういかにも互恵的な関係が、その論理の短絡さにもかかわらず、自明な事実として繰り返し再確認されてきた。小説「水滴」の中で、五十数年前の沖縄戦における身体記憶が現前し、「証言」することを要請される理由は、現在の沖縄が「食べる身体」を維持するために、「経済振興策」とともにその交換条件であるところの基地体制を、自分の内部に飲みこみ、再び、戦争の「被害者」から「共犯者」となる危機にさらされていることにほかならないのだ。

5 踊る「身体」と離島──崎山多美[12]『シマ籠る』

　ここまで、芥川賞を受賞し注目を集めた沖縄の四つの小説作品を見てきた。最後に、1990年に芥川賞候補になった崎山多美の「シマ籠る」を取りあげたい。受賞の時期からみれば、又吉栄喜の「豚の報い」の前に入れた方が順番通りだが、この小説は、「女性」と「離島」の視点から「沖縄」を相対化するような作品なので、あえて本論考の最後にすえる。この小説は、女主人公の「私」が8年間勤めた役所の仕事をやめて、別れた彼氏の故郷小浜島を訪ねる話である。彼女は10年前、彼氏に連れられて小浜島で卒論のためのフィールドワークを行い、その2年後に、稲の豊饒を祈るキツガン祭を前に、1ヵ月居候した。翌年に「私」が島に嫁として迎えられる予定だった。だが、傍観者として、祭の踊りや歌を島の人々が稽古するのをみるうちに、「私」は「島のにおいそのものに対する堪えようのない拒絶感」が起こり、その日に彼氏や島を後にする。8年ぶりに島を再訪してみたら、彼氏の父や祖母が亡くなり、母トキしか残っていないことや、そのトキがアル中になっていることがわかる。「私」は、家族から取り残され夜中に泡盛をあおるトキや、それによって急速に衰えたトキの姿を目撃する。

　小説のクライマックスは、「私」が踊り衣装スディナを身に着け、奉納芸能

12　1954年沖縄県西表島生まれ。琉球大学国文科を卒業後、予備校講師。沖縄県在住。89年に『水上往還』で九州芸術祭文学賞を受賞。『水上往還』で芥川賞候補。そのほかに、『ムイアニ由来記』『くりかえしがえし』などがある。

のイニヌゥリ節を踊る場面である。大岳を背に白浜を前にする島の風景、豊かなる稲の稔りを大岳から見下すことや、奉納された稲穂の稔りを年頃の娘に喩えて寿ぐことをあらわす踊りの動作。トキに導かれて「私」はぎこちなく動きをつないでいく。やっとついていけるようになったものの、「私」に筋肉のひきつりが起こり、練習が中止される。その後、長いあいだ蹲っていたトキは、突如として回転を始める。

> 何処かへ彷徨いだすための準備運動のように、僅かに浮いては板間に落ちかかり、トキはその位置を移していく。くるりと転がるたびに、その背のあたりから薄藍色の靄が数条の線を引いて噴き上がった。ひとまとまりの靄が皮膚に触れると、とろりとした半透明の膜に変じて体を包んだ。膜の向こうでぼんやりトキが映る。その方へ、上襦袢の袖をめくって腕を伸ばした。すると、その手先からゆらゆらと伝ってくるものがある。板間に漂う二つの肉体を往き来する密やかなものの動きを私は感じはじめた。(121頁)[13]

踊り衣装スディナを着けて、イニヌゥリ節を踊ることを通して、島の「伝統」がトキから「私」へ伝承されていく。それによって、8年前に嫁に来る約束を破って、彼氏やその島を後にした「私」は、島やトキとのつながりを取り戻す。そして、島やトキとのつながりを、「板間に漂う二つの肉体を往き来する密やかなもの」、つまり、「身体」の共感として感じるのだ。

だが、屈折した経緯で長崎からお嫁に来たトキは、40年間島に住み続けても、島が自分のものになってくれない、という。毎年のように祭の踊りを続けてきたのも、自分がこの島の一員であることを再確認するためにすぎない。それは、「私」に、自分の生まれ育った西表島との関係を、再認識させるきっかけになる。「私」は、14歳まで住んでいた西表島に帰ることを避けてきた。故郷の「昼夜となく唸りつづける海鳴りと陽光ばかりの荒蕪地に嵌り込むのを」恐れるという。その上、死の直前に突然狂気をあらわした祖母の姿が、島の記憶を暗いものにする。島のシツィ祭の2日目に、海の彼方からやってきた神を村に招き入れるという舟漕ぎの儀式が終わり、村人が部落に引き上げかけた時の出来事である。

---

[13] 崎山多美「シマ籠る」『文学界』1990年12月号。

「えーひゃあー、戻りゃならぬ、ならぬどー。神加那志や、めーら、うりたぼーらぬ」

神はいまだ降りなさらぬという突っぴな老婆の叫びに、人々は一瞬足を停め振り向いた。人々にまぎれていた私は、そこで奇矯に胸を反り返らせ目を剥くひとりの老婆を見た。老婆は村人の視線を一斉に集め、すでに舟も引き上げられた海の方へ体を捻り、ヒャヒャヒャッ、ヒャッヒャッ、と、手招きの乱舞をはじめた。骨太の痩せた体が宙に舞い、作動スイッチの入った機械のように手足がくねくねと折れ、足が跳ね上がり砂を蹴散らした。

乱舞する祖母の姿が、イニノゥリ節を踊るトキの姿と、いろんな意味で、対照的な意味をなしている。イニノゥリ節を踊るトキは、踊りを通して島との関係を保つ、一生のよそ者である。それに対して、祖母は、自分の島を離れることを嫌がったり、海の彼方からやってきた神を村に招き入れる儀式を、自らの身体で行ったりして、島と一体化する者なのだ。そのような差異があるものの、トキの人生を垣間見せられた後、再び小浜島から隣の西表島の島影を眺める「私」は、自分と、狂気した祖母の乱舞で暗くなった「島」との関係を、再認識するようになる。「これまで私がO島に渡る決心がつかなかったのは、どこかでO島を自分自身だと信じていたからではないのか」、と。「私」は、自分とすれ違った小浜島やトキの人生を通して、出自の西表島との関係を取り戻すようになるのだ。

おわりにかえて──語られる身体から、語る身体へ

本章は、5つの芥川賞作品を通して、沖縄の戦後の小説における「身体」を考察してきた。暴行された中国や沖縄の女性、性のイニシエーションを体験する少年、豚料理をむさぼるスナック勤めの女性、戦争記憶を語りだす右足、島の祭りで踊る女性。さまざまな「身体」は、個人個人の生理的な存在に留まらず、人種、民族、国家、性、階級など、沖縄における社会的属性を示すものとして、小説の中心に現前する。また、本章を通して明らかにされたように、「沖縄」を表象する身体の描写に、語られる身体から、語る身体へと変化していく、という動きが見られる。「身体」が自ら主体性をもって、公式の歴史、外来の

支配者の論理、土着の家父長制などの共犯関係を暴いて、抑圧された者たちの想念や苦痛を表現するようになるのだ。

　肉体として感じる、欲望する、苦しむ個人の身体は、人種、民族、国家、性、階級などの社会的な、集団的な「身体」へ転化されていく。「身体」を武器に用いるこれらの抗議は、力強いものだ。しかし、そのプロセスの中で、身体が共同体の論理に横領されたり、回収されたりする危険性にさらされる。また、「身体」を媒介とする「沖縄」の復権は、自らを新たな中心として特権化していく作業になる可能性もある。したがって、「身体」を通して「沖縄」を表象する際に、その可能性と限界の両方を、同時に考えなければならない。本章の最後で取り扱った崎山多美の「シマ籠る」がその一例であるように、「沖縄的なもの」は、純粋な本質をもつ不変のものとしてではなく、沖縄に生きる人々とその土地との「関係性」として、見出されるべきだ。その場合、アメリカや日本など外来の衝撃を受けながら、土着的な家父長制から周縁化されたり、逸脱したりする「女性」、そして沖縄本島から差別され、排除されたりする「離島」、またその他のマイナー的な存在は、沖縄がその主体性を主張する際に陥りがちな本質主義を、相対化する視点を提供してくれるのだ。

（朱　恵足）

コラム　戦後史とアメラジアン

さまざまな呼び名

ピュリッツァー賞を受賞したパール・バックは、1960年代、米兵の父親とアジア人の母親の間に生まれた子どもたちを「アメラジアン」と名付けた。「アメラジアン」のほかに、「混血児」「国際児」「ハーフ」などの呼称もあるが、周囲から特別視されるのを嫌い、一切の呼び名を拒絶する当事者は多い。

2006年度の人口動態統計によれば、日本全国に米国籍の父と日本国籍の母に生まれた子どもは1635人となるが、その内、296人（18.1％）は沖縄県内で生まれている。日本全国の75％の米軍基地が集中する沖縄県と違って、東京などの大都市圏は外資系企業や英語教師が多いため、残りの1335人のすべては米軍と何らかの関係をもつ「アメラジアン」とは限らないだろう。

日本国の主権回復と「アメラジアン」

日本全体の人口の1％しか占めない沖縄県で、18.1％の出生が届けられているという異常な状況には、歴史的な背景がある。

GHQの日本占領期において、冷戦体制が本格的に成立しつつあったが、そのときに米国は日本に同盟国としての役割を期待した。日本は米国と協力すれば、植民地支配や戦争の責任を厳しく罰せられずに済み、日米同盟という新たな形で東アジアにおいては支配的な存在となれるという暗黙の了解があった。このようにして、戦後における日米両国

2006年度の人口動態統計

	沖縄県	他都道府県	日本全国
2006年度の人口[1]	1,361,000 (1.1％)	124,793,000 (98.9％)	126,154,000 (100％)
国土面積[2]	0.6％	99.4％	100％
米軍基地の面積割合[2]	75％	25％	100％
2006年度の米国籍男性・日本国籍女性の国際結婚件数[1]	228 (14.5％)	1,246 (84.5％)	1,474 (100％)
2006年度の米国籍父と日本国籍母に生まれた児童の数[1]	296 (18.1％)	1,339 (81.9％)	1,635 (100％)

出典1：厚生労働省大臣官房統計情報部編『人口動態統計　上巻』財団法人厚生統計協会、2006年。
　　2：新崎盛暉『沖縄現代史』岩波書店、1996年、25-30頁。

の共犯関係が成立した。

　しかし、この共犯関係には他にも別の狙いがあった。新生日本を誕生させるために、植民地支配の過去を都合よく処理し、日米同盟のもとで混血児が生まれるのを予防しようとしたのである。

　連合軍兵士の日本上陸後、日本政府は、「民族の純潔」を守ってくれる「肉体の防波堤」を確保しようと、「特殊慰安施設協会＝RAA」という性的慰安所を設けた。ここで、「民族の純潔」を汚す存在として想定されたのは、いうまでもなく混血児に他ならなかった。

　占領開始後、半年が経過した1946年の初め頃に、性病の蔓延に悩まされた進駐軍はRAA並びに公娼制度を廃止したが、兵士による強姦や買春行為は続き、いわゆる「自由恋愛」によって生まれた混血児が増え続けていた。1952年まで、国際結婚が容易に成立できなかったせいもあり、妻子を日本に残したまま帰国した兵士が多く、日米両国にとって深刻な問題となった。

　占領下におけるGHQによる検閲から、日本政府は混血児問題について触れることがほとんどできなかったが、1952年の独立を契機に、堰を切ったかのように、国会、ルポルタージュ、小説のなかで、頻繁に取り上げられた。この時期から、反米勢力は、「国家主権」が侵害されている最大の象徴として、性的搾取を受ける女性の身体と「基地の落とし子」を利用するようになった。「人権」という名目で、こうした女性と子どもたちを政治目的に利用したことが、当事者に不愉快な思いをさせたのは間違いない。

　米国の懸念

　こうした言論に対する米国側の反応は素早かった。1952年5月16日のワシントンポスト紙によれば、「独立した日本では、占領批判の記事が氾濫している。最も人気のあるテーマは、占領兵の父によって生まれた非嫡出子だった」。

　日米同盟の負の遺産を隠そうと、両国は米国に養子を出そうという棄民政策を検討した。ちなみに、同じ時期に韓国が大量の養子を送り出し始め、現在「アメラジアン」は韓国から非常に少なくなってきている。しかし韓国と異なり、日本は在日米軍基地を縮小し、沖縄に集中させることで問題を解決しようとした。

　混血児誕生の防止と沖縄への基地集中化を直接関連づける文章はないが、はっきり言えることは、日本人が主権侵害を訴えたときに、冒される日本人女性の「純潔」とその結果として生まれる「基地の落とし子」が必ず象徴として利用されたという

ことだ。また、この反感を受ける度に、米国は日本が共産主義に転じることを懸念し、在日米軍基地をできるだけ削減する方向で動いた。

主権なき存在としての沖縄人

このように日本の独立後、「アメラジアン」問題はほとんど沖縄の問題となってしまった。主権が侵害されているどころか、最初から主権を全く欠いていた沖縄は、日米両国の国家権力の狭間で「祖国復帰」運動に流れ込んでいく。日本の国籍法は父系血統主義であったため、父親の米国籍を取得できなかった「アメラジアン」は、法的に2つの国家の狭間で無国籍のままであった。沖縄は1972年に日本の施政権に復帰し、また日本の国籍法も1985年に父母両系血統主義に改正された。しかし、沖縄の基地問題と「アメラジアン」問題は根本的に解決されたわけではなく、いまだに日米同盟の「負の遺産」を継承し続けているのである。

(島袋まりあ)

10

「オキナワン・コミックス」の表象文化学
——マンガが描いた戦争・基地・スポーツ——

はじめに——「オキナワン・コミックス」研究の射程

　文学や映画に、「沖縄」を舞台にした作品があるように、マンガにも「沖縄」を描いた作品がある。そのなかに、マンガで「沖縄」を表現したいというモチーフに貫かれた沖縄のマンガ作家による作品群がある。それを「オキナワン・コミックス」と呼ぶことにしたい。そのカテゴリーに入るマンガには、沖縄の感性やアイデンティティが、人物や風景の「絵」、あるいはマンガのストーリー＝「物語」の随所に表出されている。また、テーマとして描かれる琉球／沖縄の歴史、あるいは登場人物のせりふやオノマトペ（擬音語、擬態語）として使用される沖縄のことばへのこだわりは、近現代の沖縄の小説や詩といったジャンルの作品にも共通するものが見られる。
　本章の目的は、そうした「オキナワン・コミックス」において、どのように「沖縄」が描かれているのかについて、「沖縄」という「場所」（空間・地域）に滲みた歴史と「オキナワ的身体」の表象に焦点を当てて論じることである。論の展開としては、まず「オキナワン・コミックス」の全体を俯瞰した上で、代表的な三作品（新里堅進『沖縄決戦』、山本おさむ『遙かなる甲子園』、なかいま強『わたるがぴゅん！』）を取り上げ、それぞれの作品の特徴的な点に絞って具体的に考察する。本章の議論を通して、「沖縄学」の新しい研究分野となりうる「オキナワン・コミックス」研究の可能性を提示したい。

　マンガにおける「沖縄」表象を論じる前に、マンガというメディアの特性と

「場所」という本章のキーワードについて確認したい。マンガは、「絵」や「文字」という「記号」と「コマ」という枠によって成り立っている。また、マンガの描き手と読者との間でつくりあげられてきた、「マンガの文法」を前提に表現されている。例えば、マンガの「絵」に関して言うと、ベタ塗りで髪が描かれていれば「黒髪」、白だとそれを「金髪」だとするような「約束事」である。マンガの「絵」の誇張、省略、変形などと結びついたこうした「文法」は、絵画の写実的なデッサンとは異なる、多様な表現を可能にしている。またマンガの読者もマンガの「読みのコード」を習得して、マンガの面白さを十分味わうことができるのであり、そこには「マンガ・リテラシー」という考え方も登場してくる[1]。

このように「記号」の集積であるマンガは、その「絵」の線で、人物の「国籍」や「性差」などを消すことができる特性を持ち、また現実の空間とは異なる「仮想空間」をつくりあげることが容易にできるメディアでもある[2]。けれども、その一方で、マンガは、人々の日常生活を切り取り、「ローカルなもの」を表現することに、身近にある新聞・雑誌などに発表されることを通して、その特性を発揮してきたメディアでもある。そして、マンガが表現してきた、そのローカルな日常生活というものは、私たちが生活している現実空間である、特定の「場所」（空間・地域）と深く関わっていることが多い[3]。

ある意味、私たちのアイデンティティや日常生活は、かなりの程度、場所に規定されていると言うことができる。生まれ育った場所は、その人のアイデンティティにきわめて密接に関わっている。あるいは故郷を離れた人の、故郷という場所に対する思いは特別なものがあるかもしれない[4]。現在住んでいる場所の選択も、しばしば各人の生活スタイルという価値観で選ばれることも多い。日常会話において、現在住んでいる場所のことや、生まれ育った場所のことが話題に上るのはごく自然のことである。

---

1 マンガ表現について、理論的かつ体系的にまとめている文献のひとつは、夏目房之介らが執筆した別冊宝島EX『マンガの読み方』（宝島社、1995年）である。
2 大塚英志「まんがの無国籍性をめぐって」『戦後まんがの表現空間』（法蔵館、1994年）、155-160頁。
3 マンガ作品とその舞台について論じた先駆的な文献として、オフサイド・ブックス編集部編『マンガの歩き方』（彩流社、1999年）が挙げられる。

また、その人に関わるある特定の場所が、その人の個性や性格などに結びつけられることも少なくない。さらに東京のように、場所のイメージとそこに住む人たちの職業や購買力などの要因から生まれた「階層」が密接に結びつき、また細分化されている都市空間では、メディアと場所をめぐる「ポリティクス」が、女性向けのファッション雑誌、不動産・マンションの広告、テレビ番組など、さまざまなメディアにおける表象を通じて、日々めぐるしく繰り広げられている。

実は戦後日本のマンガで描かれた世界も、しばしば強く場所と結びついてきた。もともとマンガとして発表された後アニメ化され、長い期間にわたって人気を獲得してきた作品には、舞台が明確に特定されている作品が少なくない。例えば、さくらももこの「ちびまるこちゃん」の舞台は静岡県清水市であり、長谷川町子「サザエさん」は東京都世田谷区(桜新町)、臼井儀人「クレヨンしんちゃん」は埼玉県春日部市、秋本治「こちら葛飾区亀有公園前派出所」は東京都葛飾区(亀有)などと設定されている(ちなみに「こち亀」は、少年誌の最長連載記録を更新中である)。また、高度成長期のスポーツ根性物語の代表的な作品である、川崎のぼる「巨人の星」(原作・梶原一騎)やちばてつや「あしたのジョー」(原作・高森朝雄)は、いずれも主人公が東京のいわゆる「下町」を抜け出す「物語」という共通点があり、その物語の背景に、高度成長期という時代と場所をめぐる社会的な移動の問題が敷かれていたという指摘もできる。

このようにマンガと場所(地域・空間)の関係に注目することは、多くの問題系に重ね合わせて論じることを可能にし、さらにマンガというテクストをより広い学問分野のアリーナに開いていくことにもつながっていくだろう。本章の議論は、「沖縄」という場所に注目してマンガを分析することになるが、それは「沖縄」という問題設定が、ほかのさまざまな研究領域と同じくマンガ研

---

4 近年、「場所」「空間」をめぐる議論が、社会学、地理学、文化人類学、カルチュラル・スタディーズなどで盛んである。以下の文献を参考のこと。イーフー・トゥアン『空間の経験』山本浩訳(筑摩書房、1993年)、エドワード・レルフ『場所の現象学』高野岳彦ほか訳(筑摩書房、1999年)、エドワード・W・ソジャ『第三空間』加藤政洋訳(青土社、2005年)、加藤政洋・大城直樹編『都市空間の地理学』(ミネルヴァ書房、2006年)。文学研究との関わりについては、本浜秀彦「文学研究における『場所』と『ジェンダー』」『社会文学』30号、2009年、123-128頁。

図10-1　下川凹天「男ヤモメの巌さん」

出典：前田愛・清水勲編『大正後期の漫画［岡本一平・下川凹天］近代漫画Ⅳ』筑摩書房、1986年、77頁。

究においても、研究の本質的な部分に迫っていくことになる重要な視点を提供する契機になりうると考えるからである。

1　「オキナワン・コミックス」の系譜とその特徴

（1）沖縄のマンガ・リテラシーとオキナワン・コミックスの登場

　日本の近代マンガの歴史の中で、一般にはあまり知られていないが、沖縄との「接点」を持つ「大物」マンガ家が存在している。政治風刺漫画などで活躍した下川凹天（1892-1973）である。凹天は、大正時代から昭和初期に、岡本一平（作家・岡本かの子の夫、画家・岡本太郎の父）などと並んで活躍し、代表作には映画化もされた「男ヤモメの巌さん」などの作品がある（図10-1）。また、日本初のアニメーションとされる「芋川椋三 玄関番の巻」を制作した（1917年）人物として名前が記されている。[5]

---

[5] 下川凹天については大城宜武の以下の論考を参照のこと。「下川凹天研究（1）――誕生と死」『沖縄キリスト教短期大学紀要』23号、1994年、93-101頁、「下川凹天研究（2）――日本におけるアニメーション映画の黎明」『沖縄キリスト教短期大学紀要』24号、1995年、63-71頁、「下川凹天研究（3）――凹天年譜校註」『沖縄キリスト教短期大学紀要』26号、1997年、125-139頁、「下川凹天研究（4）――下川凹天略年譜」『沖縄キリスト教短期大学紀要』27号、1998年、143-149頁。

凹天の評伝的な研究を手掛けた大城宜武によると、凹天は、熊本出身の父親の仕事（小学校校長）の関係で沖縄・宮古島で生まれた。7歳のとき父親が亡くなり、母親の故郷である鹿児島に移った後、父方の伯父に引き取られて9歳から東京に住む。15歳のとき日本で最初のプロのマンガ家で、パック社を興しマンガ雑誌『東京パック』を発行していた北沢楽天の内弟子となる。『読売新聞』『東京毎夕新聞』などに勤めながら似顔絵、政治風刺マンガ、風俗マンガなどを描いて活躍した。戦後は一線を退き、仏画など仏教への関心を強めた生活を送っている。凹天の「沖縄」を題材としたマンガは今のところ確認されていないが、日本の近代マンガの重要人物が沖縄と深い縁があったということは注目したい。

　「沖縄」を題材にする、沖縄のマンガ家が本格的に登場するのは、戦後になってからである。米軍占領下で発行された沖縄の新聞の紙面がその主な発表の場となった。中でも、『沖縄タイムス』で政治風刺漫画を描いたとかしき・ただお（渡嘉敷唯夫）の活躍が目立つ。とかしきは戦前台湾で清水崑から指導を受けたマンガ家で、1952年に四コママンガ「チャンプー」を『沖縄タイムス』で連載した後、55年から同紙で「時事漫評」の連載を始めた。とくに米軍占領下の政治風刺マンガは、当時の時代を知る貴重な資料である。[6]

　マンガの受容は、戦後の生まれの「団塊の世代」を大きな読者層として、徐々に広がっていったことが知られている。米軍の占領下にあった沖縄にも、日本のマンガ雑誌は入ってきており、子どもたちの間で広く読まれていた。そうしたマンガ・リテラシーを持った戦後生まれの人たちが大人になり、マンガの描き手として登場してきたのは1972年の「本土復帰」前後である。そうしたマンガ家が向い合った題材が、沖縄の歴史、とりわけ沖縄という場所で繰り広げられた戦争であることは、沖縄のマンガを考える上できわめて大きな意味を持っている。

　新里堅進が1978年に月刊沖縄社から発表した『歴史劇画 沖縄決戦』（前編・後編）は、本格的なオキナワン・コミックスの登場を告げる作品である。新里が沖縄戦をマンガで書き始めた頃、「沖縄戦を漫画で描くなんて、ふざけている」「とても、漫画で描ききれるものではない」という批判を受けたという。

6　とかしき・ただお『時事漫画戦後世相史30年』那覇出版社、1988年。

そこには、社会におけるマンガの認知状況とマンガ・リテラシーの問題も見え隠れする。

比嘉漣は、「カジムヌガタイ」(「風が物語る」という意味) などで注目を集めたマンガ家で、沖縄戦での日本兵と非戦闘員である住民との関係や戦後の米軍占領下の沖縄の社会を、独特の絵のタッチで描いている。比嘉には、戦前・戦中・戦後の沖縄の社会で生きた女性たちを主人公にした連作の『美童物語』という作品もある。

図10-2　1987年から90年にかけて発行された『コミックおきなわ』

オキナワン・コミックスには、琉球王朝時代の偉人を主人公にしたマンガや沖縄の大衆芸能である芝居の劇作をマンガ化した作品も少なくない。そのほか歴史の学習マンガは、新里をはじめさまざまな描き手によって描かれている。以上のように、沖縄の歴史に対する意識の強さが、マンガ表現のなかに表出している作品が目立つのは、オキナワン・コミックスの大きな特徴のひとつだと言える。

(2) ローカルマンガ雑誌『コミックおきなわ』の時代

オキナワン・コミックスがジャンルとして成り立つことをはっきり示したのは、1987年から90年にかけて発行された沖縄のローカルマンガ雑誌『コミックおきなわ』の登場である。30号で休刊するまで、40人近いマンガ家が沖縄を描いたマンガを発表している。同誌のように、商業ベースのローカルマンガ雑誌が発刊されたという事例は、日本のほかの地域では例がないと言われている (図10-2)。

同誌の創刊時は、新里堅進、後述するなかいま強といった実績のあるマンガ家をラインナップに揃えたが、その後、ターゲットとする読者を中、高校生、大学生に絞った編集方針に変え、描き手も無名の若手マンガ家を起用した。そ

れが大いに読者に当たって、人気のピーク時は「3000 〜 5000 部」の勢いがあった。県内の読者だけではなく、沖縄を訪れた観光客のなかには同誌を「沖縄土産」として買い求める人もいた。同誌で活躍したマンガ家には、保里安則、佐久本まちこ、大城美千恵らがいる。

　マンガ家のいしかわじゅんは、エッセイ集『漫画の時間』（晶文社、1995 年）の中で、『コミックおきなわ』に触れ、ローカルマンガ雑誌の意気込みは買うが、「肝心の漫画は、やはりレベルが低」いと書いている。けれどもその評価は的が外れている。何よりも「沖縄」を描きたいという意欲にあふれた作品が発表の場所を与えられ、次々と登場したことは、マンガがパワーを持ち得たことの証以外の何物でもなく、粗削りながらも注目すべき作品は少なくなかった。

　『コミックおきなわ』で描かれた作品の大きな特徴のひとつは、描き手の沖縄的な風景と身体への意識が、マンガ作品のなかに強くにじみ出ていることだ。それが徹底していた一人が大城ゆかである。沖縄本島北部の「ヤンバル」の女子高校生を主人公にした「山原バンバン」は、最も注目された作品のひとつで、風景には沖縄の赤瓦屋根や亜熱帯の自然が描かれた。また、沖縄の高齢者をマンガで切り取る作品も少なくなかった。そこでは、「おじぃ」「おばぁ」は、沖縄の文化を具現化したもの——それは戦争体験、伝統・宗教行事の担い手という側面から、社会のモラルを伝える知恵者としても描かれ、その後の映画やテレビで繰り返し登場する「沖縄の元気なお年寄」像の先駆けとなった。

　『コミックおきなわ』の登場を可能にしたのは、「マンガ・リテラシー」を身に付けた世代がマンガの読み手だけではなく、描き手にも回ったという「マンガ世代」の成熟があったことが考えられる。ローカルマンガ雑誌の発行が可能になった背景に、1980 年代後半から 90 年代前半の沖縄が、リゾート地として注目されるなど、バブル経済の恩恵を受けたことが指摘できる。また沖縄の若者が沖縄の文化を再発見した単行本『おきなわキーワードコラムブック』（沖縄出版、1989 年）の発行や、りんけんバンドや喜納昌吉＆チャンプルーズの音楽などの沖縄のポップカルチャーのブームとも密接に関わっている。

　発行部数の低迷で休刊になった後、同誌は 1999 年に一度だけ「同窓会スペシャル」増刊号として発行された。以後は、沖縄発の「オキナワン・コミックス」はやや低調だったが、最近は注目される動きもでてきた。2007 年 8 月か

ら雑誌という紙媒体からウェブマガジンに代わり、『コミックチャンプルー』（http://comichan.com/）が始まった。沖縄の「癒し」ブームなどを受けて、沖縄の日常生活を描くほのぼのとした作品が目立つ。同ウェブは、沖縄の若いマンガ家の発表の場が少ない中で、新しい才能を発掘する役割も期待されている。

　新聞マンガでは、1981年から83年にかけて『沖縄タイムス』に、当時の売れっ子マンガ家のはらたいらが「グルくん」を連載したのが話題となったが、現在は2004年から『琉球新報』で連載が開始されたもも・ココロの四コママンガ「がじゅまるファミリー」が読者の圧倒的な人気を集めている。一方、『沖縄タイムス』に掲載される砂川友弘の政治風刺マンガの評価も高い[7]。また、石垣島の月刊誌『情報やいま』に連載された小城ボブ次（作・大城テン次）『くびら～のみちゅ～』（南山舎、2008年）も話題になっている。

（3）大手出版社のマンガ出版物における「沖縄」表象
　東京で出版されたマンガ雑誌や単行本で発表された作品にも、「沖縄」が描かれた作品が少なくない。これを「本土」のマンガ家の作品と、沖縄出身のマンガ家の作品に分けて、それぞれ主な作品を紹介したい。

　小説や映画と同じく、戦後のマンガが沖縄を描いた最初のテーマは「戦争」であった。後述するように1950年代には貸本マンガで早くも登場しており、水木しげるも1958年に「暁の突入 壮烈‼ 沖縄に散る」を発表している。楠高治「月光仮面」の最後の話は米軍統治下の沖縄が舞台である（1951年）。「本土復帰」前後には、「はだしのゲン」の中沢啓治が米軍基地の存在に苦しめられる家族を描いた「オキナワ」を発表（1970年）、吉森みきお、鈴原研一朗、木内千鶴子らも、沖縄戦や沖縄の戦後をテーマにした少女マンガを描いている。

　"マンガの神様"手塚治虫は、1972年の「本土復帰」を記念した沖縄国際海洋博覧会（95-96年、沖縄本島北部・本部町で開催）のシンボルとなった海上都市アクアポリスの展示プロデュースに関わった。そのことが契機となったと考

7　2002年10月、沖縄県主催の「沖縄文化祭」で展示される予定だった砂川の沖縄タイムス紙掲載のマンガが、「沖縄の明るい展望を発信する（文化祭の）コンセプトに、風刺漫画は適当ではない」という理由で直前になって撤去され、大きな波紋を呼んだ。展示予定のマンガの中には、当時の稲嶺恵一県知事や米軍基地を風刺する作品があった。

図10-3 沖縄の住民が殺戮される一場面

出典：新里堅進『歴史劇画 沖縄決戦（前編）』月刊沖縄社、1978年、109頁。

えられるが、ベトナム戦争の狂気を描いた「イエロー・ダスト」を72年に、沖縄本島北部の漁村に暮らす異父母姉弟を主人公にした「海の姉弟」を73年に発表している。モグリの名医が主人公の「ブラック・ジャック」シリーズでも2話（「宝島」「オペの順番」）、沖縄が舞台になっている。[8]

聴覚障害の高校生が甲子園を目指す山本おさむ「遥かなる甲子園」（1988-90年）、アクション物の上条淳士「SEX」（1988-92年）、金子節子「命どぅ宝」（1990年）、過疎に悩む離島の生活を描いた尾瀬あきら「光の島」（2001-03年）なども注目された。沖縄をイメージする島が登場する医療問題を扱った山田貴敏「Dr.コトー診療所」は、テレビでは小浜島がロケ地となった。池上永一のファンタジー小説「バガージマヌパナス」や「風車祭」は、栗原まもるに、NHKのテレビドラマ「ちゅらさん」は河あきらによってマンガ化されている。さいとうたかをの「ゴルゴ13」には主人公が沖縄でアクションを展開する物語があり、花咲アキラ（原作・雁屋哲）「美味しんぼ」、うえやまとち「クッキングパパ」など、

「食」をテーマにしたマンガにはしばしば「沖縄編」が登場する。都留泰作「ナチュン」は沖縄を舞台にしたSF未来マンガである。

このように「外」から沖縄を描いたマンガは数多いが、なかにはステレオタイプのイメージや誤解をもとに描かれた作品も散見する。例えば手塚の「海の姉弟」は、沖縄戦、乱開発問題、「おなり神話」などを紡ぐ興味深い物語だが、主人公の女性を裸体で泳ぐ海女として描くなどオリエンタリズム的な表現も指摘できる。

一方、沖縄出身者のなかにも主要なマンガ雑誌で発表するマンガ家が登場してきている。その代表格が、なかいま強である。スポーツマンガを得意とし、後で詳しく論じる野球マンガ「わたるがぴゅん！」は、沖縄出身の中学生が全国大会で大活躍する作品である。「リーダー的存在になれ」との教えを受けた小学生が主人公の島袋光年「世紀末リーダー伝たけし！」は、一時『週刊少年ジャンプ』の看板作品となった。映画化された仲宗根みいこの「ホテル・ハイビスカス」、山原義人「龍狼伝」も人気があった。ほかにも沖縄出身者のマンガ家が活躍しているが、それらの作品の中には『コミックおきなわ』の作品と相通ずる「沖縄」表象にこだわった「オキナワン・コミックス」と呼べる作品も少なくない。

2 マンガの中の沖縄戦——新里堅進作品を中心に

(1) 沖縄戦のドキュメンタリー・マンガ

すでに述べたように、新里堅進「沖縄決戦」は、沖縄のマンガ家が、マンガというメディアにおける沖縄戦の表象に正面から取り組んだ画期的な作品である（図10-3）。同作品は、月刊沖縄社から書きおろしの前後編全2巻で1978年に出版された。その後、2つの出版社からダイジェスト版が出された後、1995年に完全版が装丁を新しくして出版されている。

作者の新里は、沖縄のいたるところに戦争の傷跡が生々しく残る1946年、

---

8 本浜秀彦「オキナワン・コミックス—『ローカル』と結びつく表現」『毎日新聞』（西部本社版）2009年1月10日朝刊9面、同「手塚治虫のオキナワ表象」『マンガ研究』14号（2008年）を参照のこと。

那覇市壺屋に生まれた。自伝的エッセーやマンガを収めた『ケンちゃん日記』(クリエイティブ21、97年)によると、高校のときに沖縄戦での学徒動員の記録である大田昌秀・外間守善『沖縄健児隊』(日本出版協同、1953年)を読み衝撃を受け、それをきっかけに戦争や沖縄戦に関する書物を読みまくった。その一方で、小沢さとる「サブマリン707」、ちばてつや「紫電改のタカ」などの戦争をテーマにしたマンガの影響を受けていた新里は、沖縄戦をマンガにして伝えたいという気持ちが次第に強くなっていったという。彼にとってマンガ家をめざすということは、「何よりもまず、沖縄戦を描」くことにほかならなかった。高校卒業後、タクシー運転手などさまざまな職業を経ながら独学でマンガを描き続け、「沖縄決戦」を発表するチャンスを得る。新里にとっては、「沖縄決戦」がマンガ家としての実質的なデビュー作でもあった。

　沖縄戦を描いたこのマンガを、新里自身は「沖縄戦のドキュメンタリー」と呼ぶ。それは「沖縄決戦」を、「年月日、兵力、損害等の数字およびストーリーは史実、またはそれに近い」ものとして再現したからである。冒頭の断り書きで、「一部の人物名およびストーリーはフィクション」としているが、「戦記」ものとして耐えるべく沖縄戦に関する数々の記録や体験者の手記・証言などを集めた上に、新里自身が戦争体験者に取材した内容も加えられている。新里が作品を発表して以降明らかになった事実もあり、現時点からすると正確ではない部分も一部あるが、記録性は十分に確保されている。

　では、「沖縄決戦」における時間軸——つまり沖縄戦の時系列的な展開——はどのよう構成されているのだろうか。1978年の初版の前後編作品をテクストとして、その目次をみてみたい(各編の章のタイトルに、便宜的に番号を振っている)。

前編
① Love Day(沖縄上陸日の暗号名)
② 太平洋戦争の経過
③ 第32軍創設
④ アイスバーグ作戦
⑤ 対馬丸沈没
⑥ 10・10空襲
⑦ 米軍はどこから来るか？
⑧ 精鋭師団去る
⑨ 島田知事、覚悟の着任
⑩ 学徒動員
⑪ 米艦隊、迫る

⑫　神山島の斬り込み
⑬　「大和」の海上特攻
⑭　太郎の蹶起
⑮　菊水作戦
⑯　北部の戦い
⑰　悲愁の丘（伊江島7日間の攻防）
⑱　首里城頭のスパイ
⑲　賀谷支隊の奮戦
⑳　首里第一防衛線の白兵戦
㉑　嘉数高地の激戦
㉒　和宇慶・南上原の反戦

後編

①　大反撃
②　弁が岳の口合戦

③　運玉森の星条旗
④　狂気、シュガーローフの戦い
⑤　南部へ、雨中の退却
⑥　地獄の野戦病院
⑦　悲壮！　海軍部隊、訣別の電報
⑧　白骨街道
⑨　バックナー中将戦死
　　――住民大虐殺――
⑩　住民、戦屋に彷徨
⑪　解散
⑫　鉄血勤皇隊員の死
⑬　ああ！　姫百合部隊
⑭　落日の摩文仁
⑮　牛島司令官の自決

　前編・後編の各章は、沖縄戦の時系列的な展開にほぼ沿いつつ構成されている。前編の冒頭（①）は、1945年4月1日に、米軍が沖縄本島に上陸する場面から描かれる。②〜⑪は、沖縄戦に至る太平洋戦争の経緯や、疎開船対馬丸への米潜水艦による攻撃（44年8月22日）、那覇市を襲った空襲（44年10月10日）、米軍が上陸する直前までの動きを追っている。⑪では、渡嘉敷島の「集団自決（強制集団死）」を、⑱では日本兵にスパイ容疑をかけられて虐殺された沖縄住民が描かれる。後編は、司令部を首里城に置いた日本軍が、迫りくる米軍の猛攻撃を受け、南部に退却し、6月23日に司令官の牛島満中将と長勇参謀長が摩文仁の壕の中の軍司令部で自決をする場面までを描いている。その間、南風原の野戦病院から移動できない重傷患者が毒殺されたり、動員された鉄血勤皇隊や女子学徒隊の多くが命を落としたりするなどのエピソードが挿入されている。

　「沖縄決戦」は、新里が駆け出しのマンガ家であった頃に描かれているため、「絵」は必ずしも洗練されていない。しかし、作品自体には「沖縄戦」を描く

ことをめざしてマンガ家になった表現者の気迫とメッセージがみなぎっており、マンガで沖縄戦を描いたオキナワン・コミックスの記念碑的な作品と言うことができる。

(2) 切り裂かれる身体——殺される「沖縄人」の表象

沖縄戦は、これまで今井正監督『ひめゆり塔』(1953年) などの20本以上の映画作品で描かれている。何度も映画化された「ひめゆりもの」の、十代の女子学生が犠牲になるという「悲劇」は、沖縄戦に対するある種のイメージをつくりあげたという指摘がしばしばされる。岡本喜八がメガホンを取った『激動の昭和史 沖縄決戦』(1971年) は、戦場でのリアリズムを意識した映像をつくりあげた作品である。新里作品にも、地雷を抱えて米軍の戦車に体当たりする沖縄出身の少年兵の話など、この映画の影響を受けたと思われる場面がある。

実はマンガでも、新里作品より前に、貸本マンガや少年少女のマンガ雑誌で沖縄戦をテーマにした作品は発表されている[9]。しかし、ただ単なる「戦争もの」「戦記もの」のマンガとしての沖縄戦ではなく、沖縄側の視線でマンガを描いたのは、新里の「沖縄決戦」が最初の作品と言っていいだろう。小島剛夕の「子連れ狼」(作・小池一夫) を読んで、「鉛筆の線で人間の表情をここまでリアルに表現できる」ことに感動を受けたという新里の絵は、劇画のリアリズム的なペンタッチを持ち味にしているが、その劇画的な線が、沖縄戦の激しい戦闘シーンを徹底的に描くことを可能にしている。

「沖縄決戦」を描くときに新里が心がけたのは、「沖縄戦を象徴するシーンを事実に基づいてペンを走らせ」ることであった。そして、描き進め、「一つひとつの事実を知るにつれ、僕は「これでもか、これでもか」と描きなぐった」「こんな無念さを描かずにはいられないと思った」という。そうした思いこそ、単なる「戦争もの」「戦記もの」のマンガとの違いを線引くものである。

では新里の戦争に対する怒りは「沖縄決戦」のどこに出ているのだろうか。おそらくそれは、沖縄戦を、日米の軍隊が戦った戦争ではなく、多くの「沖縄人」

9 『マンガ研究』第8号 (2005年12月) に掲載されている現代マンガ図書館・内記稔夫館長の「戦後の戦争マンガ やや不完全リストについて」によると、沖縄戦をテーマにした貸本マンガには長沼すみこ『ひめゆりの塔』(太平洋文庫、1954年)、はまり昭吾『沖縄戦記』(中村書店、1955年) などがある。

が殺され、傷ついた戦争として描いていることにある。実際、「沖縄決戦」には、砲弾を浴びて血を流して死んだり、首が切られ吹き飛ばされ、あるいは爆弾で身体が粉々になるなどの無残な姿で死んでいった残酷な場面が繰り返し登場する。もちろん日本軍と米軍の戦闘シーンや日米両軍の戦死し、傷つく兵士たちの姿も描かれている。しかし、そこで力点がおかれているのは、日本軍や米軍の狂気、天皇制や日本軍の論理への非難、そして何よりも戦争そのものの愚かさである。そして、「沖縄決戦」で何より強烈に印象に残るのは、殺される「沖縄人」の姿である。その意味でこの作品の本当の「主人公」たちは、殺された数多くの無名の「沖縄人」たちだということができる。

　戦後生まれの新里には直接の戦争体験はない。しかし、戦後の沖縄には戦争の傷跡はいたるところに残されており、米軍の占領は「本土復帰」まで27年間も続いた。ベトナム戦争時には沖縄からB52などの大型爆撃機がベトナムに飛ぶなど、沖縄での「戦争」は戦後も続いていたのである。新里は、戦後沖縄の反戦への思いを受け継いで、マンガを描き続けている。彼の戦争マンガのリアリティーは、戦後沖縄の「戦争」の「体験者」として生み出されると同時に、戦争の「非体験者」の思想や意志から生みだされるものでもあり、「沖縄決戦」は、それをまさにマンガで表現したということができるだろう[10]。

(3)「沖縄決戦」以後の沖縄戦マンガ

　「沖縄決戦」で沖縄戦をドキュメンタリー的にマンガ化した新里は、今度は「戦火をくぐった人間のことを描きたい」という視点で沖縄戦を再び描く。それが1984年に発表した「ひめゆり学徒隊戦記 水筒」である。原作は、県立師範学校女子部の教諭で、ひめゆり学徒隊と行動を共にした仲宗根政善の『ひめゆりの塔をめぐる人々の手記』(角川書店、1980年) である。マンガの中で仲宗根は、「仲嶺先生」として登場する。「水筒」のタイトルは、沖縄平和祈念資料館の展示品――沖縄戦の戦火の中逃げ回った人の、命の綱とした水が入ってい

10　広島で被爆体験をもつマンガ家中沢啓治には、「はだしのゲン」という優れた作品がある。吉村和真は、「はだしのゲン」における「残酷描写」(血、ケガ、死体など) について分析をした論考「『はだしのゲン』のインパクト」(吉村ほか編『「はだしのゲン」がいた風景』梓出版社、2006年、246-293頁) の中で、被爆者にしか描けないリアリティーを追求した中沢のマンガについて論じている。

る水筒から受けた衝撃から名付けられた。
　「水筒」のクライマックスは、米軍に追い詰められた際、手榴弾で自決をしようとする生徒たちに、「生きるんだ　死んではいかんッ」「われわれが死ねば　誰が　このことを後世に　つたえるのだ」「生き残った　この命は　われわれだけのものではない」と仲嶺が説得をするシーンである。このセリフに、「水筒」を描いた新里の思いも集約されている。
　新里だけでなく、前述した比嘉慂もまた沖縄戦に徹底的にこだわっているマンガ家である。1953年那覇市生まれ、地元の国立大学職員を退職してマンガ家に転身したという経歴を持ち、『砂の剣』（小学館、1995年）、『カジムヌガタイ――風が語る沖縄戦』（講談社、2003年）などの作品を発表している。単行本の表題作でもある「カジムヌガタイ」は、次のような事実を下敷きに描かれた作品である。それは、1997年に名護市勝山の壕「クロンボガマ」で白骨化した遺体が発見されたが、これが沖縄戦終結後に行方不明となっていた米兵3人と身元確認されたというものである。地元には、米軍占領下の沖縄戦後、米兵に地元女性が暴行された報復として住民や元日本兵が加害者の米兵を殺害しガマに捨てたという噂があった。これを聞きつけた米軍関係者が、沖縄県警の協力のもと遺体を収集し、ハワイ米陸軍身元調査中央研究所に遺体を送って調査したところ、当時沖縄に駐留していた米海兵隊所属の3人と判明したというのが事の経緯である。[11]
　マンガでは米兵に暴行されそうになり、抵抗したため殺された若い母親をはじめ、暴行を受けた女性たちの仇を取るため、村の人々と生き残りの日本兵が協力し合って、米兵をおびき出し、その目的をとげるという物語になっている。1995年の米兵3人による少女暴行事件の衝撃の大きさが、2000年に明らかになった終戦直後の出来事をもとにしたこのマンガを比嘉に描かせたとも言えるかもしれない。
　比嘉がマンガのテーマとして選ぶのは、現在に続いているこうした「戦争」である。比嘉は、「沖縄戦と向き合うことはこの風土に生まれた者の宿命かもしれない。ましてや何かを表現する者にとっては、どんなかかわりであれ避け

11　『沖縄タイムス』2000年4月26日夕刊社会面。

ては通れないとも、それほど沖縄の現実はあの戦争と生々しくつながっていると思う」と述べている。[12]

　新里、比嘉のほか与勝海星も沖縄戦を描くマンガ家であり、『弾道』(那覇出版社、2005年)では、沖縄戦でのひめゆり部隊を描いている。沖縄の基地を取り巻く状況など、現在に続く「戦争」に変化がない限り、沖縄戦にこだわる作品がオキナワン・コミックスには今後も登場してくるだろう。

3 「本土」という幻影と高校野球
——「遥かなる甲子園」から読む「戦後沖縄」

(1) 「遥かなる甲子園」の背景

　山本おさむ「遥かなる甲子園」は、戸部良也の同名のノンフィクションを原作にした沖縄を舞台にしたマンガ作品である(図10-4)。同作品は沖縄出身者によって描かれたマンガではないが、マンガの方法論を十分意識した上で社会問題に鋭く迫り、また高校野球を通して「戦後沖縄」を読み解くことのできる作品である。また、主人公たちはろう学校に通う聴覚障害の高校生であり、さまざまな困難を乗り越えながら甲子園をめざすその物語は、「野球マンガ」というジャンルだけには収まらない優れた作品になっている。[13]

　作品のモデルとなった学校は、沖縄の北中城村にあった北城ろう学校(マンガでは福里ろう学校)である。同校は1978年に開校、1学年の生徒約150人、分校も入れると約220人が、中学、高校と過ごした6年間だけ存在した。なぜこのような学校が存在したのかをまず説明する必要があるだろう。

　東京オリンピックがあった1964年、沖縄で風疹(三日ばしか)が島嶼部にいたるまで流行した。沖縄での流行は、その前年にアメリカで大流行した風疹が米軍基地の関係者への感染を通じて沖縄に持ち込まれたのではないかと考えられている(証明はされていない)。妊娠中の母親が風疹にかかると生まれてくる

12　文化庁 http://plaza.bunka.go.jp/festival/2003/manga/000121/index.php。
13　同校を取り上げた別のノンフィクションに小野卓司の『廃校の夏』(講談社)がある。これらのノンフィクションとマンガを原作にした「遥かなる甲子園」が、1990年大澤豊監督によって映画化され、三浦友和、田中美佐子らが出演している。

図10-4　手話のシーン

出典：山本おさむ『遙かなる甲子園』(第7巻)双葉社、1990年、120頁。

子どもに障害（難聴、網膜症、心疾患など）がもたらされることがあるが、当時の医学ではそのことがまだよく知られていなかった。風疹の影響を受けて生まれた子どもは500人近くともいわれる。北城ろう学校は、聴覚障害をもって1964年から65年に誕生した子どもたちが中高に通う時期に時限的に存在した学校だったのである。

　もうひとつ、この作品の背景を十分理解するために説明が必要なのは、戦後の沖縄社会にとって、高校野球は長く特別な意味を持っていたという点である。1972年に沖縄の施政権が日本に返還された「本土復帰」まで、戦後27年にわたって米軍占領下にあった沖縄では、地元代表の高校が「本土」の高校と対戦する際は、多くの県民がテレビやラジオの前に釘付けになり、熱狂的な声援を送った。それは単に地元からの出場校を応援する次元を超えた、「沖縄」対「本土」の構図に重ね合わせられたからだ。沖縄の甲子園出場校の主な歩みは次のようになる。

　　1958年　首里高校が夏の甲子園初出場
　　　　　　（甲子園の土が検疫法に引っ掛かり沖縄に持ち込めなかった）
　　1960年　那覇高校が春の甲子園初出場
　　1968年　興南高校　夏ベスト4
　　1972年　本土復帰
　　1975年　豊見城高校　春ベスト8
　　1990年・1991年　沖縄水産高校　夏の大会2年連続準優勝
　　1999年　沖縄尚学高校　春優勝
　　2008年　沖縄尚学高校　春優勝

上記にある首里高校の沖縄初の甲子園出場のエピソードは市田実・高田靖彦『ハイサイ！甲子園』（小学館、2008年）でも描かれている。

　近年、沖縄の高校野球は確実にレベルアップし、甲子園で好成績を収めるよ

うになっているが、「遥かなる甲子園」の球児たちが目指した頃（1980年代前半）は、まだその実力が檜舞台で発揮されない時期であった。甲子園が沖縄にとって遠くにあった頃、さらにそこから遠い場所にいた高校生たち——それが聴覚に障害をもった生徒たちが通う北城ろう学校の球児たちであったのである。

（2）ノンフィクションのマンガ化

「遥かなる甲子園」のマンガ化にあたって山本は、「その視座を野球部員自身に移して、その感情をダイレクトに書いてみよう」と考え、そのために自身の創作を入れたノンフィクションに基づいたフィクションという手法にしたという。「遥かなる甲子園」の梗概は次の通りである。主人公で、のちに野球部のキャプテンとなる友利武明は、近所の先輩が出場した甲子園に応援に行き、その球場を含む独特の雰囲気に感動を受け、野球をしたいと思うようになる。さっそく仲間と硬式野球部をつくりたいと教師に頼みこむものの、経験者も少なく、また聴覚障害を持つゆえ危険だとも言われ、職員会議でも反対にあう。しかし、何事にも消極的だった生徒たちが初めてみせた自己主張とその熱意に押された教師たちは野球部を認める。

けれども、野球部の創部にはまだ大きな壁があった。甲子園を目指す学校は、日本高等学校野球連盟（高野連）に加入しなければならないが、『日本学生野球憲章』に、学校教育法第4章に定める学校でなければならず、同法で第6章に属するろう学校には加盟の資格がなかった。加盟しなければ大会出場どころか、練習試合すらできない。そのような状態だと生徒たちは練習しても希望を持てない。野球をしたいという生徒たちの熱意は、次第に彼らを支える教師、家族を巻き込んだ大きなうねりに変わっていく。

たまたま別の件で取材にきた『日本聴力障害新聞』の記者が、生徒たちの思いを知り、記事にしたことからこの問題が全国的に広く知られ、世論も味方して高野連への加入が実現する。福里ろう学校の球児たちは猛練習で次第に実力をつけ、高校3年の最後の夏に、地区大会1回で対戦相手と大接戦を繰り広げ、そして敗れる——山本は、原作に寄りつつも、マンガではそれぞれの野球部員や知花美穂をはじめとする女子マネージャーたちの育ちや環境に焦点を当てて描いている。

「遥かなる甲子園」のマンガ表現の上での画期的な試みは、マンガの中で手話を再現したことである。ときには同じコマの中で手話を「翻訳」したその表現方法は、それまでのマンガのルール、つまり「風船」(吹き出し)に書かれることばを通じて、コミュニケーションが取られてきたことの常識を破るものであった。そのことを四方田犬彦は『漫画原論』の中で、「風船内の音声を併用しつつも、そこからできるだけ離れた地点において成立するコミュニケーションを正確に表象し、漫画のなかに取りこもうとした企て」とし、そこでは「人間の根源的な身振りである、メッセージを誰かに送るという行為そのものに力点が置かれている」と指摘している。四方田は、このことを含めて、同作品が試みたマンガの表現方法を次のように高く評価している。

> 『遥かなる甲子園』では、登場人物はいたるところで手話の会話を続ける。風船の助けを借りず、映画とコマ隅の注釈によって示されるその光景は、身振りを用いたもうひとつのコミュニケーション体系であるはずの野球と類推的な関係をもっている。なるほど、おそらく日本の戦後漫画史において、身体障害者をめぐる映像がかくも正確に、またかくも共感をこめられて描かれたことはなかった。だがそれにもまして『遥かなる甲子園』が感動的であるとすれば、それは手話の説明という、説話論的にはきわめて効率の悪い要素をあえて積極的に取り入れることによって、この作品が今日の漫画の背景にある、読みの速度をめぐるイデオロギーに対し、ある異議申し立てを行っているためである。[14]

1954 年、長崎生まれの山本は、もともと「ぼくたちの疾走」など青春ものを描くマンガ家として活躍していた。「遥かなる甲子園」をきっかけに、聾学校での重複障害のこどもたちを描いた「どんぐりの家」や、ろう教育の問題に迫った「わが指のオーケストラ」など、障害者や福祉をテーマにした作品を発表し、マンガの新境地を開拓している。

(3) 「米軍」「アメリカ」の表象と「戦後沖縄」

これまで見たように山本は、手話を描くという画期的な手法を「遥かなる甲子園」に導入しているが、物語の展開においては、ノンフィクションをどのよ

---

14 四方田犬彦『漫画原論』筑摩書房、1999 年、119-120 頁。

うにマンガ化したのだろうか。実は、原作ではさほど強調されていない内容を、マンガ表現であるが故に可能となる描き方で意識的に誇張している点が見られる。それは「米軍（アメリカ）」の表象であり、「戦後の沖縄」という物語である。

　例えば、ろう学校の高校生たちが、絶望的な状況に置かれるときには、必ずといっていいほど、激しい轟音を表すオノマトペとともに沖縄の上空を飛ぶ米軍機が大きな構図で描かれる。例えば、風疹児たちの聴力が、当時の医学では治せないことが分かったとき、あるいは球児たちの甲子園への夢が遠のいたとき、音のない世界に生きる高校生たちの背景に、爆音とともに飛行する米軍機が、「ギイイイイ」「ゴゴゴゴ」と表記されたオノマトペとともに構成されて描かれる。逆に希望が膨らんだときは、大きく描かれた甲子園の絵が、球場での観客の大きな歓声を表す「ワアアア」「オオオオ」といったオノマトペとともに描かれる。そこには、「米軍」「基地」というのが彼らにとっての「絶望」の象徴であり、一方で「甲子園」が彼らの「希望」であるという描かれ方になっている。

　そうした図式は、物語をドラマチックなものにするためにやや単純化されていると考えられる。だが、そうしたある種の「分かりやすさ」は、同時に米軍や基地を、日常を超えた物理的な大きさと同時に政治的な強さをもつ、どうしようもない力であるということを無意識に受け入れることで成り立っている。そこには、沖縄の「場所」の風景が、政治の選択によって実は変わりうるものだという意識が見られない。つまり、沖縄の基地の問題の核心が、本質的には基地を沖縄に集中させている日本の問題だということが見事に捨象されているのだ。

　また、米兵の描かれ方も、「マンガ」ゆえの表現となっている点も指摘できる。それは、練習のボールを基地のフェンスのなかに入れてしまった球児たちが、それを拾いに行ったことがきっかけで、米兵たちと乱闘を起こす場面である。実際は、軍服を着て武器を持った米兵に、しかも基地の中で、素手の高校の野球部員が殴りかかることは、現実にはまず起こりえない。B級映画でも描かれにくいその荒唐無稽な乱闘シーンを成り立たせているのは、これが「マンガ」だからである。

　「本土」対「沖縄」に、「米軍（アメリカ）」が三すくみとなる構図は、27年

間も長きにわたって米軍の占領下におかれた「戦後沖縄」の、繰り返し描かれたステレオタイプに陥ってしまいがちだ。その三すくみの状況の何を切り取ることが、沖縄の社会状況を突破する糸口になるのかをきちんと描かない、希薄化された物語の小説や映画が最近とみに増えている。「遥かなる甲子園」も、マンガをドラマチックなものに仕立てるために、部分的にやや安易なストーリーに流れたことは否定できない。

それでも、山本おさむの聴覚障害を持つ若者への温かい視線が伺えるのが、単行本の最終第10巻で描かれたエピソードである。そこでは作品がマンガ化された経緯などがメタフィクション的に描かれ、また、高校卒業後、東京や地元で就職や進学をした主人公たちの「現在」が描かれている。彼らに押し寄せる厳しい現実、「甲子園」が彼らに与えてくれた自信と引き続きの彼らの希望をリアルに描いたこのラストによって、山本は「遥かなる甲子園」の物語をやすっぽいもので終わらせないことにようやく成功したと言うことができるのである。

4　マンガに描かれたオキナワ的身体──「わたるがぴゅん！」論[15]

（1）野球マンガの中の沖縄アイデンティティ

なかいま強の「わたるがぴゅん！」（以下、「わたる」と表記）は、沖縄育ちの主人公・与那覇わたると宮城正（ニックネームは「がっぱい宮城」）が、東京の東和台中学で大活躍する野球マンガである（図10-5）。『月刊少年ジャンプ』で1984年から2004年まで21年にわたって長期連載された。かつて野球の試合を延々と繰り広げた中島徳博の「アストロ球団」（原作・遠崎史郎）が『週刊少年ジャンプ』で連載され人気を博したが（72-76年）、「わたる」の展開は、掲載誌が月刊誌ということを差し引いても、この伝説の"超人野球マンガ"をはるかに超えており、強烈な個性を持った作品として野球マンガ史にも残る作品である。米沢嘉博の『戦後野球マンガ史』（平凡社、2002年）では、多様化するスポーツマンガの章で同作品を紹介する記述がある。

15　本節は、『沖縄タイムス』2003年9月2日〜4日付朝刊文化面に3回連載した拙稿「『わたるがぴゅん！』論─連載20年の節目に」を元にしている。

10 「オキナワン・コミックス」の表象文化学　219

作者のなかいま強は、1960年那覇市生まれ。小中学校は和歌山県で過ごして沖縄に戻り、大学1年までは自身も野球選手だった。20歳でマンガ家を目指して上京、「キャプテン」などの野球マンガの名作を生み出した故ちばあきお（「あしたのジョー」などで知られるちばてつやの実弟）のもとでアシスタントとして働きながらデビューを待った。

図10-5　沖縄の「身体性」が表出

出典：なかいま強『わたるがぴゅん！』（第11巻）集英社、1988年、174頁。

25歳で芽がでなかったらマンガ家を目指すのを辞めようと思い、「これで最後の作品」と思って描いたのが、沖縄という自分が育った環境を盛り込んだ「わたる」だったという。[16]

　なかいまの得意とするのは、「わたる」と同じくスポーツマンガである。第35回小学館漫画賞（90年）を受賞した「うっちゃれ五所瓦」（88-91年）では相撲を、「ゲイン」（97-98年）ではラグビーを扱い、そして現在は青年誌の『ビッグコミック』で、ゴルフを題材にした「黄金のラフ〜草太のスタンス〜」（97年〜）を連載している。「わたる」の連載当初は、絵のタッチや構図などに、ちばてつや・あきおの影響がかなりみられたが、今ではすっかり独自のスタイルを確立し、躍動感あふれるキャラクターを描くことができる強みを持っているマンガ家である。

　主人公が沖縄からの転校生の野生児という設定、沖縄のことばをも盛り込んだせりふ、あるいは「ハブボール」「シーサーボール」「アベック台風ボール」など、沖縄の風物や自然を表すことばの、わたるの投げる「魔球」へのネーミングなど、それまでのマンガにはなかった「沖縄」の表現が、その新鮮さも手伝って全国の読者に受けた。また沖縄のマンガファンには、東京にあると設定

16　なかいまは、「わたる」の連載7年目からは那覇市内にプロダクションを構えており、原稿は羽田空港止めで送り、編集者にそれを受け取りにきてもらう方法を取っている。

されている絵が、明らかに旧・奥武山球場や「とよみ大橋」であったりするなど、さりげなく沖縄の風景が描かれている楽しみがあったようだ。

　大城冝武は、『漫画の文化記号論』の中で、「わたる」の作中で、「わじわじー」(頭にきた) などの感情表現を中心に、沖縄のことばが使われていることに注目、「これらの言葉は一種のオノマトペの性格を持ち、漫画のコマに埋め込まれ収まっている」と指摘した上で、「沖縄方言は断片的ではあるが漫画形式のなかで中央のパラダイムを変換させる可能性を見せはじめ」、「沖縄の言語文化を記号化し、沖縄への視点を刺激している」と指摘している。[17]

　(2)「がっぱい宮城」という身体
　「わたる」で、主人公の与那覇わたる以上に存在感があるのが、わたるの野球部のチームメイトである「がっぱい宮城」である。図体がでかく、怪力で、意外性のあるプレーをみせる強烈な個性をもったキャラクター設定は、「トリックスター」的な役回りと併せて、水島新司の名作「ドカベン」の名脇役岩鬼と似ている。

　ここで注目したいのは、宮城の描かれ方そのものに、「わたる」における沖縄表象のユニークさが凝縮されている点だ。宮城のニックネームの「がっぱい」は、後頭部の突き出たかたちの特徴を示す沖縄のことばからきているが、その「がっぱい」という頭のかたちの認識の仕方は、どうやら沖縄独特の感覚であるようだ。つまり「がっぱい」に当たる日常語を、日本語表現の中から探そうとすると「出っ張り頭」などということばを仮に当てることができるが、「がっぱい」の指示する感覚をうまくすくいとることができない。いわば日本語に置き換えられにくい「翻訳不可能」的な、沖縄の感覚の領域といってもいい。

　沖縄では、他人の身体的な特徴をとらえてニックネームにしたり、あるいはからかいの対象にすることがしばしばある。その表現は、「方言」というより、沖縄独特の俗語表現であることも多い。例えば「カンパチャー」(怪我などで頭の一部が禿げている人)、「ミンタマー」(目の大きな人)、「チビマガー」(おしりが大きな人)、「カーブンスゥー」(仮分数、転じて頭の大きな人) などである。また一方で、「本土」の人々の顔を、「ないちゃーじらー」と表現することがある。

17　大城冝武『漫画の文化記号論』1987 年、192 頁。

これは「濃い」沖縄顔を「うちなーじらー」として捉える一方で、あっさり顔・瓜実顔の本土顔を、ひとくくりにして、「ないちゃーじらー」と捉えているのだ。

前述した『コミックおきなわ』の作品群のなかにも、しばしば過剰なまでの沖縄の身体への意識が、登場人物の描写、話の展開に見られる。保里安則の「ゲレン」(88 年) は、観光客に下心たっぷりに声を掛けた沖縄青年の毛むくじゃらの身体を、面白おかしく描いた（図 10-6)。新崎智（荒巻圭子)「島の女」では、目鼻立ちがくっきりした沖縄美人の毛深さの悩みを、面白おかしく描いている。こうしたマンガが描き出したように、おそらく沖縄の人々の、個人レベルでの「本土」との境界は、ときには「ことば」以上に、身体的な差異をめぐっての再認識であるに違いない。そして、その境界は、しばしば「観光」における、見るもの、見られるものの関係性の中で意識されるのである。

そうした意識は、マンガの「絵」にも表出される。「島の女」には、沖縄を訪れた本土からの観光客の女性の顔がクローズアップされ描かれている（図 10-7)。瓜実顔に描かれたそのマンガの記号的な表現を、沖縄の読者は間違いなく、濃い顔の「うちなーじらー」ではない「ないちゃーじらー」と認識する。つまりそこには本土との差異を意識する感性を持つ作家と読者が共有するマンガの「コード」が存在している。

では、そうした表現を支える感覚は何であろうか。人類学者メアリ・ダグラスの身体論を援用すれば、それは沖縄のウチ、ソトを分ける境界に関する感度であり、その境界を敏感に意識する感性であると言える。また、外部の存在によって共同体システムの統一性が与えられている場合、「共同体はそれ自体、一個の身体」であるという社会学者大澤真幸の議論を踏まえれば、「沖縄的身体」と呼べるものは「沖縄」にとっての外部、つまり抑圧的な身体である「本土＝日本」との関係性の中で、つねに意識させられるのかもしれない[18]。そして同時に、共同体の内部においては、身体のささいな差異をめぐる特徴づけが、意識的・無意識的に行われるのではないだろうか。こうした沖縄の人々の身体への意識をマンガの「感性」が見事に表現したのである。

18　大澤真幸「身体と間身体の社会学」井上俊ほか編『身体と間身体の社会学』岩波書店、1996 年、248-249 頁。

図10-6　毛むくじゃらの身体表象　　　　　　　図10-7　沖縄側から捉えた「本土顔」

出典：保里安則「ゲレン」『別冊コミックおきなわ』1999 年 5 月、192 頁。

出典：新崎智「島の女」『月刊コミックおきなわ』（第 23 号）63 頁。

（3）異形の身体の悲しみと「物語」の逸脱

　がっぱい宮城の「がっぱい」の描かれ方で興味深いのは、沖縄的な感覚の具象であると同時に、宮城の「他者」との関係性とも密接に関わっている点である。それは、野球というスポーツ——それはきわめて「日本」的な社会や文化と結びついたものだが——をよく理解し、「標準語」を獲得しているわたるのスマートさに比べ、宮城は野球に疎く、「方言」しか話さない上、「沖縄番長」と異名をとる粗暴さがある。東和台中のほかのチームメートとの人間関係も不器用で、その巨体をもてあましているようでもある。

　その宮城が、実は英語を話す「外国人」の父親——イギリス人の大学教授——と沖縄出身と思われる女性の間に生まれた子どもであることが、連載 16 年目で読者に初めて知らされる。そのことは全国大会の決勝戦中に気絶した宮城の夢の中の話として描かれる。それまでは宮城が「ダブル」であることは、「わたる」の作中では隠され続けてきた。ヒントがあったとすれば大きな身体そのものが、沖縄の人たちの身体としては並外れて大きいことぐらいであっただろうか。しかしそのことさえ気にならないほど、宮城の表象には「沖縄」が重ね

あわされている。
　前述したように日本的なものにうまく「同化」する主人公のわたるに対し、宮城は、まず「標準語」や英語の使用を徹底的に拒否する。こうした言語に対する姿勢にみられるように、宮城の沖縄の文化に対するポジションはきわめて明確である。ただ、「ダブル」の宮城が、なぜ沖縄のアイデンティティを選択しているのかは、結局作中では明らかにされなかった。ただ、宮城の「ダブル」の設定に関して、父親をアメリカ人ではなく、イギリス人としたのは、「沖縄」「日本」「アメリカ」という三つの要素のからまる展開が、沖縄を舞台にした小説、映画などでもしばしばみられ、決して新しい設定ではないこと、また宮城が、在沖米軍ボクシングヘビー級チャンピオンを叩きのめしたエピソードがあったことなどから、なかいまが慎重に考えた結果だと考えられる。
　宮城が「沖縄番長」となるエピソードは面白く設定されている。沖縄の小学校に入学した気の弱い宮城が、「がっぱい」が理由でいじめられたため、イギリス人の父親はそれを克服するために友だちとの「スキンシップ」を求める。その意味を、相手をプロレス技でねじふせることと勘違いした宮城は、「スキンシップ」で次々と友だち（実は子分）を増やしていく。そうとは知らないまま息子の指導者の素質を喜んだ父親は、大統領を目指すように助言するが、番長ということばを大統領と同義語と思い込んだまま、「沖縄番長」を目指すように諭す。宮城は、ケネディ米大統領の格好良さにも引かれて、「大統領＝番長」を決意、実行に移していくというものであった。
　そのような「怪力」の宮城を簡単にやっつけ、しかも人間的に引き付ける主人公のわたるは、宮城にとって大きな存在である。わたるを超えなければ真の「沖縄番長」にはなれず、したがって父の期待にこたえることもできない。つまりわたるは「父」を超えるためにも宮城に必要な存在なのだ。そのわたるを追って宮城が上京するこのマンガは、ある意味で宮城の「父」なるものとの戦いのために、物語が展開したとも言える。
　一方、宮城には、対戦相手の一風変わった選手に、奇妙な親近感をもつというメンタリティーがある。尖った頭（タッチュー）の巨漢選手には、小学生の頃、自分と同じように頭のサイズが原因でいじめの対象になったのではないかという思いをめぐらせる。このように「異形」の悲しみを共有する宮城のキャラク

ターは、ともすればスーパープレー続出、何でもありの、しかし、単調な野球マンガになってしまいがちな「わたる」を、ペーソスあふれる作品に引き止めている側面もあるのである。

　「わたる」の連載は、全国大会の決勝戦で東和台中学が沖縄代表の宮古島中学を破って優勝することで、物語の大きな区切りがついた。しかし、「わたる」は、異例の長期連載だったため、不用意に展開が途切れることもあった。例えばわたるの祖父母、宮城の恋人の花ちゃんなど、登場人物が動きだしそうで動かないままになった。また、いくつかの"謎"も残り、例えばわたるの家庭環境、とりわけ両親の存在も明らかにされていない。さらに、この作品は、そもそも主人公であるわたるが、何のために野球に打ち込んでいるのかが最後まであいまいなままで終った。確かに当初は、かわいいマネージャーに一目ぼれして野球部に入ったエピソードはあったが、その展開は早々と消えている。

　しかし、以上のような指摘は、単行本（コミックス）でまとめて読み返して気づくことであって、月刊誌を読んでいる読者には多分問題ではない。その「謎」となったさまざまな部分も、21年間の連載が終わってみると、「物語」の不完全さが、わたるや宮城のキャラクターに永遠の「生命」を持たせたようにも思える。

おわりに

　以上、「沖縄」という「場所」に注目してマンガ作品を論じてきた。しかし、そのことは、決して「沖縄」という場所を「特権化」することではない。なるほど、「沖縄」という問題設定は、少なくとも人文学、社会科学における複数の研究分野を横断していくそのダイナミックな動きにつながると考えられる。それは「沖縄」という「場所」の歴史経験や現在の政治的な状況に起因することがおそらく大きな理由である。けれども大切なことは、「沖縄」を語ることを通してさまざまな「場所」、あるいは現代を生きる私たちが直面している数々の問題系につなげていくことである。

　「沖縄学」の持つ脱領域を志向するある種の方向性は、マンガというメディアの「トランスナショナル」性とも類似している。戦争とマンガ、マンガと「他

者」表象、マンガと言語、マンガにおける身体表現などマンガ研究における研究テーマは、間違いなく人文学などにおける沖縄研究の関心分野とも大きく重なるだろう。

　「オキナワ・コミックス」は、1990 年代以降になってようやく学問の研究対象となった。評論は別にすると、日本におけるマンガ研究そのものも、最近ようやく研究のさまざまな環境が整ってきたばかりである。その展開の中で、「オキナワ・コミックス」の概念を導入していくことは、マンガを含むメディア文化の分析を大いに刺激する可能性を持っており、さまざまな研究が今後期待される。

（本浜秀彦）

コラム ジェンダー／セクシュアリティの構築と越境

ジェンダー越境の「不在」？

琉球・沖縄の歴史や文化について書かれた書物を読みながら、常々不思議に思っていたことがある。それは、同性間の性行為やそれに基づく親密な関係性についての、あるいは、現代で言うところのトランスジェンダーにあたるような性別を越境する人についての言及が見当たらないことである。日本や中国の史料には、物語を含め、男性同性間の性行為や性別を越境する人について多くの記述があることはよく知られており、そのことをテーマにした研究もおこなわれている。一方、琉球・沖縄の歴史について書かれるものには、そのような話が逸話レベルでも登場しない。とはいえ多くの人たちには、その「不在」はなんら不思議ではないのだろう。「記録がないのは、そういうことがなかったからに違いない」と理解するがゆえに。

しかしまず、記録がないことが即存在していないことを意味しないことは指摘しておかねばならない。例えば、現代の沖縄において、その地に住むゲイやレズビアン、トランスジェンダーの人のことが新聞など公的なメディアに書き記されるようになったのは、おそらくここ十年くらいのことだが、それ以前からも確実にそのような人たちは（自分も含め）存在してきた。むろん、そのような例を挙げてもなお、遥か古の記述の不在に関しては、当時は存在していなかったことが理由である可能性は否定できない。しかし私は、論理的に考えると、同性間の性的な関係や性別の越境が存在しないということはありえないと考えている。それは、それらの「原因」を遺伝子や脳に還元するような、生物学的本質主義的立場からの考えではない。むしろ逆の立場からの論である。

区分線が生む越境

ジェンダーは、その差異の根拠を何に求めようと、人をカテゴライズする作用である以上、言語的構築の結果である。それは、差異が存在する／しないとか、あるいは、差異が生得的なものか生育環境によるものかといった議論ではない。ある差異に基づいて、あるいはそれを（再）発見しつつ、「女」「男」というカテゴリーに分けることは、極めて文化的な行為であるということだ。文化によっては「第三の性」を意味するカテゴリーが存在しているということは、性をカテゴライズすることの文化性を明確に

示している。また、医学的に見ても、インターセックス（間性）と呼ばれる、女／男のどちらかに明確に振り分けられない体を持つ人たちが存在することも、線を引くことが文化的な行為であることを別の角度から証明していると言えるだろう。

　そして、そのように人びとの間に線を引くということは、不可避的にそれを越境する人を生み出す。それはまず、今述べたように、本来区分不可能な人が存在するということもあるが、それ以上に、カテゴリーが単なるラベルではなく、さまざまな意味の複合体であるという性質による。「男性の性的な欲望や思慕の念は女性に（女性のそれらは男性に）向けられるもの」という自然化された信念も、カテゴリーに付与された意味の1つだ。しかし意味というものがつねにそうであるように、それがあまねく人びとに浸透することはない。また、ある支配的な意味の配置があるとして、それがどんなに圧倒的なものであったとしても、それしか存在しないということはありえない。よって、支配的な枠組みにとっての越境は絶え間なく出現することになる。それは、その支配性を脅かしさえするだろう。だからこそ、支配的なジェンダーやセクシュアリティの枠組みもさまざまな装置を通してつねに構築されなければならないのだ。

ジェンダー越境への視点
　しかし、これまでの琉球・沖縄の研究では（その領域だけではもちろんないのだが）、全体としてジェンダー／セクシュアリティの枠組みを静態的な所与の存在としてとらえる傾向が強く、そのようなジェンダーやセクシュアリティの構築や越境といった視点が広く導入されてきたとは言い難い。もし、この視点を持って膨大な歴史資料に分け入るならば、今まで看過されていたものが意味を持って立ち現れてくることもあるだろう。むろん、性の越境に関して、史料のどこにも記録されていない可能性もある。しかしその際にも、なぜ琉球では、長らく中国や日本と関係を結んできたにもかかわらず、そのような越境について書き記されてこなかったのかという問いを抱きながら、歴史研究をおこなうことは十分に意味があることではないだろうか。そこから、琉球・沖縄のジェンダー／セクシュアリティについて新しい見方が生まれるかもしれない。また現代の研究でも、セクシュアルマイノリティの置かれている状況を視野に入れることが、ジェンダーやセクシュアリティをめぐる支配的な枠組みのあり方やその構築を考える上で重要であることは言うまでもないだろう。

（砂川秀樹）

Ⅳ 社会・政治

11

周縁社会の人の移動と女性の役割
──奄美・沖永良部島民のアイデンティティと境界性──

はじめに

　20世紀末以降のグローバル化による時間と空間の圧縮により、世界各地は相互関連のもとにおかれるようになった。だが、それと同時に「中心」と「周縁」の構造が顕在化し、政治、経済、文化などの支配体制はその力関係の不均衡から周縁社会に貧困や社会病理的なさまざまな問題を引き起こしている。近年、各分野で取り上げられるようになったアイデンティティの問題も、周縁社会にもたらされた問題の1つであろう。周縁にある沖永良部島の出身である筆者も、ある種のアイデンティティ・クライシスを経験し、アイデンティティの研究を始める契機となったのであった。それは、アメリカ留学中の体験である。
　1996年、サンフランシスコのジャパンタウン（日本人街）で沖縄系移民100周年祭が行われた。当時、筆者はジャパンタウンから程近い場所に住んでおり、祭りの日は自宅にいた。そして、耳に流れてくる沖縄の民謡に「血の騒ぐ」ような懐かしさを感じ、すぐさまジャパンタウンに出かけた。沖縄系アメリカ人の輪に入り会話をしている最中、筆者は沖縄のどこの出身であるかを聞かれた。筆者は「いえ、奄美の沖永良部島なんですけど」と答えたのだが、そのとき、自分には「オキナワン」あるいは「ウチナンチュ」ではない、という自覚があることを改めて認識した。沖永良部島は鹿児島県に属しており、「沖縄」という枠にくくられている意識はなかったからである。筆者は、「なぜ沖縄の人ではないのに流れてきた沖縄民謡に強い懐かしさを覚えたのか」と疑問に思った。その後、歴史を調べていくうちに、沖縄との共通性や自己のマイノリティ性の

可能性に気付き衝撃を受けるとともに、他の沖永良部島の人はどのようなアイデンティティをもっているのか興味が湧き、沖永良部島民のアイデンティティの研究をスタートしたのであった。

　沖永良部島は、沖縄島から多くの文化的影響を受けており、島民は文化的に沖縄に強い愛着をもつが、ウチナンチュとしての意識はない。また日本人意識が強いにもかかわらず、一方では本土の人をヤマトンチュと呼び区別する。島民が、本土と沖縄の両方に属しているようで、完全にはどちらにも属していないような曖昧で一見、矛盾したようなアイデンティティをもっているのはなぜなのか。[1]

　このような課題に対し、筆者は「境界性」という概念を導入した。沖永良部島は日本本土と沖縄島の間に位置し、双方からさまざまな政治的影響を受け、多くの帰属変更を余儀なくされてきた。その過程で形成されてきた「日本(ヤマト)／沖縄(ウチナー)」、「鹿児島(さつま)／沖縄(りゅうきゅう)」、「奄美(アマミ)／沖縄(オキナワ)」など複数の境界がオーバーラップする重層空間に位置する「境界の島」と、筆者は故郷である沖永良部島を捉えている。エドマンド・リーチは「すべての境界は、自然のままでは連続して切れ目のないところに切れ目をわざと入れた人工的な分断であり、また、この境界自体にそもそも内在する曖昧性が不安や紛争のたねとなる」[2]と述べる。沖永良部島の境界に内在する人々の帰属意識すなわちアイデンティティの曖昧性はいかなる様相であろうか。本稿では、上記の複数の境界のうち、「鹿児島／沖縄」の境界に注目する。

　以下では、政治の歴史が沖永良部島の人々のアイデンティティにどのような影響をおよぼしてきたのか、そのプロセスと実態を考察する。まず沖永良部島を概観し、本研究の学問的位置付けについて述べた後、沖永良部島が外的勢力に影響を受け始めた三山時代に遡り、島と外部社会を結ぶ人の移動とアイデンティティの関係を明らかにする。

1　筆者は、自己のアイデンティティの疑問に対する自分なりの回答として研究の成果を『境界性の人類学——重層する沖永良部島民のアイデンティティ』として2006年に出版した。本稿はその成果の一部を含む。
2　エドマンド・リーチ著『文化とコミュニケーション』(1981年)紀伊国屋書店、73頁より引用。

1　沖永良部島と境界性

沖永良部島は、奄美諸島南部にあり琉球弧のほぼ中央に位置する。鹿児島県に属しているが、文化的には沖縄との共通性が多く、一般に「沖縄文化圏」と捉えられている。面積は約93.63平方キロ、人口14,141人（2008年8月現在）の、隆起珊瑚礁からなる小さな島である。勤勉な態度で花卉栽培など農業に取り組む「花の島」であり、社会的安定を享受する静かな島である。しかし、その静けさには似合わぬダイナミックな歴史をもっている島でもある（図11-1）。

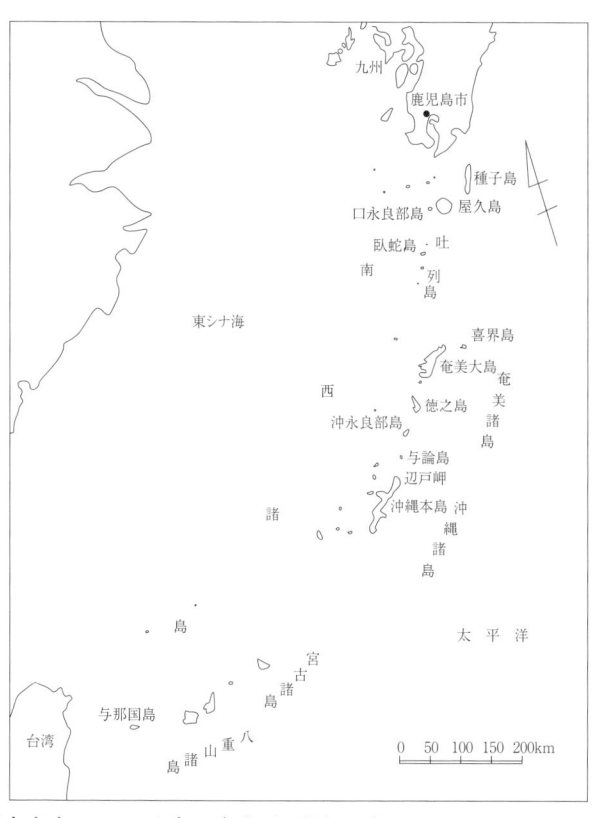

図11-1　沖永良部島の位置

14世紀以降の三山時代は北山王の勢力下にあり、15世紀初め三山が統一され王国が形成された後は琉球王国に属した。1609年の薩摩藩による琉球侵攻後は薩摩藩直轄領地となり、薩摩藩より使わされた役人が島を治めた。だがその一方で、中国からの冊封使登琉の際には琉球王国に対し食糧支援を行うなど琉球と薩摩への両属的な体制が続いた。明治期になり薩摩藩による代官政治は終わり、沖永良部島は次第に近代県政に組み込まれ、1879年には鹿児島県大

島郡の一部となった。第二次世界大戦後は、他の奄美諸島とともに鹿児島県から切り離され沖縄県とともに米軍施政権下に置かれた。その後「日本復帰運動」を展開し 1953 年には戦前と同様、大島郡の一部として鹿児島県に属することとなった。

　沖永良部島は、日本本土と沖縄の間にあり、政治の中心から離れた周縁に位置する。その帰属が双方の間で揺れ動いてきた「境界地域」といえる。奄美の境界性の研究は考古学や歴史学の分野でも注目を浴びているが、人類学においても近年重要性が高まっている[3]。それは、20 世紀末以降の人や情報や思想の活発な移動による急速なグローバリゼーションに伴い、文化の境界に曖昧さがみえ始めたことに起因する。それと同時に、文化の融合や新たな文化の生成という現象がおき、このような現象を従来のように、文化の境界が明確に閉ざされた体系として捉えることが困難になり[4]、境界を明確にした文化の枠組みが問い直されるようになったためである。それに対し、新たな枠組みの代替案として、「ディアスポラ」や「トランスナショナリズム」とともに注目されてきたのが、「ボーダー文化」の研究である。ボーダー地域では文化と文化が接触しあい、体系同士の融合が起きている。そこでは、「既存の文化が体系をなさず、さまざまな異種混交が行われている」[5]。例えば、フランスのアルザス地方は資源が豊富でライン川を利用した交通の要衝であったためドイツとフランスの間で獲得競争が繰り広げられてきた。一般には公用語としてフランス語が話されているが、ドイツ語の方言とされるアルザス語を話せる人も多い。また、アルザス料理は、ドイツ的であるが、必ずしもドイツ料理ではないと地元の人は主張する。アルザスの人々は、フランス国民であると同時にアルザス人であるという誇りももっている。帰属が揺れ続けたからこそ、どちらか一方の文化に融合されることなくこの地方固有の文化が育まれたのである。

　江渕一公は、「……複数の集団や範疇、もしくはそれらの境界領域に所属する人々の帰属意識はどのようなものなのか、これらの人々のアイデンティティ

---

[3] これを太田好信はカルチュラルスタディーズへの反応と指摘している（太田 2001: 38）。
[4] 太田好信著『民族誌的近代への介入』人文書院、2001 年、および床呂郁也『越境』2002 年を参照。
[5] 太田好信著『民族誌的近代への介入』人文書院、2001 年、38-39 頁から引用。

の二重性・多重性の可能性を理解する視点がグローバル化時代の文化研究においては不可欠となってきている」と述べる。江渕も指摘するように、ボーダー地域の研究では、しばしば人々のアイデンティティが問題になっている。例えば、グロリア・アンザルデュア（Gloria Anzaldua）は *Borderlands/ La Frontera* （1987）で、アメリカとメキシコの国境地域に住む人々の心理的境界を往来するアイデンティティを描き出している。

これまでのボーダー文化研究は、国境という境界、とくにアメリカとメキシコの国境地域が多く、それ以外のボーダー地域に関しては蓄積が十分とはいえない。とくに、沖永良部島のような国境以外の「重層的な境界」によって特徴づけられるボーダー地域の事例は少ない。よって本研究は、「ボーダー文化研究」という文脈において、沖永良部島の境界性の特徴を反映するアイデンティティの一事例として貢献できると考えている。

なお本研究は、参与観察、文献資料調査、インタビュー調査、質問紙調査の成果に基づいている。

2 政治権力のせめぎあいの歴史

沖永良部島が島外から政治的影響を受け始めたのは14世紀以降であった。沖縄が三山時代であった14世紀頃、沖永良部は北山（山北）王の勢力下にあり、沖永良部の祝女の姪オキヌルと北山王の間に生まれた真松千代が領主「世の主」として沖永良部島を治めたとされる。沖縄の万葉集といわれる『おもろさうし』のなかに、世の主に関する歌謡が4首所収されており、古琉球時代に

6　江渕一公『文化人類学――伝統と現代』放送大学教育振興会、2000年、318-319頁から引用。
7　その他にLinda Baschi他による *Nations Unbound* （1994）などがある。カルチュラルスタディーズの領域ではMae Henderson編の *Borders, Boundaries, and Frames* （1995）やHomi K. BhaBhaの *the Location of Culture* （1994）（『文化の場所　ポストコロニアリズムの位相』本橋哲也ほか訳、法制大学出版局、2005年）などがある。
8　アメリカとメキシコの国境地域の研究には、前述のアンザルデュアの他にAlvarez, Robert R. （1995） "The Mexico-US Border: The making of an Anthropology of the Borderlands" やBarry, Tom, Harry Browne and Beth Sims （1994）の *Crossing the Line: Immigration, Economic Integration, and Drug Enforcement on the U.S.-Mexico Border* がある。

記された貴重な文献となっている。『おもろさうし』は、12世紀から17世紀にわたって謡われた奄美、沖縄の島々の古謡ウムイを、首里王府が16世紀から17世紀にかけて再録し編集した歌謡集である。

　『おもろさうし』に収められた1554首の歌謡のうち、沖永良部島の歌は13首あり、その中で世の主に関する歌謡が以下の4首である[10]。

　　一　永良部世の主の　選でおちやる　能作　赤で百読の真絹　取てみおやせ
　　　　又　離れ世の主の　選でおちゃる　（第13－116）
　　　（永良部世の主、離れ世の主が選んでおいた芸事をやる人、赤頭部の若者たちよ、美しい絹を取って、世の主に奉れ）
　　一　永良部世の主の　御船　橋　しよわちへ　永良部島　なちやる
　　　　又　離れ世の主の　（第13－190）
　　　（永良部世の主が、離れ島の世の主が、お船を架け橋に給いて交易をし、永良部島を立派な島に成したことの見事さよ）
　　一　永良部世の主の　選でおちやる　土触れ　土触れや　世の主ぢよ　待つよる
　　　　又　離れ世の主の　金鞍　掛けて　与和泊　降れて　（第13－191）
　　　（永良部世の主が、離れ島の世の主が選んでおいた馬の群れの見事な事よ。馬の群れは、世の主をこそ待っているのだ。世の主は馬に美しい金鞍を掛けて、与和泊にお降りになったのだ）
　　一　永良部立つ　あす達　大ぐすく　げらへて　げらへ　やり　思ひ　子のため
　　　　又　離れ　立つ　あす達　大ぐすく　（第13－114）
　　　（永良部島に出発する長老たちよ、大きな城を造ってあげなさい、愛する王子のために）

　『おもろさうし』に描かれる沖永良部島は交易のため豊かであり、「永良部世の主」はその島主として讃えられている。中世の沖永良部島は、島外との交易を行い、世の主や当時の地方豪族の島外との活発な移動の様子が生き生きと表現されている。

9　『おもろさうし』は、古事記、万葉集、祝詞をあわせたものにあたる沖縄最大の古典でもある。オモロはウムイ（思い）が語形変化したものである。
10　訳は外間守善校注『おもろさうし』を参照した。ただし、最後の歌の訳は、先田光演『沖永良部島の世之主伝説』（1997: 31）がより適訳と考え先田の訳を参照した。

三山が中山王によって統一されると、北山王の支配下であった沖永良部島も琉球王国に組み入れられた。琉球王府より任命される地方官人としての最高職「大屋子」は、世の主の子孫が継承したと考えられる。永良部世の主の子孫は、居を直城にかまえ首里王府が任命する地方領主の官職「大屋子」を担っていたので「直城大屋（ノーシグスク）」と呼ばれていた。三山時代以後、琉球王国時代も、世の主の子孫の親族集団に権力は集中した。1609年の薩摩藩による琉球侵攻後、直轄領地となった沖永良部は、徳之島に設置された代官所の管轄下にあった。しかし、1690年に沖永良部島に代官所が設置され、薩摩藩から派遣された役人が直接島に滞在し統治するようになった。そのため、これまで、永良部世の主の親類縁者に集中していた権力は、次第に鹿児島系の人々に移っていった。

　鹿児島系の人々が権力を持つに至った背景には、薩摩藩役人と沖永良部島の女性との通婚による社会関係があった。藩役人との通婚が社会的地位向上のための手段として用いられたのである。薩摩藩より派遣された藩役人の詰所と仮屋は薩摩からの船の受け入れ口となった島の東部の港に隣接する場所（現在の和泊集落）に設置され、在任期間は、2年から4年で、ほとんどが単身であった。その間身の回りの世話をする女性が現地妻（アングシャリ）として官舎に住み、役人とともに丁重に扱われた。現地妻は藩役人の世話役として島民からの税で生活し、田畑を買い与えられたため、役人が薩摩へ帰った後も一生の生活を支えることができたと言われる。このように、アングシャリになると特権が多いため、「ナナウティグチヌ　ミジクディ　アングシャリニゲーシュン」（7ヵ所の湧き水の落ち口から浄水を汲んで神に捧げ、アングシャリに取りたてられるように祈願する）という諺もある。アングシャリのなかには大久保次郎右衛門（大久保利通の父）の島妻となった女性もおり、彼女は大久保との間に「マツ」という名の女児をもうけている。

　アングシャリにどのような女性がなり、どのようにして選出されたのかは大変興味深いが、史資料は極めて乏しい。そのような中、和泊に住む大福氏から興味深い口碑資料が得られた。まず、新たに役人が赴任すると各集落の有力者が娘を連れてアングシャリを希望し藩役人のもとに集まる。そして藩役人は、その中から一人指名し酒を注がせ、それがその女性をアングシャリとして指名した合図とされ、他の人々は去っていくのだという。大福家は鹿児島系出自と

代々言い伝えられており、先祖に藩役人として赴任してきた本田姓の藩役人のアングシャリになった人物がいたという。大福氏は、先祖でそのような容姿に優れた女性がいたことを誇りにした話として母より何度も聞いたという。

　藩役人の子ども（トンガナシグヮ）は、同じ薩摩系の血縁同士で姻戚関係を結ぶことが多かった。役人の子が娘であったら成人したのち、その後赴任した藩役人の妻になるというふうにである。

　藩役人と現地の女性アングシャリとの子は、正妻に嫡子がなく薩摩に引き取られることもあり、また薩摩で教育を受けるものもあった。例えば、戸長であった土持正照は、天保2、6、9年の3度沖永良部に藩役人として赴任した土持叶之穣と現地妻鶴の子であるが、鹿児島の正妻に嫡子がなく土持家に引き取られ薩摩の郷中教育を受けた。しかしその後正妻に嫡子が恵まれ土持政照は沖永良部にもどった。後に島の指導者となった土持は、薩摩での教育の成果も生かしたという。父親や夫など血縁関係者の多く住む本土鹿児島は、鹿児島系の人々にとって今よりもっと身近な存在であったろう。

　また、薩摩藩の直轄領として沖永良部島には薩摩から多くの「島流し」となった流罪人が遠島されてきた。奄美大島、徳之島も「島流し」の対象の地ではあったが、薩摩から遠い沖永良部島は、最重罪人が半永久的に薩摩には戻れない場所としての流罪地とされた。これらの流罪人のなかには、政治犯、思想犯と思われる学識の高い薩摩藩士が多く、それぞれ配流となった集落で、生活の糧のために塾を開いて島の子どもたちを教育している。島で結婚し、その後の一生を送った人物も少なくない。流罪人のなかには、島津久光の命に背いたことから流罪となり1862年に沖永良部島に来た西郷隆盛もいた。[11]

　西郷が沖永良部島に滞在したのはわずか1年半であったが、島の人々に与えた影響は大きかった。西郷が帰藩したのちも島の発展に貢献した人物として語り継がれ、島の人々に尊敬され続けている。また、史実として研究される他、

11　奄美大島で身を隠していた西郷は、桜田門外の変で薩摩藩の役割が重要となり、帰藩命令を受け1862年正月鹿児島へ戻った。公武合体実現のために上洛準備を進めていた薩摩藩主島津久光は、西郷に下関で待つように指示したが、久光より先に京へ上り尊皇攘夷派と接触したため久光の怒りに触れ1862年4月に徳之島に遠島されたが、久光の怒りはおさまらず、徳之島処分では刑が軽いと沖永良部島へ遠島し、さらに牢に入れることを命じた。1862年8月16日西郷は沖永良部島伊延港に到着した。

滞在中に島の人々と交流した西郷の人格や貢献に関するエピソードは、美談として語り継がれている。

西郷は、西南戦争で一時は逆臣とされたが、1987（明治20年）頃天皇により名誉が回復され、明治維新の立役者として日本の「偉人」として扱われるようになった。島民は西郷の残した痕跡を形にし、誇りとして大切にした。西郷の教えにより土持正照を中心に、1870（明治3）年に開設された社倉が、1899（明治32）年解散するにあたり、その貯えられた資金で、西郷が幽閉された場所を、町の史跡「西郷謫居之地」として整備し、西郷の教えを伝承した人物として土持正照と操坦勁の頌徳碑を建立した。1901（明治34）年には西郷の遺徳を偲び、西郷を祭神にした南州神社を建立した。1910（明治43）年には、寸暇を惜しんで勉励した西郷に見習い、島民は「これからは学問の世の中だ。全島民たがいに励ましあって勉強する沖永良部を建設しよう」と教育の振興と人材の育成を目的にした「南洲文庫」を設立した。[12] 1924（大正13）年には、当時和泊尋常小学校長であった玉江末駒が和泊町中心に教職員へ呼びかけ、「西郷隆盛上陸記念碑」を伊延港に建てた。玉江末駒は、藩政時代に沖永良部島へ赴任してきた大久保利通の父、大久保次右衛門と島妻の間に生まれた女児マツの子で、大久保次右衛門の曾孫にあたる人物である。

藩役人の子孫たちは、互いに通婚を繰り返しながら、代官所のあった和泊集落を中心に定住するようになったので、和泊集落とその隣接集落の手々知名集落は、鹿児島系の人々が多く住む地域となった。そして、藩役人である武士の子孫として優遇され、島役人にも取りたてられるようになり、「シュータ（主達）」と呼ばれる社会的地位の高い階層を形成するようになった。これらの人々は、島役人になることが多いことから、官公職に就いている人も指す言葉に転化し、現在でも役場に勤めている人をさしてシュータという言葉が用いられる。

社会上層部の発達の一方では、砂糖政策による重税などにより、税を払いきれず裕福な農家に身売りした債務下人（ニザ・ヤンチュ）となっていく人も増えていった。ニザ同士の間に生まれた子どもはヒダワシと呼ばれ、一生、奉公する家の労働力として使役され自由な生活は送れなかった。近世末期の沖永良部島ではこのように社会内部の階層化が進み、その中で和泊集落、手々知名集

12　和泊町編『和泊町誌——歴史編』和泊町教育委員会、1985年、22-26頁を参照。

落のシュータは沖永良部島社会の上層に位置したのであった。

　明治維新後、沖永良部島は日本の近代国家に鹿児島県の一部として組み込まれることになる。184年間存在した藩の役所は1875（明治8年）に廃止され、島の役人の最高の官職であった与人は戸長と改正された。藩役人の子孫は近世から夫役を免れ経済的にも恵まれ、知識層となり指導的役割を担った。全島は3地域に区分されそれぞれの長を戸長としたが、どの区域の戸長もシュータから選出されていたのである。島嶼町村制が布かれるまでの全島の行政は和泊・手々知名シュータによって運営されていたといえる。

　しかし、近世にはさまざまな特権があり、上層を占めていたシュータも、次第にその権勢を失っていく。シュータのなかには鹿児島に移住する家族も多く、人数が減少していった。また、和泊集落は港に近いため島外からの移住先にもなり、商店が集中する生活に便利な中心集落として他の集落の人が移住し始め、さまざまな人が住む地域となった。そのため「和泊・手々知名集落＝シュータジマ」という意識は次第に薄れていく。また明治以降の、地租改正、教育の普及などにより社会格差は徐々に平準化され、多くの人が能力に応じ社会的上昇が可能になった。その手段が本土で高い教育を受けることで、教員や医師など社会的地位のある職に就くことであった。しかしながら、シュータの権力が完全に消滅したわけではなく、現在でも経済力を背景に、多大な政治的発言力をもっているシュータも存在するのである。

3　アイデンティティへの影響

　これまで述べてきたような政治の歴史は、島民のアイデンティティにどのような影響を及ぼしているのか、以下考察する。

　明治以降、社会の上層にあるシュータ集落を中心とする和泊町は、知名町に対し「島の中心である」「進んでいる」との優越意識をもつようになり、和泊町VS.知名町という競合関係も生んでいる。それは、平成期における市町村合併問題で、さまざまなしこりを露見させた。さらに、鹿児島系の人々が多く住むシュータ層によって運営されてきた和泊町民は、概して鹿児島に帰属意識をもつ傾向にあり、シュータ権力から離れた知名町民は概して沖縄に帰属意識を

もつ傾向にあるということも指摘できる。筆者が2001年8月から2002年1月までに行った島民600人に対する質問紙調査にもその意識の違いが現れている。質問項目の1つである「市町村合併問題について、あなたの属する町はどこに属するべきだと思いますか？」という問いに「1　沖縄県に属するべきである」、「2　どちらかといえば沖縄県に属したほうがよい」と沖縄よりの帰属意識を示す回答をした人は、和泊町には44.2％、知名町には62.6％存在した（図11-2参照）。また、「3　どちらかといえば鹿児島に属したほうがよい」「4　鹿児島に属したほうがよい」と鹿児島よりの帰属意識を示す回答をした人は、和泊町は、55.8％で、知名町は37.3％であった。和泊町と知名町の合併は行われることはなく、鹿児島県のままであるが、新たな道州制導入の議論の中、やはり沖縄か鹿児島かで島内の意見も分かれるのである。外部勢力による政治支配の歴史は今日の和泊町民と知名町民の沖縄と鹿児島に対する親近感や帰属意識の違

図11-2　質問紙調査資料1

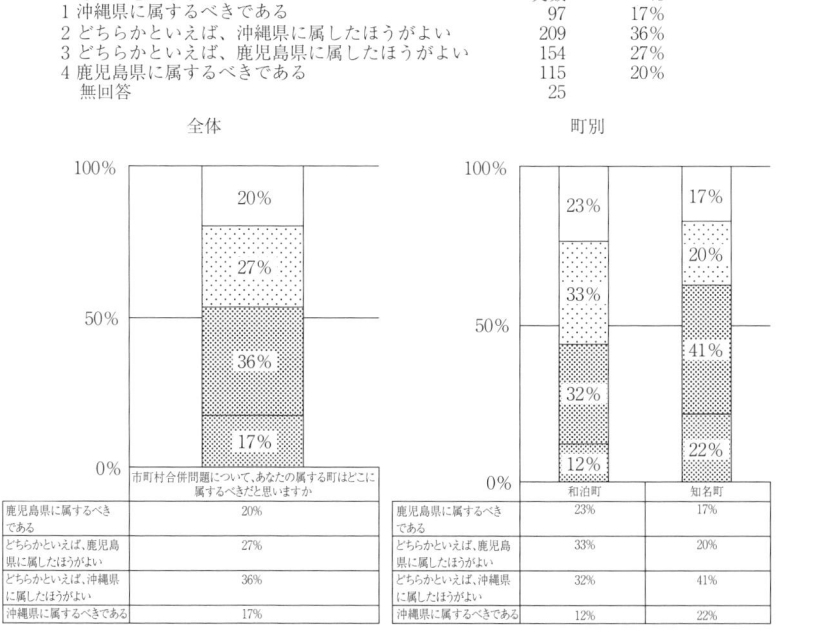

問　24 市町村合併問題について、あなたの属する町（和泊町あるいは知名町）はどこに属するべきだと思いますか？

	実数	%
1 沖縄県に属するべきである	97	17%
2 どちらかといえば、沖縄県に属したほうがよい	209	36%
3 どちらかといえば、鹿児島県に属したほうがよい	154	27%
4 鹿児島県に属するべきである	115	20%
無回答	25	

全体

市町村合併問題について、あなたの属する町はどこに属するべきだと思いますか	
鹿児島県に属するべきである	20%
どちらかといえば、鹿児島県に属したほうがよい	27%
どちらかといえば、沖縄県に属したほうがよい	36%
沖縄県に属するべきである	17%

町別

	和泊町	知名町
鹿児島県に属するべきである	23%	17%
どちらかといえば、鹿児島県に属したほうがよい	33%	20%
どちらかといえば、沖縄県に属したほうがよい	32%	41%
沖縄県に属するべきである	12%	22%

いも生み出している。

　沖永良部島は、沖縄と鹿児島の間に位置し、政治の中心から勢力拡大のための対象となった。その政治の影響の副産物として、沖縄系、鹿児島系の権力者層の子孫が存在している。そして、この地に根ざしている祖先崇拝にも支えられ、現在でも彼らの先祖の出自は基本的なアイデンティティのよりどころとなっている。沖永良部の島唄「アンマメグワヮ」には「シンスウガディカラカミフトゥキウガミヨ　アティニスルナヤヨ　カミトゥフトゥキ（先祖を拝んでから、神仏をおがみなさい　神仏をあてにしてはいけない）」と、島民の先祖に対する信仰心が歌いこまれている。

　質問紙調査結果にも、出自が沖縄、鹿児島への感情的愛着や親近感の一例として現れている（図11-3）。例えば、「全国高校野球の試合では、沖縄県代表と鹿児島県代表の野球チームのどちらを応援しますか」という問いの回答者600人全体の集計結果では、沖縄県代表と答えた人が29.3％、鹿児島県代表が27.3％、両方が40.5％、どちらでもないが0％であった。出自別のクロス集計をしてみると、沖縄系出自を示した人の53.8％が沖縄県代表と答え、11.5％が鹿児島県代表、両方と答えた人が34.6％であった。また鹿児島系出自を示した人の中で、40.9％が鹿児島県代表、19.7％が沖縄県代表、39.4％の人が両方と

図11-3　質問紙調査資料2

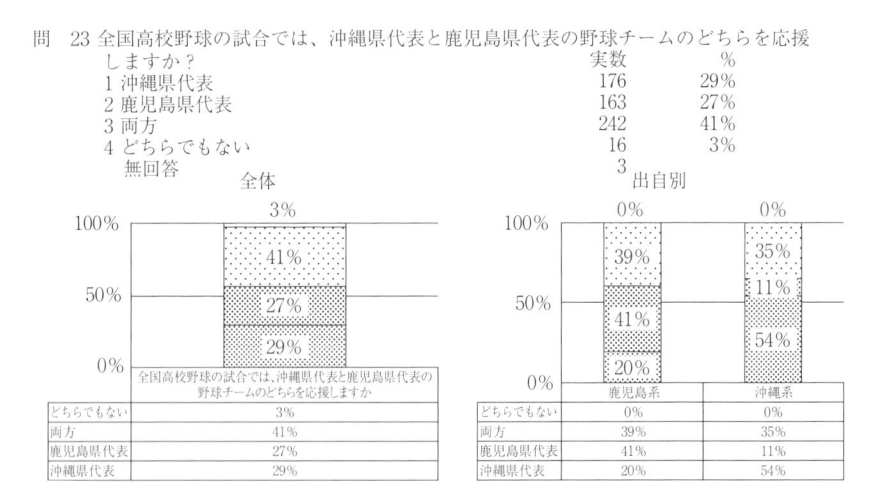

問　23　全国高校野球の試合では、沖縄県代表と鹿児島県代表の野球チームのどちらを応援しますか？

	実数	％
1　沖縄県代表	176	29％
2　鹿児島県代表	163	27％
3　両方	242	41％
4　どちらでもない	16	3％
無回答	3	

全体

どちらでもない	3％
両方	41％
鹿児島県代表	27％
沖縄県代表	29％

出自別

	鹿児島系	沖縄系
どちらでもない	0％	0％
両方	39％	35％
鹿児島県代表	41％	11％
沖縄県代表	20％	54％

答えている（図11-3）。行政上、鹿児島県に属してはいても、それが、帰属意識や感情的愛着を決定づけるとは限らないのである。

　出自は、人々のアイデンティティを形成する要素になっており、その出自に基づくアイデンティティは沖縄あるいは鹿児島への帰属意識に関係性がみられる。だが、文化的な親近感と出自との関係を考察すると、沖縄系と鹿児島系の出自や町別にかかわらず、多くの沖永良部の人が文化的には沖縄に強い愛着や親近感をもち、「エラブは沖縄文化である」との考えをもつ人が圧倒的である。出自によるアイデンティティは祖先の出自として沖縄あるいは鹿児島に対する帰属意識の重要な部分を占めるが、沖縄文化の色濃い沖永良部島で生まれ育った人々にとって、文化化の過程で培われた文化的なアイデンティティは出自によるアイデンティティとは必ずしも同質ではない。政治の歴史とは別に、沖永良部島にはその地域における文化の歴史がある。薩摩藩直轄領になった後も、そして鹿児島県に行政的に組み入れられた後も、沖永良部島は沖縄島から芸能文化をはじめ多くの文化的影響を受け続けていたのである。

4　人の移動と女性の役割

　沖永良部島は日本社会からみても周縁にある小さな島であるが、その小さな島を中心に中世からの歴史を概観しても、外部社会から隔絶されてはおらず、むしろ外部社会との関係から成り立っており、人の移動も流動的であった。交通の便が発達していない当時、沖永良部島の人が自由に島を往来することは難しかったが、近世、薩摩藩の直轄領地という状況から、島を監視するために絶えず薩摩からは藩役人が移動してきており、現地妻との間に子孫を残してきた。薩摩藩からの役人の就退任や主な出来事を記録した「沖永良部島代官記系図」には、1690（元禄3）年から1873（明治6）年までの184年間に93人の代官を含む544人の派遣藩役人の名が記されている。また同書には、流罪人の人口が、慶應元年には79人、明治2年には46人と記録されている。沖永良部島には絶えず「鹿児島の血」が流れ続けてきたのである。祖先崇拝の盛んな沖永良部島で、祖先の出自が島民のアイデンティティに影響するのも納得できる。

　他の奄美諸島と比較して沖永良部島の特徴といえることは、歴史的に外部か

らの力に対して反発ではなく、調和に取り組んできた点にあるのではないかと考えられる。沖永良部島は小さな島で人口も少なく、外部の大きな力に対し抵抗しても、損こそすれ徳は少ないと考えた指導者たちが、外部との関係を上手く運んで沖永良部島を守る策をとっていたのでは、と推測できる。沖永良部島は琉球王国への服属も早く、王府による「喜界島征伐」「奄美大島征伐」といった記録はない。そして薩摩藩直轄領地となった後でも、徳之島の「母間騒動」など他島でみられるような権力への反乱の事件がきわめて少ない。幻の島唄「アンマメグヮ」の歌詞には、1609年に薩摩藩が沖永良部島に上陸した際、島の指導者たちが上手くとりなし血を流さずに平穏に和睦をしたという歴史が詠いこまれている。また島内で藩役人の現地妻となることも、さほど否定的には捉えられていなかったようである。沖永良部島と同様に代官所が設置されていた奄美大島や徳之島でも島妻となった女性は存在したが、これらの島では現地妻になることを避けるために若い女性を山に隠したという言い伝えもある。また、奄美民謡中屈指の名曲といわれる「むちゃ加那節」は母娘の悲劇が歌い込まれているが、その歌詞のなかにも島妻となることへの否定的観念が読み取れる。藩政時代奄美大島近くの加計呂間島に生まれた美しい女性「うらとみ」は、「現地妻に」という代官の要求を断り、その報復を恐れ島を離れ喜界島に漂着した。そこで結婚してうまれた「むちゃ加那」も母親に勝る器量であったが、島の娘たちの嫉妬にあい海で溺死してしまった、という内容である。他方、沖永良部島には「ヨーチイレー」など藩役人を称えた唄が残っている。島唄として歌い継がれてきた民間伝承には、知識人によって記録された史資料に勝るとも劣らない庶民感情の真実味が含まれている。このように島ごとに残された島唄の歌詞をみても、それぞれの島で、藩役人との通婚に対する社会的意味付けも異なっていたに違いない。沖永良部島では島の有力者たちが娘の通婚を通じて藩役人と親密な関係をつくり、島を守るため便宜を図ってもらうという策があったのかもしれない。藩役人が赴任の任期を終え薩摩に戻った後も、妻子のいる島に圧制を強いるのはしのびないと考えるであろうと感情的な側面から考えられた策の可能性もある。島の言葉で現地妻のことをアングシャリというが、「アングシャリ墓」と呼ばれる墓も屋者集落、瀬利覚集落、下平川集落、芦清良集落にあるという。筆者が確認した屋者集落の「アングシャリ墓」(図11-4参照)

は、俵家の祖先のアングシャリとなった人のものであるという。子孫である奥山ツル（87歳：大正12年生）によると、そのアングシャリは一般の人と同じ墓に葬ることができない身分だったため、他に墓を設けたのだという。現在は、墓を含む土地一帯を手放すに当たり供養しなくてもよいように沖縄からユタを招き「魂を渡した」という。

図11-4　アングシャリの墓

筆者撮影。

　アングシャリになった女性たちは、「南海の孤島」である沖永良部島と外部社会を繋ぐ架け橋として重要な役割を担っていたのである。
　通婚に対する肯定的な考え方にも反映しているが、薩摩に対する沖永良部島民の柔軟な姿勢は、外部勢力にしばしば直面してきた島民の戦略であるともいえる。人口も少なく、武力の備えもない沖永良部島民は勝ち目のない争いや、それによる損失を避け、過去に固執せず肯定的な姿勢で新しい時代を受け入れ、友好的な態度で島民への考慮を促してきたのではないだろうか。時代を積極的に受容していく柔軟性は、沖永良部島の伝統行事の消滅の速さにも、「進取の気性」といわれる島民性にも通じている。

おわりに

　近代の空間の中で成立し、固定化された制度的境界である国境は、世界各地に張り巡らされていったが、20世紀末以降は、人やモノや情報などが境界を越え流れる、いわゆるグローバリゼーションが今度は境界を曖昧にしていく。しかし、人の移動の流動常態は近年のグローバル化に伴う新規な現象では必ずしもなく、永良部世の主の交易や薩摩藩役人の島への赴任や島役人の上国、登琉など人の流れは中世、近世でも動態的であった。
　そのような中で形成された「鹿児島／沖縄」の境界は、「薩摩／琉球」の政

治権力のせめぎあいという政治の歴史と深く関連していた。その歴史的産物として、与論島と沖縄島の間には鹿児島県と沖縄県の境界線が引かれている。だが、政治の歴史が残したものは行政上の境界だけではなく、沖永良部島という小さな島の内部にも痕跡を残していた。島には、人の移動により鹿児島系及び沖縄系出自の人々が生活しており、彼らは、祖先を、自らと外界をつなぐかけ橋として記憶し、アイデンティティの拠り所として大切にしてきたことがわかる。それは、歴史に翻弄された結果というよりは、歴史に柔軟に対応してきた島民の「適応戦略」の結果といえるのではないだろうか。

　沖永良部島は、歴史的に琉球王国時代、薩摩藩直轄領時代、国民国家編入、そして戦後は米軍統治下時代と外部勢力の支配下におかれ、さまざまな帰属の変更を余儀なくされてきた。構造化されたシステムのなかに幾重にも周縁化された地域なのである。そして、そこに住む島民の重層的なアイデンティティは、その構造的結末である、と導き出すことができる。

　一見、矛盾したような重層的なアイデンティティは、周縁に、あるいは境界に位置することを運命づけられた人々にとって普遍的である。グローバル化時代といわれる今日、それに伴う人々の帰属の曖昧性からくる心の不安定さからであろうか、アイデンティティは心の拠り所としてますます重要性を増している。

(高橋孝代)

コラム 「さんぴん茶」から見える沖縄の「伝統」

さんぴん茶とは

　沖縄では、普通の緑茶よりも、さんぴん茶と呼ばれるジャスミン茶がよく飲まれている。さんぴん茶は沖縄のお茶屋さんで売られているだけでなく、スーパーやコンビニでも缶やペットボトル入りで販売されており、沖縄の日常生活のなかに深く浸透していることがうかがえる。

　この「さんぴん」という言葉は、じつは沖縄語ではない。「さんぴん」は台湾語に由来する。さんぴん茶は台湾語では「香片茶（シアンピエンチャー）」のこと。これが沖縄にもたらされてから、「さんぴん茶」へと発音が変化していったと考えられる。

　さんぴん茶の語源が台湾語にあることからもわかるように、沖縄と台湾との間では長らく交易が盛んにおこなわれてきた。終戦後まもない時期から那覇の平和通り商店街で商売を行っていた沖縄出身の古老は「お茶は内地からも仕入れていたけれど、台湾からもたくさん仕入れていましたね。やっぱりですね、距離が近いし、当時はモノがないんでどこからでもモノを引っ張ってきさえすれば飛ぶように売れましたからね」と語る。他方、沖縄で長らく生活する台湾人の長老も「（終戦）当時は、モノさえあればとにかくよく売れたからよく市場に卸に行ったね。沖縄の人がさんぴん茶を飲むようになったのは我々の影響が大きいと思うね」と復興期の沖縄を回想する。

さんぴん茶と沖縄の伝統

　コンビニなどで売られている缶やペットボトル入りのさんぴん茶のなかには、メーカーによって「沖縄伝統の味」、「沖縄の伝統茶」といったキャッチフレーズがシーサーのイラストと一緒に印刷されている。また、「健康・長寿県を取り戻そう」といったキャッチフレーズが印字されていることもある。つまり、直接的であれ、間接的であれ、さんぴん茶は沖縄の歴史や伝統に強く結びつけられているのである。

　ところがさんぴん茶は、上に述べたとおり、

沖縄のスーパー・コンビニで販売されているさんぴん茶

筆者撮影。

もともとは輸入品である。現在でもその多くは沖縄で生産されている訳ではなく、海外から輸入されている。このことから、「さんぴん茶は、本当は沖縄の伝統とは言えないんじゃないの？」と思う人がいるかもしれない。伝統とはある地域の中で生み出されるものだと考えれば、よそから取り寄せたさんぴん茶は伝統の名に値しないように思えるからだ。伝統というものは、一般的なイメージとして、昔から変わらずに続いているもので、その土地にしかないものとして多くの人は捉えているだろう。

しかし厳密に起源をたどってみると、伝統とは、他の土地から伝わってきたものであることが多い。台湾では「香片茶」と呼ばれているジャスミン茶が、沖縄に伝わると「さんぴん茶」として、やがて伝統への道をたどるようになったのである。

沖縄で生活する台湾華僑の多くはさんぴん茶を沖縄の伝統とは思っておらず、「台湾人が持ってきたモノ」と考えている。これとは対照的に、沖縄の人びとはさんぴん茶を沖縄の伝統として認識していることが多い。また、さんぴん茶を沖縄の伝統として認識している人の多くは、筆者が聞き取り調査を行った範囲では、その由来を知らないことが多かった。つまり、さんぴん茶を沖縄の伝統と考えるか、考えないかはさんぴん茶の由来を知っているか、いないかに強く影響されているのである。

この調査の結果から「さんぴん茶を沖縄の伝統と考えるのは思い込みだ」と指摘することはたやすいが、すべきことではない。むしろ、伝統というものがその由来やはじまりを忘れるところから成り立っていることにこそ注目して欲しい。自分が生きている社会の伝統について、その由来をすべて知っている人間などいないし、そのようなことは不可能である。しかし、こうした事例を学ぶことを通して、「自分は何かに対して思い込みをもって生きているのかもしれない」と自分自身を相対化してみつめる視点をやしなうことはできる。また国境で隔てられた二つの地域に、歴史的な深いつながりを見いだすこともできる。

沖縄学と台湾学をむすぶ

台湾と沖縄は地理的に近いだけでなく、文化的にも似ているところがたくさんある。しかしさんぴん茶のように、沖縄で広く愛飲されていても、その背景にある台湾との関係は見えにくくなっているのが現状だ。沖縄学を学ぶことは、沖縄に目を凝らすことだけではなく、むしろ、沖縄を通して世界へと目を転じることでもあるだろう。沖縄学と台湾学を結ぶこともこれからの課題である。

（八尾祥平）

12

「集団自決」と沖縄戦
―― 戦場における「国民道徳」と「従属する主体」――

はじめに

　沖縄戦は、決して過ぎ去った過去の出来事ではなく、つねに「現在の問題」として問われつづけている。その最たる例が、沖縄戦の中で起こった「集団自決」と呼ばれている出来事である。

　沖縄戦は、「戦後沖縄の思想と行動の原点」[1]といわれてきた。1974年に刊行された『沖縄県史』の沖縄戦記録2の総説で、歴史学者の安仁屋政昭氏は、「戦争体験は、県民の戦後史に大きく投影していること、その意味で、それは、沖縄戦後史の思想的原点」[2]と記しているが、いまもなお、こうした状況は変わっていないようである。

　私は、この言葉の真意を、2007年9月に沖縄で開催された県民大会に参加することで体感した（図12-1）。この大会については、「本土」でも大きく報道されたので、ニュースや新聞などを通して知っている人も多いだろう。11万人以上が参加したこの県民大会で問われていたことこそ、「集団自決」をめぐる問題であった。

---

[1] 嶋津与志『沖縄戦を考える』ひるぎ社、1983年、105頁。
[2] 安仁屋政昭「庶民の戦争体験記録について」『沖縄県史』第10巻（沖縄戦記録2）、沖縄県教育委員会、1974年、1103頁。

1　教科書検定と「集団自決」

図12-1　2007年9月29日の県民大会の様子

筆者撮影。

　この県民大会より半年ほどさかのぼる2007年3月下旬、2006年度の文部科学省（以下、文科省）の教科書検定結果が公表された。そこで、2008年から使用される高等学校用日本史教科書の沖縄戦に関する記述から、「集団自決」に関する重要な要素が削除されることが明らかになった。1970年代以降の沖縄戦に関する研究の蓄積を通して、「集団自決」の背景に、日本軍の存在があり、日本軍による強制と誘導があったことが明らかにされてきたのにもかかわらず、教科書から「集団自決」における軍の命令や強制を明示する部分が消されようとしたのである。5社7冊の日本史教科書の該当部分が、「沖縄戦の実態について誤解する恐れがある」として修正意見の対象となった。

　たとえば、東京書籍の『日本史A』では、申請前の原文で「日本軍がスパイ容疑で虐殺した一般住民や、集団で『自決』を強いられたものもあった」とされていた部分が、「『集団自決』においこまれたり、日本軍がスパイ容疑で虐殺した一般住民もあった」と変更を求められた。この改変の過程で消えてしまったのは、「日本軍」という「集団自決」における責任主体である。文科省が、「集団自決」における日本軍の行為責任を抹消しようとした政治的意図は明白であろう。

　詳しくは本章注27に挙げた文献を参照していただきたいが、教科書検定をめぐる問題は1982年にも発生していて、そのときは、沖縄戦における日本軍の住民虐殺が争点となった。上の記述では、日本軍の住民虐殺までは否定され

ていないが、それは、1982年に沖縄県民が一丸となって日本政府に対し抗議運動を展開し、教科書に住民虐殺に関する記述を取り戻した成果なのだということを記憶に留められたい。

　2007年の教科書問題においても、上記の検定結果に対して、沖縄県内で大規模な抗議運動が展開された。同年6月22日には、沖縄県議会が、全会一致で検定意見撤回を求める意見書を可決、6月28日までに、沖縄県内の41全市町村が検定意見撤回要求を決議、7月11日には、県議会で2度目の意見書が可決されたのにもかかわらず、文科省は検定意見を取り下げなかった。そして、9月29日、一連の抗議運動は「教科書検定意見撤回を求める県民大会」へと結実したわけである。この流れの中で、60年以上の沈黙を破り、新聞やテレビなどで、家族にすら語ったことのないみずからの体験を初めて公にした「集団自決」の体験者も少なくない。[3]

　県民大会後、文科省は、各教科書会社に訂正申請を提出させ、最終的に日本軍の「関与」を示す記述を認めた。しかし、沖縄の人びとが求めた検定意見の撤回も、軍の強制を明示する記述の回復もなされていないままである。たとえば、先に挙げた東京書籍の教科書では、最終的に「日本軍によって『集団自決』においこまれたり」となったが、原文の「強いられた」と比べてみると、明らかにトーンダウンしている。訂正申請においては、「日本軍が強制した」などとして、「日本軍」と「強制」を直接つなげる表現は認められず、「関与」といったレベルでの記述に限定されたのである。

　「集団自決」とは、住民たちが主体的に選択した結果としての死ではなく、限りなく強いられたものであったことを看過してはならない。沖縄戦に関する多くの研究が明らかにしてきた通り、それは、「日本軍や戦争体制によって強要された死」[4]であった。軍隊という組織を統轄していたのは、いうまでもなく日本という国家であり、その最高責任者は統帥権を有する大元帥としての天皇であった。作家の大江健三郎氏が指摘しているように、日本国－日本陸軍

───────────────
3　2006年のミス・ユニバース日本代表に選ばれた知花くららさんのおじいさんもその一人である。NEWS ZEROのサイトで、2007年8月10日に放映された番組を視聴することができる（https://a1.ssl.dai2ntv.jp/blog/zero/chibana/）。
4　林博史『沖縄戦と民衆』大月書店、2001年、156頁。

図12-2　沖縄戦の戦闘経緯

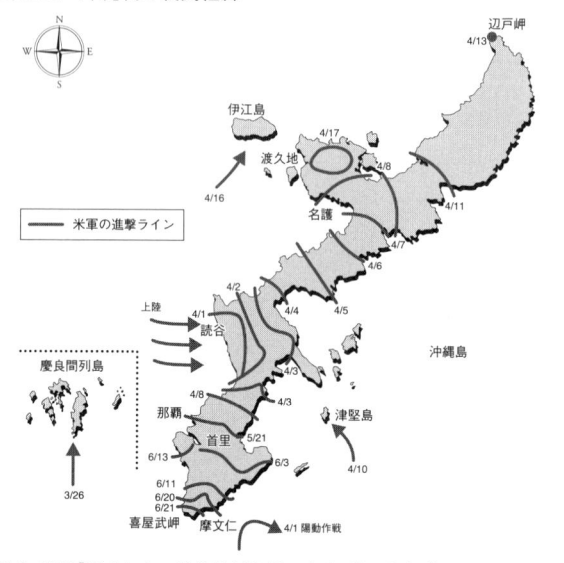

出典：拙著『死者たちの戦後誌』（御茶の水書房）より転載。

－第32軍（沖縄守備軍）－現地守備隊－住民へと連なる「タテの構造」の中で、「集団自決」は起こるべくして起こったといえるだろう。「集団自決」とは、国家ならびにその暴力機構としての軍隊の戦争責任が問われる問題領域なのである。

その「タテの構造」の最末端に位置する住民たちは、「集団自決」という「すでに装置された時限爆弾としての『命令』」を待つ受動的な存在に過ぎなかった。その「時限爆弾」を踏むという行為の一点において、一見自律的な行動にみえるため、長い間、その事態は「自決」という言葉で表現されてきたのである。しかし、私たちは、その「時限爆弾としての『命令』」が、国家によって、いかに準備されてきたかを直視しなければならない。近年では、軍や国家という責任主体を明確化するために、「強制的集団自殺」（ノーマ・フィールド氏）や「強制集団死」（石原昌家氏）といった用語も提唱されている。

これらの言葉で明確化されるように、「集団自決」における日本軍の強制性は否めない。そのことは間違いない事実であるが、一方で、歴史学者の林博史氏が指摘しているように、「日本軍による直接の殺害や壕追い出しによる死と

5　大江健三郎「視座・沖縄ノート　大江健三郎陳述書(12)」『沖縄タイムス』2007年12月21日。
6　ノーマ・フィールド（大島かおり訳）『天皇の逝く国で』みすず書房、1994年、75-76頁。
7　以下などを参照。石原昌家「書き換えられた沖縄戦――『靖国の視座』による沖縄戦の定説化に抗して」『世界』767号、岩波書店、2007年7月号。

は異なって、住民がみずから死を選択したかのような事態を生み出したことは、それ自体として別に考えなければならない問題」でもある。後述するように、「集団自決」は戦後になって広く用いられるようになっていった言葉であるが、この言葉の使用者が「自決」と表現せざるをえなかった、戦争当時の人びとの内面の問題もまた見過ごすことはできない。

　本章では、国家総動員と呼ばれる戦時体制の中で、「集団自決」へと追いやられた人びとが、どのような内面を形づくられていったのか、「玉砕」や「戦陣訓」をキーワードとして考えていく。その前に、沖縄戦がどのようなものであったのか、沖縄住民の立場から簡単に沖縄戦の経過を振り返っておこう。

2　住民にとっての沖縄戦

　図12-2の戦闘経緯にそってたどっていくが、沖縄戦は、1945年3月26日、沖縄島（沖縄本島）に先だって、慶良間諸島への上陸とともに、本格的に開始された。慶良間諸島は、大小20余りの島々からなり、行政区分上は、渡嘉敷島を中心とする渡嘉敷村と座間味島を中心とする座間味村に分かれている。これらの島々の中で、米軍上陸直後に、主に渡嘉敷、座間味、慶留間の3つの島の各所で「集団自決」が起こった。これらの島々の「集団自決」による死者数は、渡嘉敷が300人以上、座間味が130人以上、慶留間が53人といわれている。

　1945年4月1日、沖縄島の中部西海岸に米軍が上陸する。翌日には、上陸地点から1キロメートル余りのところにある読谷村のチビチリガマと呼ばれるガマの中で、その中に避難していた地元住民83人が「集団自決」した。ガマというのは、沖縄の言葉で自然洞窟を意味するが、沖縄戦中、陣地壕や病院壕、軍民の避難壕などとして使われた場所である。

　米軍は、上陸後すぐに中部の飛行場を占領し、数日で東海岸へと達し、沖縄島を南北に分断した。北に向かった米軍は、4月20日ごろまでに北部全域を制圧する。北部に配置されていた日本兵は、敗残兵（指揮系統が機能していない兵隊）と化し、山中に立てこもってゲリラ活動を展開した。このゲリラ戦の最

8　前掲『沖縄戦と民衆』56頁。

中で、米軍と接触したり、軍の意に添わない行動をとったりした民間人は、住民に対する猜疑と蔑視を増幅させた日本兵により「スパイ」扱いされ、拷問死・虐殺死を遂げている。日本兵が、米軍に保護された住民を襲撃して虐殺する事件も多発したが、その実態は、食糧や物資の強奪であった。北部の避難民は、米軍の砲爆撃、飢餓、マラリアに悩まされただけではなく、日本軍からも身を守らなければならなかったのである。

　一方で、上陸地点から南へと向かった米軍は、激しい日本軍の抵抗により中部戦線において足止めを余儀なくされ、直線距離で5キロメートル程度を進むのに40日以上もかかる激戦へと突入していく。米軍は、どこに向かっていたかといえば、日本軍、すなわち第32軍の司令部がある首里であった。第32軍は、ちょうど首里城の地下に司令部壕を構築して、その中で指揮を執っていたのである。ちなみに、首里城は沖縄戦で完全に破壊されて、現在あるのは戦後復元されたものである。

　5月末には、第32軍司令部は首里を放棄して、南部の喜屋武半島の摩文仁方面へと撤退する。ここは、まさに運命の分かれ道であった。首里で戦争を終結させていれば、多くの住民が戦闘に巻き込まれないで助かったであろうことは、住民の戦死者の半数以上が、南部撤退後の6月以降に集中していることからも推察できる。その死者の中には、日本軍によって直接的・間接的に死へと追いやられた人も少なくない。住民たちは、米軍の無差別攻撃を避けなければならない一方で、日本軍による暴力行為からも身を守らなければならなかった。日本軍が、避難場所や食糧を奪って住民を危険地帯へと追い出したり、軍の意向に従わない住民を「スパイ」の嫌疑で虐殺したり、「集団自決」を強制・誘導したり、ガマの中で泣き叫ぶ赤ん坊を口封じのために殺害したりといった事件が多発したのである。[9]

　沖縄守備軍の司令官であった牛島満は、「最後迄敢闘し悠久の大義に生くべし」という軍命（すなわち、玉砕命令）を出して、一切の降伏を禁じたうえで、6月23日（22日説も）、摩文仁の丘の頂上付近で参謀長とともに自決する。こ

9　そのような中で、日本兵が住民をどうみていたのかについては、以下の元日本兵による証言を参照されたい。内海愛子他編『ある日本兵の二つの戦場――近藤一の終わらない戦争』社会評論社、2005年。

れにより、実質的に日本軍の組織的戦闘は終結したのであるが、それ以後も数ヶ月にわたってゲリラ戦がつづくこととなり、軍民の死傷者をいたずらに増加させていった。沖縄戦における沖縄県民の戦死者は、沖縄戦開戦前の沖縄県の人口約60万人の4人に1人とも5人に1人ともいわれる膨大な数である（「本土」出身兵の戦死者は、6〜7万人）。牛島司令官が自決した6月23日は、「慰霊の日」と呼ばれる沖縄戦のメモリアル・デイとなっているが、それ以後も戦争状態がつづいたことから、その日を「沖縄戦終結の日」とみなすことには異論もある。

　以上、駆け足で沖縄戦における住民被害の概要を示したが、注意しなければならないのは、現在知られている「集団自決」は、実際にあったことのほんの一部だということである。「集団自決」というのは、文字通り集団の全員が死んでしまうことであるので、生き残りがいなければ当然記録に残らない。日本兵による住民虐殺も、被害者がすべて殺害されてしまえば、後世に伝えられることはない（戦後になって、加害者が証言した例もあるが、とてもまれなケースである）。とくに戦況が混乱をきわめた南部では、誰にも知られないで、ガマの暗闇の中で、みずからや家族の命を絶たざるをえないまでに追いつめられたり、日本兵に殺されたりした人びとがたくさんいた。

　沖縄戦の体験から、沖縄の人びとは、「軍隊は住民を守らない」という教訓を引き出す。すなわち、「根こそぎ動員」（男女・年齢を問わない全島民の戦力化）と呼ばれるほど軍隊への協力を迫られたうえ、「友軍」と呼ばれ信頼された日本軍が、この島を守りに来たといいながら、自分たちを守るどころか結果的に殺す側に回ったことを決して忘れてはいないということなのである。

　それでは、軍隊は、いったい何を守るために沖縄へと派遣されてきたのであろうか。日本軍の沖縄作戦の目的は、沖縄を「守備」することにも、沖縄に住む人びとの生命を守ることにもあったのではなく、米軍の日本「本土」への侵攻を遅らせ、「本土決戦」のための時間稼ぎをすることにあった。すなわち、日本軍は、「軍官民共生共死の一体化」（軍人・公務員・民間人は生きるも死ぬも一緒とする軍の方針）の国家総動員体制のもと、最初から「玉砕」することを方針としており、戦闘員だけではなく民間人に対しても、捕虜になることを許さず、「玉砕」を強いていたのである。それにより果たされようとしたことは、「国体の護持」（天皇を中心とした国家体制の存続）にほかならない。

何もこれは結果論ではなく、1945年1月の「帝国陸海軍作戦計画大綱」により、すでに大本営の方針として決定されていたことであった。「皇土特に帝国本土を確保する」ことを目的としたこの計画では、沖縄は、「帝国本土」にあらず、「本土防衛の為縦深作戦遂行上の前縁」と規定されたうえで、切り捨てられたわけである。「沖縄守備軍」とは名ばかりで、その実は、沖縄島に展開された「帝国本土」守備軍であったといえるだろう。沖縄戦が、「捨て石作戦」と呼ばれるゆえんである。
　第32軍が、首里で戦闘を終わらせず、喜屋武半島方面に撤退したのも、南部に自然洞窟が多数存在し、持久戦に適した条件が整っていたからである。そのために多くの住民が犠牲になるであろうことは一顧だにせず、司令部は、「最後の一人まで、そして沖縄の島の南の崖、寸尺の土地の存する限り戦い続ける」という指令を出し、「本土決戦」のための時間稼ぎの役目に徹しようとした。この本土防衛を優先させた戦略的判断の結果は、軍隊が、住民の命を守るためではなく、国家体制を守るために存在するのだということを教訓として残したのである。

3 「集団自決」と表象の不可能性

　「集団自決」は、沖縄以外でも、アジア太平洋戦争末期の旧南洋諸島（サイパン、テニアン）やフィリピン、または、日本の敗戦後の旧満州などで発生した[10]。アジア太平洋戦争中、「集団自決」が起こった地域は、いずれも日本軍が「玉砕」と呼ばれた全滅状態におちいった地域である。「玉砕」地の中には、日本人の移住者が居留していた場所も多く、多くの民間人が戦闘に巻き込まれたうえ、「集団自決」へと追い込まれた。あとで説明するが、戦争中、そして戦後しばらく、「集団自決」は、この「玉砕」という用語で表現されていたことに留意しておいていただきたい。
　「集団自決」は、インターネットで知り合った他人同士の集団自殺と同じような、単なる集団での同時発生的な自殺行為だと一般に理解されているようで

10　前掲『沖縄戦と民衆』169-173頁。

ある。しかし、実際は、言葉に「自決」を含んでいる以上、矛盾しているようであるが、「自殺」や「自決」といった言葉で単純に括れるような事象ではない。渡嘉敷島における「集団自決」を生き残った体験者（当時12歳）の証言をみてみよう。

図12-3　座間味島における「集団自決」の死者の年齢別・男女別内訳

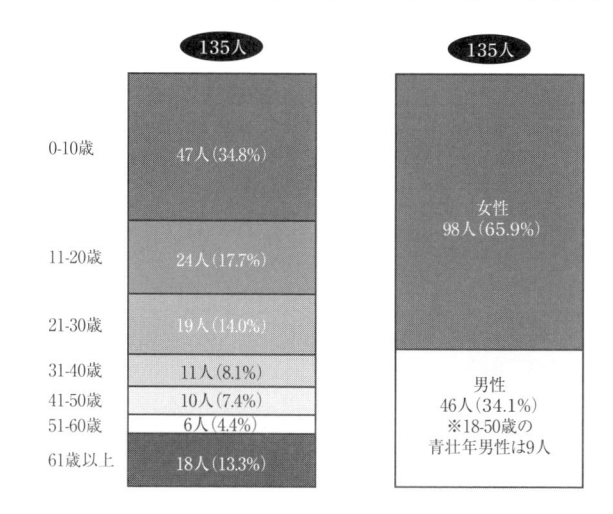

0-10歳	47人 (34.8%)
11-20歳	24人 (17.7%)
21-30歳	19人 (14.0%)
31-40歳	11人 (8.1%)
41-50歳	10人 (7.4%)
51-60歳	6人 (4.4%)
61歳以上	18人 (13.3%)

135人

女性 98人 (65.9%)
男性 46人 (34.1%)
※18-50歳の青壮年男性は9人

135人

出典：以下を参考に筆者作成。
琉球新報社編『沖縄のうねり』琉球新報社、2007年、9頁。

　自決するのは、女、子供の数が多かったと思います。ナタやクワを持って「エイッ」と声をかけながら、わが子をなぶり殺すもの。向かい合い、包丁やカミソリで首を切りあうもの。身ごもっている婦人の腹を、二マタのクワでえぐって殺している場面もあった。ヤマナタでわが子を打つ母親、棒でわが娘をメッタ打ちにしている父親。逃げる子供を追いかけて、棒で打ち殺しているおじいさん。多量の血をあびながら泣き叫ぶ子供たち。[11]

　ここでも、「自決」という言葉が選ばれているとはいえ、その実態は、ほとんど「自決」と呼べるようなものではなかった。「集団自決」は、後述するような背景的な要因をさておいて現象的にみれば、「肉親同士の殺し合い」[12]であった。より正確にいうと、それは、「殺し合い」といった相互行為的なものではなく、家長に近い位置にある者による殺害であったことに注意する必要がある。

11　潮編集部「生き残った沖縄県民100人の証言」『潮』146号、潮出版社、1971年11月号、120頁。
12　安仁屋政昭『沖縄戦のはなし』沖縄文化社、1997年、21頁。

たとえば、座間味島では、135人が「集団自決」により亡くなっているが、その内の83％が、女性と子ども（満12歳以下）であった（図12-3）。直接の殺害執行者は、概して家長に近い位置にある男性やその配偶者だったのである。乳幼児はその親や年長の家族によって、女性や体力の劣った老人は壮年の男性によって命を奪われている。犠牲者の中に乳幼児が少なくなかったことからも、「集団自決」という言葉が、「みずから決断して自分の生命を絶つこと」（広辞苑）という「自決」の一般的な語意を裏切っていることがわかるであろう。

　住民たちは、身の回りの道具を用いて、自分自身や家族を死にいたらしめようとした。日本軍が配付した手榴弾は、「集団自決」の道具として一般的であったが、多人数を同時に殺害するほど十分には行き渡っていなかった。粗製濫造のため、不発の手榴弾も多かったようである。その代わりに、包丁やカミソリなどの生活用具、カマやクワなどの農具、青酸カリや殺鼠剤などの毒薬、棒、石、縄といったありとあらゆるものが利用された。他に、避難していたガマの中で布団や衣類などに火を付けたり、崖から飛び降りて集団での死を試みたケースもある。

　以上のような死の様相を聞かされて、「心中」という言葉を思い浮かべた者もいるだろう。しかし、この言葉も、「自決」同様、この出来事の本質を浮かび上がらせるためにふさわしい言葉とはいえない。たしかに、「肉親同士の殺し合い」という側面のみに注目したとき、ある程度「心中」という状況に重ね合わせることができるかもしれないが、その言葉を使った瞬間にみえなくなることもある。それは、「集団自決」が、「『天皇の軍隊の強制と誘導』によって肉親同士の殺し合いを強いられた結果」[13]であることを見過ごしてしまう可能性である。

　「自決」という言葉で表象され、「肉親同士の殺し合い」であり、それゆえ「心中」のような、しかも強制された死でもある──一見矛盾に満ちているようで、どれもが「集団自決」と呼ばれる出来事の一側面にほかならない。と同時に、どのような言葉で括ってみても、何か大事なことを取り落としてしまったような戸惑いを覚える。私たちは、つねにそれが既存の言葉ではとらえきれ

13　前掲『沖縄戦のはなし』21頁。

ない事象であるということを忘れないでおこう。

4 「玉砕」という死のイメージ戦略

　前述したように、現在「集団自決」と呼ばれている出来事は、戦時中や戦後しばらくの間、「玉砕」という言葉で表現されていた。「玉砕」とは、中国の『北斉書(ほくせいしょ)』の中にある「大丈夫寧可玉砕何能瓦全」（男の中の男は玉のように砕けて死ぬべきであり、瓦のように平凡な人生を長らえてはならない）という記述に由来する。この一節を原典として、「玉砕」は、1943年5月、アリューシャン列島のアッツ島の日本軍守備隊が全滅したときに初めて、大本営により「全滅」の婉曲語法として用いられるようになった。以後、日本の敗色が濃厚になる中、太平洋地域の島々を日本「本土」に向けて伝うように日本軍の「玉砕」が相次いだが、その最終的局面が多くの住民を巻き込んだ沖縄戦だったということである。

　「玉砕の思想」のエッセンスは、死の全面的な肯定、死の最大限の美化にある。「玉砕」という〈美しい〉死に方と「瓦全(がぜん)」という〈美しくない〉生き方が対比されている。〈有意味な死〉と〈無意味な生〉への振り分けと言い換えることもできるだろう。死と生のコントラストを極限にまで高めて、一方の価値（玉砕）を持ち上げ、他方（瓦全）を貶めようとするレトリックである。

　「玉砕」は、たんに軍隊の全滅状態を言い換えるために用いられたわけではない。「玉砕」が状況説明的な言葉ではなく、人びとを積極的に、天皇のため、国家のために死ぬことへと動員する行為遂行的(パフォーマティブ)な言葉であったことに問題の核心がある。

　「集団自決」で135人が亡くなった座間味島でも、太平洋戦争開始直後から「玉砕の思想」の浸透が図られていった。1942年1月より実施された毎月8日の「大詔奉戴日(たいしょうほうたいび)」（太平洋戦争開始記念日）には、忠魂碑(ちゅうこんひ)前に村民が集められ、皇居の遥拝(ようはい)、「君が代」や「海ゆかば」の斉唱、開戦の詔勅(しょうちょく)（天皇が意思を表明する文書）の朗読、戦死者を顕彰する儀式などが行われた。村民たちは、そうした儀式や総力戦体制下における日々の諸実践の中で、村の指導者や在郷軍人から戦時下の日本国民としての「あるべき心得」を学び、「"鬼畜"である米兵に

捕まると、女は強姦され、男は八つ裂きにされて殺される。その前に玉砕すべし」といった具体的な指示を通して、「集団自決」への道筋をつけられていったのである。[14]

「玉砕」は、「戦場ではかように死ぬべきである」というモデルであり、死のイメージ戦略であったといえるだろう。このことは、ラジオの大本営発表で「玉砕」が報道されるたびに、「海ゆかば」という軍歌がテーマソングのように必ず流されたことからもわかる。天皇のために死ぬことを最高の美徳として称揚するその歌詞に明らかであるが、この歌は、「玉砕」という死の作法の歌謡による表現であった。そして、この国家的な死の理想像は、多くの住民が戦闘に巻き込まれたサイパンや沖縄の戦場において、「集団自決」という1つの死の具体像として焦点を結んだのである。

まさに沖縄戦は、「玉砕」思想の集大成といえるものであった。「集団自決」以外にも、ありとあらゆる「玉砕」の変種が沖縄戦にみられる。沖縄は、「特攻」攻撃（自己の死を前提とした体当たり攻撃）の舞台でもあった。航空機による「特攻」の多くは、九州方面などから沖縄近海の米艦戦に向けて行われたものであったし、有名な戦艦大和も、「水上（海上）特攻」として沖縄へと向かう途中で撃沈されたのである。陸上での「特攻」は、「突撃」や「斬込み」などと呼ばれた。ただし注意したいのは、これらの「軍人」の「玉砕」はいずれも、死を前提としていたとはいえ、一応は攻撃として解釈されていたということである。それが、いかに無謀な自殺的行為だったとしても、彼らは戦闘行為というコンテクストの中で死んでいったのである。

5 戦陣訓、「国民道徳」、主体化＝従属化

よく「玉砕」の思想的背景になったものに、「戦陣訓」があるといわれる。戦陣訓とは、1941年1月8日に当時の東条英機陸軍大臣によって発令された軍人の行動規範である。何十項目にもおよぶ訓令だが、敵の捕虜になることを禁じた「生きて虜囚の辱を受けず、死して罪禍の汚名を残すこと勿れ」の一

14　宮城晴美『新版 母の遺したもの――沖縄・座間味島「集団自決」の新しい事実』高文研、2008年、97-98頁。

節があまりに有名である。この一節が、軍人だけではなく、広く一般国民にも流布することによって、それ以前から軍人にあった捕虜になることを恥とする感覚が、より先鋭化され、国民化されていった。戦時下の国民学校の生徒は、これを暗唱させられたようである。

　この戦陣訓を忠実に実践した結果が「玉砕」ということになるのだが、紙に書かれた訓令はそれだけではただの訓令にすぎない。戦陣訓は、人びとを外側から拘束する法ではなかった。それでは、戦陣訓が法律ではなく何であったのかといえば、道徳のようなニュアンスを有するものとして人びとの内面へと直接にはたらきかけるものであったということができるだろう。

　戦陣訓のほとんどの事項が、「べし」という助動詞や「勿れ」などのタブーの語法（〜しなければならない、〜してはならない）によって形成されているように、それは人びとの内的規範を涵養（かんよう）するものであった。憲法、刑法、民法などの法律と比較してみても、これが特異なものであることがわかる。戦前の日本には、「国民道徳」や「国民精神」という言葉があったが、人びとの死への動員が、法律のような強制力をともなう実体的な力の行使だけではなく、「道徳」や「精神」といった限りなく観念的な次元でも（むしろ後者においてより巧妙に）試みられていたことに注意しなければならない。平時における「国民道徳」の代表が「教育勅語」（1890年に明治天皇の名で発布された国民教育の基本理念）であったとするならば、戦陣訓は、戦場における「国民道徳」として構想されたといえるだろう。

　戦場化した沖縄では、戦陣訓が軍人ならびに一般住民の行動指針（内的原理）となった。ここには、自発的に何かをさせようとする権力の意志がみられる。フランスの思想家ミシェル・フーコーは、こうした作用のことを「規律＝訓練」（discipline ディシプリン）と呼んだ。

　このような権力のはたらきのもとで行為者が何かをなしたときには、何かを「させよう」とした権力の存在は、すでに／つねに不可視化されている。権力は、そこに非在ないし潜在的であるがゆえに、思うままにその力をふるうことができるのだ。権力をわが身の裡（うち）に棲まわせる（内面化する）ことが、ディシプリンの特徴にほかならない。

　この権力の内発的なはたらきは、他者のまなざしを意識しつづける主体の成

立をもって可能となる。戦陣訓の「生きて虜囚の辱を受けず」の訓示を例に挙げれば、その直前のフレーズにあるように、「郷党家門の面目」(同郷の人びとや一族)という銃後のまなざしが喚起されることによって、総力戦体制下の国民の間に「辱」という感覚が涵養されていった。まさに、国民は、「郷党家門」というその身体がつながれている時間と空間からのまなざしに拘束され、統御される内面を形づくられていったといえるだろう。

　行為者みずからも、そしてその行動を観察する者もみな、その行動が完全に主体的かつ自発的なものであると確信しているがゆえに、かかる行為者は「従属する主体」(sujet, subject) と呼ばれる。フランス語でも英語でも、「主体」という言葉は、形容詞として使われる場合に、「服従」や「従属」の意味合いを含んでいる。subject は、名詞として「臣民」という意味でも用いられる。フーコーは、この権力との自己同一化の過程を、主体化＝従属化 (assujettissement, subjectivation) という概念でとらえようとした。すなわち、この一連の主体化の果てには、服従＝従属の度合いが強ければ強いほど、ある行為を行ったことが今ここにいる「私」の意志と解釈される逆接があるのである。

　そのような主体化＝従属化の極限として、「集団自決」を考えることができるだろう。沖縄のジャーナリスト・新川明氏は、「集団自決」について、「惨虐はたんに、外在的な加害→被害としてあったわけではなく、みずからの内なる惨虐としても存在した」[15]と述べている。新川のいう「みずからの内なる惨虐」こそ、主体化＝従属化の悲劇の結果と言い換えることができる。そこにこそ、戦後になって「自決」と表象されたこの出来事の宿命的なジレンマがあるといわざるをえない。

　戦陣訓が、「国民精神」をかたどり、「皇民」(＝臣民) が戦場において〈なすべきこと〉と〈なさざるべきこと〉のバリエーションを身につけるにつれ、このような主体化＝従属化が進行していったのだと考えられるのである。そして、実際に国土が地上戦の戦場になったとき、「すでに装置された時限爆弾」が起爆したかのように、家族に手をかける主体が立ち上がったといえるのであ

15　新川明『反国家の兇区——沖縄・自立への視点』社会評論社、1996 年、367 頁。

る。戦場は、天皇を頂点とし、守備隊の隊長を現前とする家父長的権威[16]に対する「服従の精神実践の極致を発揮すべき処」(戦陣訓)であった。沖縄戦以後、連合国軍が着々と「本土」へと迫りつつある中、「玉砕」という言葉は、爆発的なインフレーションを起こし、「一億玉砕」「一億特攻」といったスローガンのもと、「全体の為己(おのれ)を没(ぼっ)するの覚悟なかるべからず(全体のために自己を犠牲にする覚悟がなければならない)」(戦陣訓)と全国民に「共死」を強迫させていったのである。

6 「恐怖」という感情

　以上をまとめると、住民たちは、外と内から「集団自決」へと追い込まれていったことがわかる。外というのは、日本軍の存在に代表される物理的な強制力のことであるが、内とは、権力の内発的なはたらき、すなわち、主体化＝従属化のプロセスのことである。この内発的なはたらきは、「恐怖」という感情を喚起させることが多いようである。作家の大城将保(まさやす)氏は、「人びとを自決へと"暴走"させた直接の、そして最も強烈なインパクトは『恐怖』ではなかったかと思われる。目睫(もくしょう)に迫ってきた敵に対面したとき、狂気に達するほどの恐怖観念が人びとを支配したであろうことは容易に想像できる」[17]と述べているが、その恐怖は、突発的な感情ではなく、長い時間をかけて準備されてきたものであった。
　戦時下の国民は、「鬼」「鬼畜」といった言葉を使った国家主導のイメージ戦略によって米兵に対する極端な恐怖を育まれていた。このような人びとの内面に形成された恐怖は、「鬼畜」によってもたらされるであろう「残酷な死」を想像させ、捕虜になることを自発的に忌避させ、相対的にマシであるとみなされた家族によってもたらされる死(＝「集団自決」)へと人びとを誘導したのである。かつて私は、その「残酷な死」をめぐる「共同幻想」がジェンダー化されていたことについて論じたことがある。人びとは、米兵に捕まると、女は強姦され、男は去勢されるという恐怖にとらわれていた。詳しくは、拙稿「〈強姦〉

16　「集団自決」と家父長制との関わりについては、以下参照。宮城晴美「『同化政策』の結末──沖縄・座間味島の「集団自決」をめぐって」『マイノリティとしての女性史(近代を読みかえる1)』三一書房、1997年、19-55頁。

17　前掲『沖縄戦を考える』、228頁。

と〈去勢〉をめぐる恐怖の系譜」[18]をお読みいただきたい。

　一方で、その「鬼」がみずからの内なる「鬼」から生まれた恐怖であることについても指摘しておかなければならない。「米鬼」に対する恐怖が肥大した背景には、日本軍がアジア各地で行った現地住民に対する残虐行為（虐殺、強姦、掠奪など）があった。[19] 沖縄の住民たちは、中国などでの戦争を体験した沖縄出身の元軍人や軍属、そして、1944 年夏以降に中国戦線などから沖縄各地へと配備された日本軍兵士などとの個人的交流の中で、日本軍がアジア各地で行った残虐行為を聞かされていた。住民たちが米軍に対して抱いた恐怖は、単なるデマの結果というよりも、「沖縄にアメリカ軍が上陸してきたら、私らはアメリカ兵に日本軍が支那人にやったような目に会わされるんではないか」[20]といった証言にみられるように、先例にもとづいたものであったことを見逃してはならない。[21]「米鬼」という鏡に投影されていたのは、アジア各地における日本軍の所業であったということである。

　戦争中は渡嘉敷島で中隊長を務め、戦後は陸上自衛隊で戦史を教えていた元軍人による次の発言が、この問題を考えるにおいてヒントになる。

　　沖縄戦は明治以来、外地ばかりで戦争してきた日本軍が、はじめて経験した国土戦でした。戦争がはじまる前に国土戦のやり方を決めておくべきだったが、それがなかったので、外地の戦場でやってきた慣習をそのまま国土戦に持ちこみ、沖縄戦の悲劇がおこったのです。[22]

　この発言に端的に表されているように、沖縄戦は、「外地の戦場でやってき

18　北村毅「〈強姦〉と〈去勢〉をめぐる恐怖の系譜──『集団自決』と戦後の接点」『世界（沖縄戦と「集団自決」）』774 号（臨時増刊）、2008 年 1 月号、32-40 頁。
19　以下などを参照。屋嘉比収「沖縄 ガマが想起する沖縄戦の記憶」『現代思想』28 (7)、青土社、2000 年 6 月号、114-125 頁。前掲「『同化政策』の結末──沖縄・座間味島の『集団自決』をめぐって」。前掲『沖縄戦と民衆』。
20　玉栄ヤス「マーランで避難」（沖縄県教育委員会編）『沖縄県史』第 10 巻（沖縄戦記録 2）、沖縄県教育委員会、1974 年、848 頁。
21　沖縄戦体験記録集には同様の証言が散見されるが、以下に抜粋されている。前掲『沖縄戦と民衆』、116-119 頁。
22　『朝日新聞』1978 年 12 月 27 日。

た慣習」がそのまま持ち込まれた戦争であった。その「慣習」の中には、日本軍が「外地」でやってきた残虐行為も含まれているのであろう。実際、沖縄戦がはじまる前には、「外地の戦場でやってきた慣習」のかずかずが語られることにより、住民たちはそれらを米軍から自分たちに加えられるであろう暴力に重ね合わせた（それが杞憂ではなく、ある程度現実化したこともまた事実である）。そして、米軍を前にして人びとの恐怖は臨界に達し、「集団自決」へと追い込まれていった。さらに、沖縄戦では、「外地」同様、自国民に対する日本軍による虐殺、掠奪、強姦が頻発したことも記憶に留めておく必要がある。それもまた日本のアジアに対する加害の延長にあったことはいうまでもないだろう。防衛隊として召集されたある体験者は、次のように証言している。

> 兵隊たちを見ると、これがどうだ。軍物資を持ち出せる立場の者が、これで女を"買う"んだよ。商売女じゃない、後家やら娘やら追い回して、断られたら強姦しよる。アメリカ兵じゃない、その前の日本兵だよ。わしは思うんだが、友軍の連中は、朝鮮とか台湾とかへ進駐したときと同じ気分で、植民地の人間みたいに沖縄人を見ておったんだな。[23]

沖縄に持ち込まれた「慣習」は、それが語られることとそれが再現されることによって、二重の意味で沖縄に被害をもたらしたのであった。その意味で、これまでの沖縄戦研究が明らかにしている通り、「集団自決」を「日本の侵略戦争が生み出した一つの帰結」[24]として、「『日本国民』の東アジアへの『加害』が『日本国民』である沖縄県民の『被害』へとつながった」[25]事例としてとらえることの意義は大きいように思われる。

あわせて、「生きて虜囚の辱を受けず」の禁制を破ることで、国民共同体、より具体的には故郷や家族の一員であることから排除される恐怖があったことも指摘しておきたい。それは、捕虜になることが「辱」とみなされることから誘発される恥の感覚と表裏一体なのであるが、「非国民」扱いされることへの

---

23 佐木隆三『証言記録沖縄住民虐殺——日兵逆殺と米軍犯罪』新人物往来社、1976年、38頁。
24 前掲『沖縄戦と民衆』、173頁。
25 前掲「沖縄 ガマが想起する沖縄戦の記憶」、121頁。

恐怖であり、みずからの根(ルーツ)を絶たれることに対する恐怖であった。その上、「アメリカの捕虜になると日本軍が一族まで死刑にすると上等兵や下士官から脅されていました」[26]といった沖縄戦体験者の証言にみられるように、捕虜になると家族に害が及ぶことを覚悟しなければならない現実もあった。いわば、戦場へと動員された人びとは、国家によって家族を人質にとられていたのである。

　以上のように、国家が主体となって作り上げた恐怖のシステムは、人びとを戦場へとつなぎとめる効果を最大限に発揮していたといえるだろう。

7　「集団自決」と裁判

　最後にまた、「集団自決」をめぐる現在の問題へと戻る。この章の冒頭で取り上げた2006年度の教科書検定における修正意見の根拠とされたのが、ある裁判であったことについて触れておきたい。それは、2005年8月に提訴された、作家の大江健三郎氏と岩波書店を被告とする訴訟（通称「大江・岩波裁判」。以下、「『集団自決』訴訟」）である。問題は、文科省が、この当時係争中の民事訴訟の一方（原告側）の主張にもとづいて、「集団自決」に関する記述の「修正」を求めたということにある。教科書検定は、建前上は学問的な定説を採用することが原則となっているが、むしろそうではなく学究的判断以外の要素に左右されるものであることがこの件を通して公にされた。以下で、この教科書検定に影響を与えた裁判の特徴についてみていこう。[27]

　「集団自決」訴訟は、座間味島と渡嘉敷島における「集団自決」が争点になっている。原告は、戦争当時、座間味島の戦隊長であった梅澤裕氏と、同じく渡嘉敷島の戦隊長であった赤松嘉次氏（1980年死去）の実弟・赤松秀一氏である。このふたりの原告は、大江氏の著作『沖縄ノート』と故家永三郎氏の著作『太平洋戦争』（どちらも岩波書店刊）の中で、梅澤・赤松元隊長が「集団自決」命令を発したと書かれたことで「名誉」を傷つけられた、両隊長の軍命はなかっ

26　南風原町史戦災調査部会編『照屋が語る沖縄戦』南風原町史編集委員会、1994年、68頁。
27　沖縄戦における「集団自決」は、家永教科書裁判第3次訴訟（1984年〜1997年）でも争点の一つとなっている。詳しくは、以下の文献を参照。石原昌家・大城将保他著『争点・沖縄戦の記憶』社会評論社、2002年。

たと主張し、被告側に両書の出版停止や慰謝料の支払いを求めている。それゆえ、原告側は、この裁判を「沖縄集団自決冤罪訴訟」と呼んでいるのである。2冊とも1970年前後に初版が刊行された本であるが、それから35年も経って、突然これらの本の「集団自決」に関する部分が訴えられたということになる。

　この裁判では、原告も被告も「本土」の人や出版社であり、裁判官も双方の弁護士もやはり「本土」の人である。しかし、沖縄平和ネットワークの鈴木龍治氏が指摘したように、「そこで争われている事柄はまぎれもなく沖縄そのもの」であることを見過ごしてはならない。[28] 沖縄のことが、沖縄から遠く離れた法廷の中で、沖縄の人たち以外によって審判されることの異様さに、私たちは気づくべきではないだろうか。沖縄のことが、沖縄の意思を無視して、沖縄の外で論じられ決定される構図は、日本復帰や米軍基地問題をめぐる日米間の政治交渉においても繰り返されてきたものである。沖縄を埒外において外側から沖縄（のこと）が問題化される「沖縄問題」の構造を、この裁判も有しているといえるだろう。

　そもそも、それ以前もそれ以後も座間味・渡嘉敷の「集団自決」について記述した本は無数にあるのにもかかわらず、この2冊だけが訴えられたことが不思議である。大江氏と家永氏の著作は、それまでの調査や研究が明らかにしてきたことを、ただ事実として書いただけなのである（しかも大江氏の著作は隊長の実名を挙げていない）。そこから、この裁判が、当事者の意志だけではなく、ノーベル賞作家や大手出版社をターゲットとした何らかの政治的な意図をもって提起されたものであることが察知される。

　この裁判における原告側の支援団体をみてみよう。沖縄集団自決冤罪訴訟を支援する会、自由主義史観研究会（以下、「自史研」）、新しい歴史教科書をつくる会、靖国応援団、昭和史研究所などが名を連ねている。中でも、「自国の歴史を貶める、いわゆる『自虐史観』から脱却し、健康なナショナリズムにもとづく歴史研究と歴史授業の創造を目指して、日々活動」（同会ホームページより）している「自史研」は、提訴前から「沖縄プロジェクト」と称する「集団自決」に関する活動を進めており、支援団体の中核をなしている。こうした団体に関

28　鈴木龍治「第3回口頭弁論傍聴報告」『沖縄戦と基地――沖縄平和ネットワークの軌跡』沖縄平和ネットワーク、2008年、177頁。

わる支援者のはたらきかけにより、裁判は支援者や弁護団の先導・主導で進められたようである。[29]

　原告側の弁護士である徳永信一氏は、2008年9月9日の高裁における口頭陳述において、「世間の耳目を集める訴訟が個人の権利回復に止まらず、より大きな政治的目的を併有していることは珍しいことではありません」と明言し、この裁判が単なる個人の名誉毀損裁判ではなく、政治的キャンペーンであることを告白した。それでは、原告側が意図する「大きな政治的目的」とは何だったのであろうか。

　徳永弁護士は、「《軍命令による集団自決》は、梅澤、赤松両隊長の人格を傷つけるだけにとどまらない。それは旧日本軍の名誉を損ない、ひいては日本人の精神史を貶める」と主張している。[30]「自史研」に所属する支援者の一人は、「集団自決」を軍命令として語ることが、「日本軍人は冷酷な人殺しという印象を子どもたちに持たせ、軍隊の存在そのものを嫌悪させる結果を生み出す。児童生徒の歴史認識に留まらず、健全な国防意識をも阻害していく」[31]元凶であるとみなしている。こういった発言から判断すると、原告側支援者の目的は、両隊長の「名誉」の回復にあるというよりも、日本軍や国家の「名誉」の回復にあると考えた方がいいだろう。裁判を通して軍命の存在が否認されれば（「集団自決」が軍命云々の問題ではないことはこれまで論じてきた通りである）、それが両隊長個人の「名誉」だけではなく、軍や国家の「名誉」の回復にもつながるという原告側の思惑がみえてくる。

　この裁判は2009年12月現在も係争中であるが、第一審（2008年3月）と第二審（同年10月）の判決は、座間味・渡嘉敷島の「集団自決」において守備隊隊長が関与したことは充分に推認できるとし、名誉毀損の成立を否定し、原告の請求を棄却した。被告側は、いわば、原告側が一方的に設定した、両隊長ひいては軍と国家の名誉回復のための土俵へと強引に引きずり込まれたわけであるが、この裁判の過程で、原告側の意図に反して、人びとを「集団自決」へと

29　徳永信一「沖縄集団自決冤罪訴訟が光を当てた日本人の真実」『正論』産経新聞社、2006年9月号、137頁。
30　同上。
31　服部剛「今こそ沖縄戦の真実を『教壇』で語ろう」『正論』産経新聞社、2007年6月号、276頁。

追い込んでいった「タテの構造」の存在が浮き彫りにされていった。まさしく、「集団自決」という問題において、私たちが真に問題にすべきことは、人びとの死を最終決定した命令の存否ではなく、「時限爆弾としての『命令』」を仕掛けた国家や軍隊のありようならびに責任の方なのである。

おわりに

　先の徳永弁護士は、「『死』は平等であるが同じではなく、個人の生命の終りであってもすべての終りではない。個々の『死』を貫いて活きる民族の生命があり、歴史があり、魂がある。『戦後』は、このことから敢えて目を背けてきた」と述べ、この訴訟の意義を強調している。

　こういった大きな語り口に呑み込まれるようにして、戦争中多くの人びとの命が失われたことを思い起こしたい。この章では、「玉砕」という「個人の生命」を犠牲にしつつ「民族の生命」を長らえようとする思想についても振り返った。私は、個々人にとっては、その生命が終わったときがすべての終わりなのだという当たり前の感覚を大事にしたいと思う。国家や民族といった観念的な次元ではなく、個人（「集団自決」を死んでいった人びと、生き残った人びと）を「集団自決」という問題を考える出発点としたいのである。それが、沖縄戦体験者が教訓のように口にする「ヌチドゥタカラ」（命こそ宝）という言葉の本意なのであろう。

　大城将保氏は、命どぅ宝の発想こそ、戦争中「玉砕」の対極に置かれ貶められた「瓦全」の思想であると述べている。国家や民族の存続ではなく、自己の生命の存続を第一番目に据える「瓦全」の思想。そこにこそ、「戦後沖縄の思想と行動の原点」、すべてのはじまりがあるように思えてならない。

（北村　毅）

32　前掲「沖縄集団自決冤罪訴訟が光を当てた日本人の真実」、144 頁。
33　「命どぅ宝」については、以下を参照。屋嘉比収「歴史を眼差す位置——『命どぅ宝』という発見」上村忠男編『沖縄の記憶／日本の記憶』未來社、2002 年、135-164 頁。
34　大城将保『沖縄戦——民衆の眼でとらえる「戦争」』高文研、1985 年、224-232 頁。

コラム 沖縄修学旅行の変遷

高校の4校に1校以上が沖縄修学旅行

沖縄は、高校の修学旅行先として、2003年度から07年度現在まで、5年連続5回1位に輝き、中学でも05年度から07年度まで6位、4位、4位と健闘中である（日本修学旅行協会調べ）。07年には、2603（うち高校1602）校、430,878人が修学旅行で沖縄に訪れ（沖縄県庁調べ）、その数なんと全国の高校総数の約3割にあたる。

全国の学校を惹きつけてやまない魅力は、「本土」と異なる亜熱帯海洋性気候の自然環境、琉球・沖縄文化と歴史であり、三線、舞踊、料理、紅型、陶芸、方言教室、鯨見学、キビ収穫など豊富な「体験」メニューにおいて遺憾なく発揮されている。

もう1つ重要な柱に、平和学習がある。ガマなどの戦跡巡り、体験者講話、米軍基地見学を通して、貴重な「体験」の場となっている。沖縄修学旅行では、殆ど全ての学校が、何らかの平和学習を実施している。事前学習では、映画『GAMA　月桃の花』が多く、公開から10年以上経た現在も、年間400校以上で上映されている。沖縄では、戦争体験者の高齢化に伴い、次代の平和ガイド養成など、語り継ぎの対策も進む。

沖縄修学旅行の歴史

沖縄修学旅行が一般的になったのは、実は最近の現象である。始まりは、日本の修学旅行の誕生（1886年頃）からほどない時期に遡る（例えば1894年熊本師範学校）。当時の沖縄は、1879年琉球処分で日本に編入されたばかり。「外地」と「内地」の狭間で認知度も低く、観光開発途上で船の便も悪く、当然事例は少なかった。その後、アジア・太平洋戦争で戦場になり、1945年から72年まで米軍の施政権下に置かれ、パスポートが必要な「外国」となった。69年や71年などに実施例はあるが、69年施政権返還決定が影響していると考えられる。

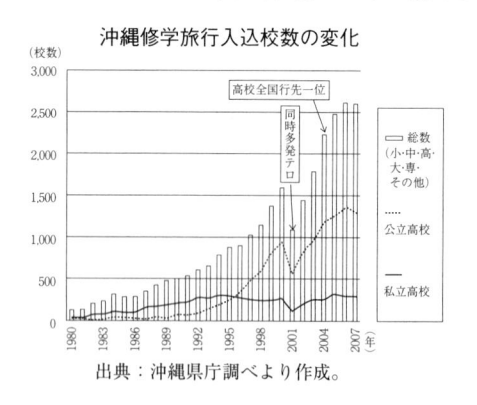

修学旅行の行き先として沖縄が増えるのは、1980年代後半以降であり、

沖縄修学旅行入込校数の変化

出典：沖縄県庁調べより作成。

それには2つの背景がある。1つは、82年教科書検定事件を機に、沖縄戦学習の重要性が全国的に広まったことである。それにより、70〜80年代に広島、長崎を行き先として培われた平和学習修学旅行の新しい「聖地」として、沖縄が脚光を浴びることになった。もう1つは、公立高校の修学旅行における航空機利用の増加である。公立高校の修学旅行は、都道府県・政令指定都市の実施基準で、日数、予算、交通手段、方面等が制限される。沖縄への航空機利用許可は、78年福岡県が初めで、文部省が認める意向を示したのを機に88年頃から増え、東京都では92年度に「解禁」された。

こうして沖縄修学旅行は、1980年代後半以降、飛躍的に増え続けてきた（同時多発テロの01年除く）。その過程で特徴的なのは、高校の行き先順位を押し上げたのは公立で、私立の実施数は低迷してきたことである。実施基準に制限されない私立は、早くから実施してきたが、沖縄から離れる学校と、こだわる学校の二極化が進んでいる。

沖縄学が照らし出す問題点と意義

現在、沖縄修学旅行を取り巻く状況が少し変化している。2007年、沖縄修学旅行の総数が微減、出発地別でも19都道県で減少した。要因として、各地の実施基準額引き下げの影響が考えられる。例えば東京都では、03年度（契約分）以降76,000円に下げられた。安い時期に変え、2泊3日に短縮しても、沖縄修学旅行は予算的に難しいという。現場では、「平和学習への圧力ではないか」という危機感が募る。

また、内容に関する問題点もいくつか指摘されている。教育実践の観点から、ガマに千羽鶴を供えるという「本土」の鎮魂作法の押しつけに象徴的にみられる沖縄に対する意識の低さ、観光への傾斜などについて。ツーリズムの観点から、沖縄をつねに国民の物語に回収する構造的矛盾、オリエンタリスティックな視線、観光商品化に伴う沖縄像の構築・消費、ホスト側における被写体イメージの内面化・身体化などについて。沖縄学が深まるにつれ、浮き彫りになる問題の種類も増える。

しかしそれでもなお、訪れる側にとっては貴重な「体験」学習の場として、受け入れる側にとっては沖縄戦の記憶継承、沖縄問題提示、沖縄認識涵養、観光産業として、重要な機会であることに変わりはない。多様な角度から真摯に発せられた問いに耳を傾ける機会につながるという意味で、沖縄修学旅行は、様々な立場から重要視されている営みなのである。

（高橋順子）

13

基地が沖縄にもたらしたもの
——名護市辺野古区を事例に——

はじめに

「日本全体の0.6％の面積しかない沖縄に、日本にある米軍専用施設の約75％が集中している」。この言い回しは、沖縄に過剰な基地負担が押しつけられていることを示す言葉として しばしば用いられる。沖縄の基地問題に関心を持っている人であれば、どこかで聞いたことがあるフレーズだろう。

しかし、いうまでもないことだが、数字を覚えただけでは「沖縄の基地問題」を知ったことにはならない。政治経済から日常の生活に至るまで多面的、多層的に、そして沖縄戦から占領の時代を経て現在に至るまで歴史的に米軍基地の影響を受けている沖縄の基地問題は、数字に還元されつくすほどに単純な問題ではないからだ。

とはいえ、基地問題についての意識が、一枚岩のものとして沖縄県民全体に共有されているかといえば、必ずしもそうとはいえない。米軍基地がない宮古や八重山などの離島地域と沖縄本島の住民とでは意識に大きな違いがあるし、沖縄本島内部でも、戦闘機が離発着する普天間飛行場や嘉手納飛行場を抱えている中部地域と、主に演習場が集まっている北部地域、そして戦跡は数多く残されているものの米軍基地はさほど身近には存在していない南部地域とでは、基地や米兵に対して抱いているイメージも異なっている。また世代的にも、沖縄戦を経験している世代、占領期に生まれ育った世代、そして復帰後世代とでは、やはり意識のズレがある。

この章が目指しているのは、こうした、いってみればバラバラの「沖縄の基

地問題」イメージを統一しようということでもなければ、最大公約数的な解を導き出すことでもない。そうではなく、米軍基地を抱えている地域社会の歴史と現状を実証的に描き出すことによって、米軍基地が沖縄に何をもたらしたのかを明らかにし、「沖縄の基地問題」の何が「問題」であるのかを示すことにある。

具体的に考察するのは、1950年代の後半に米海兵隊基地キャンプ・シュワブを受け入れ、現在では米海兵隊基地普天間飛行場の代替施設の受け入れを迫られている名護市辺野古地区である。基地が辺野古に何をもたらしたのか、そして基地によってもたらされたものが、現在、辺野古に何をもたらそうとしているのか、描き出していこう。

1　辺野古と米軍基地との歴史

ここでは、辺野古の歴史について、シュワブ受け入れの経緯からみていく[1]。

(1) キャンプ・シュワブの受け入れ

1950年6月の朝鮮戦争の勃発により、沖縄の基地強化を図らなければならなくなった米国政府は、集落全体の強制立ち退きを行使するなど、沖縄県内各地での軍用地収容を強化し、基地機能を増強していった。こうした米軍の強硬手段に対して、琉球政府や立法院、各市町村はいっせいに反発し、土地の強制収容の停止とこれまで提供してきた軍用地の返還を求めた抗議闘争に立ち上がる。一括払い反対(土地の買い上げ永久使用一括払いを行わない)、適正補償(強制使用の土地補償)、損害補償(米軍によって加えられた損害に対する補償)、新規土地接収反対という四原則を掲げたこの運動は、沖縄全島的な闘争であったことから、「島ぐるみ闘争」とよばれる[2]。

この当時の辺野古は、現在の名護市東部地域一帯にあたる久志村のなかにあった。収入の中心は林業で、集落の北側にある辺野古岳や久志岳に入って薪を集め、燃料源として中南部の地域に売ることで現金収入を得ていた。この時

1　この節における、沖縄の基地問題全般に関する内容については新崎盛暉『沖縄現代史　新版』(岩波書店、2005年)を、辺野古に関する内容については辺野古の字誌である『字辺野古誌』を、主に参照している。
2　あるいは「四原則貫徹運動」ともいう。

期を指して「山依存」という言葉がつかわれることがあるほどに、林業は当時の辺野古における重要な生業であった。しかしそこから得られる収入はそれほど多いものではなく、「山依存」という言葉は、経済苦とともに振り返られる言葉でもあった。

こうした状況にあった1955年1月、米軍は、その重要な収入源であった久志岳・辺野古岳一帯の山林野を銃器演習に使用したいと要請してきた。久志村は臨時議会を招集し、山に強く依存している住民の生活を守るために反対決議を出し、民政府等の関係機関に陳情を行うとともに、阻止行動を展開した。

しかし同年7月22日、米軍は民政府を通して、上記の山林野に加えて、耕作地として利用されていた辺野古の海側の平地も含めた、総面積500エーカーにも及ぶ広大な土地の新規接収を予告してくる。さらに米陸軍工作隊は辺野古区に対して、辺野古地区内の測量実施にむけた入域許可を要請する。辺野古区はこれに対し、測量は軍用地接収の前提となるとの懸念からこれを拒否する。

だがその裏で、民政府の土地係官は、地主との水面下での直接交渉を続けていた。民政府は交渉の中で、これ以上反対を続けるならば、住民が住んでいる集落地域も接収し、強制立ち退きの行使も辞さず、一切の補償も拒否すると強硬に勧告してきたため、辺野古住民の有志で立ち上げた有志会では土地接収に対する態度の再考を余儀なくされる。

そして有志会は区長以下5名によって構成される土地委員会を設置し、地主や有識者、関係機関の意見を聞きながら協議した結果、本島中部に位置する宜野湾の伊佐浜集落が強制立ち退きとなったという事例（1955年7月）があったこともあり[3]、地主の利権を守り、地元に有益になるような条件をつけて折衝に挑むのが得策との結論に達し、①農耕地はできる限り使用しない、②基地建設作業員の地元優先雇用、③米軍の余剰電力及び水道の使用、④損害の適正補償、⑤使用していない土地の黙認耕作権の許可などの要望事項を申し入れる。米軍側もこれを了承したことから、この問題は一気に進展し、1956年11月には、

---

3 当時の関係者等への取材を通して基地建設までの経緯を描き出した土江真樹子「辺野古が接収されたとき」（『けーし風』第40号、2003年）では、有志会が伊佐浜を現地視察したという事実を聞き出しており、「（有志会の人たちは）米軍のやり方や接収に反対した場合の辺野古の姿を見たのではないだろうか」（18頁）という感想を記している。

土地委員の1人[4]が、米軍のラジオ局である極東放送において、土地の接収に賛成するという「私の意見」を発表する。

ただし地主のすべてが賛成していたわけではなく、契約を保留する地主もいた。つまり土地の接収に関する契約は、一部の有力者の判断に基づいたものであったということは留意しておく必要があろう。

ともあれ、1956年12月28日、軍司令部のあるライカム事務所において米軍と久志村長との間で土地使用契約が締結され、翌日には辺野古区事務所において、地主、村当局、法務局、民政府との間で契約が結ばれた。そこでは、適正補償や損害賠償、地元住民の軍作業への優先雇用、余剰電力および水道の使用許可など、有志会が提示した条件のほとんどが認められた。

1957年3月18日、基地の建設にむけた工事が着工される。工事着工にあわせて、辺野古には沖縄全島、および奄美大島などからも労働者が押し寄せる。流入人口は日に日に増加し、辺野古の家々では部屋を間仕切りにしたり、敷地内に貸家を建築したりして下宿人を受け入れ、農林業で得られるよりも多い収入を得ていた。ほとんどの家で敷地内に2～3軒の貸家が建ち並ぶほどであったという。また、労働者向けの食堂、料亭、小料理屋、商店、そして映画館までもが次々と開業し、三和銀行辺野古出張所もつくられるなど、辺野古は商業地区への変貌の兆しを見せ始めた。このように、基地建設のもたらす波及効果は、辺野古のあらゆる経済基盤を根底から変化させていった。

こうした中、過密化傾向にある住居地に対処するため、同年7月に区長を委員長に据えた都市計画委員会が結成され、土地の造成工事に着手する。この造成工事は、米軍の援助によって着手され、中でも民政府土地課長アップル少佐の全面的な協力のもと、ブルドーザーなどの重機が貸与されたことにより、わずか20日ほどで地ならしは完了する。このアップル少佐の功績を讃え、造成地につくられる町の名前はアップルタウンと命名される。もっともこの町名は当時から住民にはなじみが薄く、海沿いの低地にある旧来からの集落と比して高いところに位置することから、新町は今日にいたるまでもっぱら「上部落」と呼称されている。

---

4 辺野古の歴史に詳しいSさんによれば、この極東放送で受け入れを表明した人は、陸軍中野学校出身の元少尉で、実家は辺野古でも有数の金満家であったという。

一方で基地建設も着々と進められており、1959年9月3日には米本国より海兵隊員2000人が移駐してくる。このとき辺野古住民は、のぼりを掲げて大歓迎したという。そして遂に10月3日、2年有余の歳月と1400万ドルといわれる莫大な事業費を費やし、シュワブは完成する。平行して建設が進められていた辺野古弾薬庫も、ほぼ同じ時期に完成する。

　海兵隊員の生活地域としての性格も有するシュワブには、PX（売店）やクラブ、食堂などの施設も併設されており、多くの青年男女がこれらの仕事に従事した。さらにこれら「軍作業」と呼ばれる基地内での仕事は収入も良く、会社や役場を辞めて転職するものが辺野古の外からも流入してきた。

　このようにしてキャンプ・シュワブの建設を境に、基地建設作業員やバーの経営者など、辺野古には多くの人たちがやってきた。その多くは基地建設作業が終わったり、お店の経営状況が思わしくなくなると、それぞれの郷里に戻っていったが、なかにはそのまま辺野古に住み続けている人たちもいる。こうした人たちのことを、先祖代々辺野古に居住してきた旧来からの住民である旧住民は、自らと区別して寄留民と呼び慣わしている。この寄留民という呼称は、現在でも日常的に用いられている。

　さらにもう1つ付け加えておかなければならないのは、軍用地料である。シュワブに私有地や入会地であった山林を提供したことにより、その土地に対する地代である軍用地料が辺野古の住民、および辺野古区に支払われはじめた。ここで特筆すべきは入会地の扱いである。辺野古区は、シュワブに提供する入会地を、区有地として提供する部分とそれ以外の部分とにわけた。そして後者の土地を旧住民の世帯ごとに分筆した。そのため旧住民の世帯はすべて、軍用地主として軍用地料を拝受することとなったのである。

　このように、シュワブの建設は、辺野古の生活を一変させた。宅地の造成もさることながら、もっとも大きかったのは農林業に依存していた経済基盤が、基地に依存するものへと変化したことである。この基地依存の体質は、その後の辺野古に多大な影響を及ぼしていく。

（2）名護地区との合併

　1970年8月1日、久志村は、名護、屋部、羽地、屋我地の4町村との合併により、

名護市へと編成される。久志村のなかでも、もともとは海岸沿いを南下した金武間切に組みこまれていた久辺地区（辺野古、豊原、久志の3区）は、この合併によってはじめて西側の地域と同じ行政区に入ることとなった。

　なぜ旧久志村は、歴史的なつながりの薄い西側の地域との合併を選択したのであろうか。この合併の経緯を、字誌である『辺野古誌』、および辺野古の西側に隣接する豊原区の字誌である『名護市豊原誌』をもとに紹介しておこう。

　市町村の合併により組織の効率的運用や財政の合理化を図ることで、住民の福利向上に努めようとしていた琉球政府は、1956年に「市町村合併促進法」を制定する。この促進法に基づいて「南北二八キロメートル余にわたる地形険悪な閑村の上、財政事情も窮迫で農用地の基盤整備や環境整備などの開発が遅れ、しかも村財政を賄う収入といえども基地収入が主流を成す程」（『辺野古誌』591頁）であった久志村では、整備状況の改善および基地依存の財政状況からの脱皮を図り、政治経済的な発展を目指すべく、琉球政府の指導のもとで1968年8月5日、各区の区長、団体長、村議会議員を集めて合併協議会を開催した。そして、対等合併を前提に、すでに合併に向けての協議を進めていた名護、羽地、屋部、屋我地の4町村による名護ブロックへの加入を全会一致で決定した。[5] この4町村は現在の名護市の西部にあたる地域で、当時より本島北部地域の政治、経済の中心であった。この名護ブロックとの合併により、久志村は生き残りを図ろうとしたのである。この久志村の要請に対し、名護ブロックの4町村も、8月22日に開かれた合併促進協議会の臨時総会において、「将来は東と西を結ぶ大規模な観光地計画も可能になった」と結論を下し、久志村の加入を全会一致で承認した。

　しかし両字誌によれば、名護ブロックとの合併に反対する住民も少なからずいたという。反対の理由としては、歴史的文化的な交流の深い隣村の宜野座地区と合併するべきだというもののほか、やはり軍用地料が、シュワブによる基地負担をまったく負っていない名護ブロック側の4町村にも流れてしまうことへの懸念があった。だが一方で、名護ブロックとの合併を選択させた理由も、

5　なお、琉球政府は、旧来の小規模村のままでいるのであれば、政府助成金などを停止するとの高圧的な説明を久志村に対して行っており、そのことへの不安も合併促進の背景にあった。

軍用地料であった。『名護市豊原誌』には、以下のような記述がある。

> 村当局は早期合併の必要性を感じていたのではないかと思われる。そしてその背景には日本復帰があったのではないだろうか。復帰によって基地が返還されるのではないかという懸念があったのだ。もし基地返還が現実のものとなると、村の主要財源である軍用地料はなくなり、村の財政が疲弊することは目に見えていた。(83頁)

沖縄が日本に復帰したのは1972年5月15日のことだが、合併が議論されていたこの頃にはすでに、復帰すること自体は確実視されていた。そして復帰によって米軍基地が返還されるのではないかという希望／懸念も、まだこの時期にはあったのである。復帰後も米軍基地は沖縄に残り続け、しかも復帰によって軍用地の新たな「借り主」となった日本政府が、軍用地の賃貸借契約を拒否する地主（反戦地主）を極力生み出さないようにするために、復帰と同時に軍用地料を平均6倍、協力謝礼金を含めると6.5倍に引き上げることになるなど、当時は知るよしもなかったのである。

基地依存の財政状況からの脱皮を図るべく、政治経済的な発展を目指して決断したこの合併によって、旧久志村が失ったものは大きい。基地に提供していた村有地は市有地となってしまったため、基地負担は変わらずあり続けるのに、軍用地料収入の恩恵は基地負担のない旧名護ブロックにも分配されることとなった。しかも旧久志村の人口は名護市全体の1割未満であるため、実質的な自治権を喪失してしまった。つまり旧久志村は、軍用地料に振り回された結果、経済的、政治的な力を失ってしまったのである。これも「基地が沖縄にもたらしたもの」の一例であるといえよう。

(3) 復帰後の辺野古

シュワブ建設にともなってつくられた辺野古社交街は、登録されている店だけでも120軒ものバーが営業しているほどの活況を呈していた時期もあったが、1971年の変動相場制導入によりドルの価値が相対的に下がったあたりから、少しずつ陰りが見え始める。ドルは、1972年の本土復帰によって円の流

図13-1 辺野古の人口推移

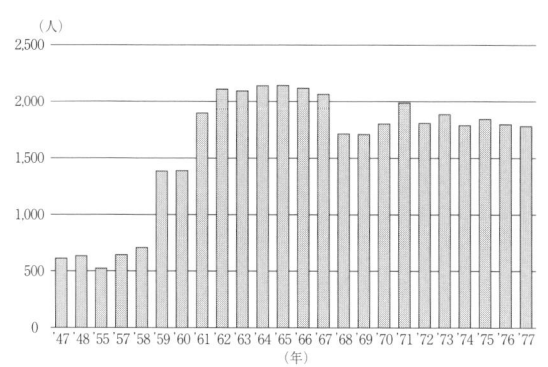

出典：『辺野古誌』57頁より。

通がはじまったときには、1ドル360円から305円へと値下がりしており、ドル建てが主流であった社交街は大きな打撃を受ける。そして1975年のベトナム戦争終結が、衰退の決定打となる。社交街に出てくる米兵の数は減り、また以前のようなお金の使い方もしなくなったため、米兵相手のバーは1つ、また1つと店を閉めていった。

ここで、この時代の状況の一端を示すものとして、辺野古の人口の推移を見てみよう（図13-1）。シュワブ建設がはじまる1957年には642人だった人口は、建設作業も佳境に入り、土地の造成により居住空間も整備された59年には1386人と倍増している。その後61年には1900人となり、しばらくは2000人前後で安定しており、一度、68年に1713人と急減するものの、71年には再び1983人に増加する。しかしその後は、細かな増減を繰り返しながら次第に人口は減少していっている。

また、当時の辺野古の就業者構成の推移もその指標となる[6]。1970年の就業者構成をみてみると、総就業者数715人のうちじつに621人が第三次産業に従事しており、さらにサービス業は262人となっている。しかしベトナム戦争が終結する75年には第三次産業就業者は489人に減少、とくにサービス業は152人と半減している。なお総就業者数も610人に減少しており、その減少数（105人）はサービス業就業者の減少数（110人）とほぼ同じであることから、

---

6 『名護市史・本編11』名護市史編さん委員会編、1988年、646頁。

社交街で働いていた人たちが閉店とともに続々と仕事を辞めていったであろうことが伺える。

このように、辺野古の盛衰は、社交街に、ひいては社交街を潤わせていた米軍によって左右されていた。とはいっても、ベトナム戦争終結以後は、普天間基地移設問題という大波に襲われるまで、それほどの大きな変化を迎えることもなく、シュワブの米兵とも友好関係を築きながら時は流れていった。

2　普天間基地移設問題の経緯

1996年4月12日、橋本龍太郎首相とモンデール駐日米国大使（いずれも当時）は共同記者会見をひらき、普天間飛行場を全面返還することで合意にいたったと発表した。その背景には、後に「少女暴行事件」と呼称され、幾度となく言及されていくことになる、1995年9月に沖縄本島北部地域で発生した3人の米兵による小学生の少女へのレイプ事件に対する沖縄県民の激しい怒りがあった。

桃原正賢宜野湾市長（当時）に「いよいよ沖縄の夜明けがきた感じだ」（『琉球新報』1996年4月13日付朝刊）とまでいわしめたこの日米両政府の合意は、しかしただ喜びだけをもって沖縄県民に受け入れられたわけではなかった。なぜなら、同じ沖縄県内の嘉手納基地や山口県の岩国飛行場に分散移転することが前提とされていたからだ。

その移転先として辺野古崎の沖合いが取り上げられたのは、1996年6月頃のことだった。辺野古にはシュワブがすでにあり、辺野古崎沖合いも米軍の制限水域であったため、有力な移設先と目されていた。この計画に対しては、名護市も、辺野古区や周辺の区も、反対の意思を表明していた。とくに名護市では、比嘉鉄也名護市長（当時）を大会実行委員長とする市民総決起大会が同年7月10日（4000人参加）、11月29日（2600人参加）の2回開催され、いずれにおいても移設に断固反対する旨の決議がなされた。

こうした中で、同年12月2日、日米安全保障協議委員会（2プラス2）の下に設置されていた「沖縄における施設及び区域に関する特別行動委員会」、通称SACO（Special Action Committee on Okinawa）の最終報告が出された。そこ

では、普天間基地の移設先が「沖縄本島の東海岸沖」と定められていた。これは事実上、辺野古崎の沖合いを指していた。というのも、同年9月17日に開かれた日米の外務・防衛担当者による日米安保事務レベル協議において、海上基地とする案はシュワブへの建設案に絞られており、久間章生防衛庁長官（当時）もキャンプ・シュワブ沖を有力な候補地であると言及していた（11月16日）からだ。

このような動きを受けて、移設先と目された辺野古区の住民有志約30人は、1997年1月27日、住民運動組織「ヘリポート建設阻止協議会・命を守る会」（通称：命を守る会）を立ち上げる。「命を守る会」は、さっそく辺野古区に要請し、ヘリポート建設反対の立て看板を立てさせた。区も30日には辺野古公民館でこの問題についての自由討論会を開催、約130人が参加し、辺野古区として反対の姿勢を明確にしていくことを確認した。しかし一方で辺野古では、住民有志が、基地受け入れと引き替えに地域振興を図るべく「辺野古区活性化促進協議会」を発足させ、同年8月27日には地域振興を条件に、海上基地受け入れを正式に表明するなど、普天間代替施設の受け入れを契機に地域振興を図ろうという動きもみられはじめていた。また名護市議会においても、その翌日に与党系市議18人が「名護市活性化促進議員協議会」を発足させるなど、この時期には基地受け入れによる地域振興を求める動きが顕在化していた。

このような中、1997年12月21日、基地建設の是非を問う住民投票「名護市民投票」は投票日を迎えた。告示日の迫ってきた12月2日、橋本首相は「海上ヘリポートが受け入れられなければ、普天間がそのまま残る」と、反対派が勝利した場合には普天間返還を凍結することを示唆し、6日には村岡官房長官（当時）が本島北部12市町村に対して北部振興策を、8日には鈴木沖縄開発庁長官（当時）が名護市の振興策を明らかにするなど、硬軟おりまぜて揺さぶりをかけた政府による露骨な介入があったにもかかわらず、投票結果は反対票が過半数を占めた。[7]

しかし、市民投票のわずか3日後の12月24日、比嘉名護市長は海上基地の

---

[7] 最終的な投票結果は、投票総数 31,477 票（投票率 82.45％）、反対 16,254 票（得票率 51.63％）、条件付き反対 385 票（同 1.22％）、賛成 2,562 票（同 8.13％）、条件付き賛成 11,705 票（同 37.18％）、無効 571 票。

受け入れを表明する。しかも比嘉市長は、市民投票で示された民意とは異なる判断をしたとして、その責任をとって市長職を辞任した。そのため名護市民は、市民投票の熱も冷めやらぬうちに、市長選挙を迎えることになった。そしてその選挙に当選したのは、市民投票における「条件付き賛成派」の市民や経済界、市議会与党であった保守勢力の支持を受けていた岸本建男氏であった。

　この市長選挙以降、保守陣営が次第に力をつけていくとともに、事態は辺野古沖への海上基地建設に向けて着々と進行していく。まず同年11月に行われた県知事選挙において大田昌秀氏が落選し、稲嶺保守県政が誕生する（1998年11月15日）。その稲嶺恵一新沖縄県知事は、翌1999年11月22日、名護市への移設決定を表明する。そしてついに同年12月27日、岸本名護市長は海上基地受け入れを正式に表明し、翌28日には代替施設の建設地点を「キャンプ・シュワブ水域内名護市辺野古沿岸域」とすることが閣議決定される（沖合案）。このとき同時に、名護市を中心とする本島北部12市町村に対して10年間で1000億円の財源措置を行う北部振興事業の実施も閣議決定されている。

　一方で反対運動は、この流れと平行して力を弱めていく。とくに辺野古においては、多くの人たちが住民運動組織「命を守る会」を脱会してしまい、かわりに反対運動の中心は労働組合や革新系の政党が担っていくようになる。反対運動は、激しい戦いの末に沖合案を廃案にまで持ち込んだのだが、2005年10月26日、日米両政府は、シュワブの兵舎地区を活用し、一部海域を埋め立てる案で合意する。そして2006年4月7日、名護市と防衛庁（当時）は、沿岸案をベースに、離陸用と着陸用の2本の滑走路がV字型に並んだ施設を建設するというV字型案で合意した。2009年8月現在、このV字型案を元に、建設予定地の位置調整が日米政府間で行われている。

3　辺野古の応答とその理由

　ではこのような動きに対して、辺野古はどのように応答しているのだろうか。先述したとおり、早い時期から辺野古では、反対運動組織だけでなく基地受け入れによって地域活性化をはかろうとする容認派の組織も活動をしていた。そして1998年の市長選挙以降、反対運動に参加する住民は激減している。

こうしたなかにあって、辺野古区の最高意思決定機関である行政委員会は、受け入れに同意する決議こそ出してはいないものの、実質的には受け入れを前提としたうえで、安全面の確保と金銭的な補償を求める条件闘争を進めている。なぜ辺野古は、自らの環境をさらに悪化させることになる普天間代替施設の受け入れを拒絶できないのか。実は、その理由にこそ、「基地が沖縄にもたらしたもの」の本質が潜んでいる。

(1) 辺野古の応答

　これまで辺野古区行政委員会は、沖合案、沿岸案に関しては、反対決議を出している。しかしＶ字型案に関しては反対決議を出しておらず、さらに2007年5月15日には、1999年に出した「沖合案」に対する反対決議を撤回するという不可思議な決議を出している。なぜ不可思議なのか。それは、既に廃案になっていた沖合案に対する反対決議の撤回であるからだ。沿岸案に関する反対決議は撤回されないまま残っているので、行政委員会の立場は反対であることにかわりはない。ではなぜ、敢えてこのようなことをしたのだろうか。

　翌日の新聞で辺野古区長は「2006年4月に島袋吉和名護市長と額賀福志郎防衛庁長官（当時）が代替施設の基本合意をしていて、区でも現状をかんがみ区民の福利厚生などを最優先に進める意味で撤回した」と語っているが、これでは、なぜ反対決議の撤回が区民の福利厚生を進めることになるのかが判然としない。そこで、この件についてある行政委員の方に聞いたところ、「条件闘争ができるのは保守系である現市長なので、市長が条件闘争をしやすいように、応援する意味で反対決議を撤回したのだ」と教えてくれた。つまり、辺野古には普天間代替施設を受け入れる用意はあるのだという意思を示すことで、名護市長に条件闘争のためのカードを渡したのだ。

8　辺野古の行政委員会が最高意思決定機関であるということ、そして行政委員のほとんどが旧住民によって占められていることの理由とその問題性については、熊本博之「環境正義の観点から描き出される「不正義の連鎖」――米軍基地と名護市辺野古区」（『環境社会学研究』第14号、2008年）で考察している。このこともまたシュワブを受け入れたがゆえの帰結であり、新しい基地負担を拒絶できない理由の1つでもある。興味のある方は拙稿を参照いただければ幸いである。

9　『沖縄タイムス』2008年5月16日付朝刊。

なお、この決議の背景に、米軍再編推進特措法があることもここで指摘しておきたい。正式名称を「駐留軍等の再編の円滑な実施に関する特別措置法案」というこの法案では、普天間基地の移設を含む米軍再編事業の進ちょく率を①受け入れ（10%）、②環境影響評価（アセスメント）の調査着手（25%）、③工事（埋め立てなど主要部分）の着工（66.7%）、④再編の実施（100%）と分類し、段階をのぼるごとに交付金を追加していくという、成果主義的なシステムが採用されている。これまでは、建て前とはいえ基地と振興策はリンクしていないとしてきた政府が、その建て前を捨て、交付金を得るためには基地負担を受け入れろと、受け入れ地域への「応分の犠牲」を要請する、露骨な「アメとムチ」法案なのである[10]。

　この法案が衆議院を通過したのは、2007年4月13日である。当時の国会の勢力構造上、衆議院を通過した時点で、自公議員で過半数を超えている参議院の通過は確実な情勢であった（実際、5月23日には参議院も通過して成立している）。つまり、辺野古区行政委員会が5月15日に決議した「沖合案反対決議の撤回」は、政府が要請する「応分の犠牲」を支払う用意があるということを示す意味も持っていたのだといえよう。

（2）条件闘争の理由

　では、ここまでして行政委員会が交付金の支給を含めた条件闘争にこだわる理由はいったいなんなのだろうか。そこには、かつて辺野古が受け入れたキャンプ・シュワブの存在が大きく関係している。

　辺野古の歴史を描き出すなかで触れたように、シュワブは、当時の中心的な

10　普天間基地移設問題に深い関わりをもっていた守屋武昌防衛事務次官は、退官後にうけた週刊誌のインタビューに答えるなかで、米軍再編推進特措法について以下のように述べている。「問題は、代替飛行場の受け入れと引き換えに政府が実施した北部振興策です。当時の比嘉鉄也名護市長は、名護市に活気を取り戻したかった。だから、代替飛行場の受け入れを表明したんです。ところが、その後、沖縄の行政や財界、政治家から『振興策は飛行場の受け入れと引き換えではないと表明してほしい』という要請があり、野中広務官房長官（当時）の政治判断で表明したんです。その結果、移設のプロセスが進まなくても、地元に金が落ちる仕組みが出来てしまった。問題がこじれて先延ばしになるほど、地元には金が入る。だから、僕は、移設が進まなければ金は出ないという形にしたんです。」（『読売ウィークリー』2007年9月9日号）

生産手段であった山林を接収して建設された。そのため辺野古住民は、基地からもたらされるさまざまな収入に頼るよりほかなくなってしまった。基地への依存は、半ば強制的にもたらされたのだといえよう。

とはいえ、当時と比べれば経済事情も好転し、各家庭に自家用車がある現在では、辺野古の人たちの多くが名護市西部を中心とする各地に仕事を得て収入を確保している。また安定した収入の得られる基地内での雇用への全県的な人気の高まりもあって、シュワブでの仕事をしている住民も、かつてほど多くはない。

しかしだからといって、辺野古が基地に依存していないということにはならない。軍用地料の存在があるからだ。旧住民の多くが現在でも軍用地主であるし、毎年区の歳入に組み入れられている、かつての入会地に対して支払われている軍用地料は、現在では年間1億円をこえる。これは区長や行政委員への手当、備品の購入、墓地の整備、地域のイベントへの支出、各種祝い金、土地の購入および造成などに用いられるほか、積み立てもおこなっており、積立金の一部を区民に還元することもある。

このように辺野古は、現在でも基地依存度が強い。そしてそれゆえに辺野古は、シュワブという基地の存在を肯定せざるを得ない。そのため、新しい基地だとはいえ、普天間代替施設の受け入れに反対することは容易ではないのである。

しかも先述したとおり、軍用地料に振り回された結果、辺野古を含む旧久志村は1970年に合併して名護市に組み入れられた。しかし、名護市人口の1割にも満たない旧久志村の住民が、仮にすべて反対にまわったとしても、名護市を動かすことはできない。つまり辺野古は、普天間代替施設の受け入れに反対すること自体が困難である上に、もし反対できたとしてもその政治的な有効性は低いのである。そしてそれは、シュワブという基地を受け入れた結果、もたらされた事態なのだ。

こうした状況にある辺野古にとって、普天間基地の移設が閣議決定された国策であるという事実は、ひじょうに重い。ある行政委員は、「本音は基地にはきてほしくない。だけど国策であるし、安保や日米同盟も絡んでいるので、建設はぜったいになされるだろう。そうであれば、われわれは条件をつけていか

なければ、辺野古はやられっぱなしで人も住めなくなる」という。この言葉は、行政委員会の複雑な立場をよく表している。「基地には来てほしくない」という本音を持ちながらも、政治的な事情を勘案すれば、建設される可能性がかなり高いこともわかっている。そうである以上、地域を代表する行政委員会としては、基地建設がなされるという前提にたったうえで辺野古の未来を考えていかなければならない。だから行政委員会は、安全面の保障や金銭的な補償について条件を出していくことで、「やられっぱなし」にならないよう、交渉をすすめるよりほかないのである[11]。

おわりに——基地が沖縄にもたらしたもの

　以上、基地が辺野古に何をもたらしたのか、そして基地によってもたらされたものが、現在、辺野古に何をもたらそうとしているのか、描き出してきた。
　たしかに、シュワブの受け入れによって辺野古の生活環境は向上し、経済的な繁栄も経験した。軍用地料や軍雇用という新たな収入源も得た。しかしそれゆえに辺野古は、基地に依存せざるを得なくなった。旧久志村は、こうした基地依存の財政状況からの脱皮を図り、政治経済的な発展を目指して名護ブロックと合併したが、その代償として地域の自治権を実質的に失ってしまった。これらの結果として、辺野古は、新たな基地負担としての普天間代替施設の受け入れを迫られたとき、反対運動を続けることができず、受け入れを前提とした条件闘争をとるよりほかなかった。この辺野古のおかれている現状からは、かつて基地負担を受け入れた地域が、それゆえに新たな基地負担を迫られ、拒絶できずにいる姿がみえてくる。
　そしてこの辺野古の姿は、現在の沖縄の姿でもあるだろう。米軍占領下で多くの土地を奪われ、軍事基地を押しつけられ、それゆえに基地への依存を余儀なくされた沖縄。普天間飛行場の返還は、その跡地となる広大な平地を活用し、

11　しかも普天間代替施設が、すでに土地を提供しているシュワブの陸域とその沿岸部を埋め立ててつくるという現行案の通りに進んだ場合、新たな軍用地料は発生しない。基地の受け入れそれ自体に対する補償金を勝ち取らなければ、金銭的なメリットはゼロに近いのである。

持続性の高い産業をおこすことで基地への依存を脱却する契機となるはずのものでもあった。しかし現実は、沖縄内部での基地負担のたらい回しでしかなく、基地依存からの脱却とはほど遠い現状が横たわっている。そうであるのにもかかわらず、仲井真沖縄県知事は普天間飛行場を閉鎖状況にするためには辺野古沖への移設もやむを得ないというスタンスにたっており、島袋名護市長も受け入れやむなしという態度をとっている（2009年8月現在）。

　こうした知事や市長の態度を批判するのは必要なことだ。しかし、かれらを批判するだけでは、「基地が基地を呼ぶ」構造的な問題を改善することはできない。なぜなら知事も、市長も、この構造のなかに組み込まれているからだ。つまり、この構造こそが、沖縄の基地問題の「問題」なのである。

　この構造自体の問題性を指摘し、批判していく目を養うこと。そしてこの構造を改善するための一歩を踏み出すこと。迂遠であるかもしれないが、それが「沖縄の基地問題」を解決していくための、確実な一歩なのではないだろうか。

（熊本博之）

> **コラム** 環境正義 (Environmental Justice) の視点から在沖縄米軍基地がもたらす環境問題を考える

迷惑施設としての在日米軍基地

沖縄県では、米軍基地の過度の集中によって、不適切な土地利用や環境問題が生じている。基地建設に伴う自然環境への影響、飛行訓練に伴う騒音問題、基地閉鎖後の有害廃棄物による汚染等、派生する問題の多さから、米軍基地は原子力発電所と同様に迷惑施設として位置づけられる。他の迷惑施設と比較してより厄介なことは、日本と米国の法律の適用が限られたり、法の運用が不十分な点である。

マイノリティーの政策決定参加を促す米国の環境正義政策

集中する迷惑施設とそれに伴う過度の環境問題を米国の環境運動の歴史に探していくと、1970年代後半から台頭してきた黒人やラテン系アメリカ人、低所得者の集中する地域における差別的な生活環境の悪化を改善する環境正義運動に共通点を見出すことができる。この運動は、特定の人種が集中する地域や低所得者地域へ不均等に廃棄物処理施設や化学工場が集中し、健康問題や生活環境の悪化を引き起こす環境問題に対処すべく、50〜70年代の公民権運動を基盤にして生まれた。運動の結果、94年に公布された大統領令12898号は、法律の範囲内で最大限実行可能な範囲でマイノリティーや低所得者が被っている非常に大きく有害な健康や環境への影響を特定し、対処することによって、連邦政府がその使命として環境正義を達成することを要求している。環境保護庁によると、環境正義とは環境の法、規則、政策の発展、履行、施行に関して、人種、出身国、所得等にかかわらずすべての人びとが「平等に扱われること」「意味のある形で関与すること」と定義されている。この大統領令は、とくに環境影響評価書への住民からの意見提出過程等において、少数派が政策決定に参加する機会を拡大させてきた。この大統領令は海外では適用されないと一般的に解釈されているが、在沖縄米軍の活動から生じる環境問題について解決の方向性を示している。

マイノリティーが不均等に担う在日米軍基地の負担と不十分な環境法

日本政府は日本の社会は単一民族によって構成されていると主張する傾向にあるが、沖縄人は歴史的に差別を受けてきたマイノリティーであり、米軍基地の集中やそれに付随する環境問題もその差別に基づいている。沖縄人の受けた差別の歴史は、黒人系

アメリカ人の経験に似ている。米軍の訓練によって不均等に爆音被害を受けている普天間基地周辺住民、今後騒音被害を受けると予想される普天間飛行場代替施設建設予定地の辺野古地域周辺住民は、「米国連邦政府の環境プログラムの（不適切な）実施によって生じる負の環境的結果を不均衡に担っている、あるいは担うことが予想され」、そのため「平等に扱われている」とは言えない。また、辺野古地域周辺住民は「意味ある形で（政策決定に）関与すること」も保障されていない。「意味ある形で関与すること」は、提案された活動によってどのような負の影響を受けるのかについて正しく知らされることから始まる。提案された活動に関する情報の公開という点で、米国と日本の米軍基地再編に伴う環境影響評価には雲泥の差がある。例えば、1993年に米国基地再編閉鎖委員会が在カリフォルニア州海軍ミラマー基地を海兵隊基地に転換し、固定翼機と回転翼機を配置する勧告を行った後、国防総省は予定される軍用機の運用について詳細なデータを環境影響評価書に記した。また、環境影響評価書の内容が不適切という理由で、市民や自治体は訴訟を起こし、意思決定に影響を与える機会を得た。一方、普天間基地代替施設建設計画では、軍用機の運用について防衛施設局が推計しているものの、日米地位協定第三条によって在日米軍施設・区域においては実質上治外法権が許されているため、代替施設提供後、配備する軍用機の運用方法について米軍側が変更し、それによって地域住民が損害を被っても、住民は法的に訓練を差し止めることはできない。

　米国連邦法国家環境政策法に域外適用の条文がないこと、国防総省の内部規定では米国域外における軍用機の配備が環境影響評価の対象に含まれないこと等を考えると、普天間基地代替施設建設計画による地域住民の生活環境への影響評価を米国政府が主体的に取り組む可能性はきわめて少ない。一方、沖縄防衛局長が現在進めている名護市辺野古における普天間代替施設建設のための環境影響評価手続はきわめて杜撰であるとして、市民ら原告344名が沖縄防衛局長（日本国政府）を被告として、被告には環境影響評価手続をやり直す義務があることの確認と、損害賠償を求める訴訟を2009年8月19日に提起した。この訴訟は、国内初の環境影響評価手続そのものの是非を正面から問う裁判となっており、普天間代替施設の運用方法等、事業内容が不透明な中で、どの程度適切な環境影響評価手続を被告に実施させることができるか、注目される。

米国のマイノリティーの環境運動と環境正義政策に学ぼう

　このように在沖縄米軍基地の環境問題を取り巻く法的環境は、米国で環境正義運動が台頭する70年代後半のそれと同じ状況にあると言える。自らの法的権利を発展させ、健康や環境を守れるかどうかは沖縄県民自らの手にかかっている。

（砂川かおり）

14

Teaching Culture
――教室の窓から覗く沖縄――

「わたし沖縄が好きなんです。でも最近沖縄が好きだ好きだって言ってると、なんだか沖縄出身の学生に嫌われているような気がするんです。とくに賢そうな男子に」
　　　　　　　　　　　　　　　――講座「沖縄学」を受講した学生

「沖縄の人たちが、心から笑える日が来ることを祈る」
　　　　　　　　　　　　　　　――講座「沖縄学」のレビューシートより

はじめに――文化の遠近法

　ようこそ沖縄学へ。歓待の辞に継ぐ言葉が謝罪と釈明というのもどうかと思うが、のっけから申し訳ない。本書の最後に置かれているこの章は、少し読みにくい。しかしそれなりの理由がある。沖縄学という、沖縄を主体的に扱うとされる学問領域が持つ困難さを可能性に置き換えるため、やや特殊な目的を持って書かれているからだ。その特殊な目的とは何か。それは、書かれている内容（書く対象）と書くという行為そのものの関係を示すことで、文化を語る際に無意識に使われる「文化の遠近法」の姿を暴き、それを技術として自在に操れる可能性を示すことだ。そもそも筆者はなぜ、そのような一見面倒くさそうな目的を持ってこれを書いているのだろうか。そのことを説明するために、まず沖縄学の新しい定義付けから始めよう。

沖縄学とは、いわゆるポストコロニアル批評によって問題視されるようになった、「ネイティヴに対する欲望」のみならず、ネイティヴ自身が抱え持つ「理論の中心に位置したいという欲望」[1]を批判的に考察することのできる領域である。また、それに伴う学問的な正しさ（academic validity）の妥当性を批判的に問うことのできる領域である。

　現在のいわゆる「沖縄問題」[2]をはじめ、日本近代における沖縄を取り巻く諸問題を日本語で考える際に、ネイティヴへの欲望と「ネイティヴがインフォーマント[3]としてふるまう欲望」とを同時に批判的に考えるということが、本章の出発点となる。書かれている内容と書くという行為そのものの関係性を探るということは何を意味するのだろうか。先の２つの欲望が共犯関係を結んでいる場所では、客観的なふりをする学問の文体が幅を利かせているので、まずはそやつを驚かせたりずらしたりする必要がある。そのためには、書く人がいて書かれたものがあるという、一般的に信じられている「客観的な」枠組みの中心ではなく、そのエッジで書くという、何かを仕掛ける態度が求められる。

　たとえば物語という言葉には、物語られた「お話」の「内容」という意味と、それを実際に物語る「行為」という２つの意味が込められている。沖縄文学や琉球史といった具体的領域から差し出された各章の物語のトーンとは決定的に異なる、あなたが今読んでいるこの「沖縄学の物語」は、そこに記されている「内容」だけではなく、「内容」とそれを伝える「行為」がどのように結びついているのかということをもう一歩踏み込んで考える契機も、伝えようとしている。

1　ネイティヴへの欲望とネイティヴ自身の欲望そのいずれもが、ネイティヴの「世界」を独り占めしようとする欲望とそれについての知識を統御できる自己への愛と結びついている。本章は、沖縄学という沖縄に関する知識を体系的に扱う学問の初学者に開かれている。それは、愛すべき世界を提示しつつ、その愛を建設的に疑えという実践を促す。愛だけではまずいのだ。開かれた扉に染みついた雑音や落書きはすぐに忘れられるとしても、毎回それは刻まれなければならない。

2　一般的には米軍基地が沖縄県に集中的に存在することに端を発する政治経済的問題群とされるが、実際にそれが論じられる場における歴史的・文化的係数は高い。たとえば以下の書籍を参照せよ。仲里効・高良倉吉、読売新聞西部本社文化部編、2007年、『「沖縄問題」とは何か』、弦書房。また後述されるように、この「沖縄問題」は、日本の問題であると同時に沖縄の問題でもある。註13を参照。

3　研究者にデータや情報を提供する人を指す。近年の人類学では、やや反省的に用いられる傾向にある。

もう少し具体的に言い換えるならば、本章の問いは次のようになるだろう。沖縄について書かれている文章の「内容」を論じる際に、それが沖縄の人間によって書かれたものであるかどうかという「形式」について不可避的に論じざるを得ない力が働くのだけれど、その力は果たしてどのような構造に由来しているのだろうか。[4] 誰が誰であるのかという不安は、いったいどこから来ているのだろうか。

アメリカ合衆国では、「第三世界」出身の知識人や学生が、祖国では特権階級的な出自を持ちつつ、欧米でネイティヴ・インフォーマントとして無意識にふるまう／構造的にふるまわざるを得ない／意図的にふるまう。筆者は、その様子を留学先の教室でつぶさに見てきた。日本における沖縄研究という制度の中で、一部の沖縄出身者が似たような位置にいる。また、表現はともかく、構造的に彼らに連帯／迎合する自称「ヤマトゥンチュ」がアカデミズムやジャーナリズムに少なからずいるとされている。このような世界＝現状を生産的に解きほぐしつつ批判的に考えていく沖縄学において、またその扉を今開かんとするあなたにとって、本章の「問い」は何を意味するのだろうか。

それは、米軍基地の敷地内でありながら地権者による耕作が黙認される不安定な未来空間、いわゆる「黙認耕作地」と呼ばれる土地で、商品作物を育てるという試みにたとえられるだろう。それは、自給自足のための食糧ではなく、流通消費を前提とした商品作物でなくてはならない。まるで買い手がつかないくらいの奇妙な登録商標こそが、交換からの自由を保証するからだ。日本と米国に縫い目なく統合されたネイティヴ・ランドの作物は、Made in USA/Japan/Okinawa という奇怪な出自を堂々担う。沖縄、日本、米国の内と外が明確に確定し得ない場所で、「不法使用」と「基地返還の戦術」そのどちらでもあり得るような身振りでもって、商品価値を算出／産出する企て。国家（間）の不可避な暴力とそれが施行される共同体の土地との共犯関係によって生じる特異な労働形態が、はたして未形の交換価値を生み出すことは可能なのか。もし可能であれば、どのような新しい価値を生み出すことができるのか。そこで

---

4 これは、本質主義的な回収を行うということと、本質主義的な回収がなぜ行われるのかということを本質主義的な枠組みを利用することによって明らかにしようとすることの違いでもある。

の生産物が私有財産——それは本来国家によって承認されるべきもの——でありながら統計上表象不可能であることを逆手にとり、新たな「商品」を生み出す。その独自のブランド化は、理論を表現し、感情を分節化する。これまで表現できなかった「ここでの感情」が、どこかよその場所で育まれた理論によって言葉となるだけでなく、「ここでの言葉」がそのまま新たな理論に繋がるような言葉を培養する。

　沖縄研究という領域のエッジでその境界侵犯が繰り返される瞬間は、そのような「新たな言葉」が誕生する時間のひとつだろう。また、筆者——今これを書いている私——が専攻するもうひとつの学問領域、人類学という学術制度の枠内において、native anthropologist（異なる文化ではなく、自分の文化を研究する人類学者）としてその木枠のたがを外そうとしている地点も、そのような「新たな言葉」が成立する空間のひとつだろう。それは、学問という枠の外と内を行ったり来たりすることで、学問ができること・しなければいけないことの領域を確かめたり、できれば少しでもその奥行きを深めようとする思惑にも繋がっている。

　標準的な（あるいはそう思われている）手続きを踏む沖縄学や人類学といった学問の枠の外に出たり内に入ったりしつつ、なおかつその名称を名乗るからには、そのスタンダードに対抗しうるもの、つまりオルタナティブなスタイルを提示しなくてはいけない。ここで言うオルタナティブなスタイルとは、私自身のけったいな欲望、すなわち内容と形式の一致への欲望（誰が誰であるかを知りたいという不安）を生み出す力や構造のからくりを探るためにそれら自体を暫定的に——その場その場で——やや乱暴に翻訳変換しつつ、しかしその意図に忠実に則って書いたものを読者の前に差し出すためのあの手この手の所作を指す（なぜ教科書なのに、このようなややこしい文章を書くのかって？　それは教科書だからこそ、このようなややこしさと工夫が必要なのだという答えを用意しておこう。それから本章を最後まで読んでみて、もう一度このヒトリツッコミの箇所について考えてみてほしい）。

　さて、ではここでどのように翻訳変換するか。ひとまずは、「内容」が経験的なもの——私はこれこれを経験しているという実感を伴うようなもの——であり、「形式」が超越（論）的なもの——私はこれこれを経験しているという

実感を成り立たせる枠組み――であるというやや乱暴な置き換えによって、ことを始めてみよう。

　たとえば、家族旅行で北海道に初めて訪れた一人の少年が、見渡す限り見事に咲き誇るラベンダー畑を前に立っている。大きく息を吸い目を閉じる。そして感慨深げに呟く。「うゎあ、うちのトイレと同じ匂いだ！」。非日常の旅先で出会う花畑の香り（＝遠いもの）が、日常的に使用する自宅のトイレに置いてある芳香剤の香り（＝近いもの）と偶然（その少年にとっては）似通っていたということをすでに知っている私たちの前で、経験的なものと超越（論）的なものの関係が突如として暴かれる。経験的なものがすでに汚染されているとき、超越（論）的なものもまた失われてしまう。その少年の体験を前に、ひとはえも言われぬ一抹の悲しみを含んだおかしみを感じてしまう。なぜだろう。それは、あなたが何かを知るということとあなたがそこにいるということが交差したときに生じる波紋をあなた自身がすでに知っているからだ。あなた自身のアタマとカラダでもって、その少年の話を理解しているからだ。私がここでいうところの沖縄学では、その少年とともに、彼の身体的な感動を共有しつつもそれを別の知的興味へと移しかえることを目指す。そしてその移し替えは、身体性を伴ったものでなければならない。

　その身体性は案外身近なところにある。たとえば印象派の作品は、近づいてよく見ると、単に原色の点が無数に集まっているにすぎない。しかし少し距離を取って一幅の絵として眺めると、それを見る側が勝手に原色の集まりを統合し色や光として知覚し、最終的にはひとつの「風景」としてそれを享受できる。印象派というジャンルはすでに確立されているので、実際に私たちがその絵を前にした時、近づいたり後ろに下がったりと自らの足を使う「経験的なこと」は、特に意識されない。しかしここでは、絵を見るという「認識的な行為」に、その「経験的なこと」がすでに折り込み済みなのだ。

　本章もまた、単に個人的なエピソードや写真が紹介されていたり、文化現象が叙述されていたり、専門的な解釈が施されたりしている。つまり、ここでは一見ばらばらのパーツによってテクストは構成されている。一度読んでみて、すこし距離を取って、もう一度読み直してほしい。印象派の絵画を引き合いに出すのはいくらなんでもおこがましいので、せめて何の気なしに外を眺める教

室の窓くらいにしておこう。本章を、その教室の窓から見える、沖縄学という領域からはみ出しつつも丁寧に差し出されたひとつの「風景」として、眺めてほしい。そしてそこには、自らの沖縄に対する「経験的なもの」が入り込んでいるかもしれないということを意識してほしい。教室の窓から見える沖縄が、遠いものから近いものへ、あるいは近いものから遠いものへ、違って見えてくるかもしれない。そのとき、この遠近法こそが、文化を教える／学ぶ教室における鍵だということを、あなたは知ることになるだろう。

1　アタマカラダ——クラスルームにて

　教室と呼ばれる空間にあなたはいる。窓には外の風景が顔をのぞかせ、「先生」と呼ばれる人が教壇に立っている。

　たとえばもしあなたが典型的な10代の女の子で、退屈しのぎにハートマークをノートに書き連ねていたとしよう。たまたまそれを見つけた先生が、そのハートマークについて念入りに「解説」をしたとしよう。これは心臓に由来する記号であるという説があり、学術的には「心臓印」と呼べるもので、実存的な不安を抱える未成熟な女性が無意識に手にとるコミュニケーション記号である、とかなんとか。目の前で熱弁をふるう先生に対してあなたは、「たんにかわいいからだし」と一蹴するかもしれない。「ハートマークがかわいい」という認識は、おそらくその記号を使用する、もしくは使用しないまでも日常において多々目にする大勢の人々によって共有されているだろう。では、いつ頃からこの記号が「記述」されるようになったのか。その起源や伝播の過程はどうなっているのか。そのような詳細な「知識」が、あなたが持つ「純粋」な身体的感覚に浸透していくことは可能なのか。またそれは必要なことなのか。必要だとするならば、なぜ必要なのだろうか。

　南に対するあこがれ、一方的に満開の「楽園」イメージを、沖縄に抱く人は多い。そのようなイメージを持って、フィールドワークをはじめ、様々な理由で実際に沖縄に赴く人も少なからずいる。その「平和」な思考回路に、突如として入り込むノイズのような情報や知識——それらは取るに足らない挟雑物と

して聞き逃される場合もあれば、時に人を不安にさせることもある——は、沖縄学という学問の専売特許なのだ。

　教室と呼ばれる空間にあなたはいる。窓には外の風景が顔をのぞかせ、「先生」と呼ばれる人が教壇に立っている。それぞれの専売特許で生業を立てるその先生も、かつては教室の反対側、つまり授業を受ける側に席を置き、一人の生徒として自身が「先生」と呼ぶ人の声を聴いていた。

　かつて私が影響を受けた教師の一人に、高校で現代文を担当したN先生がいる。当時彼は、「本の気持ち」と呼ばれる図書館便りを連日配布していた。大量の書籍紹介記事の余白は、彼自身の手によって彫られた芋判による様々なシュールなキャッチコピーで埋められていた。そこには、「生徒諸君」へのほんのささやかなメッセージが込められていた。印象的な言葉の群れのなかに、「あたまからだ」というものがあった。アタマカラダ。この言葉を、超越（論）的なものと経験的なものの混在あるいは関係性を示す符号として、ここによみがえらせてみよう。

　人類学[5]、あるいはフィールドワークとはどのようなものか、そして沖縄でフィールドワークをするということは、どのような固有の意味を持つか、といった問いを考えるテクストとして、この章はあなたの前にある。その入り口で、「思考と身体」「最初から始める」「頭は空っぽ」「弾切れだ」など様々な意味を読み取ることのできる、アタマカラダというフレーズを唱えてみよう。

　アタマカラダとは、認識と実存が交差する地点の濫喩[6]である。

---

[5] ここでは煩雑さをさけるため、便宜上、人類学を文化人類学の同義語として用いる。ここで私が使う「人類学」はいってみれば文系の人類学だ（本当はそんなものはないのだが）。そのほかにも人間と自然の関係を探る生態人類学、骨格やDNAなどを調べる形質人類学、動物の行動から人間をさらに深く理解しようとする、たとえば日本のサル学を含む動物行動学なども、一般には人類学と呼ばれている。

[6] 指し示す語がない場合、ほかから持ってきて新たな言葉を作ってしまうレトリックのひとつ。たとえば、「机の脚」や「空港」などがある。机は脚を持った動物ではないし、港に着く船は空を飛ばないけれど、私たちは自然にこれらの言葉を使っている。

アタマ＝形式＝超越（論）的なもの：書かれた内容 →人類学という枠組　→認識（知ること）
　↑↓　　　　　　　　　　　　　　　　↑↑↓　　　　　　　　　　　　　　↓↑
カラダ＝内容＝　経験的なもの　　：書くという行為←参与観察で得た体験←実存（いること）

　上記のいささか乱暴な二項対立的見立てに基づいた「知ること」と「いること」の相互作用が、通奏低音として本章には流れている。その構造は、ある遠近法によって支えられている。あるいは同時にその構造がひとつの遠近法を生み出すといってもいいだろう。その遠近法を、所与のものとして扱うのではなく、私たちが文化を語る際に——ここでの文脈では沖縄を語る際に——無意識に使っている「仕掛け」として捉えなおす。そうすることによって、新たな「文化の語り」を可能にする。その遠近法の再捕獲のためには、二項対立的な両者が淀む地点を足がかりとする必要がある。そのような場所を探すのは、それこそ地図にのっていない川を見つけるようなもので、メタレベルな視点で地面を歩くような複雑な作業＝アタマカラダ的作業が要求される。その地点は、たとえば native anthropologist の人類学に対する戦略的かつ実存的な眼差しのなかにある。たとえばそこには、「うぁあ、うちのトイレと同じ匂いだ！」と叫ぶ小さな身体にわたしたちが出会ったときの微妙なおかしみが浮いている。

　アタマとカラダが汚染し溶け合う地点をなんとか見つけ出し、そこで思考される言葉や振る舞いを「仕掛け」と呼び、文化を学ぶ／教えるときの「梃子」として扱うことが、新しい沖縄学のあり方に繋がる。それは、エッジに立つということでもある。それは共同体という「安全地帯」から一歩も出ずに本質主義の微温湯に浸かるのでもなく、また共同体やアイデンティティといったポストモダン主義が超えようとした概念の意義を気前よく棄て去るのでもない。あえてその淀みの底を徘徊することを常に心がける。どちらにも回収しきれないような言葉や振る舞いを捻り出す。

　沖縄というフィールドの固有性をアタマカラダで感知するためには、あなた自身のアタマとカラダが必要になるだろう。それは、知らないもの、違うものを拒絶するために要請された「器官」ではない。それはまず、「知りたい」という欲望の出自を知るという、知的で倫理的な作業を行うためのアタマでなければならない。つまり、あなたはなぜ沖縄に興味を持つのかという自身の欲望

をまず見つめること。そして、万一あなたのその「純粋」な欲望が、自分自身素直に受け止められないとき、もしくは他人に拒絶されたときに、突如としてあなたの前に立ち現れる「他者としての文化」、あるいは「文化としての他者」に、すっと手を差し出せる反射神経を養うためのカラダでなければならない。欧米文化に身を置く人であれば、肩をすくめる、あるいはアッオーとおどけてみせる、という表現をここで使ってみてもいいかもしれない。今後日本という社会がもしかしたらあなたが思っているよりもはるかに多くの「他者」とともに生活する場になるかもしれない。このアタマカラダという呪文は、そんな社会において豊かで多様な文化のつぼみが花開くおまじないとなるかもしれない。

　沖縄におけるフィールドワークの成果が日本の人類学や民俗学を支えてきたという事実は、それら学会誌のバックナンバーをひも解けば明らかだ。特に第二次世界大戦後から沖縄復帰前後にかけて、沖縄のフィールドワークは、日本の人類学という制度において大きな位置を占めていた。たとえば、修士課程では沖縄を調査し、博士課程からアフリカ各地へ赴くという、アフリカ研究者たちを中心とした人類学者育成のためのトレーニングの場として、やや意地悪い言い方をすれば「踏み台」として、沖縄というフィールドは多くの研究者を育ててきた。

　翻って、現在の人類学における沖縄研究はどのような問題関心を抱えているのだろうか。その答えを整理する紙幅の余裕はないので、ここではその代わりにひとつの言葉を紹介しよう。沖縄には「左翼観光」という言葉がある。そこにはもともと強烈な皮肉が込められている。左翼というイデオロギー的な修飾語が観光という純粋な身体的欲望に乗っかっている、まさにアタマカラダ的な響きを持つ言葉として、この言葉を捉え直してみよう。

　たとえば、「明日高江に行くんだけど、乗ってかない？」というような台詞が、

7　2008年6月、かつて与党であった自民党の「外国人材交流推進議員連盟」は、「日本の総人口の10％（約1000万人）を移民が占める『多民族共生国家』を今後50年間で目指す」という政策案を打ち出した。
8　仲里効『オキナワ、イメージの縁』（2007年、未來社）の第9章を参照。
9　米軍のヘリパッド建設予定地がある沖縄県東村高江地区を指す。近年多くのジャーナリスト、研究者、基地建設反対運動の賛同者などが県内外から訪れる辺野古とともに、一種の観光地の様を呈している感がある。

県外・国外からやってきた沖縄を研究する人々が集う場で聞こえてくる。沖縄で生活をしている者と、沖縄に調査や研究のためにやって来る者との間に交わされる会話[10]には、どのようなまなざしや感情が潜んでいるのか。そこにある連帯、構築、惰性、妥協あるいは交渉といったものについて、これまで人類学のフィールドワーク論ではあまり考えられてこなかった。なぜなら、それはフィールドワーカーが自分の首を絞めることになりかねないからだ。

そもそもフィールドワークとは、「参与観察（participant observation）」という方法論を金科玉条とする。フィールドワーク中に出会う様々なイベントや儀礼に参加しつつそれを観察するという、語義矛盾を含む興味深いテクニカル・タームだ。ダンスパーティに参加しつつその様子を克明に描写すべく観察も行う、という喩えが、人類学の教室ではよく使われる。[11]「左翼観光」という言葉は、

10　ここでは「状況」を単純化して描写している。そこに「沖縄とヤマト」という単純な二項対立があると指摘することで、オチをつけているわけではもちろんない。沖縄出身の研究者が本土からやってくる場合もあれば、沖縄在住の県外出身者や外国人研究者が会話の主体になる場合もある。問題は、その単純な二項対立図式を用いることによって問わざるを得ない「事態」が今もなお続いているという（認識を多くの良識ある沖縄の人々が共有している）こと、そしてその「問い質し」が必然的に別の形で二項対立図式を再生産してしまうということ——これはかならずしもジレンマとは言い切れない部分も含むかもしれないが——に対して有効な批評の言葉をいまだ持ちえていないということにある。

たとえば、本文中にて後述する「左翼観光」という言葉を巡って、とある沖縄研究者と話をした。「左翼」という言葉に対して不信感を持っているようだったので、沖縄研究における左翼の欺瞞とは何だと思うか尋ねてみた。すると、「たとえば戦争研究をやっている者が沖縄は押さえておかなきゃとやったり、教育問題を扱っている人が、沖縄の事例は面白いから拾っておこうとやったりする、その態度」だと指摘した。たしかに文化左翼と呼ばれる人たちの中には、沖縄を免罪符として自らの研究や発言を正当化しようとする者がいる。また、そういった人たちは、本質的には沖縄出身でありえたり本土出身でありえたりする。実際の数的現象はともかく、「研究における切実な動機のもつ意義みたいなものが、まだ沖縄研究という領域では重要な意味を持っている」という声もある（「鼎談　沖縄研究に問われていること」20頁、屋嘉比収氏の発言『けーし風 第37号』（2002年）を参照）。

このエピソードを紹介したのは、その人たちの「悪意」をあげつらいこちらの「善意」を担保として研究を正当化するためではない。このような現象が構造的に発生してしまう領域が沖縄研究であり、その構造を考えることが沖縄学の領分のひとつである、ということを示したいからである。このような問題を、沖縄出身の研究者が本土出身の研究者を論難しているなどと、野暮に回収してはいけない。知識の生産や流通を通して生成される「学問的正しさ」を批判的に見ることは、その背後にある様々なイデオロギーや時代の見取り図を描く視点に繋がる。

沖縄で人類学をはじめとする学術的行為を遂行する際に前提とされる、調査者と調査地を結ぶ繋留点の「自然さ」を、鋭く問い返す。「私が沖縄を知る」ということと、「私が沖縄に（あるいは沖縄ではない場所に）いる」ということの関係性を、あらためて問い直す。

以下、人類学とはどのような学問なのかという手短な説明を起点

図14-1　検索エンジンのウェブサイト

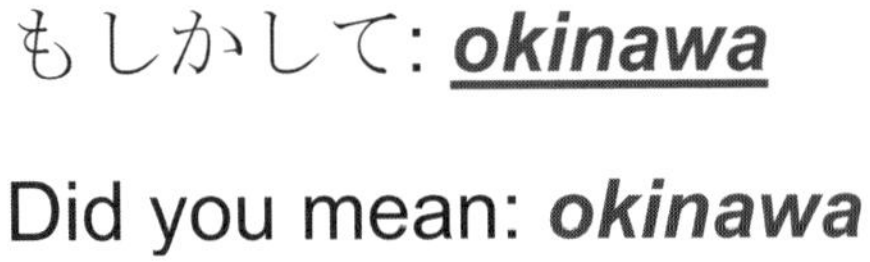

もしかして: *okinawa*

Did you mean: *okinawa*

注：googleより。あいまいな検索ワードを入れても、「もしかして」のあとに、蓋然性の高いワードが当てはめられ、必ずキーワードに辿り着く。すべての問いに答えがある、「無」が存在しないシステムが、そこには用意されている。誰の特性をも表さないけれどもゆえに誰のものでもある、「もしかして」。

として、私の研究テーマに関する個人的なエピソードとその人類学という学問の絡み合いを、沖縄学のひとつのあり方として、提示したいと思う。アタマカラダという奇妙な呪文を唱えながら、とあるアタマカラダ的沖縄学についてしばし耳を傾けて欲しい（図14-1）。

2　人類学とは何か⇔沖縄学とは何か——よそのクラスルームから

ここまで読み進めたあなたは、人類学という学問の名称は聞いたことはあるけども、一体全体どういう内容の学問なのか具体的によくわからない、と思っているかもしれない。人類学とはどのような学問なのか。

人類学の定義を一言で言うと、「人類学者がやっていること」となる。これが、もしかして、人類学の定義。拍子抜けするかもしれないが、ある意味これが最も正確な人類学という学問の定義だ。たとえば、現在の日本における文化人類学という学問の状況をある程度網羅的に知りたいのであれば、『岩波講座文化人類学』全13巻に目を通すといい。[12] 扱われている領域の広さと方法論の多様

11　そもそも、ダンスパーティーなど、日本ではあまり参加する機会もないかと思うが、こういった欧米中心主義の残り香が感じられるのも、「人類学」という学問の特徴のひとつかもしれない。そしてこのように、自ら会得すべきディシプリン（学問における了解事項）の内部に入りつつ、それを外側から見つめる冷静さを持つこともまた、「参与観察」の特徴なのかもしれない。

12　1996年から1998年にかけて出版された。

さにまず驚くだろう。要するにこの学問、いわゆるなんでもあり、ということ。とある人類学者の言葉を借りれば、人類学の中核には、そのテーマにもアイデンティティにもとくに合意がないということになる。

　そのなんでもありの人類学という学問の考え方の本質的な特徴を理解してもらうため、ひとつの例を挙げてみよう。たとえば経済学という学問では、人間をホモ・エコノミクス、つまり最小のコストで最大の利益を追求する生き物として見ることで、個々の「経済」行為あるいは「経済」活動の総体を研究対象とする。それに対して経済人類学という分野がある。経済学が扱う対象を人類学的に扱うとどうなるか、という観点からこの学問を見てみよう。経済人類学という学問は、ホモ・エコノミクスという見方からこぼれ落ちてしまう人間の行動あるいは社会の動態の意味を探る、という視点に基づいて発達してきた。

　たとえば、フィリピンのミンダナオ島にある市場で、おばあさんがバナナを1本10円で売っていたとする。そこにアメリカ人の観光客がやってきてこう言った。「おばあさん、そのバナナ、10本まとめて買うから80円にまけてくれない？」。これは経済学的見地に基づいた至極合理的な意見だ。ところが、このおばあさんはこう答える。「何をぬかしておる、1本10円のバナナを10本まとめて買うんじゃったら、120円でしか売れんわいな」。

　さて、この台詞について、人類学はどう考えることができるだろうか。このおばあさんの心の内を経済人類学者が分析（代理表象）するとこうなる。

> あたしゃ毎日この市場に来て、この商売を楽しんでおる。客とのたわいもない会話や駆け引きを10本のバナナを1本ずつ売れば10回楽しむことができる。もしこのアメリカーに一度に10本売ってしまえば、残り9回分の私の楽しみが奪われることになる。その償いとして20円余計に払ってくれるんなら「採算」がとれるわい。

　ここに私たちは、人類学という学問の典型的な物事の捉え方を確認することができる。経済学という近代の合理性に基づいた見方だけでは推し量ることのできない、しかし私たちが実際に行っていたり信じていたりする、そういったことを（それはしばしば「文化」と呼ばれたりする）、人類学は明るみにさらし、その問題と可能性を探る。人類学に対するひとつの大まかなイメージをつかんでいただけただろうか。

また、ひとむかし前の人類学には、人類普遍の文化があるという想定のもと、世界各地の「文化」を収集するという感覚が強く残っていた。たとえば、くしゃみをするとき、沖縄ではクスクエ（糞食え）と言う。江戸っ子はこんちくしょう、となる。英語では、God bless you! 神のご加護を。一見正反対の表現だが、いずれも「くしゃみをするときには体内にあるいはその近くに悪いものがいる」という俗信がその根底にあり、それが世界共通の文化である、となる。あるいは、生まれた子どもの幼名に「魔物」「くそみそ」「腐ったバナナ」などとかなり奇妙な名前をつける部族がいる。奄美や沖縄でも、かつて生まれたばかりの子どもをひどい名前で呼ぶという風習があった。なぜか。そこでは生後まもなく、あるいは数年で死んでしまう子どもが多く、それはたとえば死に神にさらわれてしまうからだと言われている。その恐ろしい死に神にそっぽをむかれるようなより恐ろしい名前をつけて、親は子の命を守る。子どもに名前をつける親の気持ちは世界共通みな同じだ、と相成る。

　現在の人類学には、そういったさまざまな風習や習慣を拾い集めて人類普遍の規則を見つけ出すという、「文化のカタログづくり」への関心は少なく、むしろ文化のせめぎ合いのプロセスを探る「文化の政治学」とでもいうような視点を求める傾向が強まっている。「世界共通みな同じ」というかつての文化の合い言葉は、グローバリゼーションという世界規模の政治経済的同調圧力によって引き起こされている悲喜劇を前に、どこか牧歌的に響きすぎてしまうのだ。

　日本では一般的に人類学という学問を、異国趣味や異文化への純粋な知的好奇心で始めるひとが多いように見受けられる。その一方で、社会における特異性や、そもそもその特異性を特異たらしめていたある種の神話の崩壊といった現象に関心を持つことが、人類学への興味のきっかけとなったひともいる。

　アメリカ合衆国で人類学を専攻する学生の多くは、比較的後者の立場が多いように見受けられる。彼らは、自らの文化的背景に関わる問題意識を強く持っている。とくに、人種、民族、植民地、そしてジェンダーに関わる問題に関心のある学生が目立つ。またそうであるが故に、日本に比べて積極的に社会に参加していく姿勢が顕著だ。たとえば、私が所属していた人類学のプログラムでは、1999年のコソボ空爆のとき、あるクラスメイトが中心になり、大統領あ

図14-2 沖縄にある地域図書館の看板

注：数字という普遍的な記号に宿るローカル性。「たい」とは沖縄語で2を表す。

ての反対声明を署名付きで New York Times に送った。パキスタンの核保有問題がメディアで取りざたされたときは、パキスタンからの学生とインドからの学生との間で文化と政治の問題をめぐって（たとえば文化相対主義における政治介入がどこまで妥当かといったこと）、激しいやりとりが教室で交わされた。2001年の9.11同時多発テロのときも、事件後すぐに、ニューヨークに住む知識人や学生らに呼びかけて大規模な集会を行った。そのとき私が受け取ったメッセージは、たとえば次のようなものだった。「圧倒的に不条理な暴力を目の前に、呆然と立ちつくす必要はない。いつの時代もそういった暴力そのものを回避する政治システムを構築したり、圧倒的な暴力がときとしてもたらすニヒリズムを越える世界観を提示することが、専門的な知識の活用に求められている。医学がその技術をもって人命を救うのと同様、人類学をはじめとする人文・社会科学はその見識をもって、世界を解釈するのだ」。このような力強いメッセージが、世界中からニューヨークに集まっている学生たちの手で発信された。

　そのような状況のなかでは、学問を生業とする意味をつねに問われる。それは一言でいうと、社会と世界を結ぶ結節点から発言を行っていく覚悟と技術を問われるということだ。私の考えている沖縄学とは、沖縄というひとつの社会と、政治経済文化が複合的に組み合わさった国際社会との間に身を置きつつ、物事を具体的に考える場にほかならない。システムのなかに身を置きつつも、それを外側から見つめる、といういわばシステムのエッジに自分をとどまらせる意識を持つ場、と言い換えることもできるだろう。次節では動物供犠と犠牲という人類学の概念を用いて、具体的にエッジに留まることの意味を考えてみよう。

　動物供犠（animal sacrifice）という耳慣れない専門用語は、沖縄では、古くからある伝統的な儀礼のひとつで、おもに豚を屠って供える儀礼を指す。最

近ではだいぶ形式化、形骸化してきたが、いまでも県内各地で行われている。その供犠という儀礼を人類学的に考察する際に重要となるのが、「犠牲（sacrifice）」というモチーフだ。それら2つの概念を通して、とある教室の風景をのぞいてみよう（図14-2）。

3　窓から見える沖縄——かつてのクラスルームから

　私の母校F中学は、九州にある私立の一貫教育校だった。全国から中学受験を経て入学する生徒に混じって、沖縄からも毎年数人が入学していた。どの学校でもそうだが、そこには学校文化と呼ぶには少し大げさだが、「校風」とでも言うべきなにかしら独特の雰囲気がある。F中学もその例外ではなく、いわばF文化のようなものがあった。たとえば、だれかがつまらないことを喋ったり、目立つ行動をとったときに、周りの皆が「ぷしーっ」と集団で奇声を発するという習慣があった。まるで圧力釜の蒸気が突然漏れ出るように、どこからともなくその「ぷしーっ」という声が、おそらくそこにいる生徒たちのほぼ全員の口から発せられる。嬉々としてこちらが奇声を発するときはいいが、その奇声の対象になったら最後、嵐が過ぎ去るのを待つしか術はない。私は入学以来、そのF文化のコードを無意識にしかし忠実に習得し、その行為を日々遂行していた。

　実はその行為は、個人ではなくシステムあるいは共同体という観点から見ると、供犠論という人類学が伝統的に扱ってきた文化現象と大変似通っているということを、私は後に知ることになる。明治以降「西洋列強」へのレイト・カマー（late comer）と自らを位置づけ勤勉に築き上げた国民国家「日本」のなかの、「受験」という社会制度に支えられた、「進学校」というひとつの社会的空間、それがF中学という一社会集団の客観的実体だった。しかし当時の私にとってそこは、向こう側があることを知らない共同体、まさに「世界」そのものだった。その世界の内奥から生じる内部圧力が、生徒一人一人の文化化された（つまり「F文化」というコードを取得した）身体を通じて、圧力釜のように吹き出る。その声なき声は、「私」とは違う他者を無作為に作り出すことによってその契機を得る。いやむしろ、ひとりの「彼」を作り出すことによって「私たち」と

図14-3 数字のスライドパズルのイメージ

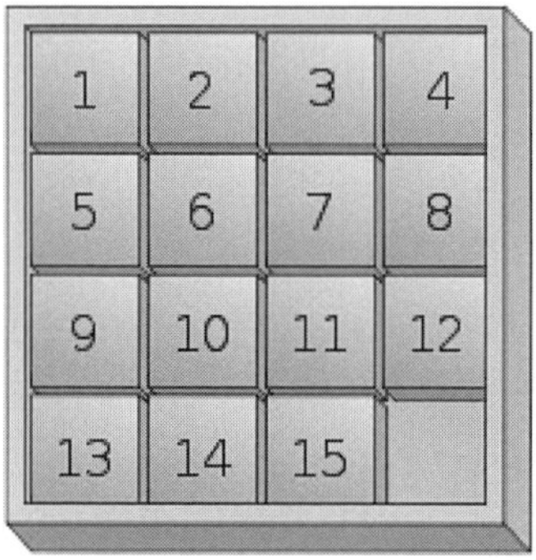

出典：http://ja.wikipedia.org/wiki/15パズルより転載。

いう架空の集団を確認しあう作業だった。それは極端に言うと、「ぷしーっ」の対象となる生徒や先生は誰でもいいわけで、「彼」はスケープ・ゴート（生け贄の山羊）だったのだ。その音は、まさにガス抜きの音だった。人類学では、まずこのスケープ・ゴートという存在がどのように生み出されるのかを丹念に観察し、そしてそれがその社会においてどのような機能を果たすのかを分析する。さらには、そのスケープ・ゴートをいかに救い出すことができるか、あるいは自分自身や自らが所属する集団がスケープ・ゴートになってしまった場合、いかに抵抗していけるかを、理論的かつ実践的に考えていく。

　また、私がF中学に入学して初めて迎えた冬に、こんなことがあった。授業中に初雪が舞い降りた。当時沖縄出身の生徒の多くは、実生活における雪というものをその中学生活で初めて体験した。そのひとりが、窓の外でひらひらと舞う雪を眺め、涙を流した。周りにいる多くの級友たちは、彼を笑った。「おい、あいつ授業中に泣いとったげな」と言ってはやし立てた。12歳の年頃というのは、ある意味残酷だ。そのとき私には、彼の涙の理由がよくわかった。なぜなら、私自身授業中に窓の外を見ながら、密かに心を動かされたからだ。授業中の窓の向こうに雪が舞うなど、沖縄では経験したことがなかった。小学生の頃、旅行で冬の本州に行ったときには雪を見たが、それはあくまでも旅先での「非日常」の出来事だった。私は彼を直接的に笑うことはしなかったが、彼を笑った多くの級友たちに反論、反発することもできなかった。ただ、強烈な違和感を覚えた。やや大げさに表現すると、クラス中の46人が泣いている生徒ひとりを「彼」に仕立て上げ、残りの46人が「我々」という共同体になっている、そして、感情的には私はその46人には入りたくないのだが、結果的に、あるいは「彼」の視点からすれば、46人の側だったという事実。それはいわゆる「いじめ」ではないが、その初雪の日の出来事は、当時の私には言語化で

きない痛烈な体験のひとつとなった。

　今述べたこれらの2つの出来事は、私自身がのちに共同体や犠牲といった概念を学問的に考える際に重要な参照点になっている。実際今、こうやってその「言語化できなかった体験」をなんとか言語化しようと試みている作業は、実は私が実践している人類学や沖縄学にとってある視点をもたらすとともに、それ自体が私の人類学や沖縄学の実践そのものになっている（図14-3）。

4　共同体のからくり――テクストから

　それでは次に、共同体についてに少し述べてみたい。私たちがよく耳にする言葉、「共同体」とは一体どういう意味なのか。たとえば、「ぶっちゃけて言うと」とか「ここだけの話」という言い方がある。それはぶっちゃけることのできない場、あるいはここではない場所があることを示している。「ここだけの話」が語られることのない、ここではない場所、それが共同体と言われるものが在ることを示しているとしよう。もちろんその逆に、「ぶっちゃけて言うと」とか「ここだけの話」という言葉自体が、その共同体を再生産、再強化したり、あるいは新たな共同体を生み出す契機になり得るということも言えるだろう。ここでは大雑把に、システム、組織、あるいは世間といった言葉が持つニュアンスとだいたい同じものと考えてほしい。よく日本の社会では、なにか問題や不祥事が起こっても特定の個人が責任をとろうとせず、共同体全体でうやむやにしてしまうということがしばしば起こる。一見奇妙に思える、個人がその責任をとらないですむというシステムは、一体どのように機能しているのだろうか？。

　数字が1から15までそれぞれひとつずつ書かれている駒が15個あって、ひとつのマスがあいている、そういうおもちゃをあなたは知っているだろうか（図14-3）。そのゲームは、15個のばらばらの駒を、空いたマスをうまく利用することによって順序よく1から15まで並べていくというものだ。この空いたマス、それこそが、ここでいう個が責任をとらないでいい「共同体の責任」の正体だ。その空いた部分に当然数字は書かれていない。それは駒ではなく、「無」なのだ。見えない者、つまり責任を問われない「無」という存在があるからこそ、この

ゲームはゲームとして機能している[13]。

　ここでその「無」について、もうすこし説明を補足しよう。無という存在について最も徹底的かつ独創的に考えたひとりに、マルティン・ハイデガーという哲学者がいる。哲学とは、ヘーゲルという19世紀の哲学者の言葉を借りれば、「逆になっている世界」と言うことができる。それは形而上学的問い[14]の2つの特異性から来ている。ひとつは、形而上学的問いはつねに全体を包括する、ということだ。形而上学的問いはいかなる場合も全体そのものだ。2つ目は、形而上学的問いは、問うものが、そのものとして、一緒にその問いの内にいる、すなわちその問いの内側に置かれているというようにしてのみ問われることができる[15]、というものだ。

　この「無」という概念の哲学的な捉え方のイメージをつかんでもらうために、ここでクイズを出そう。禅問答がある。和尚が小僧に、杖を振り上げて問う。「もしこの杖が見えるのであればお前を打つ。もしこの杖が見えないのならば、お前を打つ」。さて、小僧はなんと答えればいいのか。

・・・・・　　　・

　禅問答の答えはこうだ。小僧がその杖をさっと取り上げる。そう、形而上とは、問いそのものを越える（つまり口で答えるのではなく手で取り上げるという

13　これは、構造主義という考え方において「超越的シニフィエ」（transcendent signifier）と言われているものと重なる。この章では、「いわゆる『沖縄問題』は沖縄の問題のみならず日本というシステム全体の問題でもある」ということを説明する視点からこのゲームの喩えを用いる。ちなみに「沖縄問題」という語句に関しては、上記の視点と同時に以下のような点も同時に見据える必要がある。すなわち、「『沖縄問題』は日本の問題である」というテーゼ――これはごくまともな政治的発言である――が沖縄自身の複雑な表象の問題をそれが覆い隠すとき、私たちは、もうひとつのテーゼを沖縄の内側から再度提示しなければならない。「『沖縄問題』は、沖縄の問題でもある」。これは、一見「『沖縄問題』は沖縄の問題である」という文言と似ているが、内容はまるで異なる。
14　形而上学とは、metaphysicsの訳語である。現象を超越し、またはその背後にある、ものの本質、存在の根本原理、絶対存在を、純粋思惟により、あるいは直感によって探求しようとする学問を指す（広辞林より）。
15　教室においても然り。ここで本章冒頭のエピグラムを経由して、再び本文に戻って来てほしい。経験的な自己を吟味する超越（論）的な自己（ここでいう形而上学）は、すでに他者のかけがえのない他性を含んでいる。興味をそそる異者ではなく、感情移入を寄せ付けない他者は、教室にも浮遊している。教室における「居心地の悪さ」や「違和感」を感じるとき、あなたはそれに触れている。そしてその窓の外に繋がっている。

図14-4　きむたかホールに設置されたプレート

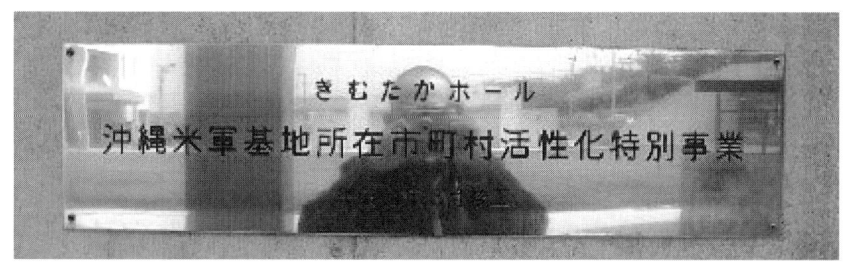

注：このホールの建設に充てられた予算の出所は、その町の裏庭に米軍基地があることと深く関係している。自分とシステムが同時にあることを表すこの写真は、写真が現実の複写ではなく流出となることも示す。[17]

実践に飛び出す）のであり、かつ問いの内側にいる（つまり打たれないようにする具体的な解決策を求めたという意味においてあくまでもその問いの内側から出された答えである）のだ。[16]この説明がピンとこない人は、「これを読んではいけない」という看板を見たとき、あるいは「クレタ島民はみなうそつきだとクレタ島の男が言った」という言葉を聞いたときに味わう、奇妙な感覚について考えてみてほしい。これらは先ほどの禅問答と同じ、問いを越えつつ内側にとどまるという「メタレベル」（＝形而上）の在処を必然的に問うている。

さて、無に対する問いは、必然的に無はこれこれである、という形式においてなされるので、自家撞着を起こす。矛盾をきたすわけだ。思考一般に用いる原則として、矛盾を排除するというものがあり、それは一般論理学といわれる。思考は本質的に「何か」についての思考なので、無についての思考というのはそれ自身の本質に反する。つまり、無は存在するものすべて（存在事物）を非認することであり、非‐存在物だから、それは何々に非ず、何々ではない、という性質、非認されたものという一層高いレベルの規定のもとに定義されてしまうことになる。とすると、その非認は論理という知性の一部なので、非認という言葉の働きを使わずに無の定義をしようとすることは（つまり何々であるという形で）、すなわち知性と決別して（たとえば直感や体験といったものによっ

16　注14を見よ。
17　ロラン・バルト（花輪光訳）『明るい部屋——写真についての覚書』みすず書房、1985年、108-109頁。現実からの「流出」は、たとえば「見てしまった責任」を生む。

て）なされなければならないのだろうか。ここでの問いは要するに、無＝「ない」と非認＝「何々でない」とはどちらが先にあるのかということだ。そこでハイデガーは、無がまずあるのだ、つまり無が何々でない、あるいは「非認」ということよりも一層根元的である、ということを言った。無は、何々ではない、と言うことができるその原因だというのだ。[18] そうであるならば、究極の問いがここで発生する。なぜ無よりもむしろ何らかの事物が存在するのか。なぜ私たちには事物だけが存在して、「無」があたかもないように見えるのだろうか（図14-4）。

18　「純粋存在と純粋無は同じである」（ヘーゲル論理学第一巻）。「存在そのものが本質上有限的であり、かつ無のなかに保たれている現存在の超越においてのみ自らを顕示する」。マルティン・ハイデガー（大江精志郎訳）『形而上学とはなにか』理想社、1974年、62頁。

　ところで、ハイデガーの「無」をめぐる思考は、本章においてどのような位置を占めているのか。学問における理論の世界で徹底的に沖縄という具体的な事物を手放さないためにも、また沖縄という地平から徹底的に理論的なものを放つためにも、アタマカラダがそのよりどころとなる。その出発点として、ハイデガーの「無」についての思考の到達点を利用する。本文中に示したように、ハイデガーは、「無」は存在を規定する根本的なものであると言う。それは、日本のシステム＝ゲームを支える「無」が沖縄だとする見立て（スライド・パズルのイメージ参照）になんら異議を唱えない。つまり、（日本のシステム＝ゲームに）沖縄がないということが、（沖縄に）米軍基地があるということの原因であり結果である。

　この日本の実存的状況に、沖縄の実存的状況をぶつけるとどうなるか。それは、（沖縄に）基地がないという至上命題を掲げ、（日本のシステム＝ゲームに）沖縄がある（べきだ）と転倒した主張をすることになる。これが、沖縄の信頼すべき左派知識人が取っている態度であり、たとえばそれは、新城郁夫のいう「沖縄が持つべき『否定性』」である（『図書新聞』2910号［2009年3月21日］の巻頭インタビューを参照）。しかし、沖縄が日本という国家に「否定性」を実存的につきつければつきつけるほど、それは、日本のシステムに沖縄が組み込まれるべきだという認識論的な主張として受容されてしまうという転倒、あるいはそのような主張を多く生みだしてしまうという、いずれにしろ反動的な状況が成立してしまう。沖縄の運動論が拠って立つ原則論を支持する「心」と、認識の枠組みを常に疑うという学問の「技」をどう繋げるか。沖縄学の作法の複雑さがここにある。

　では、どうすればこの倒錯した状況から脱出できるのか。その方法のひとつが、先述したアタマカラダ的な地点を足がかりにするということではないだろうか。つまり、日本の実存的状況に、沖縄の実存＝カラダで対応/対抗するのはなく——抜き身の刀を付きつけ返すのではなく——、沖縄の実存と認識の交差地点＝アタマカラダを重ね合わせる——その刀を納める柔軟で強靭な鞘を当てる——のである。この戦略を採るために、まずは、ハイデガーの「無」についての認識がその土台として要請される。

5 アイデンティティのからくり——フィールドから

　さて、ここから3番目の話に入る。先述した個人的な教室の風景と「無」に関する哲学上の難問が、沖縄というフィールドで人類学的に交差していく。ここでは、沖縄のある地域に伝わる具体的な供犠儀礼、ガチマチヌウガンを取り上げてみよう。ガチマチヌウガンとは、私の調査地で、ほとんどのひとが見たことはないけれどその存在を知っていたという、とても奇妙な儀礼の名前だ。ひとむかし前にあるユタ（シャーマン）によってその儀礼は廃止されたということになっているが、その真相はよくわかっていない。

　私がフィールドワークを行っていたYという村は、沖縄の典型的なシマ（村落）である。かつてシマ社会は、エーキンチュ（金持ち）とヒンスームン（貧乏人＝小作人）という2つの層に分かれていた。Y村でエーキンチュというのは元豪農のS家とM家を指す。この地域に伝わる言い伝えとして「ニシンミヌイシヤヒチン、ミーヤチマチムトゥヌエーキヌユミ」という言葉がある。これは、北の海（Y村のある勝連半島と金武崎に囲まれた金武湾のこと）の潮がたとえなくなったとしても「ミーヤチマチムトゥ」（S家とM家）の財産はなくならない、という意味で、両家の誉れが伺える。また、約10年前に当時90歳台だった方の話によると、子どもの頃の数の数え方は「にーしーろーはーとー」ではなく、「ミーヤチマチムトゥトー」であったと言う。この数の数え方に対して、「沖縄では終わりというのはトーと言って、人が亡くなったときにはトーナトーン（亡くなった）ということから、この数え歌はミーヤチマチムトゥがなくなってしまえというヒンスームンのやっかみが含まれているのではないか」、と解釈する人もいた。実際に両家が持っていた土地はY村の7割を占めたと言われ、現在でも「ここは昔はミーヤチのものだったねえ」と説明される機会があったりする。

　もちろんY村の近隣村落にもエーキンチュの家があって、たとえばグシチャーヌヒジャジョーと呼ばれたG村のT家やヘーバルホカマというH村のH家などがあった。Y村では子どもが咳をしたりくしゃみをしたりすると、親が「グシチャーヌヒジャジョーンカイイキーヨー（〜へ行け）」とか「ヘーバ

ルホカマンカイイキーヨー（〜へ行け）」と唱えたという。これは子どもが転んだときに「痛い痛いの飛んでけぇ」といって親が膝をさする行為と理屈は同じだ。

　ここで注目すべきことは、そういった厄を払うときに、その行き先を特定の家に定めるということと、同じシマのエーキンチュには決して矛先が向かないということだ。Y村のヒンスームンはG村やH村のエーキンチュに、逆にH村やG村のヒンスームンは自分たちのシマでなく隣シマであるY村のエーキンチュに、ヤナムン（厄）が行くように唱えた。

　一方でそのように人々が唱えたことによって、それぞれのエーキンチュの家にはイチイニン（人の怨念）が集まる、と当のエーキンチュの家の人々は考えた。そこでS家では1年に1回、これを祓い落とす儀礼として豚の供犠を行っていた（T家ではフーチエー、H家ではハチガチウガンと称して同じような豚の供犠を行っていた）。この「人の怨念」なるものは沖縄においてイチジャマ信仰と呼ばれている。このイチジャマという言葉は大変忌み嫌われる言葉で、シキンヌクチ（世間のよくない噂）や怨念とほぼ同じ意味で用いられる。生きた霊魂、イキスタマの転訛（なまったもの）ではないかとする説もあり、日本本土では似たような事例として憑き物信仰（狐憑きや狸が化ける、などの話が有名）がある。かつてユタなどのシャーマンは主にこういったイチジャマを扱ってきたとされている。現在ではユタが扱う多くの事柄が祖先崇拝に関するものだったり、世界情勢に関するものだったりする。共同体機能の衰退によってシマ意識が薄まり、人々はイエに対するアイデンティティをシマ意識といった横のつながりから縦のつながり、祖先崇拝や門中形成の意識に変換させてきたのではないか。同時に、村落共同体内部での他の家々との関係における従来のアイデンティティのありかたの基盤が崩れた中で、その共同体の外部でしかも沖縄全体の中心でありいまや沖縄の括弧つきの「伝統」として立ち現れた「琉球王朝」に自己のアイデンティティの根元を求めるという傾向がユタのハンジ（お告げ）にはある。[19]

　いま述べたように、ガチマチヌウガンという儀礼は、かつてシマの安定性、

---

[19] 小田亮「災いの物語のなかの琉球王朝あるいはユタ問題の歴史人類学」『オリエント幻想のなかの沖縄』海風社、1995年、146-147頁。

つまり共同体の安定性を図る仕組みの一部であり、そのシマという共同体がなくなったと判断したユタによって消滅させられたと言われている儀礼だった。ではこのガチマチヌウガンにおいて、さきほど例にあげた1から15の数字の駒を使ったゲームの「なにもない部分」によく似た部分があるとすれば、それは何だろうか。それはエーキンチュでもヒンスームンでもユタでもなく、殺された豚だ。[20]シマの安定を図るためにその命を犠牲にした豚はスケープ・ゴートだった。それがシマ社会の安定を目的とした文化というゲームにおけるもうひとつの隠れた駒であり、それは「なにもないところ」として動いていた。スケープ・ゴートも「無」も、ともにゲームをゲームたらしめるという機能を持っている。しかし「無」とは、さきほど述べたように、存在を規定する根本的なものでもある。となると、スケープ・ゴートも私たちの存在を存在たらしめている、そういった根本的なものなのだろうか。「ぷしーっ」と訳もなく責められたり不条理に笑い者にされてしまう無作為に選ばれてしまったF中学の生徒の存在は、そのほかの46人の生徒たちの存在よりも先にあるもの（46人を存在させるもの）だったのだろうか。これを現在のいわゆる「沖縄問題」に引きつけて見てみよう。たとえば、「基地のある沖縄は東アジアの平和のために犠牲となっている」という日本のメディアにおけるお決まりの文句がある。そこで言う「犠牲としての沖縄」は、沖縄あるいは日本そのものの存在と比べてどちらが先なのか。沖縄の現実と沖縄の存在はどちらが先にあるのか。これが、さきほどの哲学的な問いが沖縄の文化を通過して浮かび上がってくる、沖縄に

---

[20] もちろんそこには、人ではなく動物という象徴的に異なる次元の犠牲がもたらされている、という私たちの「常識」がある。しかしその「常識」はつねに覆される可能性を含んでいるということは言い添えておかなければならない。さらに、動物供犠という慣習に異議を唱えるひとたちの存在を考える際に、動物権という動物の権利もまた、人権という人間の表象ではなく代表権という意味でのrepresentationを通した形でつねに表象、代表されていくという留保を忘れてはいけない。新たな視点が新たな常識を生み、社会を動かしていく。たとえば「米国史上初の黒人大統領」という文言を考えてみよう。本当に彼は「黒人」なのかという問いがある一方で、彼自身が黒人と名乗り、人々が黒人と彼を名指すことによってその社会が新たな歴史的段階に移行するのであれば、カテゴリーを主体的に選び取るという行為は確かに重要である、とする見方もある。

図14-5 基地内で行われるフリーマーケットの広告

注：2008年には、9.11以降とだえていた嘉手納基地のカーニバルも再開された。フィールド（調査地）へ向けて走るバスのお尻に、基地の表象がついてまわる。自分が乗っている乗り物の後ろ姿を捉えるのはなかなか難しい。一度降りて、目的地へとひた走るその車の背中を見つめる機会を持つことも必要。

とっての実存的な問いだ。[21]

　その切実な問いにこの場で答えることはできない。しかし、その問い自体をなるべく正確に把握できる位置を指し示すことはできる。その位置とは、さきほどの数字のゲームのたとえでいうと、ゲームの枠ということになる。ゲームの枠そのものの上に立って物事を見るということは、言い換えれば、共同体、

21　前注で示したように、動物の権利は「人権」というフィルターを通してつねに刷新される。同じように、犠牲駒、あるいは「太平洋の隅石（コーナー・ストーン）」としての沖縄の権利もまた、「主権」というフィルターを通して刷新されなければならない。このようなロジックは、沖縄の現状に対して確かに弱々しいものかもしれないが、言い添えておかなければならないだろう。

あるいはシステムにどっぷりと浸かっていない視点を見つけだすということだ。ときにそれは所属する集団、組織への違和感や疎外感を伴うかもしれない。しかし、その一見後ろ向きに思える感覚は、人類学や沖縄学といった社会や文化を主観と客観の往復運動から眺める学問において、とても重要なものとなる。有り体の言葉でいうと、「既存のシステムにとらわれない視点を持つ」ということ。それは組織や共同体の外に出る、という意味では決してない。共同体の中で踏ん張りつつ、そこでまかり通っている慣習やルール、その自明性をつねに疑うということだ[22](図14-5)。

6　トラニカラマレルハナシ——ベッドルームから

はじめの方で、アタマカラダという奇妙な言葉を紹介した。思考と身体に不可分な領域があるというメッセージにも受け取れるこの呪文、私たちの身近にあるそのひとつは、枕元にときおり転がっている夢の記憶かもしれない。自分自身が自らに何かを語りかける呪文としての夢。本章を終えるにあたり、私が見たある夢について語ってみよう。それは、ひとつのできごとだった。

　　講堂のような場所で、学校の集会のようなものが開かれている。生徒たちが大勢いる。どうやら大変な状況に陥ってしまったことがすぐに了解できた。そこにトラが紛れ込んでいることがわかったのだ。そう、あの獰猛な肉食獣の。しかも、僕が何らかの原因になっているようで、その唐突に出現した恐ろしいトラは、どうやら僕を狙っているように見える。集会が終わり、皆ぞろぞろとその場を去るために移動している。やばいやばい、皆気がついていないけど、トラがいるぞ！　トラだよ、トラ！　どこか高いところに逃げろ。心の中で叫ぶ。

22　たとえば、以下のようなエピソードがある。私が研究しているトピックのひとつに、地域の子どもたちによる演劇がある。あるとき、舞台に参加している子どもたちの間で小さな不幸が続いた。一人のユタが、その原因は、舞台の登場人物の一人、琉球史上実在する人物の魂に関係する、とハンジ（お告げ）を出した。現在その人物の遺骨が眠っている場所は、嘉手納飛行場の滑走路の真下だという。基地のすぐそばにあるウガンジョ（拝所）に赴き、離着陸を繰り返す軍用機の凄まじい轟音が響くなか、私たち一行は無事祈願を果たすことができた。そこでは、米軍基地という世界システムのエッジと沖縄のユタという伝統的な信仰世界の縁が奇妙に重なり合っていた。

講堂の壇上横にある、二階の小部屋への入り口を目指し、人混みを縫うように、トラに気づかれない程度の早さで歩く。早く早く、でもゆっくり！　そこにはすでに数人の学生がいた。友人Kの携帯電話が目に留まる。僕はなぜか警察ではなく、電話番号案内に掛け、そしてなぜか元テニスプレーヤーの松岡修造氏の番号を訊く。なぜなら、彼がトラを殺すための猟銃を持っているからだ。僕は彼に連絡を取って、その猟銃でトラを射殺してもらう手はずを整えるはずだった。しかしトラが目の前をうろつき回っていて、いよいよ誰かが、おい、こっちに来るぞ！　と騒ぎだす。携帯で連絡を取るどころではなくなった。

　その2階の小部屋には、入り口が3つあって、1つのスロープで一階と繋がっている。トラがその獰猛そうな顔をちらちら出したり引っ込めたりして、まるでモグラ叩きの様を呈している。もっともこちらは叩く方ではなく、モグラである。トラが1つのドアから顔を出しているすきに、別のドアから数人ずつ逃げ出す。部屋にいる生徒の数がどんどん減っていく。絶体絶命。機会を伺い、よし今だとばかりにドアのひとつを開けて脱出しようとした瞬間、なぜかアニメーションで描かれた、小柄だけどとても邪悪な顔をした得体のしれない生き物が、シャーッと叫びながら入ってきた。うわーっと思いながらそいつとすれ違うように、なんとか部屋の外に出ることができた！　まだ部屋のなかに残されている連中はいったいどうなるのだろうか（彼らはこうやって犠牲として供されるのだろうか）と思いつつも、急いでスロープを降りる。しかし、間もなく降りきろうとするその瞬間、なんと振り切ったと思われたトラがそこに。今降りてきたばかりのスロープを引き返してトラを刺激するわけにもいかず、仕方なく、最後の部分は滑り台を滑るように尻をつけて1メートルくらい滑降する。トラが待っている一階に滞りなく着地する。

　そして僕はトラにからまれる。

　とてつもなくでかい顎。容赦なく溢れ出る大量のよだれ。堅い毛穴とそこから生える鋼のようなひげ。トラはその大きな顔を近づけてきて、僕の腰のあたりを舐めたり軽く咬んだりしている。股間のあたりを生暖かい息が襲い、いや

な予感がする。大事なところをがぶりとやられるのではないかと思うと、生きた心地がしない。ここで俺はこうしてトラに殺されるのか、喰われるのか、血まみれになった胴体が無惨に横たわるのか。いやそれとも奇跡的に助かるのか。でもどうやって。そうだ、こう見えてもこいつネコ科の動物なのだからと、喉をおもむろに撫でてみる。ぐろぐろ。なんとも凄みのある声をたてる。そうだ、人間はこう見えてもキミたち動物とは違って賢いのだゾ、と人間の「尊厳」をひたすら念じて接してみせようか。それとも、背にまたがって、金太郎のようにその辺を歩いてみせようか。などと「死」の間際で頭を高速回転させて遮二無二考えていると、回路がついにショートしたのか、かっと目が覚めた。

　恐ろしい夢だった。夢で本当によかった。しかし、問題は解決していない。まず、あの状況でどうすれば助かるのか。そして、トラとは何者なのか。あれが、他者なのか。もしそうなら、僕は他者を、まずは殺そうとした。他者と触れることなく、なんとかやり過ごそうとした。他者は恐いものなのだった。それから、いよいよトラに殺されるというとき、浮かび上がったイメージは、血だらけになった僕の胴体だったのだけれど、それはニュースの映像だった。つまり、僕自身の死は、その場にいるトラとの関わりをもったものではなく、それを見ている、もしくは後にそれを見ることになる人間たちの（＝共同体の側の）イメージとしてしか、僕に迫ってこなかった。[23]

　目が覚めてからも、どうすれば助かったのかということを僕は真剣に考え続けている。着ている服をその場で脱いでトラに嗅がせてみるのはどうか。でもそうしたら、獲物を追うゲームだとトラが勘違いをして、ひたすら追いかけられる展開になったかもしれない。そうだ、一緒にスロープを降りた三人で手をつないで、トラよりも大きな生き物だと見せかける、そして歌を皆で歌うとい

23　リアルな夢のなかでマス・メディアに媒介された死のイメージが出てきたことは興味深い。また、アニメーションのイメージが出てきたということは、アニメ的なものがリアルなものとして私の環境にあるということにもなるのかもしれない。それは、社会問題をリアルな形で議論するとき、すでにメディア的なもののみならずアニメ的なものまでが要請される環境が整っているということを示唆している。少なくともそれらの問題を伝えようとする側において。

うのはどうだろう。でもいったい何を歌うのか。水前寺清子の一日一歩を笑顔で？　ひきつった笑い顔はトラを刺激したりはしないのか。それとも必死で泣きながらトラの前で人間が3人手をつないで、歌うのか。解放歌を？　でも歌っているときに、そのうちの1人が顔ごと喰われて血がブシーッと吹き出ている場合でもその傍らで手をつないで歌うのか。そもそも3人で手をつなごうという打開策を僕が提案することは、トラにからまれる理由がどうやら僕自身にあるらしいという時点で、かなりつらい。つまり、僕だけ犠牲になりたくないから、ほかの2人を道連れにしようとしている、そんな風に思われるのはまったくもって遺憾なのだ。そもそも最初は猟銃でトラを殺そうとしたにもかかわらず、そうできないとわかるやいなや喉を撫でようとしている。僕はとんでもない偽善者なのか。他者に毒を食らわせればそれでいいというのか。

　目が覚めてから、どのくらい経ったのだろう。午前2時半に目が覚めて、時計を見やると午前4時半。2時間近く考えていたことになる。問題は2つ。1つは、こういう状況に陥ったら、どうすれば最も助かる確率が高いかというプラクティカルな問題。これは、動物に関する専門的な知識を持つ人間、たとえばムツゴロウさんのような人にでも訊くしかない。2つ目は、哲学的な問い。そもそもこのトラとは、何者なのか。もし、こやつがあの「他者」だとするならば、これは「歓待」などというコンセプトが噴飯ものに見えてしまうような、そんなリアルな股間の恐怖であった。殺すか殺されるかというイメージ――そう、これはトラが何者なのかわからないということから来る。トラは動物なので当然なのか。だとするとやはりトラこそが人間にとって他者なのか。故に、イメージでしかあり得ないし、また、イメージでよいのか――が、いかにリアルか。しかし、沖縄戦の戦場において、沖縄語を操る沖縄人のスパイというイメージもまた、そういった意味でリアルだったのかもしれない。民族差別や前近代的軍隊という構造的な問題があろうとなかろうと、このイメージのリアルさは、戦場にいた日本兵個人にとって確固たるものだったのかもしれない。とすると、僕は、トラというこちらの感情移入を拒む他者を殺そうとしたし、またどう扱ってよいのかわからないので、それを哲学的にではなく、プラクティカルに、つまりいわゆる国際関係論的に扱おうとしていたのだろうか。トラ

図14-6　ガジュマル

注：かつてフィールドワークのために長期滞在していたアパートの裏手にあったガジュマル。無惨な伐採の後、そこではウグヮン（拝み）が行われていた。数年後、そのガジュマルは見事に生い茂る。「文化」は、祈りを捧げる者たちの言葉や行為からのみ派生するのではなく、その祈りの背景にあるこの再生とともに宿る。

よ、お前はこの僕に何を伝えたかったのか。

　この夢を、そして夢から覚めた後で布団の中で考えていたことを、やはり書き留めておこう。午前4時半に起きてペンを走らせる。この時間は何なのだろう。トラ、他者、共同体、死、手をつないで歌を歌う人間たち。トラの横に立つ人間は、トラを従える英雄なのか、それとも人質なのか。
　体が冷えてきたので、また寝床に戻る。

(2008年11月4日、午前4時40分)

　トラという他者は、沖縄学で他者を扱っているつもりが本当は扱い切れていないということを示唆しているのか。沖縄学講座を履修している学生からのレビューシートのなかに、こんな言葉があった。「沖縄の人たちが心から笑える日が来ることを祈る」。対岸の火事、あるいは遠く南の島で起こっている山火事、いや「南島の些事」と言い切ってしまっていいだろう。このようなイメージを、きまじめな学生ほど持ってしまうのだろうか、などと私は内心批判的に応答していた。その学生が見ていたものは、ひょっとして物語に出てくるような遙か遠くの島を歩くトラの勇壮な姿だったのだろうか。また、かつて沖縄学講座を履修し、研究室に相談に来ていた学生がこんなことを言っていた。「沖縄がと

ても大好きなのに、なぜか沖縄の話をすると、そこにいる沖縄出身の学生に疎まれている気がする」と。彼女が怖がっていたものは、ひょっとして沖縄学という生々しいトラの息づかいだったのだろうか。沖縄の現実が遠くにあるがゆえに、親しく感じる「沖縄」がある。その一方で、沖縄の現実を近くに感じるがゆえに、近寄りがたく感じる「沖縄」もある。文化を教え学ぶ場である教室。その窓から見える風景を、風景として成り立たせる条件としての遠近法。その正体を、トラは伝えようとしていたのかもしれない（図14-6）。

7　文化を教える──ふたたびクラスルームへ

『日本鬼子』という映像作品を、留学先の米国の大学院の教室で観たことがある。韓国研究で大変著名な教授のクラスがあって、韓国系アメリカ人の学生が多く参加していた。その授業の教材のひとつとして、元日本兵の告白を撮ったドキュメンタリー映画を見ることになった。この作品は、1932年の満州事変から敗戦までの軌跡と世界情勢を追いながら、中国大陸で戦地に赴いた元皇軍兵士14人を日本各地に訪ね、彼らがかつて行った行為の告白を記録している。ぜひ日系の大学院生の声も聴きたいという要望があり、そのクラスを履修していない私に声がかかった。衝撃的な映像だった。戦時下の中国大陸で日本兵が何をしたのか、その残虐さが映像と証言を通して表現されていた。

鑑賞後、さまざまな議論が交わされた。そこで決してたどり着いてはならない「落ち」は、「日本人だから残虐だ」という命題だと思った。ただしそれは、「日系の声」を代表させられているこの私が言える台詞ではなかった。私がそう発言してしまうと、日本人「だから」それを指摘した、となってしまっていただろう。論理や倫理に基づいた構造的な把握の重要性を指摘したのではなく、自分の政治的立場を優位にするために発言した、と誤解されていただろう。マルクス主義というフォーマットを用いて、ひとこと「帝国主義」という言葉を発すれば、数人の学生とコミュニケーションをとるベースが確保できたかもしれない。そして次の段階の議論が誘発できたかもしれない。しかし実際そこでの私は、この「帝国主義」という言葉が喉元まででかかったが、結局言えなかった。

そのときの私は、文化と他者を語るときにどこからともなくのそりと姿を現

す、あのトラを怖れていたのかもしれない。人間の尊厳をひたすら念じて見せるのか、3人で手を繋いで歌うのか、必死になって目の前のトラに対峙していた。異国の教室に突如現れた、その得体の知れないトラ自身が獰猛だったのではなく、トラを見てしまうこの私自身のなかにある、文化に対する、他者に対する、いかんともしがたい「遠さ」があったのだ。帝国主義という無骨な言葉を頼りに、その距離をなんとか縮めようとしていたのだ。

　かつての教室で味わった、この伝えたいという気持ち。他者の文化を教え学ぶ教室には、文化の遠近法によって生み出される集合的調和が呼び込まれる。それに対して「物言い」をするときに依って立つ場を整備したり、あるいはその指標を洗練するための技術や心構えを意識的に考え蓄積できるのが、日本語圏社会においては、沖縄学という領域の可能性のひとつなのかもしれない。

　多くの人類学者は彼あるいは彼女自身にとっての異文化を学ぶのだが、その際必然的に外国語を学ぶことになる。それはフィールドワークをする人類学者のもつ最も重要な視点を育むことになるのだが、私のような native anthropologist（自文化を研究する人類学者）の場合は、それがひっくり返っていることが特徴でもある。もしも私の知っている「世界」が日本語のみで構成されているとするならば、当然世のなかには実に多くの私の知らない「世界」が存在することになる。それらの世界を覗いてみるだけでも、自分のいる「世界」で自明な約束事やことがらがいかにもろいものであるかがわかる（恥を知れ！　と日本語の通じないひとに叫んでも伝わらない）。ただしそこには、すでに与えられたアイデンティティを強化するためだけの「異文化体験」を避ける工夫が必要だ。たとえばこのようなテクストを読んで得た知識や感情が、帰属意識の強化につながってしまうのではなく、日本語話者である私、沖縄出身である私、大学生である私、あるいは異性愛者である私、といった既存のアイデンティティに充足しない、むしろ違和感、飢餓感、疎外感を覚えたりする、そういった体験を持ち得たときこそ、私がいま言っている意味での「人類学」的な視点が発生する瞬間なのかもしれない。そして native anthropologist は、その「人類学」的な視点を補完するのではなく、つねに見つめ返すことになる。沖縄学には、そのような「見つめ返し」が織り込まれたテクストが蓄積されているし、これからも集積されていくであろう。

自らの足下を認めつつ、しかしその自明性を認めないという姿勢、それは非常に不安定で、共同体の特質である安定性とは相容れないものだ。私たちは、皆なんらかの共同体、組織に属しているとされている。自らの共同体のなかで、ふと居心地の悪さを感じたとき、そこにひょっとしたら何かが宿っているかもしれない。それはもしかしたら本当の意味での倫理、責任といったものかもしれない。このように積極的な意味を見いだしていくのが、人類学であり、また沖縄学という学問の特性のひとつであるということを、私なりのやり方でここまで述べてきた。願わくば、ここまで読み通してくれたあなたも、組織や共同体のなかにいてもそれをつねに外側から見つめる、というシステムのエッジに（ゲームの枠の上に）自分をとどまらせる意識を持つことに関心を持ってくれたらと思う。沖縄学の内部において少しずつ紡ぎだされたこのやや座りごこちの悪い文章から、あなたがそういった人類学的な覚醒意識を持ち帰ってくれれば、ひとまずこの章は編まれた甲斐があった。

　ぜひとも学んでほしい。最も学ぶのが難しいこと、つまり、教育におけるアイデンティティと文化のアイデンティティは違うということを。教室と呼ばれる場に、あなたはいる。ようこそ、沖縄へ。

（前嵩西一馬）

資料編

資料1　琉球・沖縄史

時代区分		琉球・沖縄
先史時代		BC30000　山下洞人などが居住する BC18000　港川人などが居住する
	貝塚時代	BC 5000　貝塚時代 605　「流求国」初めて中国の史書(『隋書』)に記載される 714　『続日本紀』に奄美・信覚(石垣)・球美(久米島)の南島人来朝とある 753　唐僧鑑真、阿倍仲麻呂、阿児奈波島に漂着
古琉球	グスク時代	1187　舜天王即位と伝わる 1260　英祖王即位と伝わる 1314　この頃から三山(北山・中山・南山)分立と伝わる 1350　中山王に察度即位と伝わる 1372　中山王察度、明に初めて入貢し、「琉球」号を使用 1392　閩人(福建人)三十六姓が来琉と伝わる 1404　明の冊封使、初めて来琉し、中山王武寧を冊封
	第一尚氏	1406　尚巴志、中山王武寧を滅ぼし、父・思紹を王とする(第一尚氏王朝) 1422　尚巴志、中山王に即位 1429　尚巴志、三山を統一 1430　尚巴志、ジャワへ交易船を派遣 1439　中国・泉州に来遠駅(泉州琉球館)設置 1458　護佐丸・阿麻和利の乱／万国津梁の鐘を首里城正殿に設置 1463　尚徳、マラッカへ交易船を派遣 1469　市舶司が泉州から福州に移り、柔遠駅(琉球館)設置
	第二尚氏	1470　尚円即位(第二尚氏王朝) 1481　初めて薩摩へ綾船(慶賀船)を派遣 1490　尚真、パタニ王国へ交易船を派遣 1500　八重山でアカハチ・ホンガワラの乱。琉球王国の先島支配が強化 1507　明への進貢、一年一貢を許される(1522　再び二年一貢に) 1531　『おもろさうし』巻一編集(1613　巻二、1623、全22巻) 1570　シャムへ最後の遣船(東南アジアへの交易船派遣記録途絶える) 1579　首里城に「守礼之邦」の額を掲げる 1605　野国総官、福州より甘蔗を伝える 1606　江戸幕府、島津氏の琉球侵攻を許可。島津氏、琉球に来聘促す
近世琉球	第二尚氏	1609　島津氏、琉球へ侵攻。尚寧、薩摩に抑留(1610　尚寧、徳川家康・秀忠に謁見) 1611　薩摩、「掟十五ヵ条」制定。琉球の検地終了。尚寧、帰琉 1617　薩摩、琉球人の日本的習俗を禁止する 1623　儀間真常、初めて黒糖を製造 1624　八重山キリシタン事件／薩摩、奄美諸島を直轄地とする 1634　初の慶賀使を派遣、京都で徳川家光に謁見(以後、1850まで18回、謝恩使・慶賀使を江戸幕府へ派遣) 1636　薩摩の命により、キリシタン宗門改め始まる 1644　謝恩使、初の江戸参府 1647　砂糖・ウコンの専売制実施 1650　羽地朝秀(向象賢)、『中山世鑑』著す 1652　清の使者来琉し、明印の返却を命ずる(1653　清に返還) 1666　羽地朝秀、摂政に就任(～1673) 1673　「羽地仕置」、布達される 1689　首里王府に系図座設置 1697　蔡鐸、『中山世譜』著す。『歴代法案』の編集始まる 1709　己丑の大飢饉 1713　王府編纂『琉球国由来記』(全21巻)完成 1719　踊奉行・玉城朝薫、組踊を初演 1728　蔡温、三司官に就任(～1752) 1732　蔡温、『御教条』を発布 1745　『球陽』編集される

資料1　琉球・沖縄史年表

年表

日　本	世　界
旧石器時代 　　この頃、日本列島、大陸と分離	新人、ユーラシアに広がる BC8000　オリエントで初期農耕・牧畜
縄文時代 645　大化の改新 710　平城京遷都	BC5000　中国江南で水稲栽培 618　隋滅亡。唐興る 676　新羅、朝鮮半島統一
794　平安京遷都	749　アッバース朝成立
1192　源頼朝、鎌倉幕府を開く	1096　第1回十字軍
1274　蒙古襲来。文永の役（1284　弘安の役）	1271　モンゴル、国号を元に改める
1333　鎌倉幕府滅亡	1299　オスマン・トルコ帝国建国
1350　観応の擾乱（～1352）	1339　英仏百年戦争（～1453）
1378　足利義満、花の御所造営	1368　元滅亡。明興る
1392　南北朝合一	1392　高麗滅亡。朝鮮興る
1404　日明「勘合貿易」始まる	1400　この頃、マラッカ王国建国
1411　足利義持、明との国交を断絶	1402　ティムール、オスマン朝を破る
1419　朝鮮、対馬を襲撃（応永の外寇）	1405　鄭和、第1次南海遠征（全7次）
1428　正長の土一揆	1428　ベトナム、明の支配を脱し、黎朝成立
1432　足利義教、明との国交と勘合貿易を再開	1434　メディチ家、フィレンツェの政権を掌握
1436　足利義教、琉球に書簡を送る	1445　この頃、活字印刷術が発明される
1457　アイヌの大首長コシャマインの蜂起	1453　東ローマ（ビザンツ）帝国滅亡
1466　琉球使節、足利義政に拝謁し鉄砲を披露	1455　英、バラ戦争（～1485）
1467　応仁の乱（～1477）	
1485　山城の国一揆（～1493）	1479　スペイン王国成立
1488　加賀の一向一揆、領国を支配（～1580）	1488　バルトロメウ・ディアス、喜望峰に到達
1510　三浦の乱。朝鮮在留日本人が反乱起こす	1492　コロンブス、アメリカ到達
1523　寧波の乱。大内氏が勘合貿易を独占	1500　イラン、サファヴィー朝興る（～1732）
1543　ポルトガル船により種子島に鉄砲伝来	1510　ポルトガル、インドのゴアを占領
1549　キリスト教伝来	1517　ルターの宗教改革始まる
1592　文禄の役。豊臣秀吉、朝鮮出兵（1597 　　　再出兵、慶長の役）	1571　レパントの海戦。オスマン帝国軍が敗北 1588　スペイン無敵艦隊、英軍に大敗
1600　関ケ原の戦い	1600　英、東インド会社設立
1603　徳川家康、江戸に幕府を開く	1602　オランダ、東インド会社設立
1609　オランダ、平戸に商館開設（1613　英も 　　　開設）	1610　この頃、シャム、ルソンなどに日本人町
1613　江戸幕府、全国にキリスト教禁教令	1613　ロシア、ロマノフ朝成立
1615　大坂夏の陣、豊臣氏滅亡	1616　ヌルハチ、後金建国
1623　イギリス対日貿易停止	1618　ドイツ、30年戦争（～1648）
1624　スペインと断交	1628　英、権利の請願
1635　海外渡航禁止令	1636　後金、国号を清に改める
1637　島原の乱（～1638）	1641　オランダ、マラッカ占領
1641　オランダ商館、長崎の出島に移される	1642　英、ピューリタン革命（～1649）
1643　田畑永代売買禁止令	1644　明滅亡（明清交替）
1650　林羅山撰『本朝通鑑』完成	1648　ウェストファリア条約
1651　由井正雪の乱	1651　英、航海条例制定
1669　アイヌ族長シャクシャインの蜂起	1662　清、中国全土を統一
1673　分地制限令	1673　清、三藩の乱（～1681）
1687　生類憐みの令（～1709）	1688　英、名誉革命（1689　権利章典制定）
1704　薩摩へ甘藷伝来	1701　スペイン継承戦争（～1713）
1709　新井白石、正徳の治（～1715）	1707　イングランド・スコットランド合同
1716　徳川吉宗、享保の改革（～1745）	1716　清、『康熙字典』成る
1719　新井白石、『南島志』著わす	1720　清、チベット征服
1723　足高の制	1727　清・ロシア、キャフタ条約調印
1732　享保の大飢饉	1733　英で飛び杼の発明。産業革命始まる
1744　青木昆陽、甘藷を関東に伝える	1740　オーストリア継承戦争（～1748）

		年	事項
近世琉球	第二尚氏	1771	明和の大津波、宮古・八重山諸島に大被害
		1786	刑法典『琉球科律』制定
		1844	仏宣教師フォルカード、滞琉して布教、『琉仏辞典』著す
		1846	英宣教師ベッテルハイム、滞琉して布教、『英琉辞書』著す
		1853	米海軍提督ペリー来琉。その後浦賀へ
		1854	琉米修好条約調印（1855　琉仏、1859　琉蘭）
		1855	一向宗法難事件、多良間騒動おこる
		1866	清より最後の冊封使、来琉
		1871	宮古島民台湾遭難事件（54名殺害される）
		1872	日本政府、琉球藩を設置し尚泰を藩王として華族に列すると宣告
		1873	日本海軍、琉球全島の測量を開始
		1874	琉球藩の事務、外務省から内務省に移管
		1876	幸地親方、密書を携行して渡清
		1878	日本政府、東京琉球藩邸在番の廃止・退京を命じる
近代沖縄	沖縄県	1879	日本政府、首里城接収、琉球藩を廃し沖縄県設置（琉球処分） 宮古島でサンシイ事件（親清派による通訳殺害事件）起こる
		1880	県庁に会話伝習所設置（後、沖縄師範学校と改称） 林世功、日清の分島改約交渉に抗議して北京で自決
		1882	第1回県費留学生派遣（謝花昇、太田朝敷ら）
		1883	脱清事件相次ぐ
		1886	山県有朋内相、沖縄を視察（この頃、政府要人の沖縄視察相次ぐ）
		1887	森有礼文相来県、教育事情を視察／師範学校に御真影を下賜
		1892	奈良原繁県知事着任（～1908）／宮古島で人頭税廃止運動起こる
		1893	沖縄初の新聞、『琉球新報』創刊
		1895	沖縄尋常中学校ストライキ事件
		1896	公同会運動起こる
		1898	徴兵令施行（宮古・八重山は1902施行） 謝花昇らの参政権獲得運動（1899　沖縄倶楽部設立）
		1899	沖縄県土地整理法交付、土地整理事業開始（～1903） 沖縄県初の移民団、ハワイに出発
		1900	南大東島に八丈島民移住、開拓始まる
		1903	大阪の勧業博覧会周辺で沖縄女性が「陳列」される（人類館事件）
		1906	沖縄初のペルー移民、横浜を出発
		1908	沖縄県及島嶼町村制施行／『沖縄毎日新聞』創刊
		1909	府県制特例施行／初の県会議員選挙実施
		1910	本村徴兵忌避事件起こる（本部島）
		1911	河上肇来沖、舌禍事件起こる／伊波普猷『古琉球』刊行
		1912	沖縄初の衆議院議員選挙実施（宮古・八重山は1920実施）
		1914	那覇—与那原間に、県営の軽便鉄道開通
		1917	ブラジル移民急増
		1919	伊波普猷『沖縄女性史』刊行
		1921	柳田国男、折口信夫、来沖／沖縄で初のメーデー開催
		1922	サイパン移民始まる
		1923	最後のペルー契約移民、横浜出港
		1924	この頃からソテツ地獄
		1925	首里城正殿、国宝に指定
		1926	広津和郎「さまよえる琉球人」を『中央公論』に発表。沖縄青年同盟より抗議受ける
		1931	沖縄教育労働組合（OIL）結成、弾圧を受ける
		1932	久志芙沙子「滅びゆく琉球女の手記」を『婦人公論』に発表。在京県人の抗議により連載中止。同誌翌号に釈明文掲載
		1936	県外出稼ぎ女工、遊郭への女児売買急増
		1937	国防婦人会、琉髪・琉装全廃運動を展開
		1940	沖縄方言論争／県内3紙、『沖縄新報』1紙に統合
		1941	宮城与徳、ゾルゲ事件に連座して逮捕（1943　獄死）
		1944	大本営直轄の第32軍新設、沖縄配備 学童疎開船「対馬丸」撃沈／那覇大空襲（10・10空襲）
		1945	3.24　師範学校と中学校の男子生徒を鉄血勤皇隊・通信隊、女子生徒を補助看護婦として部隊配属

資料１　琉球・沖縄史年表

年	事項	年	事項
1772	田沼意次、老中就任	1776	アメリカ独立宣言
1787	松平定信、寛政の改革（〜1793）	1789	フランス革命
1841	水野忠邦、天保の改革（〜1843）	1840	阿片戦争（〜1842）
1844	オランダ、幕府に開国を勧告	1848	フランス２月革命、ドイツ３月革命
1853	ペリー提督、浦賀来航	1851	太平天国の乱（〜1864）
1854	日米和親条約調印	1853	クリミア戦争（〜1856）
1858	日米修好通商条約調印	1856	アロー戦争（〜1860）
1867	大政奉還／王政復古の大号令	1861	米、南北戦争（〜1865）／イタリア統一
1871	廃藩置県／日清修好条規調印	1871	ドイツ帝国成立／パリ・コミューン
1872	鉄道開通	1872	スマトラでアチェー戦争（〜1904）
1873	学制・徴兵令発布／地租改正始まる	1873	独墺露三帝同盟
1874	台湾出兵	1874	タイ、国政改革（チャクリ改革）に着手
1876	日朝修好条規調印	1876	オスマン帝国、初の憲法公布（翌年停止）
1877	西南戦争	1877	英ヴィクトリア女王、インド皇帝就任
1879	明治天皇、グラント前米大統領と会見。琉球問題で意見交換	1879	チリ・ペルー・ボリビア、太平洋戦争 清、日本の琉球占領に抗議
1880	沖縄の分島改約問題で清国と合意（後、清が延期を表明、事実上破棄）	1880	英、アフガニスタンを保護国化 米清移民条約調印、中国人移民制限実施
1882	軍人勅諭発布	1882	独墺伊三国同盟
1885	ハワイ向け第１回移民出発	1884	清仏戦争（〜1885）
1889	大日本帝国憲法発布	1887	仏、インドシナ占領
1890	教育勅語発布／第１回衆議院議員選挙	1890	欧米各地で世界初のメーデー開催
1891	大津事件／足尾鉱毒事件問題化	1891	ロシア、シベリア鉄道起工
1894	日清戦争（〜1895）	1894	朝鮮、甲午農民戦争
1895	下関条約調印。三国干渉	1896	アテネで第１回オリンピック開催
1897	金本位制確立	1897	第１回シオニスト会議
1898	民法全編施行	1898	米、ハワイを併合／米西戦争
1899	北海道旧土人保護法公布 改正条約実施（法権回復）	1899	南アフリカ（ボーア）戦争
1900	治安警察法公布	1900	義和団の乱（北清事変）
1904	日露戦争（〜1905）	1904	英仏協約
1906	南満州鉄道（満鉄）設立	1906	在布沖縄人会発足（ホノルル）
1908	移民に関する日米紳士協約	1908	青年トルコ党の革命
1909	伊藤博文、ハルビンで暗殺	1909	清、日本に撫順・煙台の炭鉱採掘権許与
1910	大逆事件／韓国併合	1910	南アフリカ連邦成立／メキシコ革命
1911	日米新通商航海条約（関税自主権回復）	1911	辛亥革命
1912	明治天皇没。大正と改元	1912	清滅亡。中華民国成立
1914	日本軍、独領南洋諸島・青島を占領	1914	第１次世界大戦（〜1918）
1918	シベリア出兵開始。米騒動、各地に発生	1917	ロシア革命
1919	朝鮮、３・１独立運動	1919	ヴェルサイユ条約調印／中国、５・４運動
1921	ワシントン会議で４カ国条約に調印	1921	在米沖縄青年、黎明会結成（ロサンゼルス）
1922	全国水平社、日本共産党等結成	1922	イタリア、ファシスト内閣成立
1923	関東大震災、死者・行方不明14万人	1923	トルコ共和国成立
1924	関西沖縄県人会結成	1924	中国、第１次国共合作
1925	普通選挙法・治安維持法公布	1925	中国、５・30事件
1926	大正天皇没。昭和と改元	1926	球陽協会（在ブラジル沖縄県人会）設立
1931	満州事変（1932　満州国建国）	1929	世界恐慌
1932	５・15事件	1933	ドイツ、ヒトラー内閣成立 米、ニューディール政策開始
1936	２・26事件	1934	在米沖縄県人会結成
1937	盧溝橋事件（日中戦争始まる）。南京事件	1936	スペイン内戦（〜1939）
1940	大政翼賛会発足／日独伊三国同盟	1939	第２次世界大戦（〜1945）
1941	真珠湾攻撃（太平洋戦争始まる）	1941	独ソ戦始まる
1944	サイパン島陥落／米軍の都市空襲本格化	1944	連合国軍、仏ノルマンディ上陸
1945	8. 6　広島に原爆投下 8. 9　長崎に原爆投下	1945	2. 4　米英ソ、ヤルタ会談 5. 8　ドイツ無条件降伏

近代沖縄	沖縄県		3.26　米軍、慶良間諸島に上陸 4.1　米軍、沖縄島上陸。ニミッツ布告により軍政府を設立 5.27　第32軍司令部、首里から摩文仁へ撤退開始 6.23（22日説も）　守備軍司令官長・牛島満、参謀長・長勇、摩文仁で自決。日本軍の組織的抵抗終わる 7.26　『ウルマ新報』（後、『琉球新報』に改題）創刊 8.20　沖縄諮詢会発足（委員長・志喜屋孝信） 9.7　日本軍、降伏文書に調印 9.20　16の収容所で市議会議員選挙、女性に初の選挙権・被選挙権 12.1　宮古島にて『みやこ新報』創刊
米軍政統治	沖縄民政府 臨時北部南 西諸島政庁 宮古民政府 八重山民政府	1946	GHQ、南西諸島を日本の行政から分離する覚書発表 石垣島にて『海南時報』再刊 沖縄民政府発足（知事・志喜屋孝信） 軍政府、出版物の許可検閲制実施
		1947	沖縄島で全島の昼間通行許可 沖縄民主同盟・沖縄人民党等、各群島で政党結成相次ぐ
		1948	軍指令による市町村議会議員選挙実施。女性議員7名誕生 琉球銀行設立／通貨を軍票B円に統一／『沖縄タイムス』創刊
		1949	シーツ軍政長官着任、本格的な基地建設始まる 米国留学制度開始（～1971）／防空演習始まる
	沖縄群島政府 奄美群島政府 宮古群島政府 八重山群島政府	1950	4群島で群島政府知事・群島議会議員選挙実施（沖縄初の知事公選） 沖縄社会大衆党・共和党結成／琉球大学開学 米軍政府、琉球列島米国民政府（USCAR）に改組
		1951	沖縄群島議会日本復帰要請決議／琉球臨時中央政府発足 灯火管制しかれる／民間貿易開始／琉台貿易開始 日本復帰促進期成会結成、復帰署名運動
	琉球政府	1952	琉球政府発足／第1回立法院議員選挙／琉球民主党結成
		1953	米民政府、「土地収用令」公布。土地の強制接収始まる 第1次琉大事件／奄美群島、日本へ返還される
		1954	アイゼンハワー米大統領、沖縄の無期限保有を宣言 米民政府、地代一括払い方針発表。立法院、「土地四原則」を決議
		1955	伊江島・伊佐浜の土地強制収用（武装米兵出動） 「由美子ちゃん事件」、6歳女児が米兵に暴行殺害される
		1956	プライス勧告、土地四原則をほぼ否定。「島ぐるみ闘争」起こる 米軍通告により、琉球大学が「反米的学生」を処分（第2次琉大事件） 那覇市長に人民党の瀬長亀次郎当選（1957　米軍により瀬長追放）
		1957	アイゼンハワー大統領、新行政命令発表。高等弁務官制度を導入 沖縄から初の集団就職
		1958	通貨切替、B円からドルに
		1959	石川市宮森小学校に米軍ジェット機墜落（死者17、負傷者121）
		1960	沖縄県祖国復帰協議会結成（～1977）
		1961	立法院、2・1決議／沖縄人権協会・全軍労連・全沖労連結成
		1962	ケネディ米大統領、沖縄新政策発表。祝祭日のみ公共建物への「日の丸」掲揚許可／米人専用風俗営業にAサイン制を導入
		1963	キャラウェイ高等弁務官、「自治神話」演説。「キャラウェイ旋風」
		1964	東京オリンピックで沖縄でも聖火リレー実施 主席指名阻止闘争
		1965	佐藤栄作、首相として戦後初の来沖
		1966	季刊『新沖縄文学』発刊（～1993）
		1967	教公二法阻止闘争 大城立裕「カクテル・パーティー」芥川賞受賞（沖縄から初の受賞）
		1968	主席公選、屋良朝苗（革新）当選 嘉手納基地でB52爆撃機が墜落、いのちを守る県民共闘会議結成
		1969	2・4ゼネスト中止／佐藤・ニクソン会談、沖縄の72年返還を決定
		1970	戦後初の国会議員選挙実施（国政参加選挙）／コザで反米騒動
		1971	月刊『青い海』創刊（～1985） 『沖縄県史9　沖縄戦記録1』刊行（沖縄戦記録2は1974）
日本復帰後	沖縄県	1972	5.15　施政権返還、沖縄県設置。沖縄処分抗議県民総決起大会 初の県知事選、屋良朝苗（革新）当選／ドル・円通貨交換 東峰夫「オキナワの少年」芥川賞受賞／沖縄振興開発計画決定

	8.14 ポツダム宣言受諾(日本無条件降伏) 8.15 天皇、終戦の詔書を放送 9.2 降伏文書に調印 11.11 沖縄人連盟結成（会長・伊波普猷） 12.16 『自由沖縄』創刊（沖縄人連盟機関紙） 12.17 衆議院議員選挙法改正公布、婦人参政権実現、旧植民地出身者・沖縄居住県民の参政権停止 12.29 第1次農地改革（1946 第2次）		7.17 ポツダム会談 9.2 ベトナム民主共和国臨時政府、独立を宣言 10.24 国際連合発足
1946	『沖縄新民報』、福岡で創刊 日本国憲法公布（1947 施行） 日本共産党、「沖縄民族の独立を祝ふ」メッセージ採択	1946	チャーチル、「鉄のカーテン」演説 ニュルンベルク国際軍事裁判、最終判決 インドシナ戦争（～1954）
1947	沖縄青年同盟結成（東京） 天皇の沖縄メッセージ、GHQに伝わる	1947	台湾2.28事件 米、トルーマン・ドクトリン発表
1948	東京裁判の判決下る GHQ、経済安定9原則発表	1948	済州島4・3事件／第1次中東戦争 大韓民国、朝鮮民主主義人民共和国成立
1949	1ドル360円レート導入（～1971） 下山事件・三鷹事件・松川事件	1949	北大西洋条約機構（NATO）成立 中華人民共和国成立／ソ連、原爆保有公表
1950	日本労働組合総評議会（総評）結成 警察予備隊創設（1952 保安隊に改組） レッド・パージ／公職追放解除	1950	米で「赤狩り」始まる インド首相ネルー、非同盟政策を発表 朝鮮戦争（～1953）
1951	サンフランシスコ講和条約調印、沖縄・奄美・小笠原の分離確定 日米安全保障条約調印	1951	米・フィリピン相互防衛条約調印 太平洋安全保障条約（ANZUS条約）調印 中国、チベットのラサに進駐
1952	日米行政協定調印／日華平和条約調印	1952	米、初の水爆実験
1953	映画「ひめゆりの塔」公開（監督・今井正） 軍人恩給復活	1953	中国、第1次5カ年計画開始 ソ連、水爆保有公表
1954	日米相互防衛援助（MSA）協定調印 自衛隊発足／第五福竜丸被爆	1954	米、ビキニ環礁で水爆実験 ネルー・周恩来、平和5原則の共同声明
1955	砂川闘争／第1回原水爆禁止世界大会 社会党統一・保守合同（55年体制）	1955	バンドンでアジア・アフリカ会議 ワルシャワ条約機構成立
1956	日ソ国交回復／国際連合加盟 東京沖縄県人会結成大会 沖縄問題解決国民運動連絡会議結成	1956	ソ連、スターリン批判開始 ハンガリー動乱 スエズ戦争（第2次中東戦争）
1957	日米首脳会談、在日米軍地上部隊の撤退で合意（後、海兵隊が沖縄に移駐）	1957	ソ連、人類初の人工衛星打ち上げ
1958	警職法反対闘争	1958	中国、人民公社建設運動を全国化
1959	伊達判決、外国軍隊駐留を違憲と判断	1959	キューバ革命
1960	日米新安保条約調印／安保闘争	1960	韓国4月革命（1961 軍事クーデター）
1961	農業基本法公布	1961	東独、ベルリンの壁を構築
1962	全国総合開発計画発表 沖縄返還国民総決起大会	1962	アルジェリア、仏からの独立を達成 キューバ危機
1963	第1回戦没者追悼式挙行	1963	部分的核実験禁止条約調印
1964	沖縄返還国民運動中央実行委員会連絡会議結成／東京オリンピック開催	1964	トンキン湾事件／中国、初の原爆実験
1965	日韓基本条約調印	1965	米、北爆開始。ベトナム内戦に全面介入
1966	沖縄返還要求国民連絡会議主催全国大会	1966	中国、文化大革命始まる
1967	革新自治体発足相次ぐ 公害対策基本法制定	1967	第3次中東戦争 東南アジア諸国連合（ASEAN）結成
1968	小笠原諸島返還 大学紛争激化	1968	パリ5月革命／核拡散防止条約調印 チェコ「プラハの春」、ソ連軍等が弾圧
1969	新全国総合開発計画決定	1969	全米でベトナム反戦デモ
1970	日本万国博覧会（大阪万博）開催	1970	チリ、人民連合政権成立（～1973）
1971	沖縄返還協定批准国会、衆院本会議場で爆竹事件	1971	米、金-ドル交換停止（ドルショック） 中国の国連加盟決定（台湾は脱退）
1972	日米繊維協定調印（対米輸出制限） 札幌冬季オリンピック開催 田中角栄首相訪中、日中共同声明	1972	ニクソン米大統領訪中、米中共同声明 (1979 米中国交回復) タイ、日本製品ボイコット運動

日本復帰後	沖縄県	1973	CTS（石油備蓄基地）建設に反対する「金武湾を守る会」結成
		1974	県、条例で6月23日を「慰霊の日」に制定
		1975	県平和祈念資料館が摩文仁に開館 沖縄国際海洋博覧会開催。海洋博関連の大型倒産続出 ひめゆりの塔参拝中の皇太子夫妻、火炎瓶を投げられる
		1976	県知事選、平良幸市（革新）当選 劇団「創造」、ちねん・せいしん作「人類館」を初演
		1977	公用地法期限切れ、「安保に風穴を開けた4日間」
		1978	7.30 交通方法変更（右側通行から左側通行へ） 平良知事の病気退任で知事選。西銘順治（保守）当選（以後三選） 久高島で最後のイザイホー
		1979	県、自衛官募集業務を初めて実施／CTS訴訟、却下される 石垣の白保部落総会、全会一致で新石垣空港反対決議
		1981	戦時6歳未満の戦傷病者・戦没者遺族に「援護法」適用
		1982	高校日本史の教科書検定で、沖縄戦での日本軍による住民虐殺記述の削除が問題化／「一坪反戦地主会」結成
		1986	「日の丸・君が代」の教育現場への強制に対し、県民総決起大会
		1987	嘉手納基地包囲行動で「人間の鎖」 海邦国体開催。読谷村平和の森球場で「日の丸」焼却事件
		1988	家永教科書裁判で那覇出張法廷（「集団自決」で証言）
		1989	ひめゆり平和祈念資料館開館
		1990	第1回世界のウチナーンチュ大会開催 県知事選、大田昌秀（革新）当選（1994 再選）
		1991	伊江朝雄、北海道・沖縄開発庁長官に就任（初の県出身者大臣）
		1992	首里城正殿復元等の復帰20周年記念事業実施／日本で沖縄ブーム
		1993	沖縄で全国植樹祭、天皇・皇后初の沖縄訪問 NHK大河ドラマ「琉球の風」放映
		1995	摩文仁の丘に追悼施設「平和の礎（いしじ）」完成 米兵による少女暴行事件。大田知事、軍用地強制使用に伴う「代理署名」を拒否。抗議の県民総決起大会を開催
		1996	又吉栄喜「豚の報い」で芥川賞受賞（復帰後初受賞） 日米首脳会談、普天間飛行場の全面返還、代替基地建設で合意 基地問題で全国初の県民投票実施／知事、広告縦覧代行を表明
		1997	米軍用地特措法改正／目取真俊「水滴」で芥川賞受賞 名護市住民投票で海上基地反対が多数。市長は受入を表明して辞任
		1998	名護市長選で海上基地容認派が当選 県知事選、稲嶺恵一（保守）当選（2002 再選）
		1999	県平和祈念資料館建設計画で県が展示内容の改竄指示（後に撤回） 知事・名護市長、名護市辺野古への普天間基地移設受入を正式表明
		2000	主要国首脳会議、名護市で開催（九州・沖縄サミット） 「琉球王国のグスクおよび関連遺産群」、世界遺産に登録
		2001	米国同時多発テロの影響で観光客激減 NHK朝の連続テレビド小説「ちゅらさん」放映
		2002	沖縄市の泡瀬干潟埋立工事着工／沖縄振興特措法成立
		2003	沖縄都市モノレール開業
		2004	国立劇場おきなわ開場／沖縄国際大学に米軍ヘリ墜落
		2006	県知事選、仲井眞弘多（保守）当選
		2007	高校日本史教科書検定、沖縄戦における「集団自決」の日本軍強制記述を削除・修正。教科書検定意見撤回を求める県民大会（復帰後最大規模の抗議集会）／沖縄県立博物館・美術館開館
		2008	県議会議員選挙で与野党逆転、普天間基地内移設反対派が多数に
		2009	民主党鳩山由紀夫内閣、普天間基地移設問題で対応先送りを表明

【主要参考文献】
沖縄大百科事典刊行事務局『沖縄大百科事典 別巻』沖縄タイムス社、1983年
安里進ほか『沖縄県の歴史』山川出版社、2004年
金城正篤ほか『沖縄県の百年』山川出版社、2005年
新崎盛暉『沖縄現代史 新版』岩波書店、2005年
沖縄県立博物館・美術館『沖縄文化の軌跡 1872-2007』2007年
神田文人・小林英夫編『増補版 昭和・平成現代史年表』小学館、2009年

資料1　琉球・沖縄史年表　331

年	日本	年	世界
1973	為替が変動相場制へ移行、円高進む	1973	第4次中東戦争、第1次石油危機
1974	佐藤栄作、ノーベル平和賞受賞	1974	ニクソン、米現職大統領で初の辞任
1975	三木武夫首相、現職首相初の終戦記念日靖国神社参拝 スト権スト	1975	南ベトナム政府、無条件降伏（ベトナム戦争終結。1976　南北統一） 初の先進国首脳会議（サミット）開催
1976	ロッキード事件。田中前首相逮捕 防衛費、GNP1％枠決定	1976	カンボジア、ポル・ポト政権による大虐殺始まる
1977	200カイリ水域実施	1977	中国、文化大革命の終結を宣言
1978	日中平和友好条約調印 「日米防衛協力のための指針（ガイドライン）」決定	1978	ベトナム、カンボジア侵攻 米で初のエイズ患者発見
1979	初の国公立大学共通一次試験実施 元号法制化	1979	イラン革命／英、サッチャー政権発足 ソ連、アフガニスタン侵攻（〜1989）
1981	中国残留日本人孤児、初の正式来日	1981	レーガン米大統領、新経済政策実施
1982	高校歴史教科書の記述めぐり、中国・韓国が抗議。政府の責任で記述是正を約束	1982	欧米で反核市民運動が活発化 ベイルートでパレスチナ難民虐殺事件
1986	男女雇用機会均等法施行	1986	ソ連、チェルノブイリ原発事故発生
1987	国鉄分割・民営化 昭和天皇、入院のため沖縄訪問を中止	1987	韓国で民主化闘争、全国に波及／米ソ、INF（中距離核戦力）全廃条約調印
1988	リクルート疑惑表面化	1988	台湾、李登輝が総統に就任（初の台湾出身）
1989	昭和天皇没。平成と改元／消費税実施	1989	中国、天安門事件／ベルリンの壁崩壊
1990	本島長崎市長、「天皇に戦争責任」発言で右翼に狙撃される	1990	イラク軍、クウェート侵攻 東西ドイツ統一
1991	雲仙普賢岳で大規模火砕流	1991	湾岸戦争／ソ連邦解体
1992	PKO法成立。自衛隊、初の海外派遣	1992	ユーゴ内戦。ユーゴスラビア解体
1993	自民党、分裂により総選挙敗北、下野（55年体制崩壊。1994　自社さ連立政権発足）	1993	欧州共同体（EC）12カ国、単一市場発足 パレスチナ暫定自治で合意成立
1995	阪神・淡路大震災／地下鉄サリン事件 戦後50年で村山富市首相の談話発表（アジア諸国に「お詫び」表明）	1995	米スミソニアン博物館で原爆展中止 フランス、核実験を強行 ボスニア和平協定調印
1996	日米首脳会談、日米安保共同宣言発表 民主党結成／衆院総選挙、初の小選挙区比例代表並立制	1996	アラファトPLO議長、パレスチナ自治政府初代議長に就任 ペルー日本大使館公邸人質事件
1997	北海道拓殖銀行、山一證券破綻 アイヌ文化振興法成立／介護保険法公布	1997	香港、中国へ返還／アジア通貨危機 温暖化防止京都会議、京都議定書採択
1998	特定非営利活動促進法（NPO法）施行 長野冬季オリンピック開催	1998	金大中、韓国大統領に就任 インドネシア暴動、スハルト大統領辞任
1999	日米新ガイドライン関連法公布 国旗国歌法成立	1999	欧州連合（EU）通貨ユーロ誕生／ユーゴ・コソボ紛争。NATO軍、ユーゴを空爆
2000	少年の凶悪犯罪多発を受け、少年法改正 介護保険制度実施	2000	台湾、初の政権交代実現 平壌で朝鮮半島初の南北首脳会談
2001	沖縄開発庁、省庁再編で内閣府に移行 小泉純一郎首相靖国参拝。外交問題に	2001	米で同時多発テロ。米、アフガニスタンへ空爆
2002	小泉首相、北朝鮮訪問	2002	北朝鮮、日本人拉致を認め、謝罪
2003	有事関連3法・イラク支援特措法成立	2003	イラク戦争、フセイン政権崩壊
2004	イラクへ自衛隊派遣	2004	スマトラ島沖地震、津波で甚大な被害
2006	教育基本法改正	2006	北朝鮮、核実験実施を発表
2007	防衛省発足 郵政民営化による日本郵政グループ発足 照合不能な年金記録が問題化	2007	米でサブプライムローン問題顕在化（2008世界の不況に拡大）
2008	主要国首脳会議、北海道洞爺湖サミット	2008	原油価格が歴史的高騰
2009	衆院総選挙、民主党大勝（政権交代）	2009	オバマ、米国初のアフリカ系大統領就任

（作成：小松寛・戸邉秀明）

332

資料2　地図で見る沖縄——人の移動の歴史と米軍基地の変遷

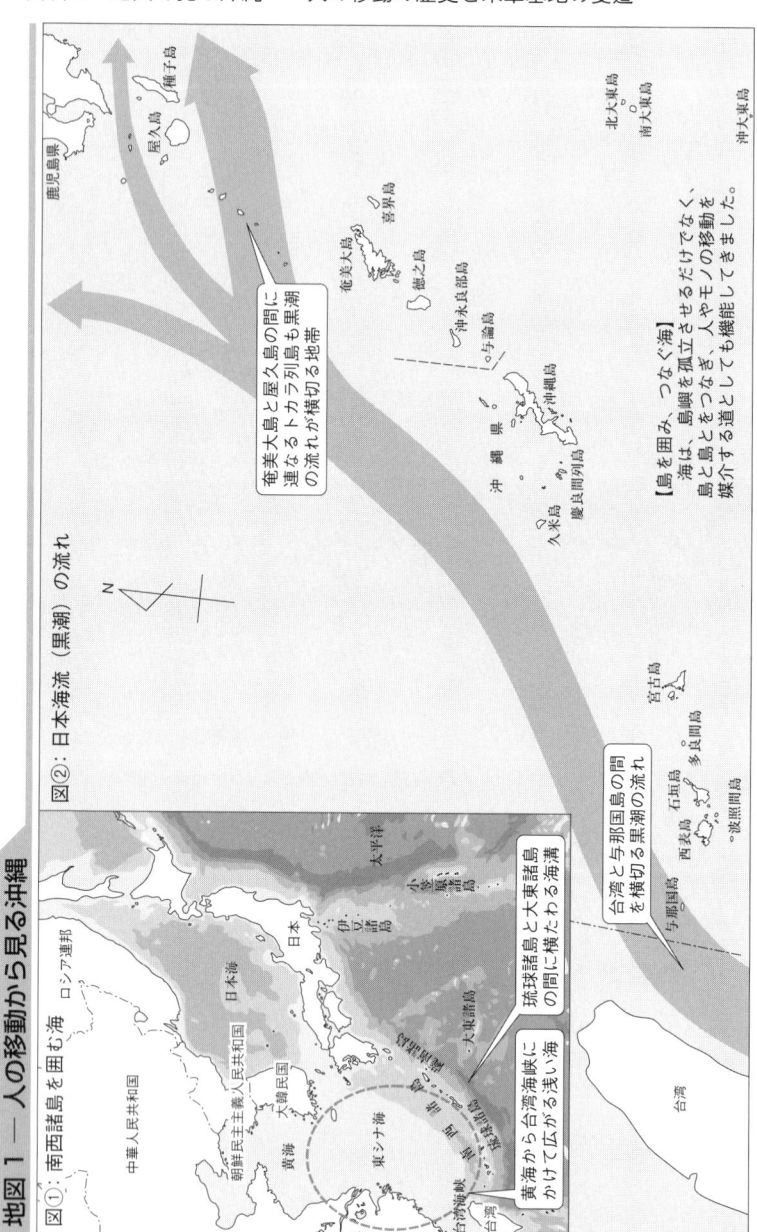

地図1　人の移動から見る沖縄

図①：南西諸島を囲む海

- 黄海から台湾海峡にかけて広がる浅い海
- 琉球諸島の間に横たわる海
- 台湾と与那国島の間を横切る海溝

図②：日本海流（黒潮）の流れ

- 奄美大島と屋久島の間に連なるトカラ列島の流れが横切る黒潮の地帯
- 台湾と与那国島の間を横切る黒潮の流れ

【島を囲み、つなぐ海】
海は、島嶼を孤立させるだけでなく、島と島とをつなぎ、人やモノの移動を媒介する道としても機能してきました。

資料2 地図で見る沖縄―人の移動の歴史と米軍基地の変遷　333

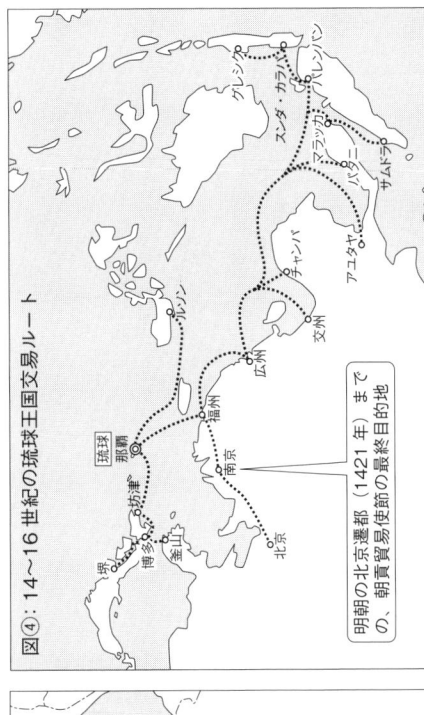

図④：14〜16世紀の琉球王国交易ルート

明朝の北京遷都（1421年）までの、朝貢貿易使節の最終目的地

〔出所〕上里隆史氏より許諾を得て転載

[地図が変える見方]

地図を逆転すると、日本海や東シナ海が大きな内海であることが分かります。南西諸島は日本や周辺の国々と共に、その内海を囲む位置にあります（図③参照）。古くからみた南西諸島は、内海である東シナ海と太平洋の間に連なります。琉球の時代には、王国の交易のネットワークは太平洋を背に、内海である東シナ海から大陸や島づたいに広がっていました。（図④参照）

大陸から見方を変えるとずいぶん広がる人の移動に印象が異なります。見慣れた地図も、包囲や見方を変えてずいぶん印象が異なります。

ここでは、中国進貢、江戸幕府、日本帝国統治時代の航路、そして［密貿易］をとおして、東シナ海、そして太平洋へ広がる人の移動を見ていきます。

図③：南高北低図と沖縄の位置

〔出所〕『沖縄入門：アジアをつなぐ海域構想』8頁をもとに作成

図⑤：琉球使節の朝貢ルート

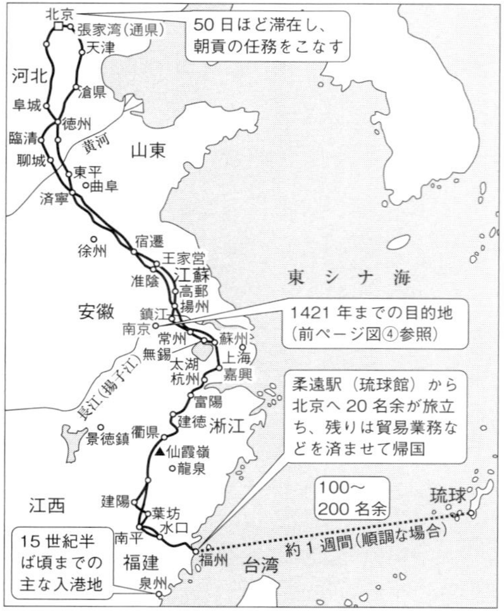

【恒例行事3000キロ―中国進貢】

14世紀の後半より、琉球は中国（明・清）へ定期的に進貢（朝貢）の使節を送っていました。福州から北京まで片道約3000kmの道程は、往復で半年かかる旅でした。名所・旧跡の観光をする一方、寒さや疲労から途中で病没する人々もいました。

※ここに示した以外にも複数のルートが存在します。

表1：関連年表と朝貢の頻度

西暦	琉球	中国	事項	頻度
1372	察渡 23	洪武 5	招撫使（楊載）来琉	1年1貢
			中山王察渡、初めて明に進貢	
1380	31	13	山南王承察渡、初めて明に進貢	
1383	34	16	山北王怕尼芝、初めて明に進貢	
1404	武寧 9	永楽 2	冊封使（時中）来琉	
1406	尚思紹 1	4	尚巴志、中山王武寧を滅ぼす	
1407	2	5	冊封使（氏名不明）来琉	
1415	10	13	冊封使（陳季芳）来琉	
1416	11	14	尚巴志、山北王攀安知を滅ぼす	
1421	16	19	永楽帝、北京に遷都する	
1422	尚巴志 1	20	尚巴志、中山王に即位する	
1425	4	洪熙 1	冊封使（柴山）来琉、尚巴志を中山王に封ずる	
1429	8	宣徳 4	尚巴志、山南王を滅ぼし、三山統一	
1430	9	5	明、中山王に尚姓を賜う	
1443	尚忠 4	正統 8	冊封使（兪忭）来琉	
1447	尚思達 3	12	冊封使（陳傅）来琉	
1452	尚金福 3	景泰 3	冊封使（喬毅［陳謨］）来琉	
1456	尚泰久 3	7	冊封使（嚴誠［李秉彝］）来琉	
1463	尚徳 3	天順 7	冊封使（潘栄）来琉	
1469	9	成化 5	福州に柔遠駅（琉球館）が設置される	
1470	尚円 1	6	金丸（尚円）即位。第二尚氏王統始まる	
1472	3	8	冊封使（官栄）来琉	
1474	5	10	進貢が2年1貢に制限される	2年1貢
1479	尚真 2	15	冊封使（董旻）来琉	
1507	31	正徳 2	進貢、1年1貢を許される	1年1貢
1522	46	嘉靖 1	進貢、再び2年1貢となる	2年1貢
1534	尚清 8	13	冊封使（陳侃）来琉	
1561	尚元 6	40	冊封使（郭汝霖）来琉	
1579	尚永 7	万暦 7	冊封使（蕭崇業）来琉	
1606	尚寧 18	34	冊封使（夏子陽）来琉	
1609	21	37	薩摩（島津）軍、琉球に侵攻	
1612	24	40	明から10年後の進貢を命ぜられる	10年1貢
1616	28	44	女真族ヌルハチ、後金を建国	
1622	尚豊 2	天啓 2	進貢、5年1貢となる	5年1貢
1631	11	崇禎 4	薩摩藩、那覇に琉球在番奉行を置く	
1633	13	6	冊封使（杜三策）来琉	
			進貢、2年1貢に戻る	2年1貢
1634	尚豊 14	崇禎 7	江戸上りはじまる	2年1貢
1636	16	9	後金、国号を清に改める	
1644	尚賢 4	順治 1	明滅亡、清・順治帝、北京で即位	
1663	尚質 16	康熙 2	冊封使（張学礼）来琉	
1678	尚貞 10	17	接貢船、定例化	
1683	15	22	冊封使（汪楫）来琉	
1719	尚敬 7	56	冊封使（海宝）来琉	
1756	尚穆 6	乾隆 21	冊封使（全魁）来琉	
1800	尚温 6	嘉慶 5	冊封使（趙文楷）来琉	
1808	尚灝 5	13	冊封使（斉鯤）来琉	
1838	尚育 4	道光 18	冊封使（林鴻年）来琉	
1866	尚泰 19	同治 5	最後の冊封使（趙新）来琉	
1867	20	6	徳川慶喜が大政奉還	
1871	24	10	台湾遭難事故おこる	
1872	25	11	琉球藩設置、琉球藩の外交権停止	
1874	27	13	明治政府、台湾に出兵	
1875	28	光緒 1	明治政府、清国との関係断絶を命じる	
1876	29	2	清への進貢使派遣を停止	廃止
1879	32	5	廃藩置県、沖縄県が設置される	

1678年からは、進貢船（2隻、約200名）によって北京へ派遣された一行を迎えるための接貢船（1隻、約100名）派遣が定例化されました。接貢船派遣は進貢船の翌年に行われ、進貢船と同様、貿易を伴うものでした。

つまり、17世紀後半以降、中国との貿易は毎年行われていたことになります。

〔出所〕

図⑤：『沖縄県立博物館美術館特別展』210頁をもとに作成

表1：同書214-216頁をもとに作成

㊟（　）内は冊封正使名。文献により表記が異なる場合は［　］にて併記

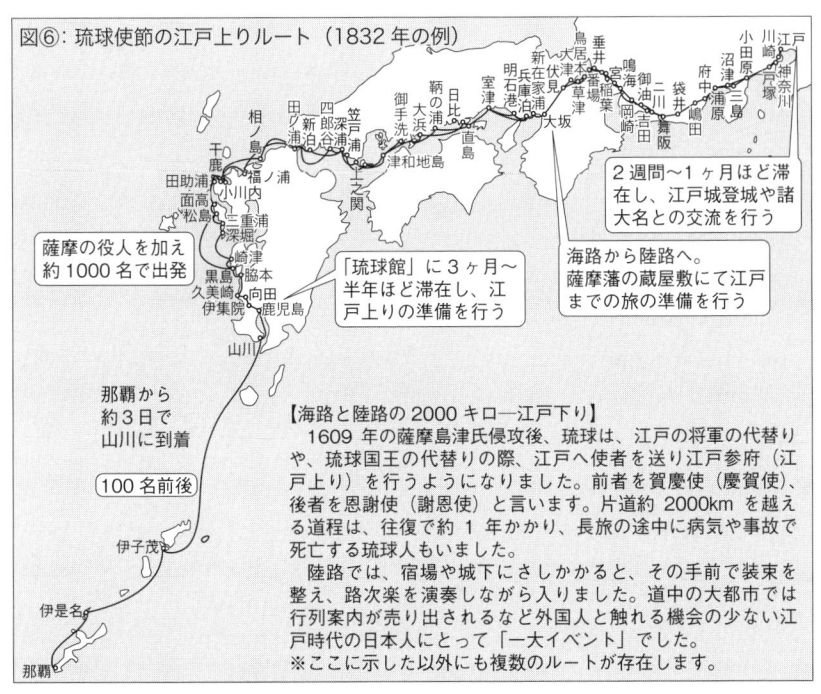

資料2　地図で見る沖縄―人の移動の歴史と米軍基地の変遷　335

図⑥：琉球使節の江戸上りルート（1832年の例）

薩摩の役人を加え
約1000名で出発

那覇から
約3日で
山川に到着

100名前後

「琉球館」に3ヶ月〜
半年ほど滞在し、江
戸上りの準備を行う

海路から陸路へ。
薩摩藩の蔵屋敷にて江戸
までの旅の準備を行う

2週間〜1ヶ月ほど滞
在し、江戸城登城や諸
大名との交流を行う

【海路と陸路の2000キロ―江戸下り】
　1609年の薩摩島津氏侵攻後、琉球は、江戸の将軍の代替りや、琉球国王の代替りの際、江戸へ使者を送り江戸参府（江戸上り）を行うようになりました。前者を賀慶使（慶賀使）、後者を恩謝使（謝恩使）と言います。片道約2000kmを越える道程は、往復で約1年かかり、長旅の途中に病気や事故で死亡する琉球人もいました。
　陸路では、宿場や城下にさしかかると、その手前で装束を整え、路次楽を演奏しながら入りました。道中の大都市では行列案内が売り出されるなど外国人と触れる機会の少ない江戸時代の日本人にとって「一大イベント」でした。
※ここに示した以外にも複数のルートが存在します。

表②：関連年表と江戸上りの頻度

	西暦	目的	数員	琉球出発	江戸到着	江戸出発	琉球帰着
①	1634	賀慶使／恩謝使（京都二条城まで）	―	―	（京都）閏7/9	（京都）8月	12月
②	1644	賀慶使／恩謝使	70人	―	6/13	7月	―
③	1649	恩謝使	63人	―	7/10	―	4月
④	1653	賀慶使	71人	5月	9/20	―	3月
⑤	1671	恩謝使	74人	寛文10年6/5	7/21	8/19	11/8
⑥	1682	賀慶使	94人	天和元年5/26	天和2年4/6	4/28	10/10
⑦	1710	賀慶使／恩謝使	168人	7/2	11/11	12/18	3/22
⑧	1714	賀慶使／恩謝使	170人	5/26	11/26	12/21	3/23(4/1)
⑨	1718	賀慶使	94人	6月	11/8	12/2	3/19
⑩	1748	賀慶使	98人	6/10	12/11	12/28	6/14
⑪	1752	恩謝使	94人	6/4	12/2	12/28	4/20
⑫	1764	賀慶使	96人	6/9	11/9	12/11	3/16
⑬	1790	賀慶使	96人	6/6	11/21	12/27	11/17
⑮	1796	恩謝使	97人	7/13	11/25	12/30	4/6
⑭	1806	恩謝使	97人	6/2	11/13	12/21	4/22
⑯	1832	恩謝使	98人	6/3	11/16	12/13	4/5
⑰	1842	賀慶使	99人	6/2	11/8	11/22	4/6
⑱	1850	恩謝使	99人	6/2	10/30	12/12	4/13
	(1854)	予定されるも中止					
(19)	1872	維新慶賀使	37人	7/25	9/3	10月	2/5新暦3/3

〔出所〕図⑥：『沖縄県史ビジュアル版8近世』6－7頁をもとに作成
　　　 表②：同書4－5頁をもとに作成

336

【帝国内の移動——大阪商船】

沖縄と本土を結ぶ定期航路は1890年代はじめに開通し、沖縄から県外へ、また県外から沖縄へ修学旅行や観光を目的とした人々の行き来も始まりました。

1920年代半ばより本土-沖縄間の海運を独占した大阪商船は、太平洋戦争までの間に23回もの「沖縄観光団」を募集しています。同社は、移民や関西方面への出稼ぎに対して優遇措置をとっていましたが、航路の独占や運賃の設定に関して社会でたびたび問題にされていました。

図⑧ 大阪商船の沖縄航路 (1934年末)

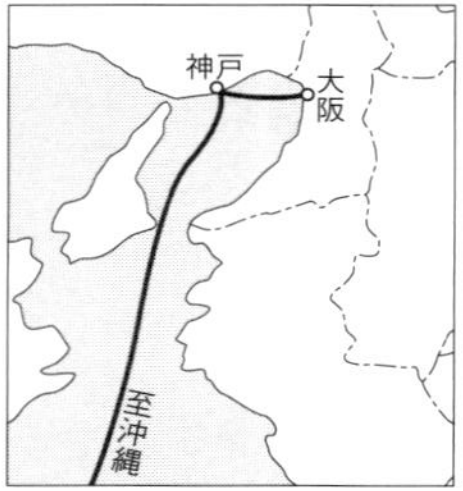

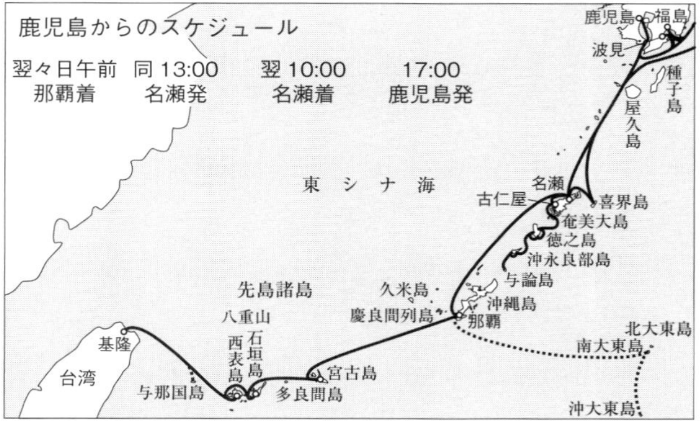

鹿児島からのスケジュール
翌々日午前13:00　同 13:00　鹿児島発 17:00
那覇着　　名瀬発　　　　　名瀬着
　　　　　翌 10:00
　　　　　那覇着

(出所)〔図⑦:『日本郵船株式会社五十年史』折込図をもとに作成
図⑧:『大阪商船株式会社五十年史』折込図をもとに作成
表③:『沖縄県史資料編17 旧南洋諸島関係資料近代5』642頁をもとに作成〕

【帝国内の移動——日本郵船】

日本の委任統治領であった南洋群島には沖縄から多くの人々が渡り、製糖業を中心に多角的な事業を展開していた南洋興発株式会社のもとで働きました。また太平洋戦争末期の1944年に繰り広げられた地上戦では、多くの人々が命を落とした場所でもありました。南洋群島への航路は主に日本郵船株式会社が担っていました。主要貨物は、住航が食料品、建築機械、各種器具類、復航はコプラ、砂糖、移民やその他の船客も数多くこの航路を利用していました。

1929年には、本土-那覇とサイパン・サイパン線を直接結ぶ南洋東回り線・西回り線が開通しています。

図⑦　日本郵船近海航路 (1935年頃:一部抜粋)

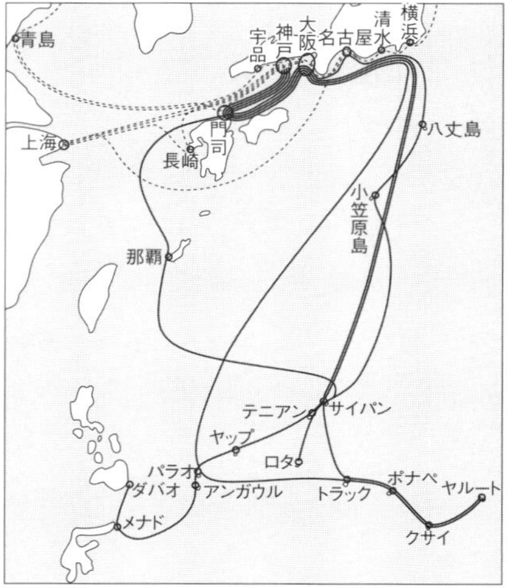

表③　太平洋戦争直後、引揚対象となった沖縄県人数

局別	男	女	計
サイパン	4,491	7,280	11,771
テニアン	2,410	3,388	5,798
ロタ	1,878	1,275	3,157
ヤップ	627	2	629
パラオ	9,368	2,363	11,731
トラック	333	12	345
ポナペ	2,180	351	2,531
ヤルート	64	25	89
計	21,351	14,696	36,047

資料2 地図で見る沖縄―人の移動の歴史と米軍基地の変遷

【移動の禁止―収容所】
沖縄戦では多くの県民が亡くなり、生き残った人々の生活も大きく変えました。米軍は上陸の過程で各地に収容所を設置し、軍政を開始しましたが、収容所間の移動は禁じられ、1947年3月まで一般人が昼間に自由に通行することもできませんでした。
収容所からの帰還は1945年10月より開始されましたが、地域によっては米軍による土地接収などのための元の居住地に戻れない人々や、複数の集落を移動させられたケースを強いられた人々もいました。

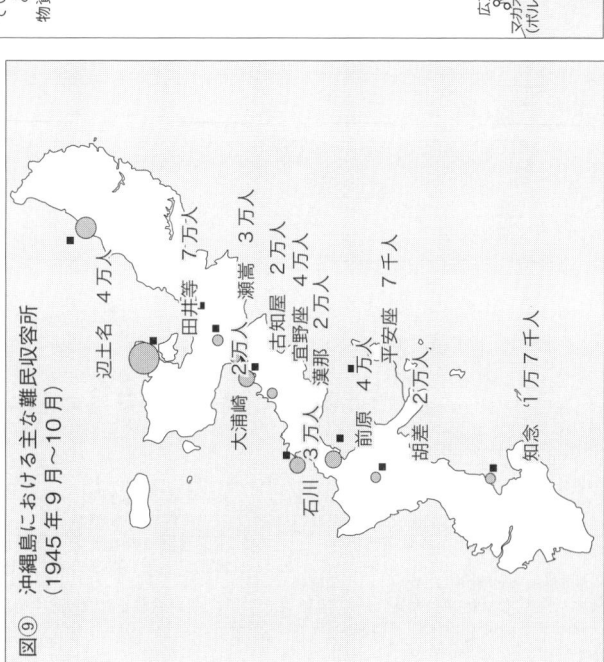

図⑨ 沖縄島における主な難民収容所
(1945年9月～10月)

辺土名 4万人
田井等 7万人
大浦崎 2万人　瀬嵩 3万人
石川 3万人　古知屋 2万人
　　　　　宜野座 4万人
　　　　　漢那 2万人
前原 4万人　平安座 7千人
胡差 2万人
知念 1万7千人

〔出所〕『沖縄県史ビジュアル版 I 戦後①』36, 37頁をもとに作成

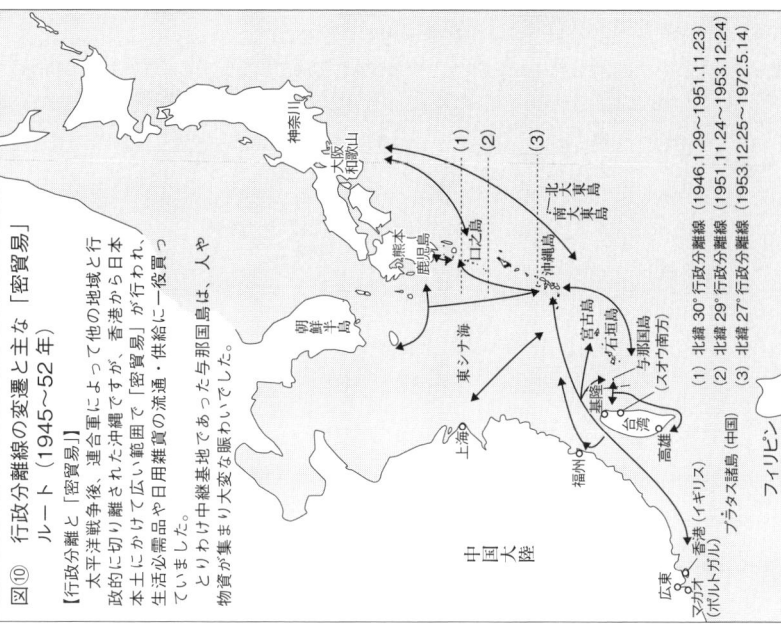

【行政分離と[密貿易]】
太平洋戦争後、連合軍によって他の地域と行政的に切り離された沖縄ですが、香港など日本本土にかけて広い範囲で[密貿易]が行われ、生活必需品や日用雑貨の流通・供給に一役買っていました。
とりわけ中継基地であった与那国島は、人や物資が集まり大変な賑わいでした。

図⑩ 行政分離線の変遷と主な[密貿易]ルート (1945～52年)

(1) 北緯30度行政分離線 (1946.1.29～1951.11.23)
(2) 北緯29度行政分離線 (1951.11.24～1953.12.24)
(3) 北緯27度行政分離線 (1953.12.25～1972.5.14)

〔出所〕『空白の沖縄社会史―戦果と密貿易の時代』口絵をもとに作成

地図資料② ― 1972年以降の米軍基地

　軍事基地の存在は太平洋戦争後の沖縄に大きな影響を与え続けています。これらの基地の中には、下の図が示すとおり、戦前に日本軍により造られた飛行場を接収・拡張したものもあります。

図⑪　日本軍による飛行場
伊江島／読谷／嘉手納／牧港／石嶺／那覇／与根／西原

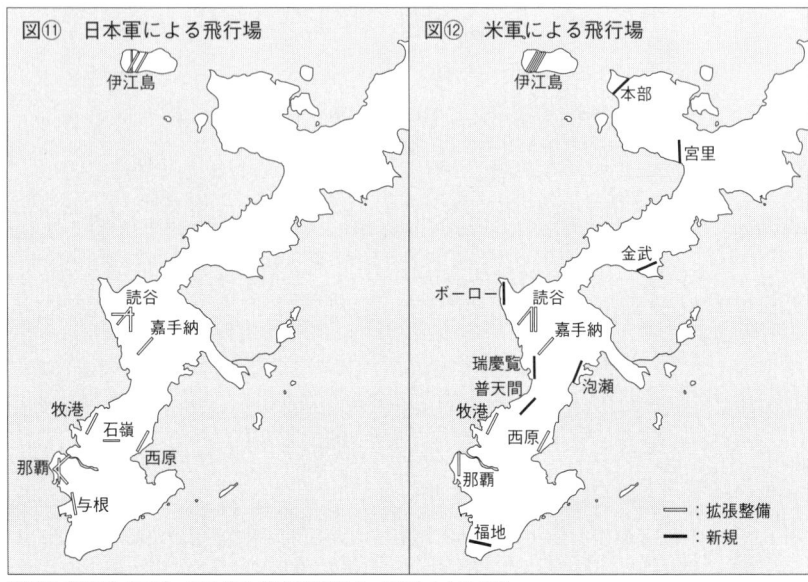

図⑫　米軍による飛行場
伊江島／本部／宮里／金武／ボーロー／読谷／嘉手納／瑞慶覧／普天間／泡瀬／牧港／西原／那覇／福地

―：拡張整備
―：新規

〔出所〕『沖縄県史ビジュアル版5（沖縄戦①）』2-3頁をもとに作成

　ここでは沖縄の施政権が日本に移譲された1972年5月から2008年3月までの、沖縄島および周辺離島の米軍基地（空域・海域を除く）の整理・返還状況をみていきます。

ページのみかた

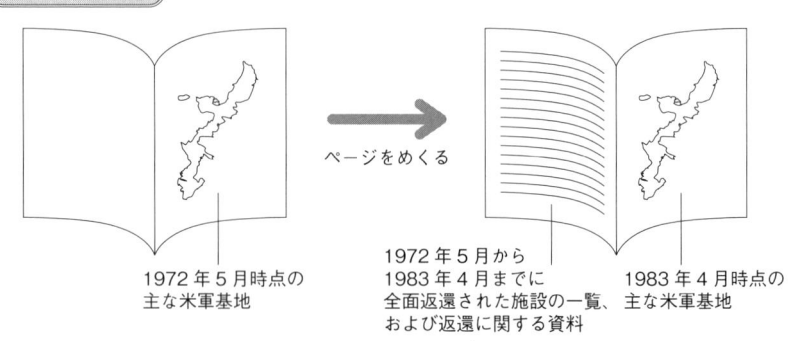

1972年5月時点の主な米軍基地
↓ページをめくる
1972年5月から1983年4月までに全面返還された施設の一覧、および返還に関する資料
1983年4月時点の主な米軍基地

　右側に主な米軍基地分布図、左側にはそれまでに全面返還された施設の一覧表と、この時期の返還に関する資料があります。1972年以降の米軍基地返還、縮小・整理の過程を、5枚の地図とともにおさらいしてみましょう。

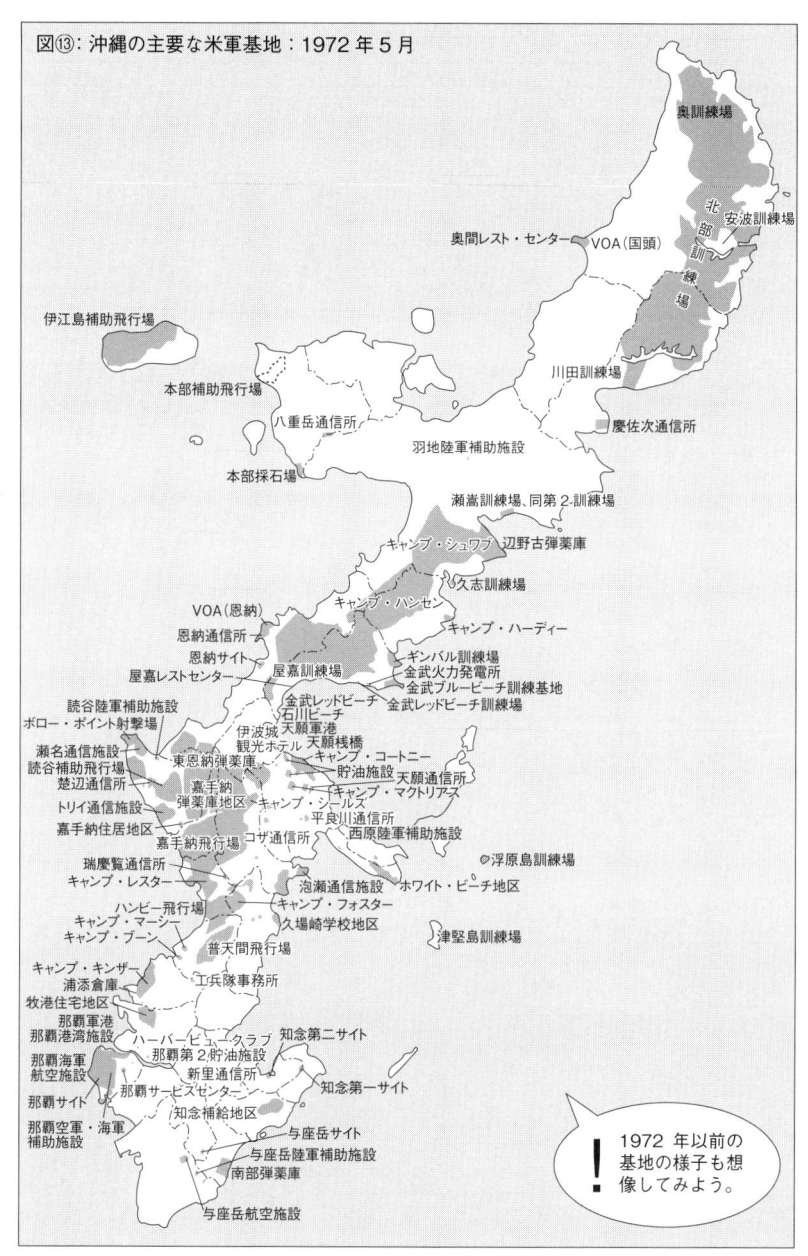

資料2　地図で見る沖縄―人の移動の歴史と米軍基地の変遷　339

図⑬：沖縄の主要な米軍基地：1972年5月

奥訓練場
北部訓練場
安波訓練場
奥間レスト・センター
VOA（国頭）
伊江島補助飛行場
川田訓練場
本部補助飛行場
八重岳通信所
慶佐次通信所
羽地陸軍補助施設
本部採石場
瀬嵩訓練場、同第2訓練場
キャンプ・シュワブ　辺野古弾薬庫
久志訓練場
VOA（恩納）
キャンプ・ハンセン
恩納通信所
キャンプ・ハーディー
恩納サイト
ギンバル訓練場
屋嘉レストセンター
屋嘉訓練場
金武火力発電所
読谷陸軍補助施設
金武ブルービーチ訓練基地
ボロー・ポイント射撃場
金武レッドビーチ
石川ビーチ
金武レッドビーチ訓練場
瀬名通信施設
伊波城
天願軍港
読谷補助飛行場
観光ホテル
天願桟橋
楚辺通信所
東恩納弾薬庫
キャンプ・コートニー
トリイ通信施設
嘉手納
貯油施設
天願通信所
嘉手納住居地区
弾薬庫地区
キャンプ・シールズ
キャンプ・マクトリアス
瑞慶覧通信所
嘉手納飛行場
平良川通信所
キャンプ・レスター
コザ通信所
西原陸軍補助施設
浮原島訓練場
ハンビー飛行場
泡瀬通信施設
ホワイト・ビーチ地区
キャンプ・マーシー
キャンプ・フォスター
キャンプ・ブーン
久場崎学校地区
津堅島訓練場
キャンプ・キンザー
普天間飛行場
浦添倉庫
工兵隊事務所
牧港住宅地区
那覇軍港
ハーバービュー・クラブ
知念第二サイト
那覇港湾施設
那覇第2貯油施設
那覇海軍航空施設
新里通信所
那覇サービスセンター
知念第一サイト
那覇サイト
知念補給地区
那覇空軍・海軍補助施設
与座岳サイト
与座岳陸軍補助施設
南部弾薬庫
与座岳航空施設

！1972年以前の基地の様子も想像してみよう。

〔出所〕『沖縄歴史地図・歴史編』81頁をもとに作成

表④: 1972年5月～1983年4月までに全面返還された施設一覧

コード	施設名	面積(千m²)	所在地※※	全部返還時期
FAC6063	ハーバービュー・クラブ	17	那覇市	1972（S47）.8.14
FAC6042	コザ通信所	5	沖縄市	1973（S48）.3.31
FAC6267	那覇サイト ※	103	那覇市	1973（S48）.4.3
FAC6268	知念第一サイト ※	115	知念村	1973（S48）.4.6
FAC6273	与座岳サイト ※	122	糸満市、具志頭村、東風平町	1973（S48）.4.16
FAC6049	泡瀬倉庫地区	131	北中城村	1973（S48）.6.30
FAC6055	牧港サービス事務所	建物のみ	浦添市	1973（S48）.6.30
FAC6269	知念第二サイト ※	311	玉城村、知念村、佐敷町	1974（S49）.1.9
FAC6112	久志訓練場	59	名護市	1974（S49）.3.31
FAC6116	屋嘉訓練場	2,001	金武町	1974（S49）.3.31
FAC6058	牧港調達事務所	1	浦添市	1974（S49）.3.31
FAC6070	新里通信所	105	佐敷町、大里村	1974（S49）.3.31
FAC6034	平良川通信所	177	具志川市	1974（S49）.4.30
FAC6047	西原陸軍補助施設	198	与那城町、勝連町	1974（S49）.4.30
FAC6024	石川陸軍補助施設	206	石川市、具志川市	1974（S49）.8.3
FAC6074	与座岳陸軍補助施設 ※	217	糸満市、東風平町、具志頭村	1974（S49）.9.30
FAC6071	知念補給地区	1,795	玉城村、知念村、佐敷町	1974（S49）.10.15
FAC6025	読谷陸軍補助施設	122	読谷村	1974（S49）.10.31
FAC6035	波平陸軍補助施設	41	読谷村	1974（S49）.10.31
FAC6053	キャンプ・ブーン	151	宜野湾市	1974（S49）.12.10
FAC6054	牧港倉庫	2	浦添市	1974（S49）.12.10
FAC6059	浦添倉庫	6	浦添市	1975（S50）.1.31
FAC6014	キャンプ・ハーディ	267	宜野座村	1975（S50）.3.31
FAC6089	那覇海軍航空施設	836	那覇市	1975（S50）.6.27
FAC6215	恩納サイト ※	268	恩納村、金武町	1975（S50）.6.30
FAC6045	瑞慶覧通信所	123	北谷町、沖縄市	1976（S51）.3.31
FAC6052	キャンプ・マーシー	369	宜野湾市	1976（S51）.3.31
FAC6272	与座岳航空通信施設 ※	159	糸満市、東風平町	1976（S51）.3.31
FAC6041	カシジ陸軍補助施設	7	北谷町	1976（S51）.9.30
FAC6075	南部弾薬庫	1,287	具志頭村	1977（S52）.3.31
FAC6040	砂辺陸軍補助施設	24	北谷町	1977（S52）.4.30
FAC6033	キャンプ・ヘーグ	638	具志川市、沖縄市	1977（S52）.5.14
FAC6038	嘉手納住居地区	103	読谷村	1977（S52）.11.30
FAC6090	伊波城観光ホテル	60	石川市	1979（S54）.6.30
FAC6018	屋嘉レスト・センター	82	金武町	1979（S54）.8.31
FAC6050	久場崎学校地区	127	中城村	1981（S56）.3.31

※返還後、全部又は一部が自衛隊へ引き継がれる
※※所在地名は返還当時のものを記載

表⑤: 日米安全保障協議委員会（SCC）における返還了承事案の処理状況（沖縄県関係）

平成19（2007）年3月31日現在（面積単位：千m²）

SCC	返還計画 件数	返還計画 面積	返還済 件数	返還済 面積	未返還 件数	未返還 面積
第14回（S48（1973）.1.23）	3	4,804	3	4,804	0	0
第15回（S49（1974）.1.30）	48	25,418	44	18,827	4	6,587
第16回（S51（1976）.7.8）	12	16,218	9	6,403	3	9,815
合計	63	46,440	56	30,034	7	16,402

※単位以下の四捨五入のため総数と内容の計は必ずしも一致しない
〔出所〕表④、表⑤:『沖縄の米軍基地』（平成20年）161-166頁、および24頁をもとにそれぞれ作成

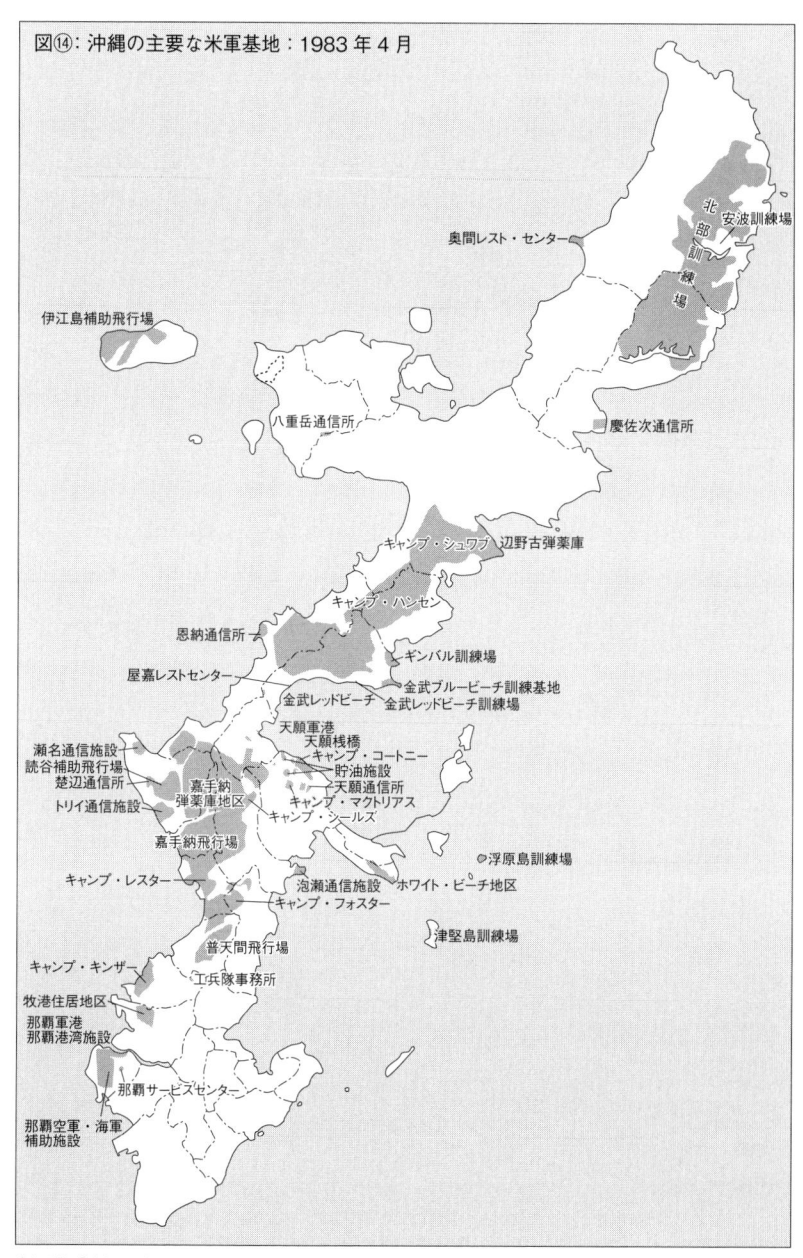

資料2　地図で見る沖縄—人の移動の歴史と米軍基地の変遷　341

図⑭：沖縄の主要な米軍基地：1983年4月

安波訓練場
北部訓練場
奥間レスト・センター
伊江島補助飛行場
八重岳通信所
慶佐次通信所
キャンプ・シュワブ
辺野古弾薬庫
キャンプ・ハンセン
恩納通信所
ギンバル訓練場
屋嘉レストセンター
金武ブルービーチ訓練基地
金武レッドビーチ
金武レッドビーチ訓練場
天願軍港
天願桟橋
キャンプ・コートニー
瀬名通信施設
貯油施設
読谷補助飛行場
天願通信所
楚辺通信所
嘉手納弾薬庫地区
キャンプ・マクトリアス
トリイ通信施設
キャンプ・シールズ
嘉手納飛行場
浮原島訓練場
キャンプ・レスター
泡瀬通信施設
ホワイト・ビーチ地区
キャンプ・フォスター
津堅島訓練場
普天間飛行場
キャンプ・キンザー
工兵隊事務所
牧港住居地区
那覇軍港
那覇港湾施設
那覇サービスセンター
那覇空軍・海軍
補助施設

〔出所〕『沖縄歴史地図・歴史編』81頁をもとに作成

表⑥: 1983年4月～1995年3月までに全面返還された施設一覧

コード	施設名	面積（千㎡）	所在地	全部返還時期
FAC6030	天願通信所	974	具志川市	1983 (S58). 6.30
FAC6066	那覇空軍・海軍補助施設	3,739	那覇市、豊見城市	1986 (S61).10.31
FAC6061	牧港住宅地区	1,926	那覇市	1987 (S62). 5.31
FAC6057	牧港補給地区補助施設	1	浦添市	1993 (H5). 3.31
FAC6062	那覇冷凍倉庫	建物のみ	那覇市	1993 (H5). 3.31
FAC6039	砂辺倉庫	3	北谷町	1993 (H5). 6.30

表⑦: 平成2（1990）年6月19日日米合同委員会・確認事案（23事案）返還状況

平成19（2007）年3月31日現在（面積単位：千㎡）

施設名	※	23事案	確認面積	返還面積	未返還面積	返還時期	現在の面積
北部訓練場	○	1 国頭村伊比部岳地区、東村高江地区	(2,240)	(2,240)	(0)	1993(H5). 3.31	
	○	2 県道名護国頭線以南の一部	(2,558)	(2,558)	(0)	1993(H5). 3.31	
			4,798	4,798	0		78,332
八重岳通信所	○	3 南側（名護市）及び北側（本部）	192	192	0	1994(H6). 9.30	37
キャンプ・シュワブ	○	4 国道392号沿いの一部（辺野古）	5	5	0	1993(H5). 3.31	20,626
キャンプ・ハンセン	−	5 東シナ海斜面部分	(1,619)	0	(1,619)	未返還	
	○	6 金武町内の一部	(34)	(34)	(0)	1996(H8).12.31	
			1,653	34	1,619		51,182
恩納通信所	○	7 施設全部	(364)	(364)	(0)	1995(H7).11.30	
	○	8 施設東側部分	(260)	(260)	(0)	1995(H7).11.30	
			624	624	0		0
嘉手納弾薬庫地区	△	9 旧東恩納弾薬庫（ごみ焼却用地部分）	(90)	(90)	(0)	2005(H17). 3.31	
	○	9 旧東恩納弾薬庫（陸自継続使用部分）	(584)	(584)	(0)	2006(H18).10.31	
		9 旧東恩納弾薬庫部分	(426)	0	(426)	未返還	
	○	国道58号線沿い東側部分、南西隅部分	(735)	(735)	(0)	1999(H11). 3.25	
	○	10 嘉手納バイパス計画部分	(34)	(34)	(0)	1999(H11). 3.25	
			1,869	1,443	426	−	26,579
知花サイト	○	11 施設全部	1	1	0	1996(H8).12.31	
トリイ通信所	○	12 嘉手納バイパス計画部分	38	38	0	1999(H11). 3.31	1,934
嘉手納飛行場	○	13 南側の一部（桃原）	21	21	0	1996(H8). 1.31	19,872
砂辺倉庫	○	14 施設全部	3	3	0	1993(H5). 6.30	
キャンプ桑江	△	15 東側の南側	(16)	(16)	(0)	1994(H6).12.31	
		15 東側の北側	(5)	(0)	(5)	未返還	
	○	16 北側部分	(384)	(384)	(0)	2003(H15). 3.31	
			405	400	5		675
キャンプ瑞慶覧	−	17 泡瀬ゴルフ場	(468)	0	(468)	未返還	
	○	18 通信ケーブル（登川）	(1)	(1)	(0)	1991(H3). 9.30	
			469	1	468		6,425
普天間飛行場	−	19 東側沿い（市道11号）	42	0	42	未返還	4,805
牧港補給地区補助施設	○	20 施設全部	1	1	0	1993(H5). 3.31	0
工兵隊事務所	○	21 施設全部	45	45	0	1992(H4). 9.30	
那覇冷凍倉庫	○	22 施設全部	建物0.1	建物0.1	0	1993(H5). 3.31	
陸軍貯油施設	○	23 浦添〜宜野湾POL	43	43	0	1990(H2).12.31	1,277
合計			10209.1	7649.1	2,560		

表⑧: 重要三事案※

	事案	経過	移転先
①	那覇港湾施設（那覇市）の返還	第15回日米安全保障協議委員会（1974 (S49) 年1月）に移設を条件に返還合意。SACO最終報告（1996 (H8) 年12月）で返還について最大限の努力を日米共同で継続することを確認。移設先とされている浦添市が受入を表明（2001 (H13) 年11月）。その後、関係機関で代替施設の位置や形状案などに関する協議が行われている。	浦添市（沖縄県）
②	読谷補助飛行場（読谷村）におけるパラシュート降下訓練の廃止及び同施設の返還	SACO最終報告（1996 (H8) 年12月）にて、パラシュート降下訓練を伊江島補助飛行場に移転させ、楚辺通信所を移転という条件で返還が合意された。1999 (H11) 年3月に伊江村がパラシュート降下訓練の受入を、同年4月に金武町が楚辺通信所の受入を表明した。2006 (H18) 年7月に大部分が返還され、残りの部分も同年12月に返還された。	伊江村（沖縄県） 金武町（沖縄県）
③	県道104号線越え実弾砲撃演習（金武町）の廃止	SACO最終報告（1996 (H8) 年12月）にて、1997 (H9) 年度中に、実弾砲撃演習を日本本土の演習場に移転後、取りやめることを決定。1997 (H9) 年3月の実施を最後に事実上廃止された。	矢臼別演習場（北海道） 王城寺原演習場（宮城県） 東富士演習場（静岡県） 北富士演習場（山梨県） 日出生台演習場（大分県）

※ 当時の大田県知事が1994年6月の訪米の際、太平洋戦争・沖縄戦終結50周年である1995年までに解決を求めた3つの事案。

〔出所〕表⑥、⑦、⑧：『沖縄の米軍基地』（平成20年）161–166頁、25頁および26–27頁をもとにそれぞれ作成

資料2　地図で見る沖縄―人の移動の歴史と米軍基地の変遷　　343

図⑮：沖縄の主要な米軍基地：1995年3月

北部訓練場
安波訓練場
奥間レスト・センター
伊江島補助飛行場
八重岳通信所
慶佐次通信所
キャンプ・シュワブ
辺野古弾薬庫
キャンプ・ハンセン
恩納通信所
ギンバル訓練場
金武ブルービーチ訓練基地
金武レッドビーチ訓練場
知花サイト
天願桟橋
キャンプ・コートニー
瀬名通信施設
貯油施設
読谷補助飛行場
楚辺通信所
キャンプ・マクトリアス
トリイ通信施設
キャンプ・シールズ
嘉手納弾薬庫地区
嘉手納飛行場
浮原島訓練場
陸軍貯油施設
泡瀬通信施設
ホワイト・ビーチ地区
キャンプ・レスター
キャンプ・フォスター
（キャンプ桑江）
（キャンプ瑞慶覧）
津堅島訓練場
普天間飛行場
キャンプ・キンザー
工兵隊事務所
（牧港補給地区）
那覇港湾施設
那覇サービスセンター

〔出所〕『駐留軍用地の今・昔　写真で見るその変遷と跡利用』3頁をもとに作成

表⑨: 1995年3月～2003年3月までに全面返還された施設一覧

コード	施設名	面積（千㎡）	所在地	全部返還時期
FAC6065	那覇サービス・センター	5	那覇市	1995（H 7）. 8.31
FAC6013	恩納通信所	631	恩納村	1995（H 7）.11.30
FAC6023	知花サイト	151	沖縄市、読谷、恩納村	1996（H 8）.12.31
FAC6102	安波訓練場	4,893	国頭村	1998（H10）.12.22
FAC6060	工兵隊事務所	53	浦添市	2002（H14）. 9.30

図⑯: SACO最終報告（1996.12）による米軍施設・区域の返還等

北部訓練場
マイクロウェーブ地区：保留
伊江島補助飛行場
（安波訓練場）
・提供水域
・提供土地
キャンプ・ハンセン
知花サイト
瀬名波通信施設
楚辺通信所
読谷補助飛行場
トリイ通信施設
キャンプ桑江
キャンプ瑞慶覧
普天間飛行場
牧港補給地区
那覇港湾施設
ギンバル訓練場
金武ブルー・ビーチ訓練基地

凡例
□ 施設・区域
■ 全部返還
▨ 一部返還

表⑩: SACOの最終報告における土地の返還
※面積単位：ha

	施設名等	施設面積／返還面積 返還年度（目途）	条件等
①	普天間飛行場	481／481 （5～7年以内）	海上施設の建設（規模1,500m等）、岩国飛行場（山口県）に12機のKC-130を移駐等、嘉手納飛行場における追加的整備等
②	北部訓練場	7,513／3,987 （平成14年度末）	海への出入りのため土地約38ha及び水域約121haの提供、ヘリコプター着陸帯を残余の同訓練場内に移設
③	安波訓練場	（480）／（480） （平成9年度末）	（共同使用を解除）（水域7,895ha）
④	ギンバル訓練場	60／60 （平成9年度末）	ヘリコプター着陸帯を金武ブルー・ビーチ訓練場に、その他の施設をキャンプ・ハンセンに移設
⑤	楚辺通信所	53／53 （平成12年度末）	アンテナ施設及び関連支援施設をキャンプ・ハンセンに移設
⑥	読谷補助飛行場	191／191 （平成12年度末）	パラシュート訓練を伊江島補助飛行場に移転、楚辺通信所を移設後に返還
⑦	キャンプ桑江	107／99 （平成19年度末）	海軍病院等をキャンプ瑞慶覧等に移設（返還面積には返還合意済みの北側部分を含む）
⑧	瀬名波通信施設	61／61 （平成12年度末）	アンテナ施設等をトリイ通信施設に移設、マイクロウェーブ塔部分（約0.1ha）は引き続き使用
⑨	牧港補給地区	275／3 （国道拡幅に合わせ）	返還に伴い影響を受ける施設を残余の施設内に移設
⑩	那覇港湾施設	57／57	浦添埠頭地区（約35ha）への移設と関連して、返還を加速化するために共同で最大限の努力を継続
⑪	住宅統合	648／83 （平成19年度末）	キャンプ桑江及びキャンプ瑞慶覧に所在する米軍住宅を統合
	計	9,446／5,075	
	新規提供	▲73	那覇港湾施設（35ha）、北部訓練場（38ha）
	返還面積合計	5,002	県内施設面積の約21％減

〔出所〕表⑨、⑩:『沖縄の米軍基地』（平成20年）161-166頁および29頁をもとにそれぞれ作成
　　　 図⑯:『沖縄の米軍基地』（平成15年）95頁をもとに作成

資料2　地図で見る沖縄─人の移動の歴史と米軍基地の変遷　345

図⑰：沖縄の主要な米軍基地：2003年3月

安波訓練場
北部訓練場
奥間レスト・センター
伊江島補助飛行場
八重岳通信所
慶佐次通信所
キャンプ・シュワブ
辺野古弾薬庫
キャンプ・ハンセン
ギンバル訓練場
金武ブルービーチ訓練基地
金武レッドビーチ訓練場
天願桟橋
キャンプ・コートニー
貯油施設
瀬名通信施設
読谷補助飛行場
楚辺通信所
嘉手納弾薬庫地区
キャンプ・マクトリアス
トリイ通信施設
キャンプ・シールズ
嘉手納飛行場
陸軍貯油施設
浮原島訓練場
キャンプ・レスター（キャンプ桑江）
泡瀬通信施設
ホワイト・ビーチ地区
キャンプ・フォスター（キャンプ瑞慶覧）
津堅島訓練場
普天間飛行場
キャンプ・キンザー（牧港補給地区）
那覇港湾施設

〔出所〕沖縄県総務部知事公室基地対策室「沖縄の米軍基地マップ」（平成15年）をもとに作成

表⑪: 2003年4月〜2008年3月までに全面返還された施設一覧

コード	施設名	面積（千㎡）	所在地	返還時期
FAC6021	瀬名波通信施設	4,617	読谷村	2006（H18）.9.30
FAC6026	楚辺通信所	535	読谷村	2006（H18）.12.31
FAC6027	読谷補助飛行場	2,930	読谷村	2006（H18）.12.31

表⑫: SACO最終報告の進捗状況（2008（H10）年時点）

施設名等	SACO進捗状況
普天間飛行場	1997（H9）年11月、日本政府が「普天間飛行場代替海上ヘリポート基本案」を沖縄県と受入先の名護市等に提示、同年12月の名護市市民投票では建設反対票が賛成票を上回るが、名護市長が受入表明。 2000（H12）年8月、国、県、関係地方自治体で構成される「代替施設協議会」が設置され、協議の末、基本計画（リーフ埋立／2000m滑走路）が決定される（2002（H14）年7月）。 2005（H17）年10月、日米政府が代替施設（L字型）を含む移設案に合意。これに対して沖縄県及び地元地方自治体が反対表明。 2006（H18）年1月、名護市と宜野座村が代替施設の具体的な建設計画について継続協議と結論を得ることに関する防衛省と基本合意書を交わす。 2006（H18）年5月、日本政府修正案（V字型／2本滑走路）が日米政府間で最終合意。 同年同月、日本政府が「普天間飛行場の移設に係る措置に関する協議会」を設置し、2008（H20）年2月まで継続的に協議会が開催されている。
北部訓練場	1998（H10）年12月〜2000（H12）年3月、ヘリコプター着陸帯（ヘリパッド）移設候補地の環境調査が実施され、2001（H13）年1月に調査結果を公表。固有種等が多数確認されたため、環境調査を継続（2002（H14）年11月〜2004（H16）年3月）。 2007（H19）年3月、日米合同委員会にて予定地6箇所のうち3箇所の建設実施に合意。 2008（H20）年1月、日米合同委員会にて残り3箇所の建設実施に合意。
安波訓練場	共同使用が解除され、1998（H10）年12月に返還が実現。
ギンバル訓練場	2007（H19）年6月、ヘリコプター着陸帯のブルー・ビーチ訓練場移設について、金武町長が移設受入を表明し、町議会が同表明を容認する宣言文を賛成多数で可決。 2008（H20）年1月、日米合同委員会にて全面返還に合意。
楚辺通信所	2006（H18）年4月及び11月の日米合同委員会にてキャンプ・ハンセンに建設した代替施設を米軍側に提供することが合意される。 2006（H18）年12月に返還される。
読谷補助飛行場	1999（H11）年3月、伊江村がパラシュート降下訓練を、同年4月に金武町が楚辺通信所の受入を表明。 2002（H14）年10月の日米合同委員会にて、楚辺通信所移設完了後の返還が合意。 2006（H18）年7月、大部分が返還され、同年12月に残りの部分が返還される。
キャンプ桑江	2000（H12）年7月、宜野湾市がキャンプ桑江の海軍病院をキャンプ瑞慶覧内普天間地区へ受入を表明。 2003（H15）年3月、北部部分約38haが返還される。 2008（H20）年1月現在、移設工事予定地の文化財調査が行われている。
瀬名波通信施設	地主は継続使用を求め、移転先の楚辺区住民も反対していたが、 2000（H12）年8月楚辺区区民総会にて移設が了承され、読谷村長から地元の意向を尊重する旨の発言。 2006（H18）年9月、マイクロウェーブ塔部分（約0.3ha）を除く土地が返還される。 同年10月の日米合同委員会にて、マイクロウェーブ塔部分はトリイ通信施設へ統合される。
牧港補給地区	国道58号線の渋滞緩和のため拡張計画を含めた計画がなされ、 2005（H17）年8月、浦添市長が一部返還に同意。
那覇港湾施設	2001（H13）年11月、浦添市長が移設受入を表明、国、県及び地方自治体の間の協議の場として「那覇港湾施設移設に関する協議会」、「那覇港湾施設移設受入に関する協議会」、「県都那覇市の振興に関する協議会」が設置される。 2006（H18）年5月、日米安全保障協議委員会にて共同文書「再編実施のための日米のロードマップ」が最終合意され、代替施設について新たな集積場（約14ha）の追加が合意。 2007（H19）年8月、「那覇港湾施設移設に関する協議会」において防衛施設庁から、追加的な集積場を含む代替施設（約49ha）の位置及び形状が示され、県、那覇市及び浦添市が了承。2007（H19）年12月の日米合同委員会において代替施設の位置及び形状が修正され、「那覇港湾施設移設受入に関する協議会」と「県都那覇市の振興に関する協議会」においても協議が進められている。
住宅統合	日米合同委員会（1999（H11）年4月／2002（H14）年2月／2004（H16）年3月／2005（H17）年3月／2006（H18）年3月）にて、キャンプ瑞慶覧内に住宅及び関連施設を移設・整備することが合意される。 2008（H20）年2月段階、米側に提供済みの住宅466戸、工事完成156戸、建設中4戸、建設準備中100戸、合計726戸となっている。

〔出所〕表⑪、⑫:『沖縄の米軍基地』（平成20年）161-166頁および31-33頁（ただし普天間飛行場の項は42-43頁）をもとに作成

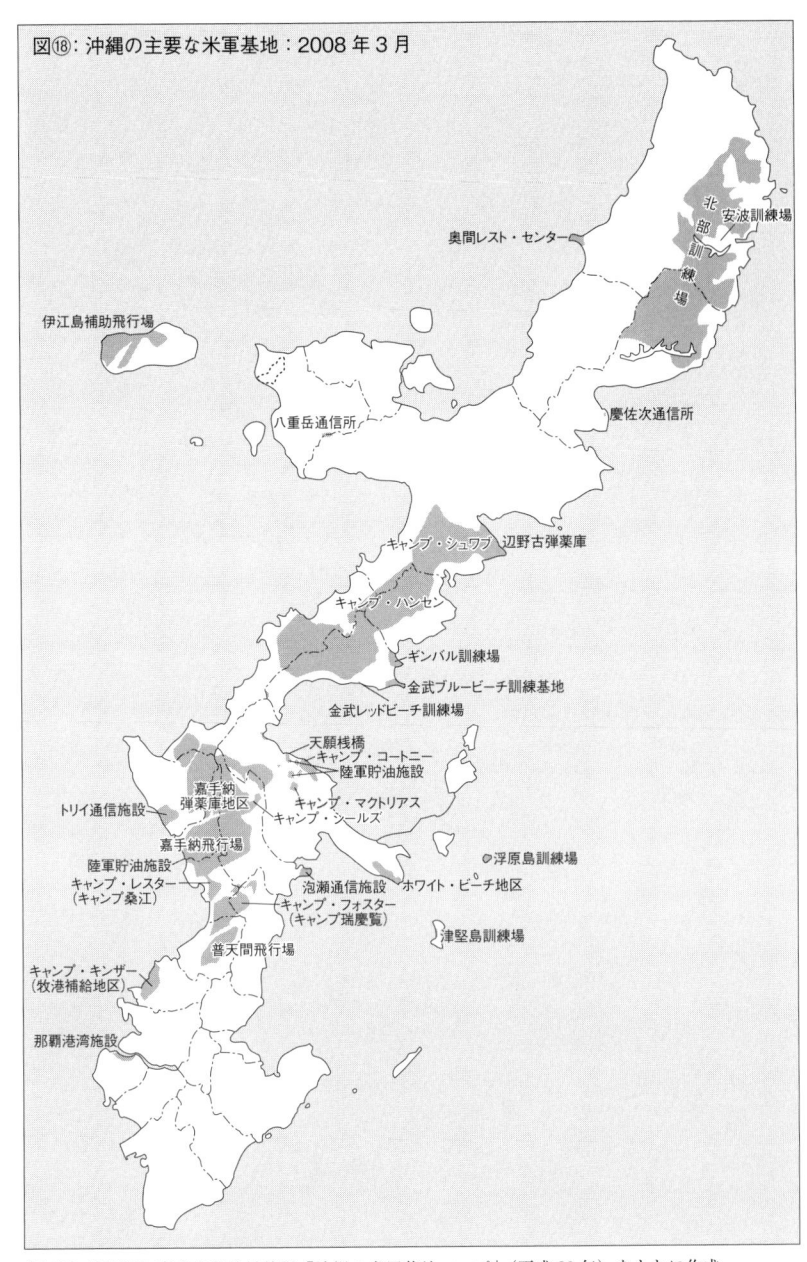

資料2 地図で見る沖縄―人の移動の歴史と米軍基地の変遷　347

図⑱：沖縄の主要な米軍基地：2008年3月

安波訓練場
北部訓練場
奥間レスト・センター
伊江島補助飛行場
八重岳通信所
慶佐次通信所
キャンプ・シュワブ
辺野古弾薬庫
キャンプ・ハンセン
ギンバル訓練場
金武ブルービーチ訓練基地
金武レッドビーチ訓練場
天願桟橋
キャンプ・コートニー
陸軍貯油施設
嘉手納弾薬庫地区
トリイ通信施設
キャンプ・マクトリアス
キャンプ・シールズ
嘉手納飛行場
浮原島訓練場
陸軍貯油施設
キャンプ・レスター（キャンプ桑江）
泡瀬通信施設
ホワイト・ビーチ地区
キャンプ・フォスター（キャンプ瑞慶覧）
津堅島訓練場
普天間飛行場
キャンプ・キンザー（牧港補給地区）
那覇港湾施設

〔出所〕沖縄県知事公室基地対策課「沖縄の米軍基地マップ」（平成20年）をもとに作成

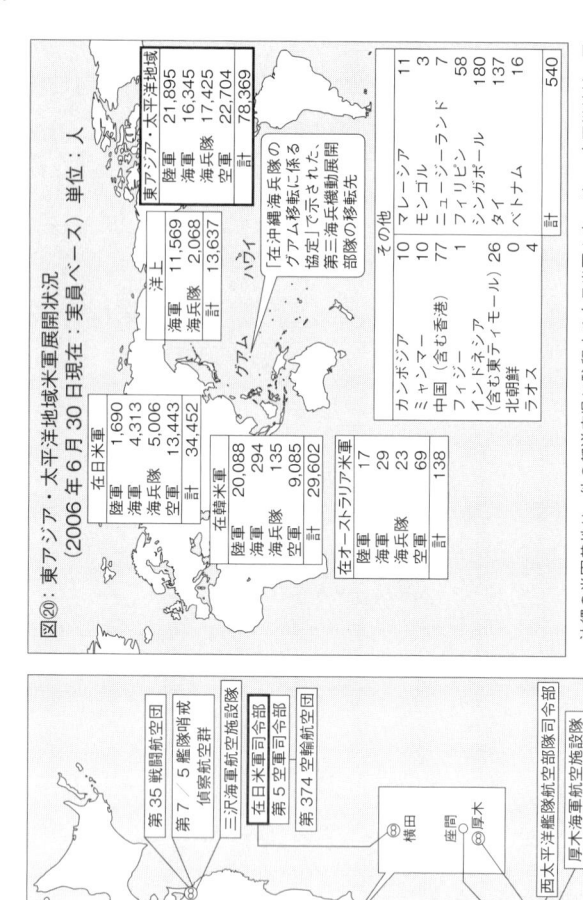

図⑳:東アジア・太平洋地域米軍展開状況
(2006年6月30日現在:実員ベース) 単位:人

東アジア・太平洋地域
陸軍 21,895
海軍 16,345
海兵隊 17,425
空軍 22,704
計 78,369

在日米軍
陸軍 1,690
海軍 4,313
海兵隊 5,006
空軍 13,443
計 34,452

洋上
海軍 11,569
海兵隊 2,068
計 13,637

ハワイ

[在沖縄海兵隊のグアム移転に係る協定で示された、第三海兵機動展開部隊の移転先]

在韓米軍
陸軍 20,088
海軍 294
海兵隊 135
空軍 9,085
計 29,602

在オーストラリア米軍
陸軍 17
海軍 29
海兵隊 23
空軍 69
計 138

その他
カンボジア	10
ミャンマー	5
中国(含む香港)	77
フィジー	1
インドネシア(含む東ティモール)	26
北朝鮮	0
ラオス	4
マレーシア	11
モンゴル	3
ニュージーランド	7
フィリピン	58
シンガポール	180
タイ	137
ベトナム	16
計	540

図⑲:日本本土の主要な米軍基地

第12海兵航空群
SACO最終報告で示された、普天間飛行場の一部機能移転先

佐世保艦隊基地群
第9戦域支援部隊コマンド司令部
第17地域支援群

在日米陸軍
横須賀艦隊基地隊
第7潜水艦群司令部
在日米海軍司令部
西太平洋艦隊航空部隊司令部
厚木海軍航空施設

第35戦闘航空団
第7、5艦隊哨戒隊
偵察航空群
三沢海軍航空施設隊
在日米軍司令部
第5空軍司令部
第374空輸航空団

佐世保
岩国
横田
厚木
横須賀
座間

表⑬:1950年代の主な米軍基地反対運動

①	1953年6月	妙義・浅間地区米軍演習地反対群馬県民大会	④ 1955年2月 米軍北富士演習場拡大反対の座り込み
②	1953年6月	石川県内灘村米軍試射場無期限使用に対し座り込み(内灘闘争)	⑤ 1955年9月 立川基地拡張反対総決起大会(以降長期の砂川闘争)
③	1953年6月	米軍基地反対国民大会(東京・渋谷)	⑥ 1959年12月 新島でミサイル試射場受入反対闘争

沖縄の米軍基地、他の都道府県に駐留する在日米軍や東アジア・太平洋地域に駐留する米軍の動向と深く関連しています。沖縄の基地の縮小は沖縄内に留まらず、日本本土からの米軍の返還や統合・移転や、東アジア・太平洋地域に駐留する米軍からのへの移設・移転を視野に入れて考える必要があります。整理は必ずしも軍事力の縮小を意味しません。軍事基地の問題は、基地の「面積」とともに「機能」の側面から捉えることも重要です。

(出所) 図⑲:『沖縄の米軍及び自衛隊基地(統計資料集)』93頁をもとに作成
図⑳:同書92頁をもとに作成
表⑬:写真・絵画編集成 日本の基地 第4巻 住民と基地 136-138頁をもとに作成

(作成:上地聡子)

資料3　沖縄関連書籍出版の軌跡からみた『沖縄学』
　　　──文庫・新書による文献紹介

1　はじめに

　沖縄に関する書籍はこれまでたくさん出版されている。例えば、国立国会図書館の書誌一般検索では、タイトルについて、検索語を「沖縄」とすると8351件、「琉球」とすると1910件ヒットする（2009年8月31日現在）。また、書店では、観光ガイドブックの種類の多さに圧倒される。それは、著者、出版社、読者が、それぞれ沖縄への関心を持っていることにおいて同時期に少なからず結ばれているということ、すなわち、社会的に沖縄に関する興味とマーケットが存在することを意味している。

　一方で、これだけ氾濫する沖縄関連書籍がありながら、「これを読めば沖縄がわかる」という確固たる正典があるわけではない。まただからこそ、さまざまな視点から執筆された種々の文献の出版が積み重ねられてきた、その必要があったともいえる。

●「沖縄学」を冠した本は少ない

　本稿で筆者がとくに指摘しておきたいことは、これまで出版された書籍の中で、「沖縄学」という語彙が題名に入っているものは少ないということである。国立国会図書館の書誌一般検索で、書名において使用されているものは（シリーズ名や内容細目、編集者名等はのぞく）、16冊となっている（2009年8月31日現在）。このことは、現在までの時点で、「沖縄学」という、学術的に制度が確立された領域や、出版業界において確立したジャンルがあるわけではない、ということを示していよう。つまり、積み重ねられてきた沖縄に関するさまざまな研究の多くが、「沖縄学」ではなく、沖縄研究や沖縄論として世に送り出されてきたのだ。何故研究者たちは、書籍の出版に際して、沖縄学という表現を用いないのだろうか。要因として、沖縄学という学問分野が制度的に存在してこなかったこと（学術書として評価されなくなるのではないかという不安）、沖縄学を表明する自信がないこと（批判される恐怖）、沖縄に向き合う熱意がないこと（学問の対象としてしかみていない姿勢の表れ）、違う題名の方が売れるのではないかという予想（市場原理）などが考えられる。

　そのようななか、本書があえて「沖縄学」という立場を表明することに、大きな意味と決意を感じる。それは、背景として、地域を対象にする際の学問的流行の変遷（○○郷土史、○○地域史、○○史、○○学など）、方言の流行やご当地検定などにみられる地域への関心の高まりの影響を受けているのかも知れないが、それだけではない何か−学問的挑戦、再審、投企など−を汲み取って余りあるだろう。あえて言えば、書き手がそれぞれの身体を賭し、そこに刻まれた「沖縄なるもの」を具体化させようとしているのかも知れない、と捉えるのは考えすぎだろうか。

●本稿の目的

　本稿の目的は大きく分けて2つある。1つは、読者の皆様が沖縄関連の文献を探す際の一助になることである。もう1つは、沖縄関連書籍出版動向の軌跡から沖縄を対象とする社会的関心・意識の変遷を描くことである。日本における琉球や沖縄を題名に冠する書籍の系譜をたどることで、琉球・沖縄がどのように出版の対象とされてきたのかを浮かび上がらせる

ことができるだろう。後者は、それ自体がある意味で「沖縄学」であるともいえるし、そこからみた「沖縄学」の変遷を考えることもできるよう。その際、今回は、以下の理由から文庫と新書を対象とする。

●文庫・新書をとりあげる理由
　目的の一点目に関する理由は次の２つである。まず発行形態に由来する理由があげられる。一般的に、文庫・新書は、単行本に比べ、発行部数や取扱書店が多く入手が容易、廉価、小型で軽量のため持ち運びやすいという特徴がある。図書館に蔵書されている確率も高い。多くの読者にとって、電車などの移動中に読んだり、寝る前にベッドに入りながら読んだりし易いことは、大きなメリットになるだろう。

　次に、文庫・新書それぞれの発行目的に即した内容の特徴が理由としてあげられる。鹿野（2006：18-19）が岩波文庫・新書について、文庫は古典的知識を提供し、新書は現代的教養すなわちアップ・ツー・デートな主題と知識と見方を提供すると指摘しているが、これはまさしく文庫・新書にみられる一般的な特徴・傾向を示している。つまり、文庫の最大の魅力は、本格的な学術書が多いことである（もちろんそれ以外のものも多い）。学術的研究が収録・再録され、名著が廉価で入手できるうえ、文庫版用の解説が付いていることが多く、入門者にとって非常に役立つ。要するに、入門書としてふさわしく、また本格的でもあるということである。他方で、新書の最大の特徴は、その選び易さにある。一般的に、時流に合わせて焦点が絞られており、一冊で概要がわかるように設計されている。そのため、タイトルを見て関心を持てるものを選べばよいという明快なシステムになっている。

　目的の二点目に関する理由は、文庫・新書は、先述した様に単行本に比べて、発行部数が多い小型軽装普及版であるため、一般的に「売れる」ことが前提になっており、その系譜は、社会的関心を色濃く反映していると捉えられることである。つまり、文庫・新書は、書籍の中でもよりマーケットの動向に近い領域であるといえる。いつどこで誰がどの出版社から沖縄についてどのような視点で文庫・新書を出版してきたのか、それがどのくらい売れたのかを検討すれば、沖縄をめぐる社会的関心に関する時流の変遷の一端がおのずと浮かび上がってくるだろう。

　以上の理由により、本稿では文庫・新書を対象にする。加えて、管見した限りこれまでにそのような試みがみられなかったので、どのような結果になるか大変興味深いという理由もある。また自分が「沖縄学」に入門した頃を顧みて、このようなリストがあれば大いに役立っただろうという経験則も働いている。

●方法
　具体的な方法として、本稿では国立国会図書館の書誌一般検索とAmazonの詳細検索を使用し、合計した結果を掲載する。何故わざわざ手間を増やしてAmazonの検索結果を加えるのかというと、一般的に入手のしやすさにおいて利便性・影響力のあるサイトであるだけでなく、書名検索システムにおいて検索語名として「文庫」、「新書」にも対応していること、また版型の大きさに基づくと推測される独自の方法による文庫・新書の分類を行っているため多少なりとも本稿における対象が増え読者の皆様が本を探す際に益すると考えたからである。例えば、ノベルズ系は、「新書」という語彙が含まれないので国立国会図書館の検

索では検出されないが、Amazonの検索では「新書」としてヒットする。ノベルズは、日本図書コードによる分類コードであるCCODE（4桁）において、販売形態（2桁目）が2であり、新書と同じである。

　まず国立国会図書館書誌一般検索では、タイトルの検索語を、「沖縄」（「オキナワ」、「Okinawa」、「おきなわ」、「うちな」、「ウチナ」でも検索）and「文庫」or「新書」、「琉球」（「りゅうきゅう」、「リュウキュウ」、「Ryukyu」でも検索）and「文庫」or「新書」とした。検索結果から、文庫・新書の版型・形態と大きく異なるものを除いた。書名ではなく、シリーズ名、編著者、出版・発行社名、細目などに検索語（「沖縄」、「琉球」）が含まれるものも対象とした。

　次にAmazonの詳細検索では、検索語を「沖縄」and「文庫」or「新書」、「琉球」and「文庫」or「新書」とした。検索結果から除いたものは同上である。

　結果として、今回は、「戦後」のものしか検出されなかった。しかしもちろん、文庫・新書という出版形態は、それ以前から存在した。文庫形態の小冊子は、大正年間に、アカギ叢書、立川文庫、「円本」などにすでにみられる。「文庫本」と銘打った出版企画としては、1927年に始まったA6判の岩波文庫が、周到広汎なものとして大きな存在となった（岡野1981：290-371）。普通名詞としての「新書」あるいは「新書版」という本のかたちは、事実上、1938年の岩波新書の発刊に始まった（鹿野2006：2）。岩波文庫・新書を機に、各出版社から「○○文庫」、「○○新書」と銘打ったものが続々と出版されていったのである。

　沖縄に関する書籍についても、郷土研究社などから、文庫・新書判に近い形で大正年間から出版されている。しかし、それらが「○○文庫」、「○○新書」ではないため、今回の検索では検出されないことを附記しておく。

　また、今回は、少数ではあるが、「○○文庫」、「○○新書」と出版社によって名づけられているもの以外もヒットしている。そのなかで、版型・形態が大きく異なるものなど以外は掲載の対象とした。何故ならば、小型軽装普及版であれば、本稿の目的に合致するからであり、対象を広げることで読者の皆様にとって文献を選ぶ幅が広がると考えるからである。また、文庫については、出版社にそのように名づけられていても、サイズが大きく異なるものもある。その場合、CCODEに依拠し、サイズが異なっていても、対象に含めることにした（東洋文庫など）。なお、文庫という名称がついていても、新書サイズであり、CCODEも新書に該当するシリーズがあるが、リストに掲載する際と検索の際にわかりにくいため、以下の表では、文庫に含めた。

　もちろん、今回の検索結果は、これまでに出版された文庫・新書のすべてを網羅しているわけではない。あくまでも国立国会図書館の書誌一般検索とAmazonの詳細検索の結果に過ぎない。国立国会図書館に献本されていない書籍や「○○文庫」、「○○新書」という名称がついていないもの（例えば平凡社ライブラリなど）、沖縄に関連する文庫・新書であってもタイトルに本稿における検索語が含まれていないものなど、たくさんあるだろう。しかしそれでもなお、このリストは、沖縄に関する出版傾向と社会的関心・意識の相関関係の動向を把握し、読者の皆様にタイトルを提示することにおいて、意味があると考える。

2 沖縄関連文庫・新書一覧

表1 文庫一覧（290冊）

出版年	編著者	タイトル	シリーズ名	出版社
1958	岩波書店編集部編	岩波写真文庫		岩波書店
1964	岡本太郎著	忘れられた日本：沖縄文化論	中央公論文庫：41	中央公論社
1965	比嘉春潮著	沖縄の犯科帳	東洋文庫	平凡社
1971	西平守棟著	漫湖日本むかり大人の童話	沖縄ジャーナル自由論	沖縄ジャーナル社
1972	三隅治雄著	沖縄童謡集	レグルス文庫	第三文明社
1972	宮袋登発著	沖縄袋発論集：その歴史と芸能	東洋文庫：212	平凡社
1973	国場幸太郎著	生物の島	角川文庫	角川書店
1973	大城立裕著	沖縄の歩み	新少年少女教養文庫：60	牧書店
1974	川平朝申編著	沖縄明史：おきなわの民と王	現代教養文庫：1	社会思想社
1974	川平朝申編著	琉球民衆史	沖縄文庫：1	月刊沖縄社
1974	仲井真元楷編著	沖縄民話集	沖縄文庫：2	月刊沖縄社
1975	石野径一郎著	沖縄島	旺文社文庫	旺文社
1977	雷多正次著	ある神の自白の背景：沖縄・波嘉敷島の集団自決	新日本文庫	新日本出版社
1977	曽野綾子編著	対馬丸事件：沖縄の悲劇	新日本文庫	新日本出版社
1978	石野径一郎著	クリフォニーを行く：ド琉球語彙	講談社文庫：71	講談社
1979	H.J.クリフォード著	日本漂民物語	勉誠社文庫	勉誠社
1980	森村桂夫著	オキナワの少年	角川文庫	角川書店
1981	東峰夫著	沖縄海域	文春文庫	文藝春秋
1981	佐木隆三著	宮古・地域開発の胎動	徳間文庫	徳間書店
1982	笹森城守定著	証言記録沖縄住民虐殺：日兵逆殺と米軍犯罪	おきなわ文庫：6	ひるぎ社
1982	佐木隆三ほか編	近世沖縄の寄留商人	徳間文庫：1	徳間書店
1982	西沢左保著	西国探勝：九州漫遊記 3	おきなわ文庫	そしえて
1982	笹森儀助著	南島探験：琉球薩摩古典籍	東洋文庫：411	平凡社
1982	笹森儀助著	蜀教条の世界：社会の風景	おきなわ文庫：3	ひるぎ社
1982	真栄城守定著	八重山・島社会典古琉球歴史 1	おきなわ文庫	ひるぎ社
1982	池宮正治著	近世沖縄の肖像：文学者・芸能者列伝	おきなわ文庫：4,5	ひるぎ社
1983	西表炭坑史	沖縄特攻	おきなわ文庫：7	ひるぎ社
1983	テーナルド・S・ロット著	近代沖縄の鉄道と海運	朝日ソノラマ	朝日ソノラマ
1983	金城功著	南島探験：琉球漫遊記 2	おきなわ文庫：12	ひるぎ社
1983	笹森儀助著	沖縄民衆運動	東洋文庫：428	平凡社
1983	安仁屋政昭著	もうひとつの沖縄戦：マラリア地獄の波照間島	おきなわ文庫：8	ひるぎ社
1983	石原昌家・戦争体験記録研究会著	沖縄戦を考える	おきなわ文庫：9	ひるぎ社
1983	嶋津与志著	島の未来史を考える	おきなわ文庫：11	ひるぎ社
1984	吾作康彦著	沖縄と中国芸能	おきなわ文庫：13	ひるぎ社
1984	緑間栄著	尖閣列島	おきなわ文庫：14	ひるぎ社
1984	高良倉吉著	おきなわ歴史物語	おきなわ文庫：15	ひるぎ社
1984	高良貞之著	南島の地を求めて	おきなわ文庫：16	ひるぎ社
1985	田名真之著	詳しくも昔も歩く沖縄	おきなわ文庫：17	ひるぎ社
1985	関広延著	けいこうが行く沖縄	ロマンチック旅文庫	芸文社
1985		戦も昔もなかった沖縄	講談社文庫	講談社

資料3　沖縄関連書籍出版の軌跡からみた『沖縄学』　353

1985	沖縄地域科学研究所編	沖縄の県民像：ウチナンチュとは何か	おきなわ文庫：23	ひるぎ社
1985	金城功著	近代沖縄の糖業	おきなわ文庫：24	ひるぎ社
1985	安次嶺馨著	沖縄の子どもたち：小児科医のカルテより	おきなわ文庫：18	ひるぎ社
1985	仲宗根幸市著	南海の歌と民俗：知里礼子いざない	おきなわ文庫：20	ひるぎ社
1985	野里里一編著	ヤンバルクイナー沖縄県知事日誌：昭和六十年	おきなわ文庫：21	ひるぎ社
1985	小野俊雄著	カルニバーの島：西表島の自然と人間	おきなわ文庫：22	ひるぎ社
1985	吉田俊雄著	最後の決戦：沖縄　文庫版航空戦史シリーズ		朝日ソノラマ
1986	ビニーズ・フランク著	ていぬかひらおきなわ昔ばなし		サンケイ出版
1986	富山忠・名嘉聴谷	八重山最後史		うすず村出版
1986	大田静男著	沖縄経済から個性へ	おきなわ文庫：19	ひるぎ社
1986	上江洲均著	伊平屋島：格差散歩	おきなわ文庫：25	ひるぎ社
1986	真栄城守定著、安次冨貴子編	わが故郷アンドイルーズ・網取村の民俗と古謡	おきなわ文庫：30	ひるぎ社
1986	山口武男著	沖縄戦後のアンドイルーズ・ポリネシア・沖縄	おきなわ文庫：27	ひるぎ社
1986	米須興文著	レダと二世を生きて：沖縄戦の女たちアマーカスト使節団とともに	おきなわ文庫：28	ひるぎ社
1986	真尾悦子編	朝鮮・琉球航海記：1816年アマーカスト使節団とともに		岩波書店
1986	ベーシジル・ホール他著	おきなわミステリー傑作選		河出書房新社
1986	西村京太郎他著	沖縄の文化：沖縄工芸の周辺から	おきなわ文庫：29	ひるぎ社
1986	吉良倉吉明著	炎上：沖縄の斜塔がゆく：戯曲集	おきなわ文庫：26	ひるぎ社
1986	渡名喜明著	ビナーの文化：1954-1958		文芸春秋
1986	小関広隆著	戦後沖縄の通貨	日本児童文学行会	
1987	牧野浩隆著	沖縄のむかし話		
1987	谷貫礼司著	新風土（沖縄気象歳時記）	第二次世界大戦大文庫：22	講談社
1987	岩波書店編集部、岩波映画製作所編	南島の民俗文化：生活・祭り・技術の風景	岩波写真文庫・復刻ワイド版：32	岩波書店
1987	伊志嶺安進著	女性優位と男系原理：沖縄の民俗社会構造	おきなわ文庫：33	理論社
1987	大嘉順誉著	オキナーブ・ドラフ		凱風社
1987	比嘉政夫著	わが沖縄ノート	フォトン：4	ひるぎ社
1987	黒木修司著	逆転：アメリカ支配下、沖縄の陪審裁判		シアノ文庫
1987	伊佐千尋著	空手の歴史	おきなわ文庫：34	徳間書店
1988	宮城篤正著	宮古島の誘惑："千年の文化"を理解するために…決定版	おきなわ青い鳥文庫：35	文芸春秋
1988	仲宗根秋世著	わたしたちの沖縄戦	おきなわ文庫：37	講談社
1988	桑原守也著	サンゴ礁の踊り：国境のある島にて	文庫おきなわビジュアル版	文芸春秋
1988	西平守生著	砂糖タクティーふたつの沖縄取扱後列	おきなわ文庫：36	ひるぎ社
1988	真久田正著	金門クラブの現実	おきなわ文庫：42	ひるぎ社
1988	金城弘征著	嘉永六年の沖縄：解説「鳴中御取扱御一冊」	おきなわ文庫：38	ひるぎ社
1988	山下丈武著	南島の奄美：資料と証人	おきなわ文庫：39	筑摩書房
1988	南風原英育著	鳥うたの昭和史	おきなわ文庫：40	ひるぎ社
1988	南風原英育著	伊良部島男村	シアノ文庫	シアノ
1988	伊良波盛男著	与那外男詩集	おきなわ文庫：41	ひるぎ社
1989	新城兵一著	与那覇幹夫詩集	沖縄現代詩文庫：2	脈発行所
1989	与那覇幹夫著	日米外交三十年：安保・沖縄とその後	沖縄現代詩文庫：4	脈発行所
1989	東郷文彦著		中公文庫：3	中央公論社

1989	窪徳忠著	沖縄の民間信仰:中国文化からみた	おきなわ文庫:44	ひるぎ社
1989	丸木政臣著	いま沖縄をかんがえる:戦跡と基地の島	岩崎少年文庫	岩崎書店
1989	佐々木信行著	うるまなわ感慨録:ある日銀マンのメモワール	おきなわ文庫:45	ひるぎ社
1989	謝花勝一著	ウジ花物語・闘牛物語	おきなわ文庫:46	ひるぎ社
1989	多和田真助著	福州琉館物語:歴史と人間模様	おきなわ文庫:47	ひるぎ社
1989	首里城研究グループ著	首里城入門:その建築と歴史		ひるぎ社
1990	古波城保好著	料理沖縄物語		朝日新聞社
1990	上里賢一編	琉球漢詩選	朝日文庫	朝日新聞社
1990	三木健著	西表炭坑ドキュメント	おきなわ文庫:49	ひるぎ社
1990	加藤久子著	海人の妻たちの労働と昔話	おきなわ文庫:50	ひるぎ社
1990	仲程昌徳著	つらね歌の時代	おきなわ文庫:51	ひるぎ社
1990	辛島孤峰著	余満コラム:西表島のいぐさんちゃく	沖縄現代詩文庫:6	脈発行所
1990	川平永美恵、安渓貴子編	崎山節のふるさと:美意識のいきさんちゃく	おきなわ文庫:52	ひるぎ社
1990	あしみね・えいいち	日本旅行記:おきなわ文庫31・沖縄	沖縄現代詩文庫:5	脈発行所
1990				昭文社
1990	安里進著	考古学からみた琉球史:上	おきなわ文庫:53	ひるぎ社
1991	高橋俊和著	沖縄の基地と安保条約を語る	おきなわ文庫:55	ひるぎ社
1991	鳥取部郎夫著	海東諸国記:朝鮮末記・87/91年リポート	おきなわ文庫:59	岩波書店
1991	中鮫舟著	中国人の見た中世の日本と琉球		ひるぎ社
1991	徐恭生著	中国・琉球交流史	おきなわ文庫:56	ひるぎ社
1992	保坂広志著	戦争動員とジャーナリズム:軍神の誕生	おきなわ文庫:57	ひるぎ社
1992	山田雪子著	考古学からみた琉球史:下	おきなわ文庫:58	ひるぎ社
1992	安渓貴子、安渓遊地編	西表島に生きる:おばあちゃんの自然生活誌	おきなわ文庫:63	ひるぎ社
1992	武光誠著	甦る琉球王国:南海に明るの奄美	おきなわ文庫、歴史文庫	ひるぎ社
1992	ト・ドウラーダ著	ドイツ艦子爵の実験室	おきなわ文庫:60	ワニ文庫
1992	大城将保編	イノシシの権・渡嘉敷島の集団自決	おきなわ文庫:61	ひるぎ社
1992	曽野綾子著	琉球政府:台湾権の視点から		ベストセラーズ
1993	平田秀勝著	新・おきなわ・医の風景	PHP文庫	PHP研究所
1993	高野澄著	八重山からの構図	おきなわ文庫:62	ひるぎ社
1993	宮城賢秀著	若狭おきなしの芸能	朝日新聞文庫	朝日新聞社
1993	曽野綾子著	琉球紀行	徳間文庫	徳間書店
1993	宮城悦二郎著	幕末日中公流流:フォルガート神父の琉球日記	中公文庫	中央公論社
1993	宮城悦二郎著	占領27年島の警察警察官の証言	おきなわ文庫:65	ひるぎ社
1993	近見先生著	沖縄銅像事件:上	講談社X文庫	講談社
1993	風原先生著	沖縄銅像事件:下	講談社X文庫	講談社
1993	荻原秀夫著	沖縄霊霊軍	春陽堂	春陽堂書店
1993	池宮正治著	沖縄ことばの散歩道	朝日新聞文庫	朝日新聞社
1993	香川京子著	ひめゆりの折り:琉球示現流流秘蠍剣	おきなわ文庫:66	ひるぎ社
1994	宮城賢秀著	続若さと御用帳:琉球示現流流秘蠍剣	春陽堂	春陽堂書店
1994	宮城賢秀著	天蛇恋歌の野ざらし延男句集	おきなわ文庫:67	ひるぎ社
1994	野ざらし延男著	琉球歌劇の密花	沖縄現代俳句文庫:7	沖縄の評論
1994	仲程昌徳著	アイドル・野ざらし延男句集		脈発行所
1994	沖縄県保健婦長会編	沖縄の保健婦たち	おきなわ文庫:68	ひるぎ社
1994	宮城興文著	夏の伝説	おきなわ文庫:69	ひるぎ社
1994	嶋間森著	夏の詩集	新沖縄現代詩文庫:1	脈発行所

資料3　沖縄関連書籍出版の軌跡からみた『沖縄学』　355

年	著者	書名	出版社	文庫
1994	望月雅彦著	ボルネオ・サラワク王国の沖縄移民	ひるぎ社	
1995	宮城晴美著	若さまこぶし信濃路を行く：琉球秘蝶剣御用旅	春陽堂書店	
1995	池宮正治著	沖縄ことばの散歩道	ひるぎ社	
1995	加藤健著	琉球地震別島：「琉球地震ない」は迷信	ひるぎ社	
1995	高良倉吉著	発言・沖縄の戦後五〇年	ひるぎ社	
1995	大城立裕著	小説琉球処分　上	勁文社	
1995	仲木貞一著	初年兵の沖縄従軍記	那覇出版社	
1995	雑誌「月刊沖縄」編集部編	写真・太平洋戦争：菊第8巻 比島沖海戦2, "大和" 水上特攻／硫黄島／沖縄戦	那覇出版社	おきなわ文庫：70
1995	沖縄芸能史研究会編	わが師を語る：琉球芸能の先達	那覇出版社	おきなわ文庫：75
1995	石原昌家著	戦後沖縄の社会史：軍作業・戦果・大密貿易の時代	光人社	おきなわ文庫：5
1995	曽野綾子著	生贄の島：沖縄女生徒の記録	ひるぎ社	タイブランド文庫
1995	嶋袋臣栄著	琉球の風 1	文藝春秋	那覇出版社文庫
1995	嶋袋臣栄著	琉球の風 2	文藝春秋	那覇出版NF文庫：4
1995	嶋袋臣栄著	琉球の風 3	文藝春秋	那覇出版文庫：3
1996	朝日新聞社編	沖縄報告	講談社	おきなわ文庫：74
1996	朝日新聞社編	沖縄報告　続	朝日新聞社	文藝春秋文庫
1996		若さま奥州集（1982～1996年）	朝日新聞社	講談社文庫
1996	沢木欣一著	若さま奥州集（1969年）	春陽堂書店	朝日文庫
1996	玉木順彦著	近世琉球の宮古先島習俗	邑書林	邑書林句集：S2-1
1996	辻良先著	沖縄の生活習俗	大田風社	朝日文庫：76
1996	大田昌秀著	豪華・沖縄昌詩に乗せて：沖縄・神戸もめごとクルーズ	朝日新聞社	おきなわ文庫
1996	谷川健一（著）	沖縄：その危機と神々	光風社出版	光風社学術文庫：77
1996	松島太郎著	沖縄文化論	中央公論社	おきなわ文庫
1996	伊佐千尋著	沖縄の怒り：コザ事件・米兵少女暴行事件	文藝春秋	中公文庫
1996	新城俊昭著	沖縄新民衆史の系譜	むぎ社	文藝春秋文庫：78
1996	大田昌秀著	夕凪の証言：少年の見た米軍統治下の沖縄 重い扉をひらくためのたたかい	朝日新聞社	むぎ社
1996	金城俊雄著	ケニーンの跡を歩く	若夕陽文庫	朝日文庫：2
1997	仲宗根樹一著	沖縄の正言：戦争と平和	朝日新聞社	朝日文庫：81
1997	仲宗根將二著	宮古風土記	おきなわ文庫	おきなわ文庫：37-1
1997	郭承敏著	沖縄五つの戦後	おきなわ文庫	おきなわ文庫：37-2
1997	新城俊昭著	秋稲の風土記　上巻	朝日新聞社	朝日文庫：82
1997	沖縄国際タイムス社編	タイムスでこう沖縄　下巻	おきなわ文庫	朝日文庫：3
1997	沖縄タイムス社編	沖縄から日米安保が見える：琉球・台湾・東京・北京・沖縄の歴史：Q&A	朝日新聞社	朝日文庫：79
1997	諸花勝一著	サンシ日米和：米軍基地問題と伊良部の深層	おきなわ文庫	講談社NF文庫
1997	田村洋三著	幻の沖縄県民栄誉賞：大田實海軍中将一家の昭和史	光人社	講談社文庫：80
1997	山里永吉著	沖縄戦争秘史別序説	朝日新聞社	ワニ文庫
1997	高良倉吉著	「超沖縄」論：ボーダレス大陸の謎と真実：沖縄はユーラシア大陸の一部だったのか	おきなわ文庫	おきなわ文庫：85
1998	平田耕一著	新・沖縄「韓国レポート」'95～'98	おきなわ文庫	おきなわ文庫：86
1998	比嘉良夫著	沖縄　'96→'98	ワニ文庫	おきなわ文庫：87
1998	宮里千二夫著	沖縄・沖縄のごとき高蹟	おきなわ文庫	光人社NF文庫：83
1998	稲嶺山正古著, 牧野浩隆, 高良倉吉編著	沖縄への道：異端の地より：「情念」から「論理」へ	光人社	おきなわ文庫：84
1998	佐渡山正吉著, 真栄城守定著, 田名真之著	近世沖縄の素顔	おきなわ文庫	

年	著者	書名	文庫・シリーズ	出版社
1998	山村美紗著	京都・沖縄殺人事件	講談社文庫	講談社
1998	与那原恵著	街を歩く、海を歩く:カルカッタ、沖縄、イスタンブール	講談社文庫	講談社
1999	新城俊昭著	見て観て考える沖縄・琉球史	岩波文庫	岩波書店
1999	木下順二戯曲選 4	三線のはなし 子午線の祀り・沖縄:他一篇	おきなわ文庫	ひるぎ社
1999	宜保榮治郎著	三線のはなし	おきなわ文庫	ひるぎ社
2000	加治順人著	沖縄の神社	文藝春秋	文藝春秋
2000	目取真俊著	木漏れ日	中公文庫	中央公論新社
2000	朝日新聞社編	沖縄の言葉と歴史	朝日文庫	朝日新聞出版
2000	伊波普猷著	古琉球	岩波文庫	岩波書店
2000	砂守勝巳著	沖縄シャウト:サミット前後	講談社	講談社
2000	鴨澤朝明著	琉球王朝と物語と史蹟をたずねて	成美堂文庫	成美堂出版
2000	古塚達朗著	名勝「識名園」の創設:琉球庭園の歴史 上巻	おきなわ文庫	ひるぎ社
2000	古塚達朗著	名勝「識名園」の創設:琉球庭園の歴史 下巻	おきなわ文庫	ひるぎ社
2000	大田昌秀編	新版 醜い日本人:日本の沖縄意識	岩波現代文庫	岩波書店
2000	天児牧大画編	横浜スタイル:「異国」沖縄殺人連鎖	徳間文庫	徳間書店
2000	斎藤栄著	熱烈!沖縄ガイド	光文社文庫	光文社
2000	篠原章編著	沖縄ミュージック・ガイディア:ある日銀マンの沖縄へのラブレター	宝島社文庫	宝島社
2000	沼波正太著	私の見た沖縄経済	おきなわ文庫 :90	ひるぎ社
2000	大城常夫著	沖縄長寿学考説	おきなわ文庫 :91	ひるぎ社
2001	秋坂真史著	沖縄のナーンダカー:沖縄発・知的戦略	おきなわ文庫 :93	ひるぎ社
2001	小松寛司編隊著	逆転!アメリカ支配下・沖縄の陪審裁判	光文社NF文庫	光文社
2001	伊佐千尋著	民楽ジャーナリスト第二十一軍司令官牛島満の生涯	岩波現代文庫 :学術	岩波書店
2001	門谷直樹著	琉球王国の謎:世界遺産の島・沖縄	双葉文庫	双葉社
2001	武光誠著	ぴあ map 沖縄文庫 2001-2002	青春文庫	青春出版社
2001	上野千鶴子、仲宗根勇著、森田純一、宮里千里著	沖縄学への招待	Pia mooks	ぴあ
2001	外間守善著	長平家琉記:南の島から日本を見る	知恵の森文庫	光文社
2002	斎藤立夫著	沖縄美味山のナーン・ダ!?	岩波現代文庫:学術	岩波書店
2002	沖縄ナンデモ調査隊著	民楽ジャーナリ小説集	ぶんか文庫	ぶんか社
2002	門谷直樹著	琉球王朝下・沖縄の歴史:自由民権から甦る南海の理想郷・沖縄	双葉文庫	双葉社
2002	竹中労著、仲原松平市、篠原草編著	ぴあ map 沖縄文庫 2002-2003	Pia mooks	ぴあ
2002	下川裕治著	琉球共和国:汝、花を武器とせよ!	筑摩書房	筑摩書房
2002	永八輔著	長平家味ハス例伝	講談社文庫	講談社
2003	大野益弘と平成暮らしの研究会編	沖縄から見る日本のすごし方:これを知らなきゃ楽しめない	Kawade夢文庫	河出書房新社
2003	さとなおベオバ編	裏ワザ!沖縄のナーン	角川文庫	角川書店
2003	沖縄ナンデモ調査隊著	沖縄なぎ地獄	レグルス文庫	第三文明社
2003	創価学会青年平和会議編	命どぅ宝:沖縄戦の記憶	講談社文庫	講談社
2003	橋本純著	ぴあ map 文庫沖縄 2003-2004	Pia mooks	ぴあ
2003	池澤夏樹編	波動大戦5	新潮文庫	新潮社
2003	天久全完著	オキナワなんでも事典	コスモモン文庫	コスモック出版
2003	島袋全発著	沖縄童謡集	知恵の森文庫	光文社
2003	松永みえ子著	現代民話考 6 銃後・戦争の惨劇:空襲・沖縄戦	ちくま文庫	筑摩書房
2004	稲垣武伸著	新装版 アメリカ参諸:異端の参謀八原博通	光人社NF文庫	光人社
2004	石川文洋著	てくてくカメラ紀行:北海道〜沖縄 3300キロ	えい文庫	えい出版社
2004	矢崎好司著	人月十五日の天気ソロ:沖縄戦海軍気象士官の手記	光人社NF文庫	光人社
2004	仲村清司著	住まなきゃわからない沖縄	新潮文庫	新潮社

資料3　沖縄関連書籍出版の軌跡からみた『沖縄学』　357

年	著者	タイトル	文庫	出版社
2004	三上謙一郎著	沖縄学童集団疎開期：宮崎県の学事記録を中心に	みさき文庫	鉱脈社
2004	アジア探険隊編	うりひゃー！沖縄：行っちゃえ！知っちゃえ！おまかせガイド	知恵の森文庫	光文社
2004	美ら島探検隊編	琉球旅行	ぴあ文庫	ぴあ
2004	平松洋子著	チャンプルーな沖縄 2004-2005	青春文庫	青春出版社
2004	澤地久枝著	沖縄漂泊紀行	新潮文庫	新潮社
2005	草薙圭一郎著	わたしの沖縄案内	集英社be文庫	集英社
2005	田中光二著	時空の決戦：長編戦記シミュレーション・ノベル 1945	コスミック文庫	コスミック出版
2005	さとなお著	超空の艦隊：漂流配備作戦	学研M文庫	学習研究社
2005	さとなお著	沖縄上手な旅ごはん：美ら島に遊び、うま店で食べる	文春文庫plus	文藝春秋
2005	さとなお著	沖縄やぎ日和 2005-2006	ぴあmook	ぴあ
2006		琉球紅型		青幻舎
2006	小島さちほ著	竜宮城事変：ジュゴンと愛した沖縄	角川文庫	角川書店
2006	沖縄オバァ研究会著	オバァと子バァの逆襲：沖縄オバァ烈伝	新選・沖縄現代詩文庫:1	双葉社
2006	市原千佳子編	市原千佳子詩集		双葉社
2006	下川裕治編	沖縄通い婚：2泊3日のウチナーンチュ暮らし	徳間文庫	徳間書店
2006	仲村清司著	沖縄学：雑種島のナチュラリスト宣言	新潮文庫	新潮社
2006	よしもとばなな著	なんくるない・ダイブ？	双葉社文庫	双葉社
2006	沖縄ナンデモ調査隊著	沖縄キーワードコラムブック	宝島社文庫	宝島社
2006	野外活動事典編	ドタバタ移住主夫婦の沖縄なんくる日々	双葉社文庫	双葉社
2006	仲村清司著	沖縄にとろける	幻冬舎	幻冬舎
2006	下川裕治編	オバァの唄う・沖縄オバァ烈伝	双葉社文庫	双葉社
2006	田村洋三著	沖縄の島守：内務官僚かく戦えり	中公文庫	中央公論新社
2006	田村洋三著	新装版 沖縄・宮古島の悪魔祓い：日米最後の戦闘	光人社NF文庫	光人社
2006	米国陸軍編	Okinawa：沖縄密貿易の女王	文春文庫	文藝春秋
2006	和久峻三著	ナンコ・沖縄密貿易の女王	文春文庫	文藝春秋
2007	奥野修司著	私たちの沖縄移住：移住者たちの夢の沖縄スタイル	文一出版	文一出版
2007	沖縄スタイル編	神風の艦隊：長編戦記シミュレーション・ノベル	コスミック文庫	コスミック出版
2007	池沢夏樹戦記三部著	ホントにおいしい沖縄料理店	【エイ】文庫	【エイ】出版社
2007	太平洋戦争研究会著	アマミノ自然誌：大田実海軍中将一家の昭和史	光人社	光人社
2007	田中光二著	太平洋戦争の意外なうらばなし	PHP文庫	PHP研究所
2007	仲村清司著	沖縄民謡まいうー	双葉社	双葉社
2007	岩貞るみこ作	しっぽをなくしたイルカ：沖縄美ら海水族館フジの物語	講談社青い鳥文庫:265-1	講談社
2007	太平洋戦争研究会著	沖縄陸軍20大決戦：西南戦争から沖縄戦まで	新選・沖縄現代詩文庫:3	新選
2007	勝連繁雄著	沖縄繁雄詩集	岩波写真文庫	岩波書店
2008	水無月慧子著	沖縄：新編雄風土記	ふるさと文庫	ハート出版
2008	阿波根幸著	海の睡蓮：水無月慧子スケッチ画集「琉球処分」三部作	新選・沖縄現代詩文庫:4	鉱脈社
2008	砂川哲雄著	沖縄慕マグロコイダンで多胎細胞の免疫力アップ	聖母の騎士文庫	聖母の騎士社
2008	青山文彦著	石垣友豪家詩：琉球最初のキリシタン	光文社文庫	光文社
2008	中里友豪家著	十津川警部「オキナワ」：長編推理小説	集英社文庫	集英社
2008	西村京太郎著	琉球空手一人宗家	集英社文庫	集英社
2008	今野敏著	ベリリュー・沖縄戦記	講談社学術文庫	講談社
2008	小林孤寿郎魚著	改版 坂下登の血と涙の沖縄：6 沖縄・南方への道	朝日文庫	朝日新聞出版
2008	ユージン・B.スレッジ著	新装版マフコイダン：シルクアラントの最品ピカドンミナー	東洋カラヤ演劇文庫	早川書房
2008	坂上太郎著			東洋医学舎
不明	司馬遼太郎著	沖縄生まれの「海の学」		
不明	阿部博幸監修			

表2 新書一覧（143冊）

出版年	編著者	タイトル	シリーズ名	出版社
1956	饒平名智太郎著	沖縄：現状と歴史	三一新書	三一書房
1956	石野径一郎著	沖縄の民	角川小説新書	角川書店
1957	東恩納寛惇著	琉球の歴史	日本歴史新書	至文堂
1959	瀬長亀次郎著	沖縄からの報告	岩波新書	岩波書店
1963	比嘉春潮著, 霜多正次, 新里恵二著	赤い歎きと死と塚と：沖縄戦避難日記	サンデー新書	秋田書店
1963	富里誠盛著	沖縄紀行	パール新書	真珠書院
1964	黒田嘉幹郎著	沖縄：政治と政党	中公新書	中央公論社
1965	比嘉春潮著	沖縄問題二十年	岩波新書	岩波書店
1966	中野好夫, 新崎盛暉著	アメリカの沖縄教育政策	時事問題新書	時事通信社
1966	森岡俊一郎著	沖縄あれから二十年	教育新書	明治図書出版
1967	森田俊男著	沖縄返還と翼国民教育の創造	教育新書	明治図書出版
1968	木下順二・日高六郎・田港朝昭他	沖縄：引き裂かれた民族の課題シンポジウム	三省堂新書	三省堂
1968	石田郁夫著	沖縄・この現実	三一新書	三一書房
1968	上田耕一郎著	1970年と安保・沖縄問題	新日本新書	新日本出版社
1968	松川久仁男著	沖縄の基地経済：沖縄経済を中心として	時事新書	時事通信社
1968	牧畑延年著	沖縄教職員会	三一新書	三一書房
1968	波照間朔洋著	沖縄騒擾：'68～'70	三一新書	三一書房
1968	吉原公一郎編著	怒りの島：沖縄	三一新書	三一書房
1968	佐次田勉著	沖縄・本土復帰の幻想	汐文社新書	汐文社
1969	森田俊男編著	沖縄をどう教えるか	明教育新書	明治図書出版
1969	嘉治隆一著	安保・反戦・沖縄	時事新書	時事通信社
1969	石田郁夫著	沖縄の怒り	三一新書	三一書房
1969	比嘉春潮著	沖縄の歳月：自伝的回想から	中公新書	中央公論社
1970	沖縄同盟編	沖縄問題入門	新日本新書	新日本出版社
1970	前原穂積著	戦後沖縄の労働運動	明治図書新書	明治図書出版
1970	森田俊男著	安保教育休制下の沖縄問題	時事新書	時事通信社
1970	松川久仁男著	沖縄・70年前後	三一新書	三一書房
1970	中野好夫, 新崎盛暉著	沖縄・70年前夜	岩波新書	岩波書店
1970	村瀬春樹著	誰か沖縄を知らないか	解放新書	解放出版社
1970	牧瀬恒二著	日本史の再発見としての沖縄の歴史 上	潮新書	潮出版社
1970	大江健三郎著	沖縄ノート	岩波新書	岩波書店
1970	伊藤峯市, 坂本二郎院出下小委員会聴問会	沖縄の経済開発	青年新書	日本青年出版社
1970	アメリカ下院歳出小委員会聴問会	青年のための沖縄問答	新日本新書	新日本出版社
1971	川端治編	沖縄問題資料集	新日本新書	新日本出版社
1971	川瀬治著	民族の悲劇の沖縄県民の抵抗	新日本新書	新日本出版社
1971	瀬長亀次郎著	沖縄史の発掘	新日本新書	新日本出版社
1971	山里永吉著	沖縄の決潮：県民王命の記録	文華新書	文華出版社
1971	浦島純著	民族の怒り：もうあがる沖縄	新日本新書	新日本出版社
1971	牧瀬恒二著	日本史の再発見としての沖縄の歴史 中	解放新書	解放出版社
1971	牧瀬恒二著	日本史の再発見としての沖縄の歴史 下1	解放新書	解放出版社
1971	牧瀬恒二著	日本史の再発見としての沖縄の歴史 下2	解放新書	解放出版社
1971	牧瀬恒二著	日本史の再発見としての沖縄の歴史 下3	汐文社新書	汐文社
1971	渋谷敦著	沖縄脱出	文華新書	日本文華社

資料3　沖縄関連書籍出版の軌跡からみた『沖縄学』

1971	名嘉正八郎、谷川健一編	沖縄の証言：庶民が語る戦争体験　上	中公新書	中央公論社
1971	名嘉正八郎、谷川健一編	沖縄の証言：庶民が語る戦争体験　下	中公新書	中央公論社
1972	浦崎純著	沖縄の王冠：沖縄群島政府時代の真相	文華新書	日本文華社
1972	木敏省三著	沖縄基地とニクソン政策	新日本新書	新日本出版社
1972	大田昌秀著	二十七度線：沖縄戦と私	岩波新書	岩波書店
1973	岡部伊都子著	沖縄のこころ：沖縄戦と私		聖教新聞社
1973	大木田守著	さよなら・あめりか・さよなら	岩波新書	岩波書店
1975	笹沢左保著	米軍海戦記	文華新書	日本文華書店
1976	中野好夫、新崎盛暉著	沖縄戦後史	たいまつ新書	たいまつ社
1977	松永優を支援する会議、松永優と市民会議編	冬の苦：沖縄に平和と文化を		新日本出版社
1978	瀬長亀次郎著	民族の碧，若…米来	新日本新書	新日本出版社
1979	教育社編	復帰後の沖縄	教育新書，時事問題解説：no.196	教育社
1979	伊藤嘉昭著	国土を守る：北海道開発行・沖縄開発行・便覧	行政機構シリーズ：118	たいまつ社
1979	池宮城秀意著	戦争と沖縄	岩波ジュニア新書	岩波書店
1980	部本茂著	虫を放って中を滅ぼす：沖縄・ウリミバエ根絶作戦私記	中公新書	中央公論社
1980	金城朝夫著	私の沖縄：中く一つの日本史	創元新書	創元社
1981	新書編纂所編	沖縄歴史散歩：南海をまたぐ：伊波正春 34	三愛新書	三愛会
1984	新書編纂所編	人間と文化の父：教養演集　34	三愛新書	三愛会
1985	高良倉吉著	人間と文化：教養演集　37	三愛新書	三愛会
1986	外間守善著	『沖縄学』の父・伊波普猷	中公新書	中央公論社
1986	大城立裕著	トロピカルジョイスカタログ	中公新書	中央公論新社
1987	アウトドア研究会編	沖縄たっぷりエンジョイカタログ	大和出版	大和出版
1987	新崎盛暉編	日本の人口：沖縄	有斐閣新書	有斐閣
1988	教育社編	大逆転：全国市区町村・年齢別マーケット《6》九州・沖縄	データブックシリーズ	教育社
1988	月刊おきなわJOHO編	沖縄ハワイUガイド	カッパ・ベルス	光文社
1988	鳥越皓之著	沖縄ハワイ移民一世の記録	中公新書	中央公論社
1990	斎藤栄著	沖縄殺人事件	カッパ・ノベルス	光文社
1990	辻真貴著	沖縄ももとピクルース	扶桑社新書	扶桑社
1990	三木健著	沖縄・ノート開発：沖縄からの報告	三省堂新書	三省堂
1992	岡部伊都子著	命こそ宝：沖縄反戦の心	岩波ブックレット	岩波書店
1992	阿波根昌鴻著	長寿世界一：その秘密は豚肉食だった	祥伝社新書	祥伝社
1992	松崎俊次著	ひめゆりの沖縄：少女は嵐のなかを生きた	FUSOSHA NOVELS	扶桑社
1992	伊波園子著	沖縄王朝の謎 99：知られざる沖縄の歴史・文化・風俗の歴史と文化	講談社現代新書	講談社
1992	欧元甲己著	琉球王朝49の謎：知られざる沖縄の歴史・文化	ノン・ブック	三笠書房
1993	中江兄巳著	ホテル・旅館ガイド《九州・沖縄編》	JUSTBOOKS	岩崎書店
1993	高良倉吉著	琉球王国	ブルーガイド	実業之日本社
1995	ブルーガイドFL編集部編	琉球国志　上	歴史群像新書	廣済堂ブックス
1995	加藤眞司著	琉球国志　下	歴史群像新書	学習研究社
1996	照屋林賢ほか著	沖縄のいき	ケイブンシャ新書	岩波書店
1996	田中光二著	孤拳伝《2》沖縄編	ケイブンシャ新書	実業之日本社
1996	新崎盛暉著	沖縄現代史	岩波新書	岩波書店
1997	大友洋男著	日本のアイヌ系地《上》話地	三一新書	三一書房
1997	橋本純著	極東課略戦線：東北から沖縄まで 空中機動団沖縄出撃編	ワニノベルス	ベストセラーズ

年	著者	書名	シリーズ	出版社
1998	森詠著	新・日本中国戦争 第7部 沖縄戦争	歴史群像新書	学習研究社
1998	森詠著	新・日本中国戦争 第8部 沖縄戦争2	歴史群像新書	学習研究社
1999	比嘉政夫著	沖縄からアジアが見える	岩波新書	岩波書店
2000	比嘉康雄著	日本人の魂の原郷 沖縄久高島	集英社新書	集英社
2000	石川昌志著	沖縄の旅：アブチラガマと轟の壕：国内が戦場になったとき		集英社
2000	浜下武志著	沖縄入門：アジアをつなぐ海域構想	ちくま新書	筑摩書房
2000	大田昌秀著	沖縄、基地なき島への道標	集英社新書	集英社
2001	野村正樹著	沖縄人重山下 星の砂への道	双葉ノベルス	双葉社
2001	チーム DAPUMP 編	DA PUMPの世界：沖縄ストーリー		ルース出版局
2001	青山潤三著	世界遺産の森屋久島：大和と琉球と大陸のはざまで	平凡社新書	平凡社
2002	田中宏巳著	超空の決戦	歴史群像新書	学習研究社
2002	小林照幸著	海洋危険生物：沖縄の海辺から	文春新書	文藝春秋
2002	昭文社編集部編	あっちこっち沖縄（2002年版）		昭文社
2002	喜納昌吉著	沖縄の歴史と心	PHP新書	PHP研究所
2002	金里千里著	沖縄時間がゆったり流れる島	光文社新書	光文社
2002	橋本純著	波動大戦5 大激戦!!B29沖縄に散る!!	コスモノベルス	コスミック出版
2002	富永祐子著	超空の決戦2：時空漂転艦隊大和沖縄戦地に出撃す!	コスモノベルス	コスミック出版
2002	岸朝子編著	沖縄料理のチカラ：沖縄で健康になる、きれいになる	岩波アクティブ新書	岩波書店
2003	屋比久勝子著	時々、ヤギ：離島自衛隊1	PHPエル新書	PHP研究所
2003	田名真之著	流れる風1945 沖縄	コスモノベルス	コスミック出版
2003	赤瀬川原平著	やさしいダシ・藝舞が甘す琉球熱という希望：お医者さんもガゼン注目!驚異の食事療法	PHPエル新書	PHP研究所
2003	藤原正彦著	沖縄の神と食の文化		青林書林
2004	沖縄男感 Designagent 編	ハイサイ!沖縄言葉：ウチナーヤマトグチ		現代書林
2005	目取真俊著	沖縄「戦後」ゼロ年	生活人新書：150	日本放送出版協会
2005	斎藤勲著	沖縄・奄美《島旅》紀行	光文社新書	光文社
2005	高良勉著	魂魄の島：沖縄本島	コスモノベルス	コスミック出版
2005	新崎盛暉著	ウチナーヤマトゥグチ（沖縄語）練習帖	生活人新書：154	日本放送出版協会
2005	小林たけし著	新版 沖縄生活誌	岩波新書	岩波書店
2006	小林たけし著	決戦だ!!戦艦大和!! 上	GINGA-NOVELS	銀河出版
2006	五木寛之著	決戦だ!!戦艦大和!! 下	GINGA-NOVELS	銀河出版
2006	小林たけし著	大陸へのコロシス・日本の造船・日本の屋敷沖縄への旅：日本人のこころ博多・沖縄	五木寛之こころの新書：9	講談社
2007	吉村昭著	食べる、敢える、闘う中国の呼心		祥伝社
2007	野里洋一著	癒しの島、沖縄の真実	文春新書	文藝春秋
2007	谷川健一著	甦る海上の道・日本と琉球	ソフトバンク新書	ソフトバンククリエイティブ
2007	西山太平著	真説・沖縄艦隊（2）復讐の沖縄人	コスモノベルス	コスミック出版
2007	花蓬壽章著	沖縄約（2）日本議会	岩波新書	岩波書店
2008	子竜螢著	真・沖縄艦隊（2）復讐の沖縄人と日米同盟	コスモノベルス	コスミック出版
2008	謝花直美著	証言沖縄「集団自決」：慶良間諸島で何が起きたか	岩波新書	岩波書店
2008	原田ゆふ子、黒川祐子子著	琉球処刑伝説：イメージを越えてリアリティーの過ごし方	制記コミュニケーションズ	制記コミュニケーションズ
2008	[著]	日本全国「ヨイショ」のつぼ：北海道から沖縄県まで	角川SSC新書	角川
2008	早乙女愛と著	トラメシ：沖縄めぐり		コクヨ
2008	さだまさしと著	海に沈んだ対馬丸：子どもたちの沖縄戦	岩波ジュニア新書：599	岩波書店
2008	多田治著	沖縄イメージを旅する：柳田國男から移住ブームまで	ソニー新書マガジンズ	ソニーマガジンズ
2008	横山信義著	戦艦大和!!戦艦大和の光で 下	中央公論新書	中央公論新社
2008	岩中祥史著	原田のふるさと沖縄最終特攻：沖縄県民まで	歴史群像新書	学習研究社
2008			祥伝社新書	祥伝社

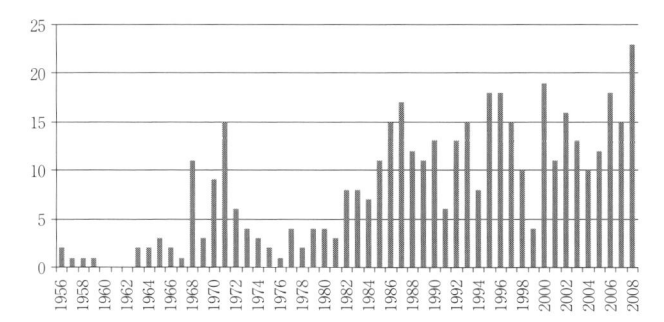

表3 文庫・新書合計出版数

3 検索結果からみる出版動向

　表3は、表1、2で掲載した文庫と新書の合計数のグラフである。元のリストがすべての沖縄関連の出版物を網羅しているものではないので、このグラフにあまり一般性はないかもしれない。あくまで、本稿でリストアップした433冊（うち1冊は出版年不明のため表3には反映しない）について、動向を概観するためのものである。

　それを踏まえた上で、2つの特徴を指摘できる。まず、全体的にみると沖縄関連の文庫・新書の出版数が、年々増加傾向にあることである。次に、大きく増加した時期が数回みられ、そのうち1968年〜71年、1995年〜96年、2000年については、背景として、1972年沖縄施政権返還、1995年米兵による少女暴行事件、2000年九州・沖縄サミットという政治的要因があげられることである。なお1986年〜87年については、背景として、1987年の「復帰」15周年と、海邦国体開催が注目される。海邦国体では、天皇来沖計画（体調悪化で実現しなかった）と日の丸焼却事件が話題となった。また、沖縄に関してこれらのような社会的関心を集める事柄が起きると、絶版になっていた書籍が一時的に復刊されるような現象も起こっている[1]。つまり、表3の後者の特徴からは、数字が示す以上のインパクトを推し量ることができる。

　この4回の出版数増加の時期のうち、特筆すべきなのは、「復帰」前後の出版数の変化である。ここで沖縄に関する書籍が増えたのは、1972年施政権返還後ではなく、1971年までであったことに注目したい。このことは、文庫・新書の出版に際し、沖縄への関心ではなく、沖縄が返還されることへの関心に基づいていたことを表していると考えることができる。同様の現象は他の分野でも起こっており（例えば高橋2003）、同時代的な沖縄に関する社会的動向と軌を一にしていたことがわかる。

　これらの点を考えあわせると、出版界において、現在までに「沖縄」というジャンルが、マーケットを獲得してきた一方で、どのような対象として描かれてきたのか、その内容の変化を捉えることの重要性が浮かび上がる。

1　例えば1996年に、絶版になっていた比嘉春潮・霜多正次・新里恵二『沖縄』岩波新書が復刊された。この場合、新刊ではないので、1996年の出版数に反映されない。

内容の詳細については、紙幅の関係によりここで詳述できないため、別稿に譲るが、大きな特徴として、やはり沖縄県関連や返還闘争関連の著者・出版社が多いこと、全国版として1980年代以降に推理小説の舞台や全国観光案内シリーズのひとつとして沖縄が対象になり始めたことなど、興味深い点が数多くみられることを指摘しておきたい。

4 その他の検索語による文献

先述したように、本稿で対象にした検索語以外にも、沖縄に関する文献はたくさんある。文庫・新書に関して、その一例をあげてみよう。

検索語の例		検索結果の例
件名の例	ひめゆり	石野径一郎『ひめゆりの塔』市民文庫（河出書房）、1951年
	南島	村井紀『南島イデオロギーの発生：柳田国男と植民地主義』岩波現代文庫、2004年
	南方	吉田嗣延『南方諸島』時事新書（時事通信社）、1962年
地名の例	奄美	上坂冬子『女たちの数え歌：奄美の原爆少女』中公文庫（中央公論社）、1991年
	八重山	三木健『八重山研究の歴史』やいま文庫（南山舎）、2003年
	先島	玉木順彦『近世先島の生活習俗』おきなわ文庫（ひるぎ社）、1996年
人名の例	柳田国男	柳田國男『柳田國男全集Ⅰ』ちくま文庫（筑摩書房）、1989年
	柳宗悦	柳宗悦『民芸四十年』岩波文庫（岩波書店）、1984年
	折口信夫	折口信夫『折口信夫全集 第15巻、民俗学篇1』中公文庫（中央公論新社）、1989年
	喜屋武真栄	喜屋武真栄著、沖縄革新共闘会議編『政治を人間の問題として』あゆみ出版、1970年
	屋良朝苗	沖縄革新共闘会議編『沖縄の夜明け：いのちを守る闘い』あゆみ出版、1969年

沖縄関連の文献を検索するために必要な語は枚挙に暇がない。また、文庫・新書では読むことのできない重要な文献が膨大にある（例えば新川明、藤澤健一、鹿野政直、ましこひでのり、野村浩也、富村順一、冨山一郎、岡本恵徳、小熊英二、吉本隆明の著作など）。だが、関心のある文献に出会えれば、そこに掲載されている参考文献をたどることで、その領域の研究に自然と導かれていく。まずは、自分にとっての第一歩を踏み出すことが肝要である。

5 沖縄研究は増えたのか？

表1、2、3により、沖縄関連の文庫・新書の出版数が、年々増加傾向にあることがわかった。このことは、文庫・新書出版が媒介する場（著者・出版社・読者）において、沖縄を巡る社会的関心が高まっていることを示している。では、沖縄研究はどうなのだろうか。同じように関心はどんどん高まっているのだろうか。蛇足的で不完全だが、本書における学術的関心に基づき、こちらも興味深いテーマであるため少し概観してみよう。

国立国会図書館の雑誌記事検索で、2008年までを対象とし、論題名に「琉球」か「沖縄」を含み、雑誌名に「政治学」、「経済学」、「法学」、「社会学」、「民族学」or「民俗学」or「人類学」、「教育学」「史学」、「文学」、「言語」のいずれかを含むものを検索すると、次のような結果になった。

これらは、各分野の学術誌や学術論文の動向の概要をつかむのに役立つと考えられる。もちろん、この方法では、それらを正確に把握できるわけではないので、一般化する気はない。あくまで手掛かりとして位置づけたい。

その上で結果の特徴を捉えてみよう。まず、複数の分野で1972年前後に盛り上がりがみられる。また、年を追うごとに明らかに数が増えていると捉えられるのは、「史学」、「文学」、「教育学」であり、それ以外の領域ではその特徴は一概にはみられない。つまり、近年沖縄研究が増加傾向にあるという領域はある意味で限られるのではないだろうか。ちなみに筆者の専

資料３　沖縄関連書籍出版の軌跡からみた『沖縄学』　363

表4-①　政治学（14件）

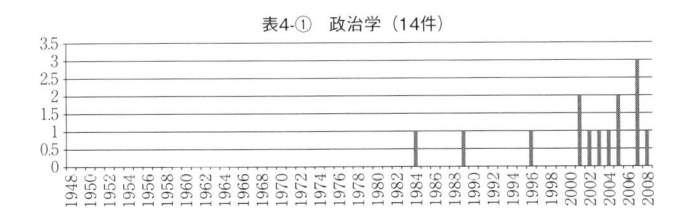

表4-②　政治（355件）

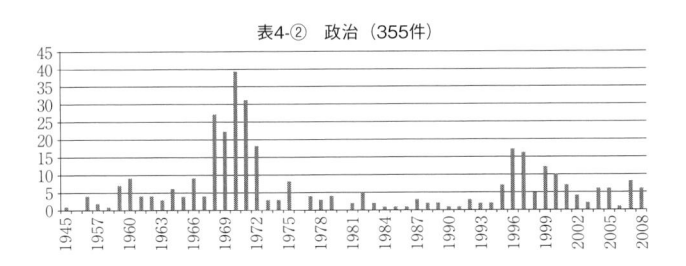

表5　経済学（95件）

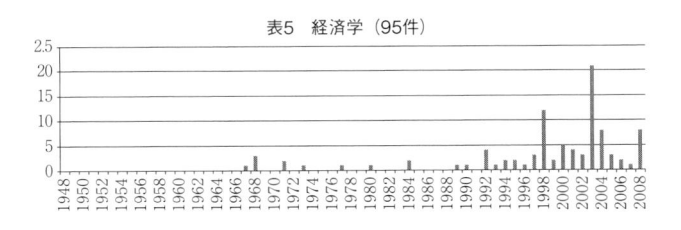

表6　法学（315件）

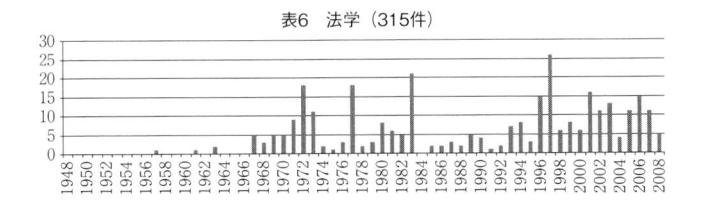

表7　社会学（111件）

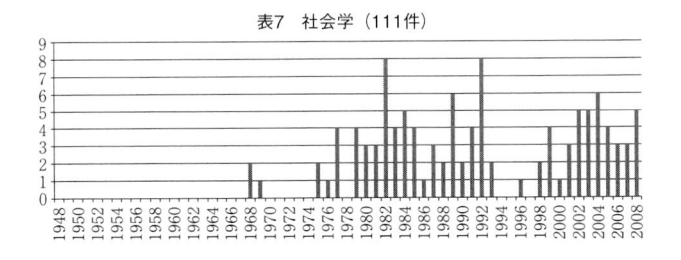

表8-① 民俗学・民族学・人類学

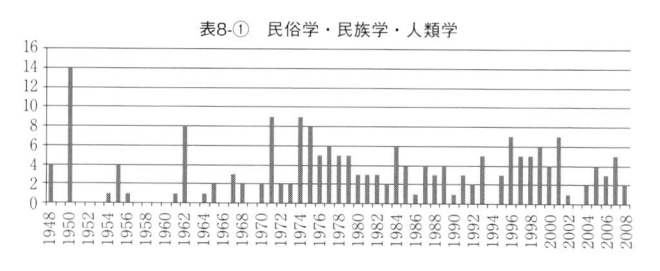

表8-② 民俗学（77件）

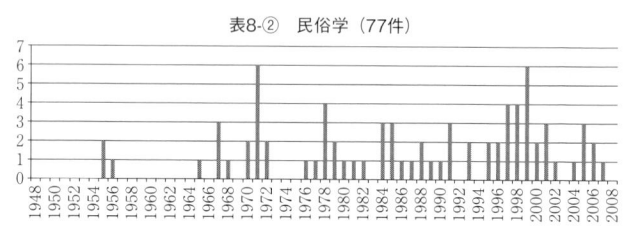

表8-③ 民族学（82件）

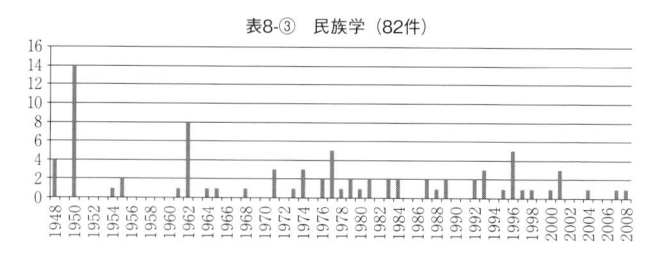

表8-④ 人類学（33件）

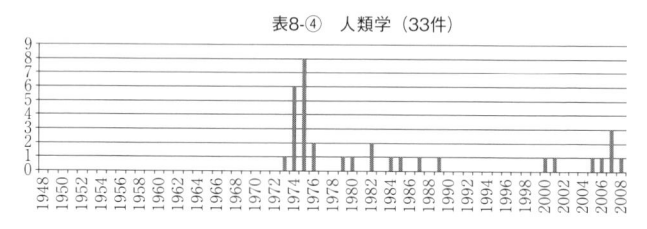

表9 教育学（588件）

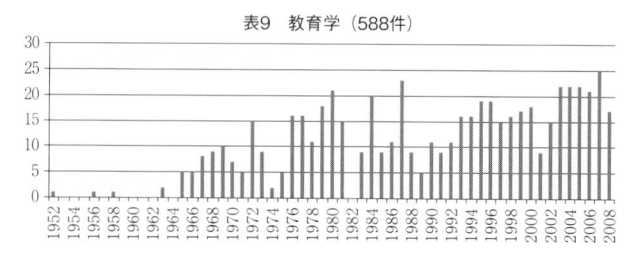

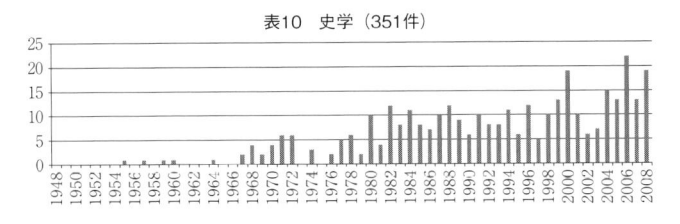

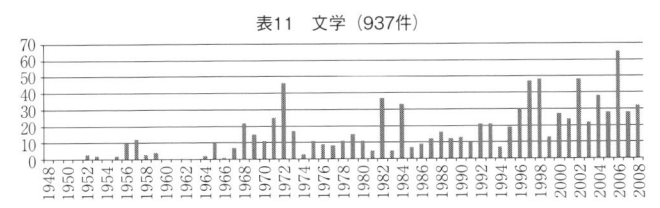

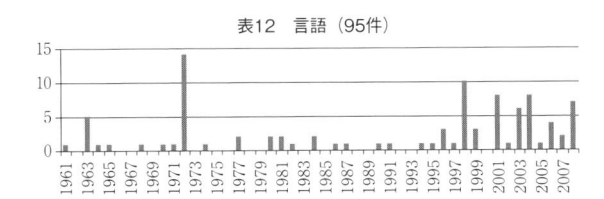

資料3　沖縄関連書籍出版の軌跡からみた『沖縄学』　365

表10　史学（351件）

表11　文学（937件）

表12　言語（95件）

攻は社会学であるが、2000年代を通して、沖縄研究の継続的な盛り上がりをあまり感じることはできなかった。なお「言語学」は1件しか検出されなかったため、「言語」を掲載した。

6　おわりに

本稿における検索結果一覧を眺めてみて、気になる文献がみつかれば幸いである。本稿でとりあげられたのは、沖縄に関する書籍のほんの一部に過ぎない。しかしそれでも、どのように沖縄が文庫・新書のマーケットで表現されてきたのか、その一端は明らかになったことと思う。やはり、社会的な背景、その時々の課題と密接に結びついていることが如実に示された。

勝方＝稲福恵子によれば、「沖縄学」とは、「学」である限り、普遍性をもつものでなければならないという。つまり、「沖縄学」とは、発想の段階から「沖縄問題」と同様に「本土」の視線を経由した問題系である。しかし、「本土」の学者は、「南島論」として研究の材料にすることに意欲的であったとしても、沖縄を普遍的な説明原理に編制する動機に乏しい。つまり、「沖縄学」は、発想と担い手が、すでにつねにねじれた問題系になりがちであると言

2　早稲田大学「沖縄学講座」授業より。
3　沖縄の住民が自分たちの手で地域のとある問題を解決しようとした場合、「沖縄問題」とは命名しない。「沖縄問題」については池田2003、田仲1999、高橋2008参照。

える。そのねじれや裂け目、ひっかかりを、私たちは自分たちの身体を経由して、どのように問題化していったら良いのだろうか。今後、「沖縄学」として、新たな試みがなされていくことを私たちは期待している。それは「おきなわ学」（勝方＝稲福 2006）かも知れないし、「オキナワ学」や「Okinawa 学」、或いは全く新しい表現においてかもしれない。その可能性は、読者の皆様一人ひとりの未来に開かれている。

参考文献

池田緑「「沖縄問題」の言説構造と日本人の位置性」『社会情報学研究 12 号』大妻女子大学、2003 年、pp.39-57

鹿野政直『岩波新書の歴史』岩波書店、2006 年

勝方＝稲福恵子『おきなわ女性学事始』新宿書房、2006 年

岡野他家夫『日本出版文化史』原書房、1981 年

大久保久雄監修『日本書籍商史——明治大正昭和戦前期　第 1 巻——』金沢文圃閣、2007 年

高橋順子「「復帰」前後における「沖縄問題」言説の変容過程」関東社会学会『年報社会学論集』第 16 号、2003 年、pp.26-38

高橋順子「「沖縄問題」言説の変容過程からみた「復帰」の構造——沖縄教職員会・組合の教育研究集会の事例から——」『早稲田大学琉球・沖縄研究所紀要』第 2 号、2008 年、pp.74-112

田仲康博「「沖縄問題」と「沖縄の問題」」『沖縄を読む』情況出版、1999 年、pp.198-203

（高橋順子）

実践してみよう！「沖縄学」入門

① 文庫・新書による入門セレクション 10 冊

「とにかく沖縄に関連する文献を推薦しろ」という読者に向けて、文庫・新書から 10 冊推薦する。これらの文献を入口として、またそこに掲載されている参考文献をたどることで、茫洋たる知識の大海に一気にこぎ出すことが出来るに違いない。

〈まずこの 3 冊〉
- 比嘉春潮・霜多正次・新里恵二『沖縄』岩波新書、1963 年
- 中野好夫・新崎盛暉『戦後沖縄史』岩波新書、1976 年
- 新崎盛暉『現代沖縄史』岩波新書、1996 年
  揃いで持っておきたい。何度も参照するような辞書的意味合いも兼ね備えた文献。

〈沖縄戦に関して〉
- 嶋津与志『沖縄戦を考える』おきなわ文庫、1983 年
  調査にもとづく記録と、多様な視点が描かれており、考える手がかりを得ることが出来る。入門書としても専門書としても是非お勧めしたい。

〈県民調査から描出される沖縄像〉
- 沖縄地域科学研究所編『沖縄の県民像――ウチナーンチュとは何か――』おきなわ文庫、1985 年
  沖縄の特徴と、この時期に多く実施された県民調査という手法・視点の特徴を捉えたい。

〈「沖縄」を考える視点〉
- 目取真俊『沖縄「戦後」ゼロ年』生活人新書、2005 年
  多様な視点から、生きられた経験に基づく「沖縄」を浮かび上がらせる。

〈文学〉
- 大城立裕『カクテル・パーティ』角川文庫、1975 年
- 山之口貘『山之口貘詩文集』講談社文芸文庫、1999 年
  言わずと知れた名作。沖縄で／を／と生きる営みを追体験しうる。

〈沖縄観光について〉
- 多田治『沖縄イメージを旅する　柳田國男から移住ブームまで』中公新書ラクレ、2008 年
  沖縄観光に関する研究書。実は今まであまり研究されてこなかった領域。

〈沖縄ポップカルチャーの代名詞〉
- 沖縄オバァ研究会編『沖縄オバァ烈伝』双葉文庫、2003 年
  面白さに脱帽。沖縄生活文化の重要なキャラクターとして注目されつつあった「おばあ」に照準。読者が「沖縄通」であるほど面白さが「わかる」仕組みで、この時代の「沖縄ファン」の様式（コアな沖縄を知っていることがファンとしてのステータス）とマッチし、巧みに機能。沖縄イメージの生産・流通・消費の功罪半ばする事例としても貴重な資料。

〈番外編〉
- 木村伊兵衛『木村伊兵衛　昭和を写す　1』筑摩書房、1995 年
  1935 年の写真が 18 点掲載されている。

②わからないことはまずコレで調べてみよう!

　ここであげる事典類・全集類は、図書館で蔵書されていることが多いので、気になる事柄があったら、ぜひ実際に自分で調べてみてもらいたい。
〈頼りになる事典類〉
- 沖縄大百科事典刊行事務局編『沖縄大百科事典』1983 年、沖縄タイムス社
- 中野好夫編『戦後資料　沖縄』1969 年、日本評論社
　　数ある沖縄関連の事典類の中で、まずは、上記を特にお勧めする。これらは、第一線で活躍する研究者に今なお頻繁に参照されていることからも、信頼性の高さがうかがえる。事典に載っている参考文献も大きな手がかりとなる。なお沖縄に関する現代文化については、まぶい組編『おきなわキーワードコラムブック』沖縄出版、1990 年 を是非参照されたい。これは、事典として秀逸であり、かつこの本自体がその時代を反映する貴重な資料でもある。また、これ以後、類似書が多く出版されている。百科事典における基本事項に加え、より詳細な内容を調べたい場合、沖縄に関連する分野別の事典類にあたってみると良いだろう。

〈秀逸な全集類〉
- 琉球政府、沖縄県教育委員会編・発行『沖縄県史』1-23 巻・別巻、1965 年-1977 年 (他に資料編、図説編、ビジュアル版あり)
- 谷川健一編『叢書わが沖縄』1 巻 - 6 巻、木耳社、1970-1972 年
　　(『〈沖縄〉論集成』として 2008 年に日本図書センターから全 6 巻複製出版。複製の際、沖縄学ではなく、沖縄論となっているところが興味深い)
- 沖縄文学全集編集委員会編『沖縄文学全集』1-20 巻 (予定)、国書刊行会、1991 年～
　　事典ほど手軽ではないが、問いの答えを導く手助けになるものとして、全集、叢書類も見逃せない。事典類にしろ全集類にしろ、「事実」として鵜呑みにするのではなく、手掛かりを得たり、執筆・出版された当時を知る資料としても利用することは言うまでもない。

(高橋順子)

索　引

◆あ行◆

アイデンティティ　ii, iv, v, 20, 26, 41, 42, 84, 85, 90, 92, 94, 95, 105, 106, 117, 119, 198, 199, 218, 223, 231, 232, 234, 235, 240, 242, 243, 246, 298, 302, 311, 312, 321, 322
アイヌ　170, 171
奄美　iii, iv, 13, 14, 76, 83, 86, 103, 104, 136, 137, 231-246, 275, 303
伊波普猷　i, 25, 31, 39, 72, 85, 91, 92
移民　ii, 31, 32, 173, 231, 299
ウチナーグチ　iv, 133-155
ウチナンチュ　ii, 231, 232
大江・岩波裁判　266
大田昌秀　61, 174, 208, 282
沖縄(の・を)イメージ　iv, 31, 41, 95, 109, 110, 120, 124, 125, 127, 206
沖縄語　26, 27, 29-32, 37, 39, 40, 133, 144, 145, 147, 153, 159, 173, 304, 318
沖縄人　ii, iii, 25-42, 95, 161, 162, 164, 169, 174, 181, 183, 184, 190, 210, 211, 265, 318
沖縄戦　iii, v, 27, 40, 50, 51, 173,-175, 179-181, 188-191, 202, 203, 205, 207, 208-213, 249-269, 272, 318
沖縄問題　iii, iv, 157, 267, 292, 308, 313
沖縄らしさ　iv, 76, 98, 104, 106, 109, 124, 125, 127
沖永良部島　99, 100, 231-246

おなり（神）　70, 81, 207
おもろさうし　71, 72, 136, 137, 235, 236
オリエンタリズム　29, 168, 207

◆か行◆

家譜　3-21
家父長制　185, 194
ガマ　212, 253-255, 258
基地　i, iii, iv, v, 31, 46-61, 112, 113, 175, 179, 181, 183-186, 188, 190, 191, 198, 205, 213, 217, 267, 272-287, 292, 293, 299, 309, 310, 313-315
　──問題　i, iii, v, 46-61, 188, 267, 272, 287
キャンプ・シュワブ　59, 273, 276-286
球陽　8-11, 17
教科書検定　250, 251, 266
共通語　90, 101, 133, 135-140, 142-144, 146-148, 151-154
共同体　70, 75, 81, 114, 144, 186, 194, 221, 265, 293, 298, 305-307, 312-315, 317, 319, 322
供犠　187, 188, 304, 305, 311-313
工工四　81
県民大会　249-251
皇民化　40, 179
講和条約　47-49, 51, 53
こねり　71-74
コネリ手　iv, 71-76

◆さ行◆

冊封使（さっぽうし）　11, 69, 119, 233
島ぐるみ闘争　50, 52, 54, 55, 273
島流し　238
集団自決（強制集団死）　105, 175, 209, 249-269
少女暴行事件　157, 182, 212, 280
植民地主義　31
身体　iii, iv, 67-82, 108, 111, 112, 114, 115, 121, 122, 168, 175, 179-194, 198, 204, 210, 211, 216, 218, 219-222, 225, 262, 295-299, 305, 315
　──技法　67-70, 81, 82
人類館事件　171
スパイ　27, 173, 175, 209, 250, 254, 318
生活改善　32, 36, 170
ソテツ地獄　34

◆た行◆

太平洋の要石　iv, 48, 51
台湾　32, 38, 39, 163, 164, 170, 171, 173, 202, 265
朝鮮　27, 28, 38, 39, 51, 163-165, 169, 170, 265
　──戦争　49, 273
通過儀礼（イニシエーション）　183, 184, 187, 193
天皇　60, 61, 211, 239, 251, 255, 258-261, 263
同化　iii, 25, 27-29, 31, 41, 164, 179, 223, 263, 264
　──主義　27

◆な行◆

南方同胞援護会　55
日米安全保障（日米安保）　47, 186, 190, 191, 280, 281
ネイティヴ　292, 293

◆は行◆

標準語　26-28, 30-32, 89-93, 140, 158, 159, 173, 222, 223
ヒンプン　111, 112
復帰　iii, 25-27, 31, 33, 83, 92, 120, 174, 179, 180, 183, 185, 186, 202, 205, 211, 214, 234, 267, 272, 278, 299
　──運動　183, 234
普天間基地（飛行場）　272, 273, 280, 281, 284-287
プライス勧告　52-54
米軍占領　61, 180, 182, 183, 185, 188, 202, 203, 212, 214, 286
米軍統治　205, 246
ベトナム　183, 190, 211
　──戦争　83, 190, 206, 211, 279, 280
辺野古　v, 52, 55, 58, 59, 175, 272-287, 299
方言札　158, 175
方言論争　iii, 25-42, 173
ポストコロニアル　31, 292
本質主義　194, 293, 298

◆ま行◆

宮古　iii, 81, 91, 93, 94, 119-121, 136, 139, 202, 224, 272
民芸　25-42

◆や行◆

八重山(やえやま)　iii, iv, 81, 84-92, 95, 96, 98, 99-103, 106, 110, 136, 272

柳田國男　26, 95, 172

柳 宗悦(やなぎむねよし)　iii, 26-40, 95

大和人　28, 37

ユタ　i, 245, 311-313, 315

吉田嗣延(しえん)　32-39

◆ら行◆

琉歌　75, 81, 105, 139, 144, 145, 154

琉球王国　3, 25, 69, 86, 159, 233, 237, 244, 246

琉球王朝　87, 203, 312

琉球王府　9, 112, 118, 119, 237

琉球弧　233

琉球語　iv, 135, 136, 140, 159, 161

琉球処分　iii, 25, 27, 159, 164, 173, 179

琉球人　iii, 3-21, 163, 164, 169, 170

琉球政府　52, 182, 273, 277

両属　233

○執筆者紹介 (執筆順、＊編者)

＊勝方＝稲福恵子（かつかた＝いなふく・けいこ）　はじめに
詳細は奥付参照。

渡辺美季（わたなべ・みき）　第1章
1975年東京都生まれ。東京大学大学院総合文化研究科教授。東洋史学。著書に、『近世琉球と中日関係』（吉川弘文館、2012年）、「東アジア世界のなかの琉球」（『岩波講座　日本歴史』12、岩波書店、2014年）ほか。

戸邉秀明（とべ・ひであき）　第2章
1974年千葉県生まれ。東京経済大学経済学部教員。専門：日本と沖縄の近現代史。著書に、「沖縄「占領」からみた日本の「高度成長」」（『岩波講座　東アジア近現代通史』第8巻、岩波書店、2011年）、「沖縄「戦後」史における脱植民地化の課題——復帰運動が問う〈主権〉」（『歴史学研究』885号、2011年）。

鳥山淳（とりやま・あつし）　第3章
1971年神奈川県生まれ。沖縄国際大学総合文化学部教員。著書に、『沖縄／基地社会の起源と相克　1945—1956』（勁草書房、2013年）。共著書に、『岩波講座アジア太平洋戦争6　日常生活の中の総力戦』（岩波書店、2006年）、『沖縄の占領と日本の復興』（青弓社、2006年）、『イモとハダシ　占領と現在』（社会評論社、2009年）。

波照間永子（はてるま・ながこ）　第4章
1969年沖縄生まれ。明治大学情報コミュニケーション学部准教授。専門：舞踊学。共著書に、「環太平洋的視点からみた舞踊の上肢動作－シンポジウム報告「アジアの舞踊と身体文化」」（『比較舞踊研究』第20巻、2014年）、「踊り継がれるミクロネシア"南洋群島"の表象－伊良波尹吉作『南洋浜千鳥』をめぐって」（『文化人類学研究』第14巻、2013年）、『日本人の"からだ"再考』（明和出版、2012年）。沖縄文化協会賞（2006年）。

マット・ギラン（Matthew A. Gillan）　第5章、コラム
1972年イギリス生まれ。国際基督教大学准教授。専門：音楽学。著書に、"Imagining Okinawa: Japanese pop musicians and Okinawan music". (Perfect Beat 10.2, 2009)、「琉球音楽の旋律における「拡大」と「縮小」：「作田型の歌曲」を中心に」（『音楽学』54.1、2008年）。

金城正紀（きんじょう・まさのり）　第6章
沖縄県出身。社会環境設計室代表、法政大学都市デザイン研究室教育技術員。専門：建築学、環境デザイン。博士（美術）。「地域の縁側となる住宅（石垣島）」グッドデザイン賞、「沖縄の新たな発展につなげる大規模基地返還跡地利用計画提案コンペ（沖縄県）」ファイナリスト、「東京メトロ駅デザインコンペ（銀座駅）」入選、「第18回まちの活性化・都市デザイン競技（富山市）」入賞（国土交通大臣賞の次点相当）。

西岡敏（にしおか・さとし）　第7章
1968年奈良市生まれ。沖縄国際大学総合文化学部教授。専門、琉球語学・琉球文学。著書に、「やんばるの琉歌」『文学と場所』（名桜大学やんばるブックレット①、2016年、沖縄タイムス社）、「〈言語資料〉「ペーク一頓知話」二話——沖縄語首里方言による昔話」『奄美沖縄民間文芸学』（第14号、2016年）、『沖縄語の入門——たのしいウチナーグチ（CD付改訂版）』（共著、2006年、白水社）ほか。沖縄研究奨励賞（2016年度）、沖縄文化協会賞［金城朝永賞］（2005年度）。

我部聖（がべ・さとし）　第8章
1976年沖縄県生まれ。沖縄大学法経学部教員。専門：沖縄近現代文学。著書に、「継続する戦争への抵抗──池沢聰『ガード』論」（『日本近代文学』第78集、2008年）、「語りえない記憶を求めて──大城立裕『二世』論」（藤澤健一編『沖縄・問いを立てる6　反復帰と反国家』社会評論社、2008年）、「他者とのつながりを紡ぎなおす言葉──新川明と金時鐘をめぐって」（De Musik Inter.編『音の力　沖縄アジア臨界編』インパクト出版会、2006年）。

朱恵足（しゅ・けいそく）　第9章
1973年台湾台東生まれ。台湾中興大学台湾文学研究科准教授。専門：台湾文学・沖縄文学。著書に、「目取真俊「魚群記」における皮膚──色素／触覚／インタフェース」『現代思想』（29巻12号）、「目取真俊「マー」における混血児──動物供犠、逸脱した身体、境界侵犯」『沖縄文芸年鑑2001年版』。

本浜秀彦（もとはま・ひでひこ）　第10章
1962年沖縄那覇市生まれ。文教大学国際学部教授。専門：比較文学・メディア表象論・日本研究（地域文化論）。著書に、*Writing at the Edge*（Diss. U of Pennsylvania, 2005: UMI, 2005）、『マンガは越境する！』（共編著、世界思想社、2010年）、『島嶼沖縄の内発的発展──経済・社会・文化』（共編著、藤原書店、2010年）、『手塚治虫のオキナワ』（春秋社、2010年）、『新装版　沖縄文学選──日本文学のエッジからの問い』（共編著、勉誠出版、2015年）。

高橋孝代（たかはし・たかよ）　第11章
鹿児島県（沖永良部島）生まれ。東京家政大学、こども教育宝仙大学兼任講師。専門：文化人類学。著書に『境界性の人類学──重層する沖永良部島民のアイデンティティ』（2006年、弘文堂、第35回伊波普猷賞受賞）。

北村毅（きたむら・つよし）　第12章
1973年北海道生まれ。大阪大学大学院文学研究科准教授。専門：文化人類学。著書に、『死者たちの戦後誌──沖縄戦跡をめぐる人びとの記憶』（御茶の水書房、2009年、第30回沖縄タイムス出版文化賞・第33回沖縄文化協会賞・第38回澁澤賞受賞）、「沖縄戦の後遺症とトラウマ的記憶」（『戦争社会学の構想』勉誠出版、2013年）ほか。

熊本博之（くまもと・ひろゆき）　第13章
1975年宮崎県生まれ。明星大学人文学部教授。専門：地域社会学。著書に『交差する辺野古──問いなおされる自治』（勁草書房、2021年、第47回藤田賞受賞）、『辺野古入門』（ちくま新書、2022年）ほか。

＊前嵩西一馬（まえたけにし・かずま）　第14章
詳細は奥付参照。

○コラム執筆者

上里隆史（うえざと・たかし）
1976年長野県生まれ。法政大学沖縄文化研究科国内研究員。専門：古琉球史・海域アジア史。著書に、「古琉球・那覇の「倭人」居留地と環シナ海世界」（『史学雑誌』114編7号、2005年）、『琉日戦争1609』（ボーダーインク、2009年）、『海の王国・琉球——「海域アジア」屈指の交易国家の実像』（洋泉社歴史新書y、2012年）。

仲田周子（なかだ・しゅうこ）
1977年沖縄県生まれ。日本女子大学大学院人間社会研究科博士課程修了。博士（学術）。専門：社会学、ライフストーリー研究。著書に、「＜迷い＞のライフストーリー——日系ペルー人の強制収容と戦後の軌跡」桜井厚編『戦後世相の経験史』せりか書房、2006年。

上地聡子（うえち・さとこ）
1978年沖縄県生まれ。明海大学不動産学部常任講師。専門：沖縄近現代政治、移民史。著書に、「在日沖縄人の「日本主権」希求と朝鮮人——GHQ占領下の生存権という視座からの一考察」『アジア民衆史研究』第20集、「敗戦直後の女性の経済活動——一九五〇年代初頭までを中心に」『沖縄県史各論編 第八巻 女性史』沖縄県教育委員会。

新井祥穂（あらい・さちほ）
1973年福岡県北九州市生まれ。東京農工大学農学研究院講師。専門：農業経済学。著書に、『復帰後の沖縄農業』（共著、農林統計協会、2013年）、「沖縄県宮古島における農家就業構造と農業構造の動態」『農業経済研究』89（2017年）、「沖縄・石垣島のサトウキビ作経営群の技術選択とサトウキビ政策」『経済地理学年報』55（2009年）、「沖縄・石垣島の土地改良事業の停滞」『地理学評論』79（2006年）、「復帰後沖縄における肉用牛繁殖経営部門の成長」『人文地理』57（2005年）。

小松寛（こまつ・ひろし）
1981年沖縄県那覇市生まれ。早稲田大学社会科学総合学術院助手。専門：国際関係論。著書に「「日本・沖縄」という空間——「反復帰」論における日本側知識人の影響」『北東アジア地域研究』15号（北東アジア学会2009年）など。

島袋まりあ（しまぶく・まりあ）
1976年米国ミシガン州生まれ。ニューヨーク大学東アジア研究学部准教授。専門：比較文学・社会学。単著にAlegal: Miscegenation Along the U.S. Military Fence Line in Okinawaが近刊予定。

砂川秀樹（すながわ・ひでき）
1966年沖縄生まれ。博士（学術）。明治学院大学国際平和研究所研究員。専門：文化人類学。著書に、『新宿二丁目の文化人類学』（太郎次郎社エディタス、2015年）、『ジェンダー人類学を読む』（共著、世界思想社、2007年）、『カミングアウトレターズ』（共編著、太郎次郎社エディタス、2007年）ほか。

八尾祥平（やお・しょうへい）
1977年東京都生まれ。神奈川大学非常勤講師。専門：地域社会学・国際社会学。著書に、「1950年代から1970年代にかけての琉球華僑組織の設立過程——国府からの影響を中心に」『華僑華人研究』（第8号、2011年）、「戦後における台湾から『琉球』への技術導入事業について」蘭信三編著『帝国以後の人の移動』（勉誠出版、2013年）、「琉球華僑——顔の見えないエスニックマイノリティ」谷富夫・安藤由美・野入直美編著『持続と変容の沖縄社会——沖縄的なるものの現在』（ミネルヴァ書房、2014年）など。

高橋順子（たかはし・じゅんこ）
埼玉県生まれ。日本女子大学人間社会学部現代社会学科客員研究員。専門：社会学。著書に、『沖縄〈復帰〉の構造　ナショナル・アイデンティティの編成過程』（新宿書房、2011 年）。

砂川かおり（すながわ・かおり）
1970 年沖縄生まれ。沖縄国際大学経済学部地域環境政策学科講師。専門：環境法。著書に、「米国における軍事基地と環境法」宮本憲一他編『沖縄論——平和・環境・自治の島へ』（岩波書店、2010 年）、「軍事基地と環境問題」（沖縄国際大学公開講座委員会編）『基地をめぐる法と政治（沖縄国際大学公開講座（15））』（編集工房東洋企画、2006 年）ほか。

●編者紹介

勝方＝稲福恵子（かつかた＝いなふく・けいこ）
1947 年　沖縄具志川村（現うるま市）生まれ。早稲田大学文学研究科博士後期課程（現代アメリカ文学専攻）単位満期取得。論文博士（早稲田大学）
現　在　早稲田大学名誉教授、「沖縄文化協会」運営委員など。研究分野は、ジェンダー／エスニシティ論、沖縄学。2002 年、沖縄文化協会賞（仲原善忠賞）受賞。
著　書　『アメリカ女性作家小事典』（共編著、雄松堂出版 1993 年）、『世界に拓く沖縄研究』（共同執筆、第 4 回「沖縄研究国際シンポジウム」実行委員会編、2002 年）、『おきなわ女性学事始』（単著、新宿書房、2006 年）、『沖縄県史各論編 8 女性史』（共編著、沖縄県教育庁、2016）など。

前嵩西一馬（まえたけにし・かずま）
1971 年　沖縄那覇市生まれ。コロンビア大学人類学部博士課程修了。
現　在　日本大学法学部教員。専門：文化人類学、沖縄研究。
著　書　「沖縄で探す「鞘」の言葉——「高度必需品」としての蝶柄、笑い、生物群」『思想』第 9 号（岩波書店、2010 年）、「半島に誌す、地先の記憶、筆先の夢」『半島論　文学とアートによる叛乱の地勢学』（響文社、2018 年）、「風車祭人形考——沖縄における寿齢儀礼カジマヤーの現代的意義」『桜文論叢』106 巻（日本大学法学部、2022 年）など。

沖縄学入門

2010 年 4 月 30 日　初版第 1 刷発行
2024 年 2 月 20 日　初版第 6 刷発行

編　者　勝方＝稲福恵子
　　　　前嵩西一馬
発行者　杉田啓三
〒607-8494　京都市山科区日ノ岡堤谷町 3-1
発行所　株式会社　昭和堂
TEL (075) 502-7500 / FAX (075) 502-7501

Ⓒ勝方・前嵩西他, 2010　　印刷　モリモト印刷

ISBN 978-4-8122-0974-5
＊落丁本・乱丁本はお取り替え致します。
Printed in Japan

日本アフリカ学会編
アフリカ学事典 　　　Ａ５判・682頁
　　　　　　　　　　　　　定　価 17,600円

宮岡真央子・渋谷努・中村八重・兼城糸絵 編
日本で学ぶ文化人類学 　Ａ５判・280頁
　　　　　　　　　　　　　定　価　2,530円

沖縄国際大学　宜野湾の会 編
大学的沖縄ガイド 　　　Ａ５判・312頁
　――こだわりの歩き方　　定　価　2,530円

昭和堂
（表示価格は税込み）